전우여~
그대 기억하는가!

| [實錄] 월남(베트남) 참전 용사의 陣中日記 |

전우여~ 그대 기억하는가!
[實錄] 월남(베트남) 참전 용사의 陣中日記

초판 1쇄 발행 2024년 11월 9일

지은이 이범영
펴낸이 장길수
펴낸곳 지식과감성#
출판등록 제2012-000081호

교정 김나현
디자인 오정은
편집 오정은
검수 주경민, 윤혜성
마케팅 김윤길, 정은혜

주소 서울시 금천구 벚꽃로298 대륭포스트타워6차 1212호
전화 070-4651-3730~4
팩스 070-4325-7006
이메일 ksbookup@naver.com
홈페이지 www.knsbookup.com

ISBN 979-11-392-2187-9(03810)
값 20,000원

- 이 책의 판권은 지은이에게 있습니다.
- 이 책 내용의 전부 또는 일부를 재사용하려면 반드시 지은이의 서면 동의를 받아야 합니다.
- 잘못된 책은 구입하신 곳에서 바꾸어 드립니다.

지식과감성#
홈페이지 바로가기

이범영(李範永)

전우여~
그대 기억하는가!

| [實錄] 월남(베트남) 참전 용사의 陣中日記 |

서문

나는 1944년 11월 9일 경기도 김포군 하성면 시암리 199번지에서 父 李益鉉 母 金甲順 슬하에서 9남매 중 여섯째로(아들로는 넷째) 태어나 유년기와 청소년기를 어렵게 보내긴 했지만 탈 없이 성장해 대한민국의 남자라면 누구나 의무인 군대에 입대했다.

1965년 3월 23일 입대해 동년 10월 16일 월남 전선으로 지원해 참전하고 67년 4월 19일 자로 귀국을 명받고 조국 대한민국 품으로 무사히 귀국했다.
파월 당시 포연과 흙먼지가 피어오르는 격전지에서 하루도 빠짐없이 매일 진중일기를 썼다.

땀과 갈증 그리고 생사의 공포와 두려움 속에서 그날그날의 생생한 장면들과 느끼고 본 모든 것들을 생각하며 일기를 쓴다는 것은 정말 어렵고 힘든 일이었지만 포기하지 않고 기록해 갔다. 땀과 비에 젖은 종이를 야전 참호 속에서도 잘 간수해 작전이 끝나면 본 일기장에 옮겨 적었다. 그렇게 해서 지금의 진중일기장이 있게 된 것은 마치 기적과 같다는 생각이 든다.

이제 내 나이 팔십이 넘어가며 앞으로 얼마나 더 살아갈지 모르겠지만 나는 지난 파월 당시의 진중일기를 정리해 후대 자손들이 읽어 볼 수 있도록 책이나 '컴퓨터'에 수록해 두기로 했다.

글 쓰는 문장력이나 띄어쓰기 또는 단어나 받침이 서투르고 틀린 것이 많아서 교정해 가며 정리는 했지만 그래도 오류가 있으리라 생각된다.

먼~ 훗날, 우리 아버지가 혹은 할아버지가 이토록 젊은 청춘을 불태우며 월남의 정글전선에서 피땀을 흘리며 전투하면서 군대 생활 하시며 그리고 조국의 명예와 나라를 위해 이처럼 헌신하셨구나, 하고 그렇게 생각해 준다면 지금 이 진중일기를 정리하는 나로서는 그저 고마움과 함께 영광스럽게 생각하겠다.

그렇다! 이미 내가 이 세상에 살아 있지 않는다 해도…….

이범영(李範永) 씀

목차

서문	4
1. 회상(回想)	8
2. 파월 출전 준비 과정	9
3. 머나먼 베트남 전선을 향해~	27
4. 정글 전선의 첫발, 여기가 바로 지옥이구나!	35
5. 위문편지, 무학여고생과 펜팔이 시작되다	86
6. 베트콩의 기습, 본격적인 전투가 시작되다	95
7. 파월 최대 맹호 5호 작전	205
8. 영광스러운 귀국, 살아서 돌아오다	586
9. 연이와의 만남, 그리고 아쉬운 이별	591
글을 끝내며	598

1. 회상(回想)

병사는 회상하노라

지난 그때의 일들을

아~! 포탄과 총탄의 세례 속에서

뜨겁게 이글대는 태양, 갈증으로 목은 타는데

병사는 진격하였노라 적진을 향해서

자욱한 포연과 화염은 시야를 가리고

매캐한 화약 냄새 숨 막히는 그 순간

병사의 뒤에서는 진격의 나팔 소리 울리고

두려움과 땀에 젖은 병사들, 함성을 지르며

한 발 두 발 앞으로 나아갔다네……

- 1967년 12월

2. 파월 출전 준비 과정

1965년 9월 24일 금요일 맑음

일기 쓰기를 중단한 지 거의 3개월이 지나서야 비로소 오늘부터 다시 쓰기 시작했다.

그동안 논산 훈련소에서부터 하루도 거르지 않고 썼는데 자대 배치 후부터 쓰지를 못했다. 군 생활을 하는 동안 나에게는 참으로 많은 변화가 생겼다. 지금은 파월 맹호부대원으로 열심히 훈련받고 있지만, 한때는 내가 파월돼 가리라고는 꿈에도 생각 못 했다.

오늘 오후, 생각지도 못한 큰형님께서 면회를 오셨다. 군대 들어와서 처음으로 가족과 면회를 한 것이다. 이곳 홍천에서 훈련 중에, 내가 파월될지 모른다는 편지를 몰래 했는데 받아 보시고 용케 찾아오셨다.

부모님과 여러 친척들은 무고하시다고 일러 주신다. 하도 바쁜 훈련 중에 면회를 오셔서 그런지 무슨 말을 해야 할지 말이 안 나온다. 형님은 나의 예기치 않은 파월 결정에 어느 정도 이해를 해 주시는 것 같아 마음이 좀 놓인다. 동생이 먼 이국땅으로 전투하러 간다니 형으로서 서운하고 걱정이 되시는 모양이다.

면회는 아주 짧은 시간으로 끝냈다. 훈련 중 면회는 절대 사절인데 중대장 모르게 소대장님 배려로 5분간 승낙을 받아서 한 것이다. 짧은 면회를 끝내고 형님과는 어쩌면 마지막이 될지도 모르는 경례를 하고 뒤돌아 걸어 나오니 눈물이 흐르며 착잡한 심정이 온몸을 감싸 오는 듯하다.

1965년 9월 25일 토요일 맑음

일기를 쓰기 이틀째다.

지금 생각하니 6월 16일까지 쓰고 그동안 중단한 것 같다. 그사이 쓸 시간은 있었지만, 주위 환경이 허락지 않았다.

지금 생각해 보니 참으로 섭섭하고 아쉽게 생각된다. 그러나 군대라는 울타리 안에서 생활하자니 그런 이해는 충분히 할 수 있는 일이다.

오늘도 맹훈련을 끝내고 영내로 들어오니 밤에도 훈련이 있다고 일찍 취침하란다. 나 자신이 좀 더 넓은 세상을 향한 모험심으로 지금과 다른 새로운 환경을 보고 느끼고자 지원했지만 참으로 힘들다는 걸 느낀다.

전쟁터에 나가서 싸운다는 것이 그리 간단한 일이겠는가? 더 넓은 세상을 보고자 하는 욕망과 전투의 짜릿한 쾌감을 느끼고 싶은 욕망을 채운다는 것이 결코 쉬운 일이 아니란 것을 새삼 느낀다.

제12사단을 떠날 때 사단장님의 말씀이 문득 생각난다.

"제군들은 우리 국군 중에서 가장 뛰어나고 우수한 병사들이다. 제군들의 파월은 조국과 민족을 위한 것이다!"

정말 우리는 조국을 위하여 월남에 가는 걸까? 나는 그렇게 생각지 않는다. 가는 사람마다 생각이 따로 있고 욕망이 있다는 걸 여러 대원들과 생활하는 과정에서 느끼고 보았기 때문이다.

그들도 자기의 욕망과 실속을 따져서 월남에 간다는 걸 보고 알았다. 그리고 그다음이 국가와 민족을 위하여 간다는 것을…….

1965년 9월 26일 일요일 맑음

오늘은 오랜만의 일요일이다.

맹훈련을 받는 우리로서는 일요일이라고는 하지만 정리하랴 세탁하랴 바쁘긴 마찬가지다. 그래도 기다려지는 것이 일요일이다.

오늘은 중대 대항 배구 대회로 잠시나마 즐거운 시간을 가졌다. 그런데 여러 날 동안 설사와 몸살 때문에 지금까지도 몸 상태가 안 좋아서 오후에 목욕을 안 했다. 먼 이국땅으로 간다는 생각 때문인지 오늘따라 고향 생각과 지난 일들이 머릿속에서 떠나질 않는다.

월남에 가기로 이왕 마음먹은 거 그 마음 변하지 않으려고 하는데 그리 쉽지가 않다. 저녁 때 영화 상영이 있다고 해 연병장에 모였는데 연대 정훈 장교가 새 뉴스를 전해 준다. 영화 상영을 하는 중에 여러 장면들이 나오면 서로 잘 아는 척 떠들어 대는 걸 보니 너무 가소롭게 느껴진다.

밤늦도록 제목도 모르는 영화를 보자니 너무나 지루했다.

또다시 찾아온 따뜻한 취침 시간~ 고향의 부모님과 가족들의 안녕, 행복을 빌면서 하루의 피로를 달래며 잠자리에 든다. 내일이면 또다시 고된 훈련이 시작되겠지…….

1965년 9월 27일 월요일 맑음

어젯밤에 불침번 근무를 하다가 철모 착용을 안 하고 근무한다고 주번 사관이 내일 아침에 분대장과 오라고 엄하게 말하고 갔다.

아침에 일어나니 큰 걱정이다. 혼자라면 기합을 받더라도 괜찮은데 분대장과 같이 오라니 걱정거리가 생긴 것이다. 아니나 다를까~ 아침 점호를 끝내고 나니 어젯밤에 걸린 놈 나오라고 야단야단이다.

마침 분대장이 없어 혼자 들어가 부동자세로 큰 소리로 "왔습니다!" 보고를 하자 주번 사관은 한동안 쳐다보더니 뜻밖의 부드러운 말로 타이른다. 부동자세와 큰 소리로 보고 요령이 좋다고 용서를 한다는 것이다.

중대 행정실을 나오면서 얼마나 긴장했던지 긴 한숨이 절로 나왔다. 오늘도 큰 걱정을 이렇게 끝내니 몸이 한결 가뿐해지는 것 같았다.

오후가 되자 모레 실시될 연대 R.C.T(야외 기동) 훈련 준비를 철저히 하라는 지시가 내려와 눈코 뜰 새 없이 바쁜 시간을 보냈다. 준비를 해 놓고 보니, 군대란 정말 불가능이란 없는 곳이다. 하려고 마음만 먹으면 뭐든지 할 수 있는 곳이 군대다.

1965년 9월 28일 화요일 맑음

내일로 다가온 연대 R.C.T 훈련 관계로 오늘 군장 검열을 받았다. 제12사단에서 근무할 당시 한 번 해 본 경험이 있어서 어렵지 않게 군장 검열을 무사히 잘 받았다. 내일 연대 R.C.T 훈련만 잘 끝내면 파월을 위한 모든 훈련은 끝내는 것이다.

전 부대인 제12사단에서 R.C.T 훈련을 끝내고 곧바로 수도사단인 맹호부대로 와서 훈련받은 지도 어느새 한 달이 지났다. 옛말에 시작이 반이라 어느새 한 달이 지났는지 모르겠다.

오늘 박경석 대대장님으로부터 여러 가지 훈시를 들었다. 훈시 내용을 들어 보니 내 생각과 어쩌면 그리 똑같은지 모르겠다. 생각할수록 참 신기한 일이다.

내가 월남에 가는 목적과 대대장님의 말씀이 이렇게 일치할 수가, 아무리 생각해 봐도 참 신기하고 놀라울 따름이다.

끝으로 대대장님이 한 말씀이다.

"자랑스러운 우리 3대대 장병 여러분! 나는 제군들을 믿는다. 남자가 한번 먹은 마음 굳게 변치 말자."

1965년 9월 29일 수요일 맑음

드디어 오늘, 우리는 파월을 위한 마지막 훈련에 나섰다.

모든 대대병력은 긴 행군 종대를 이루며 보무당당히 홍천읍을 통과하여 우리 부대가 목적하는 곳으로 행군해 갔다. 행군해 가는 도중에도 가상 적의 기습을 가정한 돌발 상황이 수시로 있었지만 대원 모두들 훌륭히 훈련받은 대로 잘 해냈다.

행군 도중에 홍천읍 근처에서 잠시 휴식을 취하고 있는데 초등학교 2학년생이 다가와 "군인 아저씨~ 월남에 가요?"라고 묻는다.

지금 우리나라 안에서는 한창 월남 붐이 일어나고 있는 모양이다. 점심을 먹고 난 후에도 배가 출출해 민간인 고구마밭에 들어가서 생고구마를 캐 먹었다.

군에 오기 전에는 다른 사람이 우리 것을 훔쳐 먹으면 괘씸하다는 생각이 들었는데 막상 군대에 들어와 배가 고프니 나 자신도 별수가 없다. 소대장 몰래 분대원들과 한바탕해 먹으니 배가 든든하다.

군대나 객지 생활이나 배만 부르면 그만이다. 오늘 훈련은 실탄을 직접 사격하는 훈련이었지만 무사히 잘 끝내고 우리 중대는 전 대원이 성공적으로 훈련을 마쳤다. 이제 모든 훈련을 끝내서 그런지 마음은 벌써 월남 전선에 가 있다.

내일은 우리들 생일인 국군의 날이다. 그간의 피로를 풀 생각으로 분대원들과 함께 PX로 갔더니 전 대대원들이 모였는지 PX 안이 만원이다. 과자를 사 먹고 떠들다 보니 그동안 긴장했던 마음도 풀리고 몸도 가벼워지는 것 같다.

어서 하루빨리 그날이 와야 할 텐데, 하고 마음속으로 출정하는 그날을 기다려 본다.

1965년 10월 1일 금요일 맑음

오늘은 국군의 날이다.
그러니까 우리들의 날인 것이다.
그동안 피로했던 몸을 하루 휴식으로 그런대로 풀 수가 있었다.
어제는 한꺼번에 3개월 치 사병 월급을 타서 하루 종일 심심치 않게 PX에서 간식을 사 먹었다. 군에 입대한 후에 처음으로 많이 받아 보는 돈이라 마음 한편으론 흐뭇한 생각도 든다.
오후 배구 대회에서 한 점 차이로 져서 억울했다.
국군의 날이라고 특식이 나왔다고 하던데 배식은 하지를 않는다.
전 부대원들이 목이 빠져라 기다렸는데 허탕이다.
모든 훈련은 끝났는데 이제부터 가는 날까지 어떤 교육이 있을지 궁금해진다.

1965년 10월 2일 토요일 맑음

　토요일인데도 월남 출동을 앞두고 휴식 없이 간단한 훈련과 준비에 계속 바쁘다.
　제12사단 신병 중대에서 같이 교육받던 국영이가 맹호부대로 전출 와 같이 지내게 되었다. 그때는 나한테 "분대장님~ 분대장님~" 하던 국영이가 이제는 같은 전우가 되니 여간 위안이 된다. 고등학교를 나와서 그런지 서로 말도 잘 통해서 친하게 지냈다. 갑갑했는데 정말 잘 된 일이다.
　듣자 하니 내일 모래는 부대 선발대가 떠난다는 말이 돌았다.
　그 말을 듣는 순간 가슴이 두근거린다.
　아~ 그렇구나, 앞으로 얼마 안 있으면 드디어 출동이라니, 그날을 상상할수록 조바심이 느껴진다.

1965년 10월 3일 일요일 맑음

　이발과 목욕을 철저히 하라는 지시가 내려오는 걸 보니 곧 출동이 가까워지나 보다. 그런 중에도 파월 전투 부대라 그런지 교육 훈련은 끝이 없다.
　하루의 피로를 풀려고 누워 있는데 갑자기 행정반에서 오라고 해 뛰어갔더니 12사단 교육대에 있을 때 PX 부채라고 100원이 넘어왔으니 돈을 내라는 것이다.
　가만있자, 아무리 생각해 봐도 PX에는 외상이 없는데 100원이 넘어

왔다니? 이상해서 나는 외상이 없다고 못 내겠다고 우기고 나와서 곰곰이 생각해 보았다. 그리고 보니 언젠가 사진을 한번 찍은 일이 있는데 45원을 못 준 생각이 난다. 그 45원이 100원이 된 모양이다. 하이고! 망할 놈들 같으니라고~ 할 수 없이 100원을 주고 나니 저절로 욕이 나온다.

어제는 12사단장님이 오셔서 12사단 출신 장병에게 위로한다고 빵 하나씩 나누어 주더니 오늘은 당치 않은 부채를 갚으라는 것이다.

빵 하나 얻어먹고 돈 100원을 내준 격이 되고 말았다.

1965년 10월 4일 월요일 맑음

오늘은 내 일생에 잊으려야 잊을 수 없는 날이 되고 말았다.

"이 수류탄의 위력을 봐라!" 하고 쩌렁쩌렁 말하며 수류탄 투척 시범 훈련을 같이하던 '강재구' 중대장님이 불과 한순간에 불의의 수류탄 사고로 명을 달리하셨으니 나는 물론 전 중대원이 놀라움과 슬픔에 빠지고 말았다.

당신이 지휘하고 사랑하는 부하를 살리기 위해 내 분대원이 잘못 던진 수류탄을 되받아 던지려다 그만 실패하자 그 수류탄을 몸으로 덮쳐 옆에 있던 수많은 부하들을 죽음으로부터 살린 숭고한 인간 '강재구' 대위님…….

그는 너무나 훌륭하고 위대한 군인 정신의 참군인이다.

나는 그 위대한 군인 정신을 하늘처럼 우러러보지 않을 수가 없다. 난 한 사람의 실수가 얼마나 무섭고 큰 결과를 가져오는지 새삼스럽게 보고 느낄 수 있었다.

12사단 신병 중대 때부터 같이 근무하던 박권식도 부상을 당해 후송을 가고 말았다. 그가 찼던 탄띠를 힘없이 어깨에 둘러메고 막사로 귀대하니 그에 대한 생각으로 가슴이 답답해지는 것 같다.

그토록 인자하고 중대원에게 친절하던 '강재구' 중대장님이 이제는 다시 볼 수 없는 사람이 되다니, 운명이란 우리 인간들로서는 어쩔 수 없나 보다.

나는 눈을 감고 고 '강재구' 대위님, 아니 우리 중대장님의 명복을 마음속 깊이 빌었다. 또한 우리 분대에서 두 명이나 부상당한 전우들의 완쾌를 빌었다.

그 이름 박권식 일병과 박천해 일병.

1965년 10월 5일 화요일 맑음

오늘부터 우리 중대는 강재구 중대다.

"우리 대대는 오늘부터 재구대대로 명령되었으니 전 대대장병들은 '강재구' 소령의 희생정신을 받들어 더욱 맡은 바 임무에 최선을 다하라." 박경석 대대장님의 훈시였다.

故 '강재구' 소령님, 오늘도 나는 그 씩씩한 음성이 바로 옆에서 들리는 것만 같아 목이 멘다.

오후에는 "존경하는 중대장님을 잃었다고 우리가 언제까지나 슬퍼하고 그분만을 생각해서는 안 된다."라는 소대장님의 훈시를 들었다.

그렇다! 우리는 할 일이 너무나 많고 앞으로 어떤 괴로움과 고통스러운 일들이 얼마나 더 많이 닥쳐올지 모른다.

　우리는 그 많은 일과 고통을 이기기 위해서는 언제까지나 유명을 달리하신 그분만을 생각하며 슬퍼하거나 애통해해서는 안 될 것이다. 그 투철한 희생정신과 군인 정신을 이어받고 앞으로의 임무에 더욱 대비하자. 신임 중대장으로 대대작전 참모인 이규봉 대위가 부임해 왔다. 오~ 신이시여. 우리 앞날에 무운과 행운을 주시옵소서! 영광된 일만을 주시옵소서!!

1965년 10월 6일 수요일 맑음

　곧 출동한다던 소문은 이제 어디로 사라졌는지 매일 제식 훈련과 보급품 지급 정리에 여념이 없다.

　서울에 가서 성대한 결단식을 하고 서울 시내 시가 행진을 한다고 분열과 사열식 훈련에 온 부대가 그야말로 눈코 뜰 새 없이 야단법석이다. 그날 하루를 위하여 벌써 며칠째 연습을 하고 있으니 지금 이 연습이 전투 훈련보다도 더 힘들고 고통스럽다.

　그렇게 힘든 훈련이지만 월남에 간다는 희망과 또 서울 가서 치를 성대한 환송식을 생각하면 어느새 한 시간이 가고 하루가 지나간다.

　사람은 항상 그 어떤 자기만의 희망을 갖고 살아가야 한다고 누군가 말했지……

1965년 10월 7일 목요일 맑음

평상시와 같이 기상해 보니 안개가 자욱하니 날씨가 쌀쌀하다.
아~ 벌써 늦가을이 돌아왔구나!
고된 훈련 때문에 가을을 이처럼 느껴 보기는 이번이 처음이다. 찬물에 손대기가 싫어지고 손대고 나면 손끝이 무척 시리다.
아침 식사를 끝내고 나니 우리 분대 장비인 57mm 무반동총이 이미 포장돼 있다. 점차 모든 전투 장비들이 포장이 진행되었다.
오늘도 간다는 희망을 가지고 하루 일과를 끝내고 쉬고 있는데 내일은 출동이 확실하고 12일 날은 서울에서 결단식을 거행할 거라고 일러 준다. 내일 떠난다는 말을 듣고 나니 밤에 잠이 오지 않는다.
아~! 드디어 내일이다, 내일이 빨리 왔으면….

1965년 10월 8일 금요일 맑음

설레는 흥분 속에 점심을 먹고 드디어 출발!
어떻게 알았는지, 주민들의 열렬한 환송을 받았다. 우리 재구대대는 긴 차량 행렬을 이루면서 훈련 기간 동안 정든 막사와 연병장을 뒤로하고 떠났다. 나도 모르게 눈에 이슬이 맺힌다. 짧으면 짧고 길다면 긴 훈련 기간이 끝나고 막상 떠나가게 되니 잠자던 막사도 넓은 연병장도, 화단의 꽃들까지도 우리와 헤어지기 싫은 듯 섭섭해하는 것만 같다. 그것이 사람의 마음이며 자연의 섭리인가 보다.
재구대대원들은 소리 높여 군가를 불렀다.

"그 이름 맹호부대~ 맹호부대 용사들아~"

춘천역에 도착하니 이미 열차가 대기하고 있었다. 우리 부대가 열차에 탑승하자 수많은 춘천 시민들과 학생들의 열렬한 환송식이 이어졌다. 잠시 후 우리가 탄 열차는 저녁노을로 붉게 물드는 춘천역을 서서히 떠났다.

군 생활에서 정이 든 강원도, 언제 또다시 와 보게 될까!

우리 부대원들이 목이 터져라 군가를 부르는 가운데 열차는 속력을 내며 서울을 향해서 달려갔다.

〈추기〉

오늘이 전 중대장님이셨던 故 '강재구' 소령의 장례식 날이다. 마지막 출동 준비를 연병장에서 하고 있는데 장례식 중계방송이 라디오로 들려왔다. 가슴이 저려 왔다.

육군 본부 광장에서 거행된 장례식 생방송이었다.

다시 한번 故 '강재구' 소령님의 명복을 마음속 깊이 빌었다.

1965년 10월 9일 토요일 맑음

어제 밤늦게 여의도에 도착한 우리 부대는 하룻밤을 보내기가 무섭게 다시 사열과 분열식 훈련이 계속됐다.

모래바람이 심하게 불어 대 여의도 비행장은 먼지로 말이 아니다. 오전 훈련 끝내고 점심 먹으려고 텐트로 왔더니 이발 학원에서 여자들이 와서 장병들 이발 서비스를 해 줘서 고마웠다.

그 사람들 편에 영등포에 아는 사람한테 전화를 부탁했다. 감독이 있으니 얼른 달라고 해 재빠르게 적어 줬는데 연락이 잘 될지 모르겠다.
점심은 먹는 둥 마는 둥 먹고 또다시 제식 훈련이 계속됐다.
소식을 들으니 시중에는 맹호부대가 인기를 독차지하고 있단다.
다른 면회자의 말을 들어 보면 서울 거리는 온통 파월 맹호부대의 환송 플래카드로 거리마다 야단이라고 한다.

1965년 10월 10일 일요일 맑음

오전에 전 사단 병력이 집결해 예행연습을 하고 텐트로 돌아오니 여기저기 면회자들이 많이 와 있다고 누군가 말해 준다.
어제 이발해 준 아가씨가 전화를 해 줬다면 혹시 누군가 와 주지 않았을까, 은근히 기다려진다.
서울에 오니 식사가 눈에 띄게 좋아졌다. 고깃국에도 고기가 많고 일반 된장국에도 된장이 많이 들어가서 맛이 아주 좋았다.
저녁때는 특식이라며 빵과 사과도 나오고 계란도 한 사람당 몇 알씩 나온 모양이다.
아마 현재는 국군 중에서 우리 맹호부대가 가장 좋은 대우를 받고 있는 것이 아닌가 생각된다.

〈추기〉
당시 우리 부대는 여러 가지 위문품을 많이 받았다. 참모 총장 기념 수첩, 서울시장 위문품, 그리고 학생들에게도 많은 위문품 주머니를 받았다.

1965년 10월 11일 월요일 맑음

예행연습의 마지막 단계로 육군 참모 총장을 모시고 성공적인 훈련을 끝마쳤다.

오늘도 특식으로 빵과 참모 총장의 선물로 과자 상자를 하나씩 받고 보니 기분이 좋았다. 그리고 여러 학교에서 보내온 위문품 주머니를 하나씩 받아서 이루 말할 수 없이 기분이 흐뭇해진다.

위문품 주머니를 풀어 보니 어느 학생인지 책과 과자가 하얀 천으로 정성스럽게 가득 담겨 있다.

이름 모를 그 소녀의 갸륵한 마음씨, 나는 그 소녀의 앞날에 행복이 가득 깃들기를 마음속으로 빌었다.

내일이면 우리 맹호부대가 힘들게 훈련한 멋진 솜씨를 서울 시민들께 선보이는 날이다. 그래서 그런지 설레는 마음에 잠이 오지를 않는다.

1965년 10월 12일 화요일 맑음

구름 한 점 없는 높고 파아란 하늘, 뒤에는 푸른 한강물이 휘돌아 흐르고 흰 갈매기들은 "까악~ 까악~" 높게 날며 빠알간 고추잠자리는 이리저리 노니는 가슴 벅찬 오전 10시.

국군 통수권자인 박정희 대통령 각하가 식장에 도착하자 우렁찬 군악대의 연주가 시작되는 가운데 장엄하고 엄숙한 맹호부대 환송식 및 결단식이 드디어 거행되었다.

수십만 서울 시민들의 환호 속에 우리 맹호장병들은 드넓은 여의도 비행장 활주로에서 기치창검을 번쩍이며 보무당당하게 우리가 땀 흘려 쌓아 온 실력을 내외 귀빈께 유감없이 과시하였다.

대통령 각하의 부대 사열에 이어 격려사와 귀빈들의 축사가 있고 나서 부대 분열식이 시작됐다.

국군 군악대의 우렁찬 행진곡 속에 맹호부대는 각 중대별로 질서정연하게 대통령 각하와 내외 귀빈이 기립해 있는 중앙 연단 앞으로 기치창검을 휘날리며 행진했다. 중대장님의 "우로~ 밧!" 구령과 동시에 전 중대원은 일제히 로열박스를 향해서 시선을 줬다.

재구대대가 지나간다고 시민들은 환호와 박수로 열광적으로 성원해 준다. 정말 눈에서는 눈물이 날 정도다. 아~ 이것이 바로 같은 피를 이어받은 한민족 백의민족이구나! 나는 너무나 감격해 아무 말도 나오지 않았다.

나는 아직까지도 우리 국민이, 우리 민족이, 이렇게 있다는 것을 내 핏속에서 느껴 보지 못했었다. 나는 다시 한번 굳게 마음먹었다.

'꼭 이기고 오자, 그래서 영광스러운 승리자가 되어 오리라.'

환영 행사가 끝나고 텐트로 돌아오니 뜻밖에도 둘째 형님이 찾아와 기다리고 계시는 게 아닌가! 홍천에서 한 편지가 용케도 들어가 큰형님이 다녀가셨는데 이번엔 작은형님이 수소문 끝에 찾아서 오셨단다.

형님과 기념사진을 찍고 또 언제 만날지도 모르는 그날을 기약하며 너무 짧은 시간 속에 석별의 정을 나누자니 가슴이 미어지는 것만 같다.

형님과 헤어지면서 내 손을 잡고 놓아줄 줄 모르는 형님의 투박한 손과 말없이 눈물 머금은 얼굴이 밤늦게까지 떠올랐다. 잠 못 이루는 내 머릿속에서 얼른 지워지지를 않는다.

1965년 10월 13일 수요일 비

오늘 부산으로 떠나려고 했는데 내일로 연기됐다.

우리 맹호부대 출발을 환송이라도 해 주듯 올여름과 가을에는 비도 적게 오더니 오늘 온종일 줄기찬 비가 내린다.

비 때문에 온종일 하는 일 없이 고국을 떠나야 한다는 생각에 시시각각 초조하기도 하고 한편으론 소풍 가는 심정으로 시간을 보냈다.

막상 떠날 때가 다가오니 정말 내가 월남에 가서 무사히 내 임무를 마치고 그립고 정든 내 고향으로, 그리운 가족들 품 안으로 다시 돌아올 수 있을지, 마음은 착잡해지기도 한다.

나 자신이 파월 지원을 했지만, 고국을 떠나야 한다는 지금은, 내 인생 행로의 한 운명인지도 모르겠다.

〈추기〉

당시 여의도 비행장 활주로에는 우박과 함께 모진 비바람이 억수같이 쏟아졌다.

1965년 10월 14일 목요일 비 맑음

온종일 소나기와 우박이 바람과 함께 뿌리더니 부대 출발 직전에 거짓말같이 맑은 하늘이 나의 눈앞에 펼쳐진다.

맹호부대 출발을 축복이라도 해 주듯 정말 파랗게 하늘이 개었다.

드디어 우리 맹호부대 제1진은 대한의 수도 서울을 뒤로하고 여의도를 떠나 영등포역에서 열차에 몸을 실었다.

언제 다시 올지도 모르는 대한의 수도 서울, 눈에 보이는 수많은 불빛은 마치 하나의 예술품과 같이 아름답게 반짝이고 있었다. 그곳마다 그 누군가가 행복하게 살고 있겠지?

그런 생각이 머릿속에서 맴도는 사이 열차는 서서히 긴 기적 소리로 여운을 남기면서 영등포역을 빠져나갔다. 마지막으로 볼지도 모르는 서울의 야경은 보고 또 볼수록 아쉬움과 서운한 마음이 자꾸만 남는다. 점점 멀어져 가는 영등포역, 다시 한번 쳐다보게 되는 서울의 야경…. 아! 대한의 수도 서울이여~! 나, 살아서 돌아오는 그날까지 안녕.

〈추기〉

여의도에서 20시경 출발하여 영등포역에서 기차를 이용하여 부산을 향해서 출발, 익일 아침 부산항에 도착했다.

영등포역과 큰 역을 통과할 때마다 수많은 국민들이 나와서 우리 맹호부대 출전을 환송해 주었다.

1965년 10월 15일 금요일 맑음

밤새 달리는 열차에서 목이 터져라 소리 높여 군가를 부르며 서울을 떠난 뒤 아련한 미련이나마 잊으려고 애쓰던 중 깜박 잠이 들어 버렸다.

흔들림과 추위 속에 한참 후 눈을 떠 보니 어떤 간이역을 통과하고 있다. 배고픔을 느끼던 중 분대원이 빵을 줘서 허겁지겁 먹고 나니 좀 나아졌다. 이제는 정말 고국을 떠나고 있다고 생각하니 창밖으로 보이는 산과 들 그리고 옹기종기한 마을들이 마지막으로 우리를 환송해 주는 것만 같다.

대구역에 도착하니 수많은 시민과 학생들이 새벽부터 나와서 우리를 환송해 주느라 역이 떠나갈 듯 함성을 내며 야단이다.

새벽이라 꽤 추울 텐데 이렇게 나와 환송해 주니 미안한 생각도 든다. 저 보답을 뭐로 갚아야 할지 어깨가 무거워짐을 느낀다.

최종 목적지 부산항에 도착했을 땐 역시 우리 맹호부대를 기다리는 수많은 학생과 시민들이 항구 부두에 가득 메우고 있었다. 우리 부대는 서둘러 열차에서 내려 미 해군의 거대한 수송함에 몸을 실었다.

수송함 이름은 'GENERAL LE DAY ESTNGE호 13,000톤급'.

〈추기〉

부산항에 도착하자 부산시장이 주는 빵과 감을 여학생들에게 받아 아침 식사 대용식으로 먹었다.

우리 맹호부대 주력인 제1연대 병력이 이 수송함에 승선했다.

3,000여 명이 승선했다는데 함 내부는 마치 개미집 같아서 어디가 어딘지 도무지 감이 잡히지 않는다. 수송함이 얼마나 큰지 3,000명이 타고도 약 3개월간 바다 위에서 작전할 수 있단다.

우리 맹호부대는 부산 시민들로부터 최대의 환송을 받았다.

3. 머나먼 베트남 전선을 향해~
   남지나해 검푸른 파도를 가르며

1965년 10월 16일 토요일 맑음

어제 부산항에 도착한 우리 부대는, 나는 난생처음으로 미군 수송함에서 하룻밤을 잤다.

수송함 '제네럴-엘틴저호'는 1만 3천 톤 급으로 3,000명이 타고 3개월 동안 바다 위에서 생활할 수 있다니 짐작이 안 된다.

개미집 같은 함 내의 미로에 익숙해지지 않아서 대원들은 서로 통로를 잃고 우왕좌왕하는데, 오전 10시경 누군가 "야~! 함이 움직인다!" 하고 소리친다.

재빨리 갑판으로 뛰어 올라와 보니 정말 육중하고 거대한 함이 서서히 부두를 떠나고 있다.

부두를 꽤 메운 시민들과 학생들이 태극기를 흔들며 멀어져 가는 우리 파월 부대 장병들에게 마지막 환송을 해 주고 있었다.

아! 이제는 정말 고국을 떠나고 있구나. 점점 멀어져 가는 부산항, 마지막 작별하듯 아물아물 시야에서 멀어져 가는 오륙도, 내가 태어나고 내가 자란 우리 땅, 나의 조국. 이제 나는 나의 조상이 묻히고 또 내가 묻힐 나의 나라 나의 땅을 떠나고 말았구나!

월남 전선에서 살아서 언제 다시 올지 모르는 나의 조국이여! 난 당신을 버리고 떠나는 것이 아닙니다~! 난 언젠가는 반드시 살아 와 따뜻한 당신의 품에 안길 것입니다.

내 눈에서는 다시금 눈물이 솟구친다.

내가 파월돼 간다는 것을 늙으신 부모님께는 절대로 알리지 말라고 형님께 신신당부를 했지만 만약 부모님이 아신다면 태산 같은 걱정을 하시겠지, 거칠고 투박한 아버지의 모습이, 흰 머리칼 한 줌 뒤로 묶으신 어머니의 주름진 모습이 눈앞에 아른거리며 나를 붙잡는 것 같고 가족들의 얼굴 하나하나가 영사기의 화면처럼 나타났다 사라진다.

철부지 막냇동생 효순이가 "오빠~ 오빠~" 소리쳐 부르며 따라오는 착각 속에 가슴이 뭉클하게 저며 온다.

"전달~! 전달~! 전 장병들은 즉시 중대별로 집결하라! 신속히 행동해라!"

함 내 마이크의 메아리 소리가 순간적으로 가족들로부터 나를 떼어 놓는다.

"이 순간부터 너희들은 나와 생사를 같이한다. 그 어떤 극한 상황이 닥쳐오더라도 내 명령에 절대 복종하라."

중대장님의 예리한 훈시를 듣고 다시 갑판으로 올라왔다.

우리를 태운 함은 점점 속력을 내는지 흰 물거품을 힘차게 내차며 항진해 간다. 온 바다가 어두워지자 수송함은 일본의 어느 항구를 좌현에 두고 일로 남서 방향으로 항진을 계속해 간다.

〈추기〉

우리는 간다. 오륙도야!

먼~ 나라 월남 땅 하늘 아래로.

다시 보자, 오륙도야!

돌아올 땐 승전 소식, 한 아름 들고 오마.

1965년 10월 17일 일요일 맑음

우리 파월 원정군을 태운 수송함은 일본 열도를 지나 계속 서남을 향해서 항해하고 있다.

아직은 태평양 바다에 본격적으로 접어들지 않아선지 파도는 내가 생각했던 것과는 달리 심하지는 않다.

앞뒤, 좌우 어디를 둘러봐도 까마득한 망망대해! 사진이나 말로만 듣던 검푸른 바다의 물결, 처음 보는 넓은 바다라 그런지 태평양의 물빛은 정말 푸르다 못해 검게만 보인다.

과연 바다는 넓고 넓은 것임을 새삼 느낀다.

오후가 되자 함 내 방송에서 "현재 우리가 탄 함은 중국 상해 남방 200마일 해상을 통과 중."이라고 안내 방송을 해 준다.

그러고 보니 대만은 내일이면 통과하게 될 것 같다.

갑판에서 먼~ 수평선을 바라보고 있는데 함수 우현 쪽에서 커다란 배 한 척이 지나간다.

우리가 함 내에서 잠자는 공간은 층층으로 된 침대에 한 사람씩 자도록 돼 있다. 개인 침상에 군장을 머리맡에 두고 모포 한 장, 베개 하나, 그리고 구명조끼가 비치돼 있고 수송함 갑판 위에는 여러 척의 구명보트와 구명 장비들이 잘 배치되어 있다.

1965년 10월 18일 월요일 맑음

아침에 일어나니 수송함이 몹시 흔들린다.

갑판에 나와 보니 어제와는 달리 사뭇 높은 파도가 치고 있다.

이제야 태평양의 그 위력이 나타나는 모양이다.

오후가 되자 많은 인원이 갑판 위에 흩어져서 멀미하느라 야단이다. 그런데 나는 난간에 기대어 흰 물거품을 내며 갈라지는 파도를 보니 재미있기도 하고 한편으론 내가 어린애가 된 기분이 들기도 했다. 거대한 파도가 함수에 부딪치며 흰 물거품을 내면서 소멸해 버리면 또 그 물결이 되살아나 함에 부딪치고, 이 자연의 힘이 얼마나 크고 위력이 있는가! 새삼 느끼게 한다.

오후에 갑자기 화재 비상이 걸려서 모든 병력이 후갑판으로 집결해 대기했다. 만약 우리가 탄 함정이 큰 화재나 적의 공격을 받아서 침몰될 위기에 처했을 경우에는 우리 부대원들은 구명복을 입은 채 바다 위로 뛰어내린다는 것이다.

저 멀리 수평선 선상에 수송함 우현 쪽으로 구축함인 듯 '반짝반짝' 발광 신호를 내면서 빠르게 접근해 오자 수송함에서도 발광 신호를 한동안 주고받더니 달려오던 구축함은 흰 파도를 함수에 뒤집어쓰면서 빠른 속도로 아물아물 시야에서 사라진다.

우리가 탄 수송함이 화물차라면 저 구축함은 오토바이쯤 되는 모양이다.

화재 비상 훈련을 끝내고 함 내에서 휴식하며 놀았다.

1965년 10월 19일 화요일 맑음

어제보다도 더욱 심한 파도가 거세게 일렁이며 함에 몰아친다.

이제야 우리가 탄 수송함이 동양에서 가장 파도가 심하다는 남지나해를 항해하고 있다는 걸 새삼 느끼게 한다.

남지나해의 거대한 파도는 우리가 탄 수송함을 집어삼킬 듯 밀려오고 또 밀려와 수송함에 부닥친다.

이 사납고 무서운 파도 속에서 물 위를 날아다니는 날치를 난생처음 봤다. 이 거대한 파도, 사나운 대양에서 저토록 자유롭게 사는 작은 물고기를 볼 수 있다니 모든 동물들은 다 각자 자연의 섭리 속에서 살아가나 보다.

오후에 수송함은 '오키나와' 열도를 지나 대만 해협을 지나가고 있다고 함 내 뉴스를 전해 준다. 나는 갑판으로 나와 거친 바닷바람을 쐬며 고향에 계신 부모님과 가족들 생각에 잠시 잠겨 본다.

저녁 18시경 함 우현 쪽으로 군함 같은 배가 보이더니 이내 사라진다.

〈추기〉

함 내 식사는 정말 만족스러웠다. 미군들이 먹는 대로 똑같이 나오는 것이라고 한다. 기름진 음식이 많고, 고기가 주식처럼 나오는데 먹고 싶은 대로 충분히 먹었다.

일부 대원들은 기름진 식사에 과식을 해서 설사를 해 화장실이 항상 만원이다. 급기야 함 내 방송에서는 과식하지 말라는 방송까지 했다.

하기야 한국에서는 보리밥에 된장국만 먹다가 기름진 식사를 맘껏 해 대니 탈이 날 만도 하다.

화장실 휴지가 자꾸 없어지자 보급담당 미군은 신경질이 나는지 "코리안~ 갓 뎀! 갓 뎀!" 연발이다. 그뿐만이 아니다. 식당에서 식사 후에 '스푼'을 반납하지 않고 주머니에 넣고 나오는 바람에 나중에는 모자라는 소동이 벌어지자 또 함 내 방송이 나온다.

월남에 도착하면 얼마든지 지급하니 가져간 스푼은 반납하라고……. 하지만 난 안 했다.

1965년 10월 20일 수요일 맑음

드디어 우리가 탄 수송함은 남지나해의 거친 파도를 사납게 헤쳐 가기가 힘이 드는지 윙윙거리며 힘겹게 항해해 간다.

수송함이 많이 흔들리고 있지만 며칠 동안 면역이 생겼는지 오히려 흔들리는 수송함이 더 재미있고 더 큰 파도가 있었으면 하는 생각도 들었다.

과연 태평양 바다는 넓고, 우리 인간들이 이 자연의 힘에 도전한다는 것이 얼마나 위대하고 어려운 일인가를 느껴 보지 않을 수 없었다. 어떻게 생각해 보면 우리 인간들이 이 거대한 자연에 도전한다는 것이 어리석은 것은 아닌지, 생각되기도 한다.

오늘 밤, 도착을 앞두고 완전 군장을 꾸리느라 한동안 함 내가 소란스러웠다.

이제 곧 월남 땅 상륙이 임박했구나, 생각하니 가슴이 뛰고 찌릿해진다. 이 월남이라는 나라 풍경을 머릿속에 그려 보며 잠자리에 누웠다.

상하의 땅 월남이 가까워져서 그런지 함 내가 매우 덥다.

1965년 10월 21일 목요일 맑음

새벽에 일어나 모든 준비를 마치고 갑판으로 나와 정렬했다. 상륙하기를 기다리며 M2 카빈 소총과 실탄 60발을 지급받고 보니 이제야 적지에 온 기분이 들었다. 함 내 마이크에서는 연대장님의 "이 시간 이후부터 적의 공격이 있을 시에는 즉각 응사해 적을 물리쳐라!"라는 명령이 하달됐다.

수송함이 서서히 움직이고 앞에서는 불빛이 환하게 바다 위에 반사되어 육지가 가까워진다는 것을 느낄 수 있었다.

새벽 6시경, 우리가 타고 온 '제네럴-엘틴저호'는 바다 위에 정선하고 눈앞에는 푸른 산과 붉은 모래사장이 보인다.

아~ 여기가 바로 월남 땅이로구나! 신비함과 설렘 그리고 긴장감이 온몸을 감싼다.

우리 부대는 6일 만에 역사적인 월남 '퀴논' 항 외항에 도착한 것이다.

상륙을 초조하게 기다리는 가운데 자꾸만 지체되더니 10시경 우리 재구대대는 내일 상륙을 한다고 전원 함 내로 다시 복귀하라는 명령이 내려온다.

눈앞에 빤히 내려다보이는 '퀴논' 항, 작은 배들이 엇갈리며 지나간다. 그동안 한국서 빨리 갔으면 했던 월남에 드디어 온 것이다.

길고도 긴, 머언~ 항해 끝에 아무런 사고 없이 무사히 도착한 것이다.

〈추기〉

　오늘은 제1대대가 먼저 상륙하고 우리 재구대대는 내일 상륙하기로 연기되었다.

　저녁부터 억수 같은 비가 쏟아지다가도 해가 나면 먼 산이 보이고 정글로 뒤덮인 야산도 보인다.

　해변에는 작은 배들이 모여 고기 잡는 모습들이 인상적이고, 비가 와 그런지 함 내가 후텁지근하다. 길게 뻗어 있는 모래사장은 붉은빛을 반사하고 있어서 한국의 백사장과 대비된다.

베트남 전선, 맹호부대 제1연대 재구대대 전투원으로 참전하다.

4. 정글 전선의 첫발, 여기가 바로 지옥이구나!

1965년 10월 22일 금요일 비

오늘은 나에게 또 하나의 역사적인 날이다.

상륙정 L.V.T를 타고 월남 육지에 상륙하는 순간 나는 흥분과 야릇한 감정에 휩싸였다.

바로 이곳은 퀴논 항 근처의 붉은 모래사장 해변이었다.

억수같이 쏟아지는 빗속에 우리 중대는 긴장된 마음으로 수송차량에 분승해 어딘지 모를 주둔지를 향해 떠났다.

얼마 후, 다시 열차로 갈아타고 정글로 뒤덮인 어디론가 실려 갔다.

처음 보는 진기한 풍경들, 야자나무와 바나나 숲들이 긴장된 마음을 잠시 풀어 주는 듯했지만 누구 하나 말하려 하지 않는 굳은 입가엔 모두가 결심한 듯 번득거리는 눈빛들이다.

우리 분대는 열차 안에서 처음으로 'C-레이션'을 먹었는데 대원 하나가 "야~ 이렇게 한국에서 준다면 말뚝 박겠다!"(장기 근무) 해서 그 말에 긴장 속에서도 한바탕 웃었다.

그럴 만도 하지, 보리밥에 된장국만 먹다가 받은 'C-레이션'에는 고기에 빵에 우유와 커피에 양담배, 보들보들한 휴지와 껌까지 들어 있으니 말뚝이 아니라 '콘크리트'까지 칠 판이다. 열차가 목적지에 도착하자 우리 57mm 분대는 제1소대에 배속돼 억수같이 쏟아지는 빗속에 야트

막한 야산으로 이동을 개시했다. 나는 화기소대 57mm 무반동총 1분대 부사수를 맡았다.

처음으로 대해 보는 월남의 야전 상황은 말 그대로 정글의 연속이다. 나무 위에서 떨어지며 옷 속으로 파고들다 깨무는 갈색 개미 떼, 날이 어두워지자 달려드는 모기떼, 거의 산 정상에 오를 무렵 날은 완전히 어두워지고 말았다.

그런데 중대 C.P에서 본대로 다시 귀대하라는 명령이 내려져 하산을 시작하다가 그만 캄캄한 어둠 속에서 소대는 방향 감각을 상실하고 길을 잃고 말았다.

벌떼처럼 달려드는 모기들의 공격, 간간이 전방 계곡으로 날아와 터지는 포탄 소리는 우리를 초긴장의 공포 속으로 몰아넣고 말았다.

소대 무전병의 무전기에서는 우리를 부르는 중대장의 숨 가쁜 목소리가 들려왔지만 우리 1소대는 방향을 상실한 상태라 전 대원들은 실탄을 장전한 총에 방아쇠를 움켜쥐고 긴장은 폭발 직전이 됐다.

전 소대원의 운명을 책임진 소대장은 "우리 이렇게 된 이상 죽으면 같이 죽고 살면 같이 살자!" 비장한 각오로 말했다. 소대장은 열차에서 내린 지점까지 간신히 도착한 뒤 사주 경계를 철저히 하면서 중대와 다시 무선 교신을 하던 중, 우리 소대를 찾아 나선 중대부관 수색조와 교신하는 데 성공했다. 칠흑 같은 한밤중에 중대 C.P에 무사히 도착했다. 아~휴! 긴~ 안도와 함께 꼭 지옥에 다녀온 느낌이었다.

전쟁 영화나 소설 속의 멋진 장면처럼 내가 주인공이 된 듯 맘이 들떠, 죽음과 무서움이란 상상조차 않고 오직 젊은 혈기 하나만 믿고 월남에 지원한 나 자신이 원망스럽고 후회스럽기도 했다.

하지만 어떠하랴, 이미 여기에 이렇게 와 있는 걸.

"아이고, 하느님~ 이제야 내가 죽을 곳에 왔나 봅니다. 무슨 죄로 저를 이 지옥에 오게 했습니까!? 너무하십니다!"

"에라~ 이놈아! 여긴 지옥이 아니고 네놈이 가고 싶어 안달하던 월남 땅이다. 이놈아! 뒈지고 싶지 않으면 정신이나 바짝 차려라~ 이놈아!"

"하지만 하느님~ 지옥이 어디 따로 있나요? 이곳이 바로 지옥이지요!"

나는 교회나 절에도 다니지 않으면서 어느새 내가 월남에 온 책임을 알지도 보지도 못한 하느님께 핑계를 대고 있었다. 어려울 때는 꼭 매달리고 좋을 때는 까맣게 잊어버리고 그래서 하느님은 참 좋은가 보다.

방아쇠를 움켜쥔 손과 몸이 부들부들 떨려 온다.

1965년 10월 23일 토요일 맑음

생전 처음 월남 전선 하늘 아래서 하룻밤을 뜬눈으로 지새웠다. 날씨는 왜 이다지도 구질구질한지, 밤새도록 비를 맞으며 눈을 떴다 감았다 반복했다.

산은 온통 정글로 덮여 있고 이름 모를 나무들과 식물들이 인간의 접근을 막기라도 하듯 뒤엉켜 있다.

월남의 반딧불은 마치 플래시 불빛처럼 밝게 날아다니는데 주위 환경이 한국과 비슷한 데도 있다.

해안 지대와 근접해 있다고 하는데 그래서 그런지 가끔 시원한 바람도 불어온다. 농촌 지역 모습은 한국과 비교하면 아주 이채롭게 보이고 집들은 불란서(프랑스)식 집들이 꽤 많이 보이고 논에 심은 벼들은 사람의 손이 안 갔는지 아무렇게 자라고 한쪽에선 모판들이 있고 또 다른 곳은 모심기가 시작되는가 하면 벼꽃이 피고 추수도 한다. 주둔지에서 한국군 트럭을 만났는데 그렇게 반가울 수가 없다.

〈추기〉
 어젯밤은 정말 무서운 밤이었다. 비는 억수같이 내리고 모기들은 성난 폭격기같이 달려들고 사방에서 포성과 총성이 들려왔다. 때로는 조명탄이 하늘 위에 터져 밤하늘을 대낮같이 밝혀 놓기도 했다. 이재후 일병과 처음으로 주간 경계 근무를 서는데 개 한 마리가 숲속에서 뛰쳐나와 얼마나 놀랐는지, 주둔하던 지점에서 다시 이동해 두 번이나 진지를 새로 구축하느라 너무나 힘들었다.

1965년 10월 24일 일요일 비

 다른 데로 이동해 와 부지런히 텐트를 치고 진지를 구축해 놓았더니 또 다른 데로 이동하니 작업 중지하란다.
 죽어라 진지 구축해 놓으면 이동 또 이동, 명령에 따르는 것이 우리 임무지만 해도 해도 너무한다는 생각이 든다.
 낮에는 몹시 덥지만, 가끔 소나기가 내려 줘 더위를 잊게 해 준다.
 처음 와 그런지 아직까지는 한국에서 듣던 바와는 달리 이곳은 평화로운 농촌 마을같이 느껴지기만 한다.
 낮에 다시 가까운 곳으로 이동해 부지런히 텐트를 치고 진지를 만들었다. 대나무를 베다가 아치형으로 텐트를 치니 멋었다.

 김이웅 일병과 대나무를 베다가 총 개머리판을 부러트렸다. 그런데 그곳이 베트콩의 거처임이 발견돼 수색하니 가시나무 속에 열 가마 정도의 벼가 발견되어 모두 소각해 버렸다.

 월남의 대나무는 온통 가시로 무장되어 있어 다루기가 여간 까다로운 것이 아니다.

 월남의 기후는 남국의 열대 지역답게 꼭 한국의 한여름 복중 날씨다.

1965년 10월 25일 월요일 맑음

 오후에 진지 구축을 완료하고 주위 환경을 깨끗이 정리했다.

 진지 주위는 어디를 가나 가시덤불이 무성해 들어갈 수가 없고 조금만 스쳐도 가시에 찔려 피가 난다.

 무더운 날씨 때문에 땀이 얼마나 나는지 군복은 항상 젖어 있고 아직까지 세탁은 엄두도 못 내고 있다. 가끔 지나가는 구름과 소나기가 쏟아지고 바람도 불어 줘 한결 더위를 잊기도 한다.

 미국서 만든 헬리콥터는 모두 월남에 와 있는지 모든 보급품을 헬기가 실어 나른다. 더운 날씨 때문에 마시는 물이 부족해 고생했는데 오늘부터 급수가 원활해 다행이다.

 C-레이션 4박스를 보급받았는데 월남 와서 먹는 것은 미리미리 보급해 주니 걱정이 없다.

 오늘도 하루해가 지고 또다시 올빼미처럼 야간 경계에 임했다.

1965년 10월 26일 화요일 맑음

어젯밤 야간 근무 중 갑자기 총성이 나고, 좀 지나자 여기저기서 수십 발의 총성이 계속된다. 나는 재빨리 방아쇠의 안전핀을 풀고 전방을 응시했다. 총소리는 계속되고 유탄은 '피웅' 소리를 내면서 머리 위로 소리 내며 스쳐 간다.

아이쿠! 드디어 적이 나타났나? 온몸이 부들부들 떨리고 방아쇠 안의 손가락은 굳어 있고 등에서는 식은땀이 줄줄 흐르는데 총성은 계속해 간격을 두고 이어졌다.

우리 분대원들은 각자 위치에서 전투태세를 유지하며 꼬박 밤을 새웠다. 긴장의 밤을 보낸 중대는 날이 새고 확인해 보니 산짐승을 적으로 오인하고 사격을 개시, 이에 옆에 근무자가 놀라 사격하고 또 옆 근무자가 사격을 해 대서, 이렇게 돼 전 중대가 비상이 걸리고 사격을 한 거로 밝혀졌다.

제기랄! 짐승하고 전투하다니!!

1965년 10월 27일 수요일 맑음

어제 이어 맑은 날씨가 계속돼 기분은 상쾌하지만 뜨거운 열대의 햇살은 온몸을 태우려는 듯 뜨겁게 내리쬔다.

월남 와 처음으로 형님과 조카들한테 보낼 편지 초안을 써 놓았다.

남지나해를 항해해 오면서 쓴 글을 정리한 것이다. 홍매한테도 한 장 적어 본다.

매일같이 진지 보강과 장비 정리, 작업을 해도 끝이 없다.

오늘은 진지 앞 정글을 사계청소 하느라 비지땀을 흘렸다.

저녁때 57mm 포탄을 수령하고 나니 마음이 다시금 긴장되었다. 만약 이 포탄을 쏘게 되는 상황이 오면 어떻게 되는 거지? 생각할수록 등골이 오싹해지는 것 같다.

서쪽 정글 너머로 해가 지고 일과를 끝낸 분대원들이 모여 저녁 식사를 했다. 정말 꿀맛이다.

1965년 10월 28일 목요일 맑음

맑은 날씨는 우리를 돕는 듯 계속되고, 진지 작업이나 철조망 작업도 거의 끝나 간다.

한가한 틈을 타 부모님과 형님 그리고 왕십리 사촌 형님한테 편지를 여러 통 써 놓았다. 분대장 편지를 여러 통 써 주고 나니 누워서 편지 쓰는 일도 여간 힘든 일이 아니다.

내 것만 쓰면 되는데 분대장 편지까지 쓰자니 지루하고 힘들다.

고이 잘 쓸 줄은 모르지만 대강 써 줘도 잘 썼다고 좋아하는 걸 보면 자기 맘에도 들었나 보다.

늦게 저녁을 먹으려고 잠자는 막사에 오니 C-레이션 5개가 없어졌다는 것이다.

도대체! 분대원들 한 끼 식사분이 없어지다니 말이 안 나온다. 누가 와서 훔쳐 갔나? 아니면 대원중에 누가 몰래 먹은 건가?

분대원들 모두가 기분이 안 좋다.

1965년 10월 29일 금요일 맑음

진지공사도 모두 끝나고 전투태세도 완벽하게 했겠다, 한가한 시간이 되자 여느 소대를 가 봐도 편지들 쓰느라 고생들이다.

오늘도 분대장 편지 써 주느라 힘들어 내 편지는 내일 써야겠다. 하지만 위문편지를 보내 준 이화여중생한테는 회답을 해 줬다.

오늘 저녁때 소문을 들으니 또 이동을 한다는 것이다. 이렇게 진지를 완벽하게 잘해 놓았는데 또 이동을 한다니.

이것이 우리 부대 임무인지 모르겠다.

파월 후 처음으로 달러로 전투 수당을 받았다. 온 지 얼마 안 돼서 많이는 못 받았지만, 이국땅에서 달러로 수당을 받고 보니 아무튼 흐뭇한 생각이 든다.

분대원들이 돈을 모아 우리 분대에서 시급한 시계를 사기로 합의를 보고 돈을 거뒀다. 분대원들 모두가 좋아한다.

1965년 10월 30일 토요일 맑음

부모님과 형님께 보내는 편지를 정리해 본부에 보냈더니 주소 쓰는 방법이 틀렸다고 반송돼 왔다.

오후에 다시 정리해 가져갔더니 늦었다고 내일 가져오란다.

이왕 늦은 거 이화여중생 것하고 홍매 편지도 정리해 놓았다.

월남 도착 후, 처음으로 쌀밥을 줬는데 안남미 쌀밥이지만 오래간만에 밥을 먹으니 참으로 맛있다.

앞으로도 매끼 쌀밥을 준다니 다행이다.

좀 한가해져서 그런지 고국이 그리워지며 고향 생각이 난다.

월남 온 지 얼마나 됐다고 벌써 고국 생각이야~ 돌아갈 날이 까마득한데…….

1965년 10월 31일 일요일 맑음

늦게야 부모님과 형님께 그리고 다른 데도 모두 편지를 부쳤다. 막상 밀린 편지들을 보내고 나니 고향 생각이 간절히 난다.

지금쯤 부모님과 가족들은 뭘 하고 계실까?

별로 큰 작업 없이 주위를 정리하고 진지 앞 정글을 쳐냈다.

저녁때는 고국에서 여의도에서 머리를 깎고 월남 와서는 처음으로 이발을 했다. 이발은 했지만 물이 부족해 머리를 감지 못해 갑갑하다. 언제쯤 물 문제가 해결될지.

이발 도중에 듣자니 중대가 또 이동을 한다는데~ 이렇게 진지를 완벽하게 구축해 놨는데 또 이동이라니! 그럼 우린 어떡하라고, 이동할 때마다 부하들이 얼마나 힘들고 괴로운데. 알기나 해!

여기저기에서 불평 아닌 불평들이 터져 나온다.

1965년 11월 1일 월요일 맑음

어느새 10월도 지나고 한국에선 겨울로 접어드는 11월이 되었다.

고국에서는 11월이면 춥다는 말이 나올 텐데 이곳은 헉헉대는 더위가 계속되니 지구는 정말 상상할 수 없게 큰 모양이다. 그러고 보니 고국을 떠나온 지도 보름이 됐으니 아무튼 세월은 참 빨리도 지나간다.

매일같이 바쁜 일과에 낮에는 두더지처럼 벙커 속에서, 밤에는 올빼미처럼 야간 근무로 밤새우니 날짜가 빨리 갈 수밖에 없지.

저녁 늦게 이동한다고 해 급히 장비를 꾸려 모든 짐을 헬기장으로 옮겨 놓고 일찍 한잠을 잤다.

〈추기〉

늦은 저녁을 먹고 과감하게 야간 이동을 감행했는데 양길 옆은 글자 그대로 정글과 바나나 숲으로 덮여 있어 공포감이 든다.

한 시간여 걸려 무사히 목적지에 도착하니 미군들이 우리 중대를 기다리고 있었다.

본대는 이미 철수하고 1개 소대만 남았다고 한다. 우리 중대에 진지를 인계하고 오늘 밤은 우리와 같이 야간 경계를 하고 내일 철수를 한다고 하는데 우리와 다를 바 없는 같은 군인들이다.

1965년 11월 2일 화요일 맑음

이동해 와 하룻밤을 보낸 우리 분대는 후미 지역으로 경계 근무에 들어가고 다른 병력들은 새 진지 구축에 들어갔다.

경계 근무 중 얼마나 지났을까, 한 무리의 민간인들이 우리 쪽으로 물건들을 가지고 왔다. 우리가 바짝 경계하며 검문을 했더니 장사를 가야 하는데 우리가 경계하는 지역을 통과해야 한다는 것이다.

증명서를 확인하고 분대장이 본부로 인솔해 주고 왔는데 또 다른 남자들 한패가 다가온다.

잔뜩 긴장하고 몸수색을 하니, 이크! 권총 한 자루가 나온다.

즉시 본부에 연락을 취하고 연행해 갔는데 나중에 알고 보니 이곳 촌장이라고 해 곧 석방했다.

한동안 그들을 상대로 수첩을 펴 들고 대화를 시도했는데 조금은 통한다. 그런데 월남 사람들은 허약한지 종아리가 가늘고 모든 사람이 몸이 야위어 있다.

아무래도 이 지겨운 전쟁 때문이겠지.

1965년 11월 3일 수요일 맑음

진지를 구축하느라 전 분대원이 포탄이 떨어져도 끄떡없는 벙커호를 힘들여 만들어 놓았는데 소대장이 오더니 또 이동할지 모른다고 말한다.

그 말을 들으니 맥이 탁 풀리며 아무 일할 의욕도 안 나고, 그 무거운 나무를 가져다 만들어 놓았는데 또 다른 데로 간다니, 제발 이제는 다른 데로 안 갔으면 좋겠다.

그래, 이왕에 월남에 왔으니 이동하라면 하라는 대로 명령에 따를 수밖에 없지.

저녁에 밥이 오래간만에 나오고 C-레이션도 4일치가 보급되고 월남 와서 먹는 것은 걱정이 없는데 식수와 급수가 원활치가 않아서 오늘은 할 수 없이 근처 우물물을 길어다 끓여서 먹었다.

1965년 11월 4일 목요일 맑음

아직 할 일이 많이 남아 있지만 곧 이동한다는 말에 어물어물 시간을 보내고 있는데 집합하라는 명령이 내려왔다.

소대원 전원이 모였는데 소대장님이 최근 적전 상황을 말하고 있는 중에 대대장님이 오시더니 근무에 철저를 기하라는 지시를 한다. 그리고는 제1대대에서 베트콩 호송 도중에 저격을 당해 아군 1명이 전사하고 얼마 전 사령부에서는 1명이 실종되고 어제는 기갑연대가 상륙했는데 1명 사망에 부상자가 1명 발생했다는 것이다. 끝으로 각자 맡은 바 임무를 철저히 완수해 주기를 바란다고 당부하고 가신다.

이제 어디서 언제 적의 공격을 받을지 모르는 우리는 항상 경계심을 철저히 가져야 할 것 같다.

저녁 식사를 하는데 또 몇 개의 C-레이션이 없어졌음이 발견됐다. 벌써 몇 번째 이런 일이 분대 내에서 일어나다니, 앞으로 어떻게 해야 할지 모르겠다.

1965년 11월 5일 금요일 맑음

하루 종일 도로변에서 주간 경계를 서는데 소대장이 야생 개를 잡으라는 말을 잘못 알아듣고 놓치는 바람에 소대장이 직접 잡았다.

잡은 개는 분대장이 먹는다고 칼을 갈더니 이리저리 닦달해 저녁에 분대원들이 먹었다. 나는 어쩐지 찜찜한 생각이 들어 안 먹었다. 아마 한국이라면 먹었을 테지만.

내일 김창현 일병이 '퀴논'으로 환영 행사를 간다고 해 시계와 편지 봉투를 사 오라고 부탁했다.

월남 국민들의 환영 행사라고 한다.

오늘 하루는 편안하게 일과를 보낼 것 같다.

1965년 11월 6일 토요일 맑음

행사 때문에 분대에 3명만 남았는데 57mm 포탄이 왔다고 가져가라는 전갈이 왔다. 본부에 가 보니 C-레이션과 포탄 12상자가 와 있어 3명이 운반하느라 죽을힘을 다해 날랐다.

탄약과 C-레이션을 다 나르고 오랜만에 편안한 시간을 즐겼다.

11월부터는 건조기로 들어간다고 하더니 바람도 불어오고 시원한 느낌도 든다.

월남 와서 처음으로 세탁과 목욕을 했다. 말이 목욕이지 경계하며 목욕하기가 여간 신경 쓰이는 일이 아니다.

비누칠 한 번 하고 두리번, 물 끼얹고 두리번, 이런 것이 전선의 목욕법이지만 당장에라도 베트콩이 나타날 것만 같다.

1965년 11월 7일 일요일 맑음

새로운 주둔지로 온 지도 10일이 지났다. 여기도 모기들의 극성은 어쩔 도리가 없다.

새벽 2시경 대대 C.P 쪽에서 갑자기 포격과 실탄을 수없이 쏴 댄다.

야간 근무를 끝내고 잠들기 전이라 대원들을 기상시켜 벙커 진지 사격 위치로 투입시켰다. 사격 방향의 밤하늘에는 조명탄과 예광탄이 하늘을 가르며 어지럽게 수놓고 사라진다.

분대원들은 잔뜩 긴장했다. 얼마 후 "야간 근무자만 남고 전원 취침하라."라는 지시가 내려온다. 어찌 된 일일까? 휴~! 긴장이 확 풀리는 느낌 속에 잠자리에 누웠지만 좀체 잠이 오지를 않는다.

아침이 되어 본부에 물어보니 제9중대에서 전투 사격을 했다는 것이다. 젠장, 미리 알려 주고 할 것이지!

벙커를 보강하고 철조망 설치를 끝냈다.

오후에 쉬면서 고국에 편지를 쓰고 나니 동생들이 보고 싶다.

잘들 지내고 있겠지…….

1965년 11월 8일 월요일 비

하루 종일 비가 내리는데 바람까지 불고, 월남의 비는 이렇게 내리나 보다. 어둑한 벙커 안에서 오래된 잡지책을 뒤적이니 재미있는 내용이 있어서 한동안 정신없이 읽었다.

야간 근무를 서는데 비는 자꾸만 내리고, 하늘을 쳐다보면 비 올 것 같지는 않은데 쏟아진다.

긴장 속에서도 이 생각 저 생각이 나고, 직장 다닐 때 친구 홍매 생각이 자꾸만 떠오른다. 지난날 재미있고 행복했던 일들이 생각나 시간이 지루한 줄 모르게 지나갔다.

아마 그때는, 그녀를 좋아했는지 모르겠다.

그녀를 볼 때마다 이성에 대한 감정을 그때 처음으로 느꼈으니까….

1965년 11월 9일 화요일 비

식사를 하면서 하루 종일 신나게 놀자고 계획을 짜는데 갑자기 이동을 하라는 것이다. 적의 82mm 박격포탄도 막을 벙커를 구축해 놓았는데 또 이동이라니 기가 막힌다. 이제부터는 말도 말고 생각도 말아야지, 제기랄! 같으니라고…….

아무튼 명령이라 비를 맞으면서 더 크고 견고한 진지를 만들었다. 분대장은 다른 분대보다도 더 크게 만들려고 분대원들을 달달 볶는다. 하도 이동을 자주 하다 보니 간단하게 해도 될 일을 힘들게 시킨다.

중대장이나 소대장한테 잘 보이려고 그러는데 참으로 열성적인 것은 좋지만 분대원들은 힘들어 죽을 판이다.

여기저기서 불만들을 터뜨린다.

1965년 11월 10일 수요일 맑음

새로운 진지를 만들고 정리 작업을 하고 있는데 소대장님의 집합하라는 지시가 내려왔다. 요즘 대대 내에서 디프테리아 전염병이 발생했으니 개인위생에 특별히 주의하라는 것이다.

그리고 월남 온 지 90일이 지나면 월남 전선 적응 기간도 어느 정도

되었기 때문에 앞으로는 방어에서 적극적인 공격 작전이 전개될 예정이니 단단한 각오를 해야 한다고 일러 준다. 그 소리를 듣고 보니 전우들은 이제야 죽을 때가 왔나 보다 하고 긴장된 얼굴로 수군거린다.

아닌 게 아니라 헬기로 전투 수색을 하다가 베트콩과 교전이라도 벌어지면 다수의 희생자가 발생할 수 있기 때문이다. 하지만 올 때가 왔구나 하는 심정으로 담담하게 받아들이니 긴장감은 덜해진다.

그리고 하루라도 그 격전의 날이 와 봤으면 하는 생각도 든다.

1965년 11월 11일 목요일 맑음

어젯밤 이동으로 하루 종일 진지 보강하랴 장비 정리하랴 눈코 뜰 새 없이 바빴다.

중대장님이 와서 보고는 잘 만들었다며 중대 시범 진지로 지정할 테니 벙커와 주변 정리를 잘하라고 지시해서 C-레이션 박스로 바닥을 깔았더니 그럴듯하게 보기가 한결 좋다.

잠자는 벙커 안에도 침상까지 만들고 탄약호도 만드느라 오늘도 많은 일을 했다.

이젠 하도 이동을 많이 하니까 걸핏하면 "이동 준비!" 소리에 모두들 한바탕 웃었다.

아닌 게 아니라 하도 이동을 자주 하니까 그런 말이 나올 만도 하다.

쉬는 시간에 부산에서 떠나올 때 물 따라 주고 빵 나눠 주던 김영애 학생과 부산여고 김정순 학생한테 편지를 써 놓았다. 오늘도 하루 일과가 끝나니 저녁 해가 붉게 물들며 서산으로 넘어간다.

1965년 11월 12일 금요일 맑음

오전에 간단한 진지 보강 작업을 끝냈다. 편지도 여러 통 썼다.

내 편지 같으면 여러 통을 써도 상관없지만 분대원들 편지까지 써 주자니 힘들고, 또 부탁하는데 안 써 주자니 그랬다. 결국 오늘도 분대원들 편지를 여러 통 써 줬다.

우리 분대원 편지를 쓰고 나니 소대에서 잉크를 달라고 한다. 아니, 소대장이 잉크 한 병 못 사고 잉크를 달라고 하니 말이나 되나! 아이고, 기가 막혀라.

다음부터는 개인별로 사서 쓰고 아무도 주지 말아야 되겠다.

하루 일과를 끝내고 오늘 쓴 편지랑 이것저것 잔일을 정리하고 나니 어둡기 시작한다.

아~! 또다시 내 인생의 하루가 지나가고 있구나~

1965년 11월 13일 토요일 맑음

그간 써 놓은 편지들을 모두 중대 본부에 보내 부쳤다.

진지와 벙커 주변 환경 작업을 매일 하다가 하도 힘들다고 하니까 분대장도 힘이 드는지 오늘 하루 쉬잔다.

파월 후 매일 방어 작전만 해선지 긴장이 좀 풀리는 것만 같다. 왜 이렇게 긴장이 풀리며 태연해질까?

전쟁터로 전투를 하러 왔는데도 도대체 전쟁터에 온 느낌이 아직까지 들지가 않으니 참 이상하다. 언제 적의 공격으로 죽을지 모르는 이 마당에 왜 이렇게 태연해지는지 모르겠다.

중대 인사계가 오더니 어제는 제1대대에서 사고가 났다는데 어떤 사고인지는 말을 안 해 준다. 다만 앞으로는 전투 사태가 매우 치열해질 것 같다는 전망이다.

그렇다면 과연 내가 월남에서 살아서 돌아갈 것인가? 매우 우려된다.

1965년 11월 14일 일요일 맑음

할 일이 좀 남았으나 잡담을 하다 보니 깜빡했다.

오늘은 하루 종일 아무 일 없이 전술 진지 안에서 놀았다.

사수 김성경하고 조진재 일병이 삽을 가지고 어딘가 가더니 한참 후에 C-레이션 깡통을 몇 개 가져왔다. 알고 보니 미군이 버리고 간 쓰레기 구덩이에서 뒤져서 찾아왔다는 것이다.

분대원들과 식사 때 그걸로 끓여 먹으면서 한바탕 웃었다.

월남 와서 쓰레기 구덩이를 뒤져 버린 것을 먹다니, 뭐~ 배고파 주워 다 먹은 것은 아니고 심심해 장난 삼아서 한 일이다.

생각할수록 참 재미있기도 하고 우습기도 해 대원들은 "이것도 전쟁이야! 먹는 전쟁! 다른 분대나 소대 애들은 그것도 못 하잖아!" 하고 떠들며 웃었다.

1965년 11월 15일 월요일 맑음

아침에 중대장님으로부터 브리핑을 들었다.

현재 우리 중대 진지 전면으로 높고 깊은 정글 숲을 배경으로 적 1개 연대 병력이 집결하고 있으니 진지 보강과 탄약 보충 및 병기 정비에 이상 없도록 만전을 다하도록 지시를 한다.

이제 시시각각 접전의 날이 다가오는 느낌이 드니 긴장이 더해지는 것 같다.

저녁을 먹고 나니 갑자기 총성이 들려오고 곧이어 비상이 걸린다. 드디어 나타났구나! 생각하니 온몸에 긴장이 휩싸여 온다.

우리 분대원들은 즉시 전투 진지로 투입해 실탄을 장전하고 수류탄과 57mm 탄도 꺼냈다.

긴장 상태로 전투호에서 대기하고 있으니 총성도 잠잠해진다.

한참 후에야 중대 비상 훈련을 했으니 야간 근무자만 남고 원대 복귀하라는 명령이 내린다.

그제야 '훈련이구나! 휴~' 하는 안도의 긴 한숨이 나온다.

전투 진지 안에서 주간 경계 근무 하면서 경기관총(L.M.G)

1965년 11월 16일 화요일 비

날씨가 얼마간 좋았는데 비가 내리기 시작한다.

들리는 말로는 베트콩이 우리 주둔 지역으로 침투한다고 하니 앞으로 어떤 상황이 벌어질지 모르겠다. 고국을 떠나 월남에 온 지도 어느새 한 달이 흘렀다. 참 세월이 빠르게도 간다. 벌써 한 달이 지나다니, 부산항을 떠날 때의 모습들이 영화의 한 장면처럼 떠오른다.

월남에 상륙한 지 아직까지는 큰 전투 없는 상황이 이어지니 오히려 마음이 착잡해진다.

오늘 비가 제법 줄기차게 내리니 더운 월남이지만 서늘하니 꼭 알맞은 기온이다.

지금쯤 한국은 추운 날씨가 될 텐데 여기는 상하의 나라다.

1965년 11월 17일 수요일 흐림

중대장님이 왔다 가더니 진지 옆 정글을 더 쳐내라고 지시한다. 매일같이 작업을 하는데도 어디에 할 일이 남았는지 모르겠다.

오후 늦게 저녁노을이 질 무렵 분대원들이 달려들어 정글을 쳐냈다. 도구라고는 낫도 없이 야전삽으로 막 쳐내느라 많은 힘이 들었지만 서로 이야기하며 열심히 했더니 우리가 맡은 구역을 다 쳐냈다. 하도 작업을 많이 하니까 우리 부대는 맹호부대가 아니고 작업 부대가 아니냐고 누군가 말한다.

이러다가 나중에는 한국에서처럼 점호까지 하지 않을까?

1965년 11월 18일 목요일 맑음

진지 옆 정글 숲을 사계 청소를 하고 있는데 누군가가 "편지 왔다!" 소리친다. 그 소리를 듣자마자 대원들이 야~! 하고 함성을 질러 댔다.

나한테는 큰형님 편지가 왔다. 내 편지를 잘 받았고 용전분투하여 맡은 바 임무에 소홀함이 없이 잘 지내기를 바란다는 격려의 말씀이다. 가슴이 뭉클하게 저려 왔다.

그래, 이것이 형제간의 정이로구나! 나는 다시 한번 형제간의 뜨거운 피가 몸속에 흐르고 있음을 새삼 느꼈다. 고국에서는 이렇게 우리를 성원하고 있으니 나는 그 보답으로 꼭 이기고 귀국해야지.

1965년 11월 19일 금요일 흐림

진지 앞 정글을 넓게 쳐내느라 어찌나 더운지 비지땀을 흘렸다.

철길을 따라 민간인들이 물건을 가지고 오기에 검문을 실시했다. 빨리 가는 길이 있기는 한데 그 길이 중대 앞이라 그들을 철길로 통과하게 하니 그들에게 도움은커녕 불편만 주는 것 같아서 미안한 생각이 든다.

아무리 경계는 철저히 해야겠지만 양민들에게 폐를 끼치는 일은 없어야 하겠다.

이곳에 정글은 어찌나 무성한지 아무리 쳐내도 표시가 나질 않는다. 대원들이 하도 힘들어하니까 오늘은 그만하잔다. 분대원들이 모두 좋아한다.

1965년 11월 20일 토요일 흐림

배달된 전우 신문을 읽어 보았다. 고국은 지금 영하 6도까지 기온이 내려갔다니 참 신기한 일이다.

여기는 현재 36도를 오르내리는데 영하 6도라니, 지구가 도대체 얼마나 크길래 기온 차이가 이렇게 나는지, 생각해 볼수록 얼마나 신기한 일인가?

오후에 우리 분대에서 3명이 중대 본부에 작업 지원을 나가서 차고를 파느라 땀을 흘려야 했다.

오늘 81mm 박격포반이 중대에 배치됐다. 오늘 밤부터 적지로 포격을 한다고 한다. 바야흐로 베트콩이 우리 중대 주위로 접근하고 있다는 증거인데 시시각각으로 적과의 접전이 다가오고 있다는 예감이 든다.

사수 성경이와 조진재가 싸움을 벌여 한바탕 소동을 피웠다. 전투를 앞두고 싸움질을 하다니 참으로 한심하다는 생각이 든다.

조진재 일병은 군번이 우리보다 앞서 있는데 한국 있을 때 사고를 쳐아직도 일병이라 상병인 성경이와 가끔 다툰다.

〈추기〉

부산여자상업고등학교 3-3반 부산시 부산진구 전포동24 '이기고 돌아오세요!' 김영애

부산여자고등학교 2-2 부산시 서구 서대신동 2가 318번지 설영순

부산항을 떠날 때 무운장구를 비는 학생의 사인과 인적을 적어 봤다. 고맙다는 편지를 해 봐야지.

1965년 11월 21일 일요일 비

　오늘부터 진중일기를 새 공책으로 쓰기로 했다.
　오늘은 비가 구질구질하게 와 벙커 안에서 편지를 쓰고 있는데 소포가 왔다고 단독 무장을 하고 오라고 야단이다.
　집에서 책이 왔다고 해서 본부에 가 보니 왕십리 조카한테서 편지가 와 있다.
　얼마나 기쁜지 대원들과 함성을 지르며 편지를 일일이 돌려 가며 읽어 봤다. 특히 준화의 그림은 대원들의 배꼽은 뽑아 놨다.
　작은집 형님이 12월 15일날 결혼한다는 내용도 적어 보냈다.
　즉시 답장을 쓰고 결혼하는 사촌 형님께도 편지를 써 놓았다.

1965년 11월 22일 월요일 비

　전번에 붙인 편지들이 주소 쓰는 방식이 틀렸다고 반려돼 왔다. 사다 둔 봉투를 전부 써 놓았는데 모두 버리게 됐다.
　비기와 포반과 총 2분대원들이 우리 벙커로 몰려와 노는 바람에 벙커 안이 북적거린다. 아마, 그들도 우리 총 1분대 분위가 좋았던지 수시로 놀러 왔다.
　비가 너무 많이 와서 그런지 벙커 안에 비가 샌다. 비가 오기 시작하면 한꺼번에 오는 것이 아니고 질금질금 와 아주 질색이다.
　오래간만에 분대원들이 모여 찌개를 끓여서 먹었는데 레이션을 그냥 먹는 것보다 끓여서 먹으니 훨씬 먹는 맛이 좋다.

또 밤이 오고, 야간 보초를 서는데 왠지 자꾸만 불안한 생각이 든다. 오늘 밤은 참 이상하다.

1965년 11월 23일 화요일 흐림

우리 분대가 수색 정찰 순서가 돼 수색 나가는데 나는 벙커를 지키느라 홀로 남았다. 전원 무사히 귀대하기를 바라면서 정글로 사라지는 분대원들의 뒷모습을 바라본다.

수색정찰 안 나가는 대신 주간 경계근무를 서는데 날씨가 갠다.

오후 늦게 귀대하는 분대원들을 위해서 찌개를 끓여 놓고 기다리니 모두 무사히 귀대해 저녁을 맛있게 먹었다.

또다시 밤은 오고, 날이 어두워지자 사방에서 수많은 풀벌레들이 밤공기를 마시며 각양각색의 소리를 낸다. 어쩌면 저 풀벌레들한테는 이 밤이 즐겁고 행복한 밤인지도 모른다.

갑자기 번쩍하는 눈부신 섬광, 잠시 후 풀벌레 소리만 들리던 정적을 깨고 멀리서 은은한 폭발음이 들려온다.

오늘 밤에도 어디선가는 격전이 벌어지는 모양이다.

잠시 후 계속해서 밤의 적막을 깨고 포성이 끊이지를 않는다.

지금도 저기서는 사람들을 죽이고 죽어 가고 있겠지….

죽어 가는 사람들을 위해서 그들 영혼을 위해서 조용히 기도해 본다. 나 비록, 종교를 가지고 있지는 않지만.

1965년 11월 24일 수요일 맑음

오후 늦게 보초 교대해 근무를 서는데 대대 쪽에서 총성이 나며 곧이어 비상이 걸린다.

밝은 대낮에 베트콩의 출현인가? 잠시 후 사격 연습을 했다는 전갈이 오고 비상은 해제됐다.

처음 와서는 총성이 한 번만 들려와도 긴장하곤 했는데 이제는 비상이 걸려도 침착하고 태연하니 그간 오랜 긴장된 생활을 해 온 덕이 아닌가 생각이 된다.

오늘 밤도 계속해 들려오는 포성, 밤공기를 뚫고 은은한 폭음 소리가 마치 전장의 자장가 소리라고나 할까?

하지만 지금도 거기서는 처참한 전투가 벌어지고 있겠지?

검붉은 피가 어느 병사의 가슴속에서 쏟아져 나올지도 모를 거야.

아~! 전쟁, 이 전쟁! 우리는 왜? 이 전장에서 전투를 해야지?

전쟁에 뛰어들고 전투를 한다는 것이 얼마나 무섭다는 것을 알면서도 내가 왜? 이 전쟁터에 와 있는 거지?

그래, 누가 뭐래도 난 스스로 여기 왔다는 걸 인정하지 않으면 안 돼, 내 젊은 기백은 아무도 말릴 수 없었으니까.

1965년 11월 25일 목요일 비

어젯밤에도 중대 전방 산 계곡으로 포격이 계속됐다.

먼 거리가 아니기에 번쩍하는 섬광과 잠시 후 풀벌레 소리만 들리는 암흑의 적막을 깨트리며 "우르릉~ 꽹!" 폭음이 들려온다.
 은은한 밤의 교향곡을 울어 대던 풀벌레들이 잠시 침묵을 지키더니 이내 아무 일 없었다는 듯 다시 요란스럽게 울어 댄다.
 오늘은 추수감사절, 하루 종일 비 내리며 바람이 불어 댄다.
 주간 경계 중인 이웅이가 "편지 왔어." 하며 봉투를 내민다.
 직장 동료였던 홍매 편지다. 그녀의 편지는 정말 반가웠다.
 긴장 속에서도 잠시 옛날 생각에 잠겨 본다.
 그녀에게 첫 이성적 감정을 느꼈었지~ 그래, 어쩌면 그녀를 나도 모르는 사이 사랑했는지 몰라. 그런데 그땐, 왜 사랑한다는 말을 못 했을까? 아이구, 이 바보! 멍청이!
 이젠 그녀에게 상대가 생겼으니 쓸데없는 생각은 말자.
 적이 쏘기 전에 내가 먼저 쏴야 하는 전쟁터, 월남 전선에서 그런 생각일랑 하지 말자.

1965년 11월 26일 금요일 비

 아침부터 비바람이 몹시 불어 댄다.
 왜 그런가 했더니 현재 우리가 주둔한 지역으로 태풍이 통과 중이라는 뉴스가 전해진다. 힘들여서 만들어 놓은 진지는 허물어지고 벙커는 물이 새 말이 아니다.
 한가한 시간이라 누님과 홍매한테 편지를 쓰는데 머릿속은 홍매 생각뿐이다. 지금은 어떻게 지내고 있는지 보고 싶어진다.
 전에 온 편지를 읽어 보면 말해 줄 수 없는 고민이 있는 것 같다.

전쟁터에 와서 그런 생각은 할 필요는 없겠지만 왠지 자꾸만 옛날 그녀와 놀던 생각과 환상이 떠올라 지워지지 않는다.

비는 세찬 바람과 함께 계속해 억수같이 쏟아진다.

아~! 오늘도 빗속에 하루해가 저물어 가는구나!

1965년 11월 27일 토요일 비

어느새 토요일, 하루가 언제 오고 가는지 빠르게 지나간다.

지난주가 엊그제 같더니만 벌써 일주일 지나 토요일이라니 정말 빨리도 흘러간다.

본국에서는 토요일하면 즐거운 하루지만 이곳 전선에선 주말이건 일요일이건 마찬가지다.

오후에 베트콩이 출현했다고 해 서둘러서 출동했지만 수색은 허탕을 치고 포사격과 57mm 무반동총으로 몇 발 쏴 주고 철수했다.

먼젓번 57mm 사격 땐 좀 불안했지만 이제는 자신감이 생겨 언제든지 자신 있게 사격할 수 있다.

홍매 편지는 쓰고도 본부에 가져다주지 않아서 못 부쳤다.

인천 누님한테도 보내야 하는데 못 보내 미안한 생각이 든다.

누님~ 동생은 잘 근무하고 있으니 염려하지 마세요.

1965년 11월 28일 일요일 흐림

오늘은 일요일, 휴일이지만 우리는 휴일이라는 것을 잊어야 한다.

전쟁터에서 휴일이 무슨 소용인가, 적과 합의를 안 하는 한 일요일도 일과 시간이니 전선의 한 날에 불과하다.

이곳 '남탕' 지역은 아직도 태풍권인지 여전히 바람이 심하다.

오늘 밤에도 저쪽에는 격전이 치열하게 벌어지는지 밤하늘을 삼킬 듯 요란한 포성이 끝일 줄 모르고 들려온다.

아! 오늘 밤도 우리 젊은 전우들은 적의 총탄과 포탄으로 붉은 피를 흘리며 자유를 지키기 위해 숨져 가고 있겠지! 자유의 용사들이여~! 그대들이 흘리는 피는 결코 헛되지 않을 것이요!

그 숭고한 정신과 투철한 이념은 온 자유민의 영원한 교훈과 존경을 받을 것이요!!

1965년 11월 29일 월요일 비

진흙에 무너진 진지를 고친다고 분대장이 집합하라고 한다.

모두 모이니 대대장님이 오신다고 분대장이 일장 훈시를 한다.

작업 중에 내일 또 이동을 한다고 해 하던 작업을 중지했다.

좀 지낼 만하면 또 이동이다. 오후에 날씨가 개자 대나무를 베다 이동하면 텐트 칠 재료 준비해 놨다.

어디로 이동할지 궁금해하면서 장비와 군장을 정리해 놓았다.

야간 근무를 서는데 중대장과 부관이 각 초소를 돌면서 비상을 걸어 본다.

전 중대 초소를 돌면서 비상 준비를 점검하는 모양인데 우리 분대는 기합을 면할 것 같다.

계속해서 야간 근무를 했다. 오늘 밤은 유난히 별들이 반짝이는 것 같다. 지루하면서도 긴장되는 보초를 서는 동안 본국으로 휴가 갈 상상을 하면서 전방을 응시한다.

본국으로 휴가를 받아서 실지로 간다면야 정말로 신나는 멋진 휴가를 보내게 되겠지…. 언제 그럴 날이 올까?

1965년 11월 30일 화요일 비

갑작스러운 집합 명령이 떨어져 웬일인가 하고 본부에 모였더니 대대장님이 오셔서 말씀하셨다. 어제 기갑연대에서 작전을 했는데 병사들이 앞으로 전진을 못 해서 작전이 실패로 돌아갔다는 것이다.

"너희들도 다음 우리 대대작전에 그럴까 봐 미리 일러 주는 것"이라는 것이다. 몹시 화난 인상으로 한바탕 훈시를 하고 갔다.

이제 비로소 우리 부대 근처까지 시시각각으로 적들이 오고 있다는 증거라 긴장이 된다. 요즘 자주 오는 비는 태풍 때문이 아니고 12월부터는 우기로 접어들었기 때문이란다. 그러니까 앞으로 몇 달은 비가 더 온다는 뜻이다.

적들은 이 우기를 틈타서 한국군에 대한 공세를 취한다는 정보가 있다는 것이다.

벙커 막사로 들어와 분대원들과 앞으로의 사태를 의논하고 새로운 각오로 근무에 임할 것을 다짐했다.

1965년 12월 1일 수요일 비

고국에선 본격적인 겨울이 시작되는 12월이 시작됐다.
월남에서 세월은 참 빠르게 흘러간다는 느낌마저 든다.
오늘부터 새로운 장소로 옮겨 와 진지 작업이 시작됐다.
나와 대원 한 사람만 남고 모두 재료를 구하러 산으로 갔다.
비가 많이 오는 것은 아니지만 장마철처럼 구질구질하게 내린다.
밤에는 월남 와서 처음으로 영화 상영을 했는데 소리가 안 나와 뉴스만 무성으로 봤다. 우리 맹호부대가 고국을 떠나는 장면이 나왔는데 잠시나마 지난 일들이 새롭게 회상된다.
영화 때문에 매번 첫 번째로 근무를 서다가 오늘 밤은 끝번을 서고 말았다.
영화 전부를 봤으면 좋았을 텐데 좀 아쉽다.

1965년 12월 2일 목요일 비

오늘도 진지 작업 재료를 구하러 옆 산으로 갔더니 뭘 심었던 밭인지 축구장을 해도 될 넓은 평지가 있다.
적의 침투를 조기에 발견하고 효과적으로 사격하기 위해 정글을 쳐내기 시작했다. 이곳 정글도 온통 가시넝쿨로 덮여 있어 사람의 접근을 막고 있다.
작업을 하고 있는데 민간인들이 지나가고 있어 자세히 보니 몹시 허약하고 여위어 보인다. 작업하던 대원 중에는 베트콩들도 저 정도면 한

번 붙어 봤으면 하는 눈치들이다.

전투를 재미로 아는지, 전쟁이란 것이 얼마나 두렵고 잔인하다는 걸 알면서도 그런 말을 하는지 모르겠다.

하기야 나도 어떤 때는 그런 생각할 때도 있으니 내가 생각해 봐도 이해가 안 될 때도 있다. 현재까지 내가 그런 경험을 안 해 봐서 그럴까?

저녁때 분대장이 맥주를 사 와서 분대원들이 잘 마셨다.

1965년 12월 3일 금요일 비

어제도 오늘도 진지 작업이 계속됐다. 나는 작업 대신 초병 임무를 맡았다.

임무를 맡는 일도 작업하는 이상으로 힘든 것은 마찬가지다. 오늘은 예방 주사를 세 대나 맞았다.

점심때 밥을 가져다 놓았는데 가지러 오지를 않는다.

저녁 늦게 분대원들이 무사히 들어와 저녁을 맛있게 먹었다.

매일 밤만 되면 긴박한 긴장감, 때로는 어떤 공포감에 잡히기도 하는데 자정이 넘도록 별다른 상황은 없다. 보초를 교대하고 잠자리에 들어도 만약에 전투가 벌어지면 무엇을 먼저 하고 어떻게 행동해야 할지 그 생각이 한시도 떠나질 않는다.

1965년 12월 4일 토요일 비

어제 주사를 맞아서 그런지 몸살처럼 떨리고 머리가 아프다.

작업을 중지하고 문상병과 보초 교대를 하자고 하니까 몹시 불쾌하게 생각한다.

소대 전령과 잠시 이야기하는데 중대부관이 오더니 철모를 안 썼다고 엉덩이 몇 대를 친다. 월남 와서 처음 얼차려를 받아 본다.

고국에서 형님의 편지가 왔다. 잘 싸우고 돌아오라는 격려의 말씀이다. 자유를 수호하는 대한의 젊은이들, 그리고 아우를 걱정하는 형님의 따뜻한 마음씨! 과연 나는 자유세계의 자유를 지키기 위해서 월남에 왔는가?

아니지, 솔직히 말한다면 우선 나 자신을 위해서 왔는지 모른다.

전쟁이란 환상, 모험심, 영화의 한 장면을 만끽하듯 피 끓는 젊음의 기백, 그런 감정이 있었기에 전란으로 휩싸인 월남이란 남국의 나라가 끊임없이 나를 유혹했는지도 모른다.

그래, 아마도 그런 생각과 젊은 혈기가 전쟁의 무서움을 멋모른 채 여길 왔는지 몰라~

1965년 12월 5일 일요일 맑음

오늘도 몸이 불편해 보초 임무를 맡았다.

대원들은 모두 작업을 나갔는데 나만 보초를 서자니 미안하다.

실은 보초 서는 일도 편안한 일은 아니다.

보초를 서면서 틈틈이 신문을 몰래 보자니 맘이 놓이지 않는다.

혹시나 중대장이나 부관한테 들키지나 않을까 해서다.

아니나 다를까, 대대장과 연대장님이 시찰을 왔다가 진지 여기저기를 둘러보고 간다.

우리 중대 진지가 완벽하게 구축돼 오는 10일까지 모든 부대에 시범을 시킨다는 것이다.

어느새 저녁 해는 엷은 구름에 쌓여 연분홍색으로 변하며 서쪽 정글로 기운다. 얼마나 황홀하고 멋진 저녁 풍경인지 모른다.

검은 구름을 뚫고 월남 '스카이전투기' 두 대가 예리한 금속음을 내면서 서쪽으로 사라진다.

전투기야~ 전투기야~ 오늘은 어디를 폭격하고 그렇게 급히 가느냐! 오늘도 넌, 아니 조금 후면 네가 던진 폭탄으로 사람이 죽겠지……?

1965년 12월 6일 월요일 흐림

몸이 안 좋아도 보초만 서기가 미안해 작업을 나갔다.

그동안 못 한 일을 부지런히 해 내일 이동할 준비를 잘해 놨다.

새 진지가 상당히 견고하게 만들어져 언젠가는 전투를 당당히 치러도 문제가 없겠다. 작업 도중에 우리 포병 정찰기가 머리 위로 날며 중대원들을 향해서 손을 흔들어 준다.

태극기도 선명하게 찍혀 있는 우리나라 정찰기, 고국과 먼 월남 땅 위에서 임무를 수행하다니, 참으로 반갑고 꿈만 같이 느껴진다.

태극 마크 정찰기여! 부디 무사히 임무를 끝내고 귀대하거라.

오래간만에 대원 모두가 목욕했다.

이제 밥맛도 돌아오고 시원하고 날아갈 듯한 기분이다.

오늘 하루도 무사히 보냈구나~ 하는 생각으로 잠자리에 든다.

1965년 12월 7일 화요일 흐림

억수같이 쏟아지는 빗속에서 이동을 했다.

그 쏟아지는 비를 맞으며 오후 늦게까지 장비와 탄약을 날랐다.

낮에는 비가 왔는데 밤에는 유별나게 달이 만월이라 밝다.

그러고 보니 오늘이 사촌 형님 결혼식 날이구나!

고국에 있다면 도와줄 텐데 전쟁터에 있으니 마음뿐이다.

그저 오늘이 그런 날이구나, 하고 생각만 할 뿐이다.

내가 먼저 쏘지 않으면 죽어야 하는 전쟁터에서 그런 생각이 날 리가 만무하다.

어떻게 하면 하루가 무사히 지나갈까, 죽지 않을까 하는 생각뿐인데 다른 생각을 할 여유가 없다.

1965년 12월 8일 수요일 흐림

막바지 진지 정리 작업에 들어갔다. 시작할 때는 늦어서 땀 흘리며 열심히 했다. 연대장님이 또다시 전방 시찰을 나오셨다. 이제 진지 작업도 막바지에 이르렀다. 내일부터는 교통호를 더 깊게 파야 할 것 같다.

김이웅한테 편지가 왔다. 요즘은 틈이 나지 않으니 편지 쓸 시간이 없다.

진지 앞에 원형 철조망을 세 겹으로 쳐 놓으니 마음이 한결 안심이 된다. 어둠 속에서 초병의 임무를 맡는다. 풀벌레 소리가 그칠 줄 모르게 들려온다.

하늘을 쳐다보니 홀연히 구름 사이로 얼굴을 내미는 둥근달, 고국의 고향 하늘 위에도 저 달이 둥글고 환하게 떠 있겠지~

잠시나마 긴장 속에서도 향수에 젖어 본다.

1965년 12월 9일 목요일 맑음

이제 교통호와 진지 앞 사계 청소만 하면 작업은 대강 끝난다. 부지런히 흙을 파내고 나르는데 여간 힘든 게 아니다. 본국에서 보리밥 먹으며 이런 작업 하라면 아마 못 했을 것 같다. 여기서는 매일 고기 통조림에 언제든 맘껏 먹으니 견뎌 내는 데는 별문제가 없다.

옆 철조망 정글을 쳐내는데 못한다고 분대장이 소리소리를 지른다. 자기는 분대장이라고 해서 가만히 있으면서 분대원들만 하라고 하니 화가 나 견딜 수가 없다.

다른 분대장들은 보초까지 서면서 일도 같이 하는데 자기는 보초는커녕 작업도 안 하면서 앉아서 큰소리만 쳐 댄다.

에이, 나쁜 놈! 개새끼! 속에서 절로 욕이 나온다.

1965년 12월 10일 금요일 흐림

오늘까지 우리가 맡는 작업 구역을 완전히 끝냈다.

이제 내일 하루만 힘들지만 정리 작업만 하면 끝날 것 같다.

전투하는 것도 힘들겠지만 진지 구축하는 것은 더 힘든 것 같다. 전투는 적이 오면 방아쇠만 당기면 되지만 말이다.

앞으로 전투 상황이 일어났을 때를 생각해 본다.

얼마나 처참하고 치열하게 벌어질까? 정말 전투가 그렇게 무서울까? 어느 예술가는 전쟁이란 하나의 아름다운 예술이라고 말했다는데 정말 그럴까?

지금까지 월남 와서 본 나의 전쟁관은 그 예술가가 말했다는 것과는 거리가 너무 멀다.

그래, 전쟁은 무섭다. 그리고 두렵다. 인간이 인간을 죽이고 죽는 전쟁, 그보다 다 비열한 일이 또 있을까?

1965년 12월 11일 토요일 흐림

진지 정리 작업 중 뒤편에서 갑자기 총성이 들려오고 동시에 비상 나팔 소리가 들려온다.

분대원 전원이 즉각 전투태세를 갖추고 전투진지에 투입했다.

잠시 후, 인근에서 작전 중이던 공병대와 베트콩 간에 접전이 벌어졌다는 무전이 들어와 3소대가 즉시 출동했다.

얼마 후 무전 보고가 들어왔다. 적 2명을 사살했다는 보고다. 앞으로 얼마나 이런 상황이 있을지 모르지만 우리 중대한테도 본격적인 실전이 필요하다는 생각을 해 본다.

크리스마스가 바로 앞으로 다가오는데 고국의 여러 친지께 카드 한 장쯤 보내야지~ 하는 생각으로 국영이한테 부탁했다.

오늘 소대에 편지가 왔지만 나한테는 한 장도 없어서 서운하다. 점점 붉어지는 석양빛, 오늘도 긴장된 하루가 지나고 병사의 두 눈에 불을 켜야 하는 전선의 밤이 또 찾아온다.

1965년 12월 12일 일요일 비

사촌 형님한테서 편지가 왔는데 아버지 생신이 지났다는 걸 비로소 알았다. 집안 어른들이 다 모여서 내 이야기를 하면서 그날을 보냈다고 동생의 건투를 빈다는 편지 내용이다.

국영이가 카드를 사 와 부모님과 친지들께 한 장씩 부쳤다.

월남에 왔으니 월남 카드로 보내야 하는데 없어서 할 수 없이 국산 카드로 보내자니 좀 어색해 보인다.

이제는 진지 작업도 다 해서 별로 할 것도 없는 듯해도 바쁘긴 매한가지다.

점차 월남 전선 생활이 오래갈수록 우리 병사들한테 고민거리가 생겼다.

바로 이성에 대한 감정이 고민거리로 대두된 것이다.

현재로선 해결 방법이 막연해서 성에 대한 남성들의 감정은, 극한적인 전쟁터에서 더욱 심각한 문제가 아닐 수가 없다.

1965년 12월 13일 월요일 맑고 흐림

오전, 오래간만에 밝은 해가 온 정글을 눈부시게 내리쬔다.

나는 맑은 기분으로 밖으로 나가 벌거벗은 몸뚱이를 햇볕에 그을렸다.

오래간만에 한가한 시간, 형님과 사촌 형한테 편지를 썼다.

전번 이웅이 동생 미란이한테 소개받은 무학여고 학생들로부터 분대원 모두에게 편지가 왔는데 나만 쏙 빠져 버려 오전 내내 섭섭한 마음이 가시질 않는다.

시간이 한가해서일까, 지난 일들이 자꾸만 생각난다.

재밌던 일, 학교에서 시험 볼 때 커닝하던 일, 홍매와 밤늦게까지 영화 〈초원의 빛〉을 같이 봤던 일, 그녀에게 첫 이성을 느끼고 부끄러워했던 일, 이젠 모두가 아름다운 추억 속에서만 남아 버린 보물 상자가 되어 버렸구나.

이제부터는 그런 일들은 영영 다시는 오지 않겠지.

오늘도 전선의 붉은 해는 서쪽 지평선 정글 위로 한 점 구름 속으로 숨으며 사라진다. 너무나 아름다운 색으로 물들면서······.

1965년 12월 14일 화요일 비

큰형님한테서 세 번째 편지를 받아 보았다.

월남 참전 뉴스를 전한 한국일보 쪽지를 같이 동봉해서 보냈다.

부모님을 비롯해 온 가내가 안녕하시다는 내용이다.

참으로 좋으신 형님이다. 오늘도 내일도 먼 월남 전선의 동생을 염려해 주시는 형님의 마음을 무엇으로 보답해 드려야 할지…….

저녁때가 되도록 몇 번이고 읽어 보았다.

비상 나팔 소리가 들린다. '탕! 탕! 탕!', "비상! 비상!", "전원 전투 준비! 전원 전투 준비하라~!" 오늘도 실전 같은 비상 훈련이 계속됐다.

전번보다 더욱 신속한 동작과 긴밀한 태도로 전투 상황에 임할 수 있도록 하는 반복 훈련이다. 매일매일 시간이 지날수록 긴장이 높아지며 경계가 강화돼 갔다. 언제 어디서 덤벼들지 모르는 적들을 사방에 두고 더욱 경계하는 중대원들의 눈빛이 더욱 매서워졌다.

神이시여~! 우리들의 앞날에 승리만을 주소서!

1965년 12월 15일 수요일 비

소대장님의 전원 집합 명령이다.

모였더니 "서울 한양여자중학교에서 위문편지가 왔는데 나누어 줄 테니 읽어 보고 답장해라." 부탁의 말이다.

아마 소대장님 아는 사람이 학교에 계셔서 많은 편지를 보내온 모양이다. 어느 학생인지 정성스럽게 쓴 편지를 나도 한 통 받았다.

초등학교 다닐 때 국군 장병 아저씨께 위문편지를 쓰라고 해 한 시간 동안 배를 깔고 엎드려 어떻게 쓸까? 고민했던 때가 엊그제 같은데 이제는 내가 군인이 되어 위문편지를 받게 되니 감개무량하다.

오후에 축구 시합을 해서 그런지 다리가 아프고 피곤해 걷기가 불편하다.

비상 훈련은 오늘도 계속되고, 언제 적의 공격이 있을지 모를 전선의 하루가 또 무사히 지나간다.

1965년 12월 16일 목요일 맑음

중대 진지로 영화반이 들어와 밤에 영화 상영이 있었다.
서로 영화를 본다고 첫 번째 보초를 안 하겠다고 야단들이다.
할 수 없이 내가 뉴스만 보고 초번을 맡았다.
하루 종일 날씨가 좋더니 밤이 되자 비가 쏟아지는데도 영화는 계속해 상영된다.
별 하나 보이지 않는 캄캄한 밤, 2~3m도 관측하기가 어렵다.
만약에 적이 가만히 다가와서 수류탄이라도 던진다면 어떡하나, 하는 생각이 문득 든다.
영화 상영 스피커 소리만 간간이 들리는 캄캄한 밤이 일 분 일 초 지나간다.
오늘 밤도 무사히 보낼 것인가? 영화가 상영되는데 뭔가 나타날 것만 같은 생각이 자꾸만 난다.
갑자기 옆에서 무언가 '번쩍' 해 총구를 돌려 대고 시선을 돌리자 커다란 반딧불 벌레가 지나간다.
너무 긴장하다 보니 벌레한테도 놀란다. 휴우~, 저 놈이었구나, 긴 숨을 내쉰다.
영화 상영이 끝날 때까지 긴장되는 마음이 끝날 줄 모른다.

1965년 12월 17일 금요일 비

모진 바람과 함께 억수같이 비가 쏟아진다.

보초를 서는데 따스한 옷깃 속으로 열대의 시원한 훈풍이 스며든다. 쏴~아! 하는 바람 소리, 오늘 밤따라 벌레 소리 하나 들리지 않는다.

비바람 휘몰아치는 캄캄한 이 밤도, 긴장된 시간이 일 분 일 분 조용히 흘러간다. 멀리서 들려오는 포성은 쏟아지는 빗속에서도 은은하다.

아! 오늘 밤 비 오는 저곳도 격전이 벌어지나 보다.

비가 와도 전투는 계속되고, 그곳엔 처참한 광경이 벌어지고 있겠지?

시커먼 구름이 머리 위로 지나갈 때는 바로 눈앞도 보이지 않는다.

적이 바로 나타날 것만 같다. 긴장은 언제나 마음속에서 떠날 줄 모르고 초병의 두 눈은 전방을 뚫어져라 응시한다.

1965년 12월 18일 토요일 비

오늘도 계속되는 비, 눈앞도 보이지 않는 캄캄한 밤이 계속 흐른다. 오늘 밤도 무사히 보낼까? 하는 생각에 온 신경은 전방을 응시하며 관측한다.

초병의 근무 시간이 왜 이렇게 길고 지루한지, 앉았다 일어났다 반복하다가 잠시 옛일들을 생각해 본다.

아차! 긴장된 이 순간인데 다른 생각을 하다니…….

초병의 지루한 시간이 자꾸만 딴생각을 하게 한다.

만약 첫 휴가를 간다면, 제대를 하고 나면, 뭘 해야 하나…?

비가 하도 많이 내리니까 비옷을 입어도 어느새 바짓단부터 서서히 젖어 올라온다.

젠장! 무슨 놈의 비가 이렇게 온담. 하늘을 쳐다보며 원망을 해 보지만 시커먼 구름은 아랑곳없이 지나간다.

빗방울은 모진 바람과 함께 내 얼굴을 후려친다.

어쩌면 나를 비웃기라도 하듯 더욱더 세차게 쏟아진다.

이상한 짐승 소리가 들려와 온 신경이 그쪽으로 집중되는데 뭔가 나올 것만 같다.

비 오는 머리 위로 제트기들이 밤의 적막을 깨면서 어디론가 긴~ 여운을 남기며 지나간다.

1965년 12월 19일 일요일 비

수첩에 쓰던 일기장이 다 되어 오늘부터 새 노트에 옮겨서 쓴다. 오늘 국영이가 만년필과 노트를 사 왔다. 그동안 여러 번 부탁했지만 그도 맡은 바 임무 때문에 오늘에야 사 온 것이다.

오늘도 비는 억수같이 쏟아지고, 지금이 월남은 우기라 모두 쓸데없는 비다. 벌써 며칠째 오는 비인지 모르겠다.

오늘 밤에도 야간 근무 할 생각을 하니 벌써부터 걱정이다. 오늘따라 소대장이 야간 근무 잘하라고 일일이 당부한다.

어제 온 부산의 설영순 학생 위문편지에 답장을 써 놨다. 좋은 것은 아니지만 카드도 한 장 동봉했다.

작은형님과 홍매한테도 카드를 한 장씩 보냈다.

홍매한테는 무슨 이유 때문에 편지를 또 쓰는지 모르겠다.

어젯밤 보초 서면서 그녀 생각을 얼마나 했는지….

목숨을 걸고 전쟁터에 온 내가 옛날 생각을 이렇게 자꾸만 하다니, 이상할 정도로 홍매가 생각나는 건 그녀에게 이성을 느꼈던 미련이 남았기 때문일까?

비 오는 날은 공치는 날이라고 대원들과 웃기는 이야기로 시간을 보냈다.

모두 쓸데없는 이야기이지만 오늘 같은 현실에선 어쩔 수 없이 이렇게라도 시간을 보내야지 별도리가 없다.

1965년 12월 20일 월요일 비

계속되는 장마로 탄약고와 교통호에 물이 고여 분대원들이 물 퍼내느라 한바탕 야단법석을 떨었다.

오전에 사단장님께서 최전방 우리 중대까지 시찰을 다녀가셨다. 방문 때 중대원들한테 격려품도 한아름 주고 간 모양이다.

비 섞인 서늘한 바람이 옷 속으로 스며든다.

분대장한테 이유 없는 얼차려를 받았는데 분해서 어찌해야 할지 모르겠는 마음이다. 멀리 월남까지 와서 그럴 필요까지 없는데 너무 분대원들한테 제재를 가하려고만 한다.

소대장님의 호의로 사진 2장을 찍었다. 군 입대 후 월남까지 와서 집에 한 번도 못 가 봤는데 부모님께 걱정이라도 덜어 드릴 겸 해서 사진을 찍었다.

쓸데없는 시간만 자꾸만 흐르고, 나 자신이 그것을 잘 알면서도 안 하는 것은 내 마음속에 나쁜 마음이 있어서일까?

옛말에 알면서 안 하는 것은 더 나쁘다고 했는데!

1965년 12월 21일 화요일 비, 맑음

분대원들한테 미란이 친구한테서 또 편지들이 왔는데 나만 또 빠져서 기분이 허탈해진다.

제기랄! 이웅이 동생 무학여고생하고 펜팔 하기가 이렇게 힘들다니, 속으로 투덜대며 또다시 찾아온 밤의 초병 임무를 위해서 전투 진지로 나갔다.

며칠간 쏟아진 폭우로 잠잠했던 풀벌레들이 모처럼 맑은 밤을 맞아 오만가지 아름다운 교향곡을 울어 댄다. 그러나 저 멀리 전선에선 전투가 벌어지는지 섬광과 폭음이 그칠 줄 모르고 이어지고 있다.

우리도 머지않아 저런 격전의 날이 오겠지. 아마 저보다도 더 무서운 전투를 할지도 모른다. 꼭 그렇게 될 것만 같다. 사람이 죽고 다치는 이 전쟁터에, 내가 왜 이런 전쟁터에 왔을까? 난 분명 사람을 죽일 만한 독한 성격의 사람이 아닌데 여기에 와 있다.

자유와 평화를 위해서? 아니면 월남을 공산주의자들로부터 지켜 주기 위해서? 그래서 내가 여기에 와 있단 말인가? 아니다, 아니야! 난 아니다! 그렇다면 그건 거짓말이다.

내가 여기에 온 건 순전히 내 욕망 때문일 거야. 막연하게 느꼈던 전쟁에 대한 스릴과 모험심, 젊은 혈기의 영웅심이 나를 여기까지 오게 했을 거야.

아마도 진즉에 전쟁과 죽음이 무섭다는 걸 알았다면, 난 스스로 지원해서까지 여길 오지 않았을 거야.

난, 내가 죽는다는 걸 상상도 못 했으니까….

1965년 12월 22일 수요일 맑음

왜? 왜 이유도 없이 얼차려를 주는 거요?

오전에 축구 시합을 하다가 다리가 아파서 못 뛰겠다고 했더니 그걸 가지고 트집을 잡다가 급기야 분대원들이 엉덩이 몇 대씩 맞고 말았다. 생각할수록 분하고 원통해서 기분이 나쁘다. 다리가 불편해서 못 뛰겠다는데 무슨 불만이 생겼는지 분대원들한테 신경질을 내고 얼차려를 준다. 무식하기 짝이 없는 놈, 제 기분 따라 분대원들에게 강압적으로 하려고만 한다. 너무 건방지고 꼴사나워서 못 보겠다. 아무리 군대는 엄격한 규율 하에서 지내는 단체라지만 그래도 사람의 온정과 아량이 필요한 것이다. 만약 그런 것이 없는 사회나 군대 생활이 계속된다면 못 살 것 같다.

다시 밤, 밝은 별들이 수없이 반짝인다. 큰 별과 작은 별들이 펼쳐진 저 광활한 하늘이 모두 아름다운 풍경처럼 느껴진다. 재후 일병은 그런 감정을 아는지 모르는지 여전히 전방을 응시하며 경계 근무에 열중이다.

혹시 적이라도 나타날까 봐 그의 눈빛이 날카로워 보인다.

한참 동안 별들을 바라보노라니 어느새 포근한 잠이 찾아온다.

어쩌면, 포근한 잠이 아니고 고단한 잠인지 모르겠다.

1965년 12월 23일 목요일 맑음

오랜만에 맑은 날이다. 아마 몇 주 만에 보는 태양인지 모르겠다. 구름 한 점 없는 파란 하늘, 저 하늘 끝까지 티 없이 먼~ 맑은 하늘을 쳐다보며 발가벗은 몸뚱이를 이글거리는 태양 볕에 태운다.

오! 밝은 태양이여~ 찬란하고 눈부신 빛이여! 그대 아직도 그 자태를 지니고 있구나! 오늘도 내일도 언제까지나 영원히 그 모습 그대로 있어다오!!

오후가 되자 따사롭던 태양은 폭염으로 변해 진지 앞 정글을 쳐내는데 비지땀을 흘리게 한다.

몇 주 동안 비 오고 흐리던 때는 저 파란 하늘과 눈부신 태양이 그립더니 이젠 원망으로 변해 버렸다. 오히려 억수 같은 소나기라도 내렸으면 하고 생각되니 사람의 마음이란 참으로 간사하다.

내일 체육대회를 앞두고 씨름을 하라고 해 다리가 아프다는 핑계로 기권했다. 나로서는 흥미 없는 일이기에 빠지는 것이 상책이다. 그러고 보니 크리스마스가 이틀 앞으로 다가왔네.

1965년 12월 24일 금요일 맑음

오늘도 구름 한 점 없는 파란 하늘, 뭐라도 녹일 듯한 폭염이다.

오전에 내일 성탄절을 앞두고 소대대항 체육대회를 했다. 더운 날씨에도 불구하고 모두 열심히 해서 2등을 해 부상으로 받은 맥주로 전 소대원이 맥주 파티를 가졌다.

내일은 즐거운 크리스마스, 그러나 전선에선 좀 무의미한 성탄절처럼 느껴진다. 성탄절 하면 흰 눈과 추운 날씨가 연상된다. 하지만 군에 입대해 처음으로 맞이하는 성탄절이니 특히 월남 전선에서의 크리스마스는 내 인생에 의미는 추억이 될 것 같다.

지금쯤 서울 거리는 굉장할 테지~ 가만히 서울 있을 때를 생각해 보니 저절로 웃음이 나온다. 하지만 나는 후회하지 않는다. 내가 오고 싶어서 또 그 어떤 욕망을 채우고 싶어서 왔으니까.

성탄절, 그러나 휴식 없는 전선은 어제나 지금이나 별다름 없이 긴장된 하루를 보내야 한다.

뜨겁던 태양은 병사의 등을 검붉게 태우고 서쪽 정글 너머로 기울어 간다.

오! 붉은 태양이여~ 너의 눈부신 자태는 영원하리라!

1965년 12월 25일 토요일 맑음

아침 일찍 누군가 찬송가를 부른다.

이곳 월남 전선에도 크리스마스가 드디어 왔다.

그러나 휴일 없는 전선은 오늘이라고 놀 수 없는 법, 우리 분대는 중요한 보급로 중간에 있는 교량으로 수색 겸 경계 근무에 나섰다.

지금쯤 고국에는 얼음이 얼고 추운 날씨지만 이곳 월남 전선은 어디를 가나 앞이 보이지 않는 정글과 무성한 숲이 시야를 가리고 들판에는 누런 벼들이 물결을 일렁이며 고개를 숙이고 있다.

아무리 봐도 평화롭고 아름다운 농촌풍경이다. 이렇게 평화롭게 보이는 농촌에 과연 전쟁이 있을 수 있단 말인가?

너무나 조용하고 태연한 모습은 의구심이 들 정도로 평온해 보인다. 소를 여러 마리 몰고 다니며 풀을 먹이는 목동들을 보면 더욱 전쟁을 잊고 싶지만 지금 이 현실은 나 자신부터 이 전쟁을 수행하고 있으니 참으로 아이러니하다.

즐거운 성탄절이건만 뜨거운 폭염 아래 경계 임무를 수행하자니 보통 고된 일이 아니다. 각자 자기의 임무를 끝마친다는 것이 얼마나 힘든 일인가를 새삼 느낀다. 한시라도 풀 수 없는 경계심, 눈은 항상 전방을 응시하며 관측한다.

임무를 끝내고 중대 진지로 귀대하니 큰형님 친구분들이 카드를 보내 왔다. 너무나 고마운 분들이다.

작은형님한테서는 생활영어책이 왔다.

1965년 12월 26일 일요일 맑음

수색 작전 나간다고 해 준비했더니 갑자기 계획이 변경됐다고 해서 그 대신 진지 보수 작업을 했다. 군대에선 작업이 끝이 없다. 아무리 해도 또 작업, 작업이다.

점심 먹고 좀 쉬려고 하는데 누군가 밖에서 "범영이 맥주를 사야겠다!"라고 떠들고 야단이다. 웬일인가, 밖으로 뛰어나갔더니 카드가 무려 8장이나 왔다. 고국과 먼 월남 전선에서 카드를 받는다는 것은 얼마나 즐겁고 기분 좋은 일인가. 고향 면장님과 직원들이 보내 준 카드들이다.

소대에서는 한양여중에서 카드가 온 모양인데 소대장이 받은 사람은 답장하라고 한다. 고향에 소식 전한 지도 오래돼 모처럼 펜을 들었더니 또 할 일이 생겨 다음으로 미루었다. 군대에선 하고 싶어도 때론 못 하는 것이 흔한 일이다.

저녁때 서울신문 종군 기자가 와 사진을 찍는다고 해서 57mm 총을 메고 밖으로 나가서 여러 장을 찍었다. 매일 반복되는 힘든 일과 중에 오늘은 유쾌한 하루를 보낸 것 같다. 매일 이렇다면 얼마나 좋을까….

1965년 12월 27일 월요일 맑음

고국에서 쇼단이 와 사단 사령부에서 공연하는데 각 소대에서 10명씩 갈 사람들은 집합하란다.

난 별로 흥미가 없어서 빠졌다. 대신 편지나 쓸 생각으로 노트를 뒤적이는데 갑자기 비상 나팔 소리가 들려와 전투 위치로 달려갔더니 쇼 구경 때문에 인원이 비어 있어서 비상을 걸었단다. 어쨌거나 분대장은 구경 가고 잔소리할 사람이 없으니 살맛 난다.

큰형님, 작은형님, 인천 사는 사촌 누님 그리고 한양여중생들 한테도 답장을 썼다. 고향 면사무소 여직원한테서 카드가 왔는데 '당신의 무운을 빕니다'라고 적힌 문구가 시선을 끈다. 그저 자기 애인이나 남편한테 하는 것처럼 그렇게 쓴 것 같다.

왕십리 조카들한테서 편지가 올 때가 됐는데 아직 소식이 없다. 밤에 소대장이 호출해서 갔더니 한양여고에서 위문품으로 손수건이 왔는데 나보고 감사의 답장을 정성스럽게 써서 보내라는 것이다. 하이고~ 이 일을 어쩐다! 왜 하필 나한테 이런 일을 시키나?

소대장과 한양여중고등학교는 어떤 관계가 있는 것 같은데 위문편지도 올 때는 한꺼번에 단체로 온다. 쇼 구경을 하고 온 분대장과 대원들이 쇼 이야기 하느라 벙커 안이 시끌벅적 요란하다.

또 밤은 깊어만 가는데 오늘 밤도 무사히 넘어간다.

내일은 어떤 일이 벌어질까?

1965년 12월 28일 화요일 맑음

월남에 온 후 최초로 전투 수색 정찰을 나갔다. 긴장과 두근거리는 가슴을 억제하면서 정글을 헤쳐 가는 짜릿한 느낌은 남아로 태어나 처음으로 맛보는 전투의 쾌감인지도 모른다.

그러나 내가 첫 번째 맛본 그것은 지금껏 바라던 것과는 생각이 달랐다. 폭염이 내리쬐는 가운데 물 위를 첨벙거리며 앞으로 수색해 나가는 것은 정말 스릴 만점이다.

오늘 수색 작전은 적과 접전 없는 허탕이지만, 날이 어두워지자 소대는 대형을 갖추고 야간 매복에 들어갔다.

벌레 소리만 사방에서 들려오는 조용하고 맑은 밤, 수많은 별은 저마다 할 말이 있다는 듯 소곤거리는 것만 같다.

당장에 뭐가 나타날 것만 같은 밤, 그래도 조용히 아무 일 만 없기를 바라면서 일 분 일 분 흐르고 가끔 누군가의 기침소리가 우리가 여기 있다는 걸 느끼게 할 뿐 별들마저, 그리고 정글까지도 우리가 여기 있다는 걸 모르는 듯 긴장된 침묵만이 흐른다.

얼마나 시간이 흘러갔을까, 조용한 밤공기를 가르며 제트기 편대가 하늘 높이 희미한 불빛을 깜박이며 머리 위로 날아간다. 계속해 꼬리에 꼬리를 잇는 비행기 편대들, 이 밤에 어디를 가는지.

긴장 속에서도 살며시 떠오르는 옛 추억들, 아름답게만 회상된다. 지금쯤 고향에도 별일 없으신지 걱정이 되기도 한다. 언제쯤 휴가를 받아서 그리운 고향으로 부모님을 뵈러 가나?

5. 위문편지, 무학여고생과 펜팔이 시작되다

1965년 12월 29일 수요일 맑음

드디어 손꼽아 기다리던 이웅이 동생 미란이 친구한테서 첫 편지가 왔다.

'제가 누구냐구요? 미란이를 아셔요? 그 애가 소개했다구요. 이름이 예쁘죠? 저는 연이구요. 제가 풋내기라고요? 골리지 마셔요. 이제 곧 2학년이 된답니다. 몹시 까분다고요? 그게 제 부업인걸요. 그럼 월남의 멋진 소식과 함께 좋은 꿈 꾸시길 빌면서. 이 밤도 안녕히. 고국에서 어떤 계집애가.'

어젯밤의 피로를 풀려고 잠을 청해 보지만 잠이 오지 않는다. 오늘 편지 온 그 깜찍스러운 계집애 때문일까? 글씨가 참 예쁜데, 그래, 그 계집애는 얼굴도 예쁠 거야.

〈추기〉

✉ 연이의 첫 번째 편지

이 글을 받아 보실 분 전 상서

생각은 나지도 않으시겠죠? 천만의 말씀이라구요? 남의 속도 모르고 지껄여 댄다구요? 어머, 미안해서 어떡하나? 실례했어요.

아저씬~ 아니, 오빤 눈을 잊으셨죠? 하이얀 눈을 말이에요. 지금쯤 주먹만 한 모기가 물어뜯고 있다구요? 눈과는 관계가 없다구요? 몹시 아프셔요? 모기가 많죠?

한국으로 전부 보내셔요. 모두 얼어 죽고 말 테니까요.

그러지 마시고 지금 눈이 멋지게 내리는 오빠의 조국을 생각해 보셔요. 아름다운 이 풍경을 말이에요. 눈이 보고 싶다구요? 안타까워서 어쩌나! 봉투에다 동봉할 수도 없구! 눈을 살짝 감고 생각에 잠겨 보시겠어요? 어머, 정말 제가 너무 까부나 봐요. 실망하셨어요? (그러지 마셔요….)

이렇게 써 내려가다 생각하니 아마 오빠님께서 절 모를 것 같애요. 전 무학여자고등학교 1학년(아시다시피…) 이름은 김○연(연이도 무사히 통해요). 보기 드문 이름이죠? 그리구 키는 무척 커요. 그렇다구 구 척 장신은 아니에요.

취미는 집에서 피아노 장난을 좀 하구 있어요. 음악 감상, 스케이팅 모두 제 취미예요. 문학도 취미 정도 될 수 있을지…. 아빠, 엄마, 언니, 오빠, 동생 모두 가지고 있는 욕심꾸러기 행운아랍니다.

하이얀 눈이 마냥 날릴 것 같은 희뿌연 날씨입니다. 겨울이라 이름 짓기엔 너무나 실감이 나지 않던 따스한 지난 여러 날, 이젠 제법 북풍이 쌀쌀하게 뺨을 때려요. 그 뒤에 설경이 숨겨져 지금이라도 살며시 머리 위에 내려앉을 것만 같구요.

안녕하셔요? 급작스러운 기습에 혹 커다랗게 놀란 눈을 하실지 모르겠군요. 저는 누구일까요? 지난 주일 친구로부터 한참이나 재미있게 월남소식을 듣지 않았겠어요. 누구이기에 월남 소식을 전하냐구요? 모르세요?

같은 소속에 있으실 텐데, 김 일병님이라구.

바로 그분의 동생나리라나요. 저도 잘 몰라요. 제 친구로부터 소식을 듣고 있을 뿐이죠. 저번에 편지를 가지고 와서 보여 주는 게 아니겠어요. 편지 속에는 친구분들의 성명이 가득히 들어 있더군요.

이만하시면 아시겠죠? 그 애 이름은 '미란'이에요. 이름이 제법 예쁘죠? 저는 연이구요. 같은 반에 있어요. 즉 무학여자고등학교 1학년 재학 중이에요. 풋내기라구요?

놀리지 마셔요. 이제 곧 2학년이 된답니다. 아저씨! 아니 오빠가 더 좋겠네요. 다정하고….

몹시 까분다구요? 그게 제 부업인걸요, 뭘….

월남에서 생활하시기가 무척 바쁘시죠? 고국에 있는 오빠와 언니는 모두 대학에 다니고 있어요.

그리고 제 동생은 현 서울중학교 1학년이랍니다. 애가 개구쟁이라서 가끔 잘 싸워요. 제가 지기 마련이지만 엄마는 나만 보면 뭐라고 하시는지 아세요? 쟨 아빠만 닮아서 키만 크다고 그런답니다. 우리 아빤 얼마나 큰지 방문을 들어올 때 고개가 수그러진다고요. 양옥집인데두….

제가 생각하기에도 꽤 큰 키예요.

오늘 학교에서 극장에 갔었는데 월남 소식을 진지하게 보았답니다. 맹호부대였어요. 혹시 나오시지 않았는지…….

제 친구가 월남에 편지 좀 보내고 싶다더군요. 가장 친한 친구 한 분만 주소 좀 써 주시지 않겠어요? 부탁드립니다.

처음부터 부탁을 드려서 좀 미안하지만~~~ 꼭요?!

모기가 또 물어뜯지나 않으셔요? 정말 불행한 나라군요! 눈도 안 오구….

> 하지만 경치가 참 멋지겠죠?
> 그럼 월남의 멋진 소식과 좋은 꿈 꾸시기를 빌면서… 보람된 내일이 찾아오길……. 이 밤도 안녕히….
>
> 고국에서 어떤 계집애가.

1965년 12월 30일 목요일 비

계속되는 임무 수행, 오늘 정찰을 나간다고 해 출동 준비를 하고 기다려도 아무 소식 없더니 오늘 정찰 수색은 중지한다는 것이다.

잔뜩 기대했는데 긴장됐던 마음이 다소 풀리는 것 같다. 한편으론 좀 아쉬운 생각이 들지만 그것도 상급 부대의 허가를 받아야만 되는 모양이다. 비는 모진 바람과 함께 억수같이 쏟아진다. 이런 것이 월남 장마철의 특색인가 보다.

별로 하는 일 없이 한양여고 위문편지에 답장을 썼다. 그리고 어제 온 ○연 학생 편지에도 답장을 썼다.

비가 계속 쏟아지는 오후, 갑자기 총성과 함께 비상이 걸린다. 웬일인가 했는데 베트콩의 소행 같다는 것이다.

그렇다면 그들이 우리 주변까지 왔다는 말인가? 끊임없는 긴장과 함께 그 어떤 무서움이 압박해 오는 것 같다. 이제 비로소 올 때가 왔다고 생각하니 좀체 마음이 놓이지 않는다.

오늘 밤따라 벌레 소리도 들리지 않는 고요한 밤. 멀리서 포성이 끝을 모르게 들려온다. 포탄이 작렬하는 그곳엔 우리 인간들이 죽어 가고 있겠지? 자기 자신을 위한 것이 아닌, 남을 위해 그들은 죽고 다치고 희생되는 것이겠지?

적의 병사건 우리 병사건 어떻게 보면 모두가 불행한 사람들이다.

1965년 12월 31일 금요일 맑음

다사다난했던 1965년은 오늘 12월 31일을 기해서 마지막 날을 보냈다. 내 인생 행로에 말할 수 없이 크고도 큰 변동을 가져다준 1965년도, 내 추억에 길이길이, 내가 한 일생을 마칠 때까지는 내 머릿속에 깊이 영원히 새겨질 것이다.

생각해 보건대 얼마나 아름다운 추억이 있었던 한 해였던가. 얼마나 고통스럽고 괴로운 일들이 많았던 한 해였던가.

홍매와 영화를 봤던 일, 직장을 떠나올 때 정든 사람들과 헤어지며 눈물 흘리던 그 심정, 입영한다고 부모님과 헤어질 때 걱정스럽게 자식을 전송하시던 어머님의 주름진 얼굴 모습, 논산훈련소에서 고통스럽게 기합받던 심정, 서울 여의도 비행장에서 그 웅장했던 환송식과 시민들의 환호 소리, 내가 태어난 조국을 뒤에 두고 떠날 때의 그 심정을 생각하면 생각할수록 눈앞에 아른거리는 듯하다.

아~! 얼마나 아름답고 고귀한 추억들인가!

내 평생 그 추억들을 영원히 잊을 수 있겠는가!

내 생명 다할 때까지 영원히 잊지 않으리~

그 누가 이 한 해를 월남 전선에서 보낼 줄 알았겠는가. 부모님도, 가족들도, 아니 나 자신까지도 몰랐던 일이다.

내 인생 역사를 새롭게 만들어 준 1965년! 이제 1965년은 영원히 돌아오지 않을 것이다.

전쟁으로 불붙는 월남 전선서 너를 마지막으로 보내는 내 심정은 이루 말할 수 없이 서운하고 아쉽다. 그리고 슬프다.

다시는 돌아오지 않을 1965년이기에, 사계절이 이어지는 고국에서 오늘을 보냈으면 좋으련만, 하지만 내 인생이 걸어온 이 세월도 이것은 어쩔 수 없나 보다.

1965년이여! 영원히 찬란한 너를 잊지 않으리~

1965년이여! 영원히 찬란한 오늘의 역사를 지닌 채 고이 가거라.

너는 흘러가지만 내 마음속에는 언제나 영원히 남아 있으리라…….

1966년 1월 1일 토요일 흐림

우리 맹호부대 재구대대 대원들에게 神의 가호가 있기를.

1966년 1월 1일 새해 아침이 밝아 왔다.

긴장이 계속되는 밤의 적막을 헤치고 휴식 없는 격전지에 새해가 눈부시게 밝아 왔다.

새롭고 찬란한 역사와 인간의 평화와 자유를 약속하면서 이역만리 월남 전선에서 1965년을 보내고 신년 1966년을 맞이하는 내 마음은 즐겁고, 한편으론 착잡한 심정이 되기도 했다.

고국이라면 지금쯤 조상들께 차례를 드리고 집안 어른들께 인사드리고 즐거운 하루를 보낼 텐데. 그러나 난 월남 전선에 와 있다.

왜냐하면 우방국을 돕고 공산주의자들로부터 우리의 우방인 월남 자유민을 돕기 위해 여기에 와 싸우고 있는 것이다.

새삼스럽게 자유란 말이 어떤 의미를 갖는 것인지 가슴속 깊이 느끼게 한다.

오! 신이시여~ 우리를 도우소서~! 우리 젊은 용사들 앞에 영광과 승리만을 위해 보살펴 주소서!

1966년이여! 나의 행로 앞에 영광과 새 인생을 일깨워 주오~!

1966년 1월 2일 일요일 맑음

뜨거운 태양이 작열하는 전선에서 새해 하루를 잘 보냈다.

오늘 아침부터 곧 이동한다는 말에 대나무를 베러 간다고 야단이다. 우리 분대도 간단한 준비를 해 두고 세탁을 했다.

한가한 한나절, 무슨 일을 하려고 해도 도무지 일이 손에 잡히지를 않는다. 따가운 햇볕만이 발가벗은 몸뚱이를 태울 뿐, 벙커로 돌아와 묵은 잡지를 소리 높여 읽는다.

월남에 온 지 벌써 두 달이 지났건만 실감이 나지 않는 현실에 못마땅하게 생각되기도 한다. 어쩌면 그것도 좋은 일인지 모르겠다.

낡은 피복 반납이 있다고 하자 각 분대에서는 실로 웃지 못할 일이 벌어졌다. 멀쩡한 전투복도 일부러 깡통 날로 긁어 대 뚫어지게 만들어서 반납하는 것이다.

본국에선 누더기 옷에 보리밥도 배불리 못 먹는 전방 부대를 생각하면 여기로 잘 왔다는 생각이 들기도 하지만 한편 그들을 생각하면 구멍

뚫던 내 손이 멈춰지기도 한다.

내가 왜 이런 바보 같은 짓을 하고 있나 생각하면 이 작업복들을 한국으로 보내고 싶어진다. 하기야 옷값은 미군들이 내는 것이지만.

5촌 조카 경숙이와 학교 선배 김병학한테서 편지와 함께 카드가 왔다.

1966년 1월 3일 월요일 맑음

대낮부터 전방 정글 계곡으로 포격이 계속되고 있다.

정신 바짝 차리고 포격 지점을 응시하니 L-19 정찰기가 계곡 상공을 선회하며 임무를 수행하고 있다.

별로 하는 일이 없어 묵은 잡지를 뒤적이며 봐도 흥미 있는 읽을거리가 보이지 않는다. 중대 식당으로 밥을 가지러 갔다가 비스킷 과자를 몇 개 얻어먹은 것이 안 좋았는지 속이 불편하다.

오후에 소대에서 필름을 가지고 와 사진을 찍었는데 언제쯤 사진이 나올지 모르겠다.

우리 중대가 현재까지처럼 전투 사항 없이 이대로 가다가는 일이 터질 것 같은 생각이 든다.

그때 나는 어떻게 해야 할까? 자꾸만 그런 생각이 난다.

나도 모르게 찾아오는 불안감, 도대체 어떻게 해야 되지?

막상 그런 상황이 벌어지는 날, 바로 그 전투 상황이 어떻게 전개될지 의문이 자꾸만 든다.

1966년 1월 4일 화요일 맑음

구름 한 점 없는 까만 하늘엔 밝은 달빛이 환하게 비추어 철조망 근처까지 사방이 뚜렷하게 잘 보인다.

어찌나 환한지 개미 새끼도 보일 듯 밝은 달빛이다.

오직 긴장된 시간이 흐를 뿐. 무슨 생각을 할 수 있을까? 지금 여기에 내가 있다는 것에 허무한 마음뿐 아무 생각도 안 떠오른다.

그저 귀에 들려오는 수많은 풀벌레 울음소리가 마치 아름다운 교향곡을 연주하듯이, 깊어 가는 밤이 지나가는 줄도 모르고 쉬지 않고 울어 대고 있을 뿐이다.

저 풀벌레들은 누구를 위하여 저토록 아름다운 소리를 내는 걸까? 자신들의 향연을 위한 걸까? 아니면 우리 모두를 위한 것일까?

그래, 지금 벌레들은 나를 위해 저렇게 아름다운 소리를 내고 있을 거야. 벌레야~ 벌레야~ 너무나 행복한 너희들아! 이 밤 깊도록 나를 위해 노래를 부르고 있느냐? 동물들의 영장이라고 자처하는 우리 인간들은 사람을 죽여야 하는 이 마당에 어디 동물 중에 왕중왕이라고 할 수 있겠느냐! 참으로 슬프고 슬픈 일이 아닐 수 없구나!

나 자신이 동물들의 영장류라고 자처하는 지금은, 속 편하고 행복한 노래를 부르는 너희들이 부럽구나.

얼마나 밤이 지났을까, 밝은 달은 머리 위로 비스듬하게 기울어 가며 정글 위를 비춘다.

아무 티 없이 밝혀 주는 저 달빛, 나도 저 맑은 달빛 정기를 듬뿍 가슴 안으로 담아 가지고 싶다.

6. 베트콩의 기습, 본격적인 전투가 시작되다

'남탕' 기지 中隊 전술 진지 57mm 전투호 좌(이범영), 우(김성경)

1966년 1월 5일 수요일 맑음

갑자기 들려오는 기관총 소리. 총탄은 쉴 새 없이 공기를 가르며 매서운 소리를 내면서 머리 위를 낮게 스쳐 간다.

곧이어 불어 대는 비상 나팔 소리. "전원 전투 준비! 전원 전투 준비! 전 중대는 즉시 참호로 투입하라!!" 계속되는 명령 하달 속에 나는 자신도 모르게 본능적으로 총과 철모를 들고 전투 진지인 참호 속으로 뛰어들었다.

계속되는 총격 소리는 귀가 아플 정도로 따갑게 들려온다. '아이쿠! 이제야 붙었구나!' 나는 잽싸게 57mm에 포탄을 장진하고 M2 카빈에도 30발짜리 탄창을 끼워 넣었다.

수류탄도 꺼내 놓고 우리 앞 철조망에 적이 기어 오기를 기다렸다. 잠시 후 중대 진지 외곽 지역에서 간간이 총격이 계속되는가 싶더니 아군 박격포가 포격을 시작했다. 적이 철조망 근처까지 접근해 사격을 가해 오자 아군 박격포탄 탄착 지점도 철조망 가까이 근접 포격이 가해졌다. 적들의 사격 지점에 포탄이 터지는 바람에 폭음은 천지를 진동시키며 흙먼지를 휘날린다.

베트콩의 기습 총격은 9~11시 방향에서 계속되고 아군의 총격과 포격도 그곳으로 집중됐다. 사격 지점이 제1소대 정면이라 소대 화력이 그곳으로 집중되고, 얼마간의 시간이 흐르자 11시 방향에서 날아오던 총탄이 아군의 집중된 화력에 제압되었다. "사격 중지~!" 명령이 떨어지고 동시에 불을 토하던 박격포도 입을 다문다.

"각 분대! 피해 사항 있으면 보고하라!"

"57mm 분대 이상 무!"

"좋아, 잘 해냈다."

오늘밤 적의 기습은 중대장님의 재빠른 상황 판단과 전 중대원들의 신속한 전투 준비와 즉각적인 응사 그리고 집중된 화력이 아군 피해 없이 적의 기습을 물리친 요인이 아닌가 생각된다.

교묘한 놈들의 전법, 적들은 이렇게 치고 빠지는 전술로 우리를 괴롭히고 또 피로하게 만들려는 모양이다.

비상이 해제되자 대원들은 서로의 얼굴을 쳐다보며 "어휴~! 살았다!"

한마디씩 한다. 상황이 끝나자 나는 탄약과 수류탄을 제자리에 정리해 놓고 잠자리에 들었지만 좀체 잠이 안 온다.

만약에 아까처럼 우리 정면으로 적이 기습해 온다면 나는 어떻게 대응할까? 먼저 총으로 쏘고 수류탄으로 대항할까? 그래, 한두 놈은 총으로 쏘고 여러 명이면 수류탄이나 57mm 산탄으로 쏴야지!

1966년 1월 6일 목요일 맑음

오전 10시 태권 집합! 하루 일과 중 가장 듣기 싫은 소리다.

모두가 자신들을 위한 일이건만 나는 왠지 그것이 싫다. 도무지 하고 싶지가 않다.

어젯밤처럼 적의 기습 총격이 있을지 몰라 항시 마음이 안 놓인다. 태권 연습 중인데 갑자기 요란한 총소리가 들려온다. 대원들은 일제히 전투 진지로 뛰어갔지만 뒤에서는 막 웃는다.

알고 보니 다른 소대에서 사격 훈련을 하고 있다는 소식에 모두 폭소를 터트리고 말았다. 그리고 보니 어젯밤 적의 총격으로 신경들이 예민해졌나 보다.

하루하루 더해 가는 성에 대한 욕망을 어떻게 해야 할지, 급작스럽게 일어나는 이성에 대한 그리움이라고 할까, 모든 중대원이 다 그 문제 때문에 고민들이 이만저만들이 아니다.

더군다나 멀리 와 전쟁터에서 이성에 대한 욕망을 느끼는 것은 자연스럽고 당연한 일인지도 모르겠다.

우리 인간들뿐 아니라 이 세상 모든 생물이 성적 욕망을 느끼는 것은 자연스러운 일 아닌가?

누가 그런 본능을 우리 인간이나 세상 생물에게 줬는지 참….

누구나 그렇겠지만 그런 욕정을 스스로 해결할 필요가 있지 않을까!

1966년 1월 7일 목요일 맑음

아침 일찍 중대 전술 진지 후면으로 주간 경계 근무를 나갔다. 경계 근무지 바로 앞에 불탄 집들이 군데군데 있었다. 뭔가 나타날 것 같은 생각이 들어서 이재후 일병과 철저히 수색했다.

수색 중에 장사꾼인 듯 보이는 여러 사람들이 몰려오는데 그 가운데에 어린 소녀가 무거운 짐을 힘겹게 메고 우리 앞으로 걸어온다.

문득, 고국에 있는 동생들이 생각난다. 어쩌면 그렇게도 동생들과 비슷할까? 그들을 잠시 서 있게 하고 "짜옹(안녕)~" 하니까 그 소녀는 두려운 듯 무표정하게 같이 "짜옹." 한다.

우리가 먹던 빵과 찜 과자 등을 한 상자를 주니까 그제야 좋아라 씩 웃으며 뭐라고 인사를 한다. 총총걸음으로 앞서간 상인들을 부지런히 뒤쫓아 가는 소녀를 보노라니 불쌍하단 생각이 든다.

왜 저 소녀는 벌써부터 힘든 삶의 대가를 치러야만 하는 걸까?

사람이 살아가는 것이 저렇게도 어렵단 말인가? 참으로 세상은 이다지도 불공평하단 말인가? 굴곡이 있는 것이 현실이라고는 하지만 왜? 저 어린 소녀에게까지 이 삶의 대가를 저렇게 무겁도록 치르게 해야 하는 걸까? 어느 누구에게나 사랑하고 공평하다는 하나님은, 정말 이 세상에 있는 걸까?

소녀가 멀리 사라질 때까지 바라보는 내 마음은 무겁기만 하다. 그리고 고국에 있는 동생들이 그립고 보고 싶다.

1966년 1월 8일 토요일 맑음

이동한다는 말은 이제 더 이상 말이 없다. 이대로 여기 주둔하게 된다면 정말 다행이다. 매일 계속되는 태권도 훈련과 진지 보강 작업은 오늘도 이어졌다.

매일 똑같은 생활에 이젠 지루하다 못해 싫증이 난다. 좀 더 실감 나는 전선 생활을 해 봤으면 하는 생각이 날 뿐, 요즘 일과는 정말 무의미하게 느껴진다. 집에서 책을 보내왔지만 공부하고 싶은 마음도 없다. 무슨 좋은 일이라도 없을까?

오늘이 음력으로 며칠인지 초저녁달이 없다. 으슥한 밤, 신병 중대 동기생이 찾아와서 시간 가는 줄 모르게 여러 이야기를 했다.

지루한 근무 시간이 잘 가서 좋은데 적에게 발각돼 수류탄 공격을 받을까 두려운 생각이 들기도 한다. 동기생 말로는 우리 대대가 제2대대 지역으로 가면 매일같이 전투를 하게 된다는 말에 신경이 쓰인다.

언제쯤 그날이 닥쳐올까? 오늘 밤이라도 언제 어디서 닥쳐올지 모르는 적을 앞에 두고 긴장은 풀릴 줄 모른다.

멀리 서쪽 하늘 지평선 위로 희미한 달빛이 솟구쳐 오른다.

저 달은 고향 하늘 위에도 떠오르겠지~

잠시 고향 생각에 잠겨 있는데 바람 소리를 '휘~익' 내면서 밤새가 눈앞을 날아간다.

1966년 1월 9일 일요일 맑음

월남 민간인들이 많이 와서 진지 외곽 정글의 사계 청소를 도와준다. 점심때는 밥을 주고 저녁때 돌아갈 때는 쌀을 주는 모양이다. 그들이 작업을 도와주면 중대에서는 대신 먹을 것을 주는 것이다.

오늘내일하던 영화 상영이 오늘 밤에 상영됐다. 나야 별로 흥미 없는 영화지만 고국과 먼 월남에서 영화를 본다는 것은 정말 반가운 일이 아닐 수 없다.

제목이 〈삼등과장〉인데 나한테는 시시한 영화지만 그래도 대원들은 서로 본다고 초번 보초를 안 서겠다 야단인 걸 보면 고국에 대한 향수는 다 똑같은 모양이다. 대원들이 태만해지는 것 같아서 걱정이다.

잠도 잘들 자고 잠잘 때 군화까지 벗고 자니, 나 자신도 모든 일에 신중을 기하려고 하지만 나 자신도 태만해지려고 한다.

길고 지루한 밤 근무를 끝내고 잠자리에 들지만 이 생각 저 생각 별별 생각을 다 해 본다. 가만히 생각해 보니 지난 일들이 참 우습기도 하다. 왜 이런 생각들이 지금 떠오를까? 자연스러운 현상이겠지만, 멀리서 들려오는 포성 소리에 지난 생각들은 순식간에 사라지고 누워서도 긴장이 된다.

1966년 1월 10일 월요일 맑음

1) 베트콩의 부비트랩(지뢰)에 당하다

오늘 우리 중대는 슬픔과 기쁨의 쌍벽에서 어쩔 줄 몰랐다.

초소 앞 정글 사계 청소를 하고 있는데 굉장한 폭음과 함께 검은 연기가 하늘 높이 솟아오른다. 웬일일까?

별로 대수롭지 않게 생각하고 작업을 계속하고 있는데 총성이 나고 실탄이 머리 위로 날아간다. 곧이어 비상 나팔이 불고 비상이 걸린다.

"전투 준비! 출동 준비!"

명령이 하달돼 작업을 중지하고 벙커로 들어와 출동 준비를 끝내고 '무슨 일이 벌어졌구나' 생각하고 있는데 아니나 다를까! 중대 보급 트럭이 적이 매설한 '부비트랩'에 걸려 차량이 완파되는 상황이 벌어졌는데 탑승자가 중상을 입었다는 슬픈 소식이 전해졌다.

얼마나 분하고 원통한 일인가, 베트콩과 제대로 접전도 못 해 보고 당하다니! 이럴 수가……. 오후에 현장에 도착해 보니 보급차량과 전우 5명을 부상시킨 시커먼 구덩이가 크게 파여 있었다.

누군가 옆에서 한마디 한다. "더러운 나라가 전쟁도 더럽게 하는군." 사람의 운명이란 도대체 무엇인가? 생명이란 역시 모를 일이다. 부서진 차량 속에서 운전자를 꺼내 보니 금방 죽더라는 것, 구조하던 전우가 "죽었다!"라며 소리치자 갑자기 눈을 뜨면서 "나 죽지 않았다! 살려 줘!" 하더란 것이다. 얼마나 살고 싶었으면 정신을 잃으면서까지 살려 달라고 소리쳤을까? 인간의 본능이겠지.

다리가 부러져 부상당한 전우는 "이 새끼야! 나는 왜 안 살려 줘?!" 하고 소리쳤다는 것, 살아야 한다는 본능이 그렇게 귀중하고 무거운가?

정신을 잃으면서까지 총을 찾았다는 그 전우, 얼마나 책임 있는 행동인가. 오늘 상황을 생각할수록 원통한 생각이 든다.

2) 베트콩을 사살하다

한편으로, 제2소대가 수색정찰을 하던 중 수 미상의 베트콩을 발견하고 그들과 치열한 교전 끝에 적 2명을 사살하는 전과를 올리고 적의 근거지를 수색해 총과 수류탄 등 무기를 노획했다. 오전 V.C(베트콩)에 당한 것에 다소나마 복수해 마음이 후련하다.

저녁때 수색 나갔던 대원들한테 재미있는 이야기를 들었다.

적에게 무자비한 공격을 했다고. 왜 대원들은 그런 행동을 했을까? 나는 그들의 심리를 생각해 보았다.

나도 그런 행동을 한 대원들을 욕하고 싶지는 않다. 그렇게 하도록 한 공산주의자들을 증오할 뿐이다. 행동을 한 그들도 우리와 같은 입장이라면 이해가 된다.

어쨌거나 나는 나 자신의 생명을 위해 그들과 싸우고 그리고 이겨야만 한다.

1966년 1월 11일 화요일 맑음

오늘은 왜 이다지도 답답한 기분이 드는지 모르겠다.

종일 하는 일 없이 지냈다. 저녁때 중대장님으로부터 어제 있었던 차량 폭파 사건과 베트콩 사살에 대한 설명을 들었다.

또다시 돌아온 전선의 밤, 달빛도 없는 캄캄한 밤에 보초 서는 기분은 뭐라 말해야 좋을지. 벌레 우는 소리만 들리는 고요한 밤은 반짝이는 별들만 아롱거리며 보인다.

한동안 까마득한 광활한 밤하늘을 바라보노라면 고향 생각이 떠오르고, 재밌던 옛일들이 방금 내 주위에서 일어난 듯 떠오른다. 즐거웠던 지난 일들이, 아! 모두가 아름다운 추억들이었구나. 다시 한번 그럴 때가 돌아올 수 있다면 그 시절로 되돌아가고 싶다.

어둠이 점점 깊어지자 밝은 별들은 더욱 활기를 띠는 듯 서로 어울리며 반짝이고 있다.

이슬이 축축하게 내리는 판자 위에 얼마나 누워 있었나, 갑자기 전방에서 "컹~ 컹~" 하는 소리가 들려온다. 허망한 꿈과 망상은 삽시간에 사라지고 온 신경은 전방으로 집중된다. 어두운 밤, 먼~ 하늘 끝에서는 빨간 신호등을 깜박이며 비행기 한 대가 고요한 적막을 깨트리며 지나간다.

어느새 길고도 긴 근무 시간을 교대하고 벙커로 들어와 포근하고 따스한 잠자리에 든다. 아기가 엄마의 품을 파고들듯 나는 모포 속으로 파고든다.

따듯하고 포근한 그리운 고향의 꿈을 꾸면서…….

1966년 1월 12일 수요일 맑음

오늘도 진지 외곽으로 제초 작업 차 대원 몇 명이 나갔다.

매일 계속되는 작업은 한국이나 월남이나 다를 바가 없다.

작업을 끝내고 오래간만에 대원들과 발가벗고 목욕을 시원하게 했다. 한국 있을 때보다 아주 딴판으로 검게 그을린 몸뚱이는 윤기가 잘잘 흐르듯 살들이 올라 있다.

여자 없이 남자들만의 군대 생활이 얼마나 좋은가, 이렇게 마음대로 목욕도 하고 뜨겁게 작열하는 태양 아래 육체를 마음대로 드러내며 서로 시시덕거리면서 누구 물건이 좋으니 떠들면서 지낸다는 것은 우리 남자들만의 집단 생활에서만 맛볼 수 있는 특권이다.

어쩌면 이런 것을 보아 여자들이 없는 것이 다행이라고나 할까! 하지만 이렇게 하루가 지나가면 또 밤은 돌아오고 수많은 별들은 고요를 장식하며 풀벌레 소리와 함께 긴장된 시간은 말없이 흐른다.

그런데 이런 긴장된 밤이 되면 고독이 찾아오고 이성에 대한 감정이 더 크게 느껴지는 것은 왜일까?

남자들이라면 그런 현상은 어쩔 수 없는 발로겠지?

아름다운 사랑, 진실한 사랑을 영원히~ 영원히 간직하고 싶다.

아름다운 여인이여~! 그 어디에 그대 있느뇨! 아름답고 참된 사랑이여! 내 영원히 맘속에 간직하리다.

1966년 1월 13일 목요일 맑음

뜨겁게 작열하던 태양이 정글 너머로 기울면서 아름다운 저녁노을을 물들이며 숨는다. 오! 저 붉은 노을~ 짙푸른 보랏빛 하늘, 얼마나 아름다운 풍경인가!

서쪽 정글 너머로 끝없이 수놓은 저 노을은 월남 와서 처음 보는 대자연의 아름다운 풍경이다. 내 인생에 저토록 멋진 모습을 본다는 것은 행운이다.

보랏빛 하늘이 점점 먹음직스러운 홍시같이 변할 때쯤, 갑자기 포탄 떨어지는 폭음 소리가 '꽝꽝' 들려온다. 난 즉시 전투태세를 갖췄다. 아니! 그런데 철모가 보이지를 않는다. 분명 가지고 나온 것 같은데 보이지 않는다. 혹시 벙커에 있나 해서 뛰어갔지만 거기에도 없다.

포탄은 계속해 떨어지며 고막을 터뜨릴 듯한 굉음을 내면서 작열한다. 적의 82mm 박격포 공격이 시작된 것이다.

적이 또다시 중대 진지 문턱까지 와 박격포로 공격을 시작하다니, 공포감이 엄습해 오고 초긴장 상태가 됐다.

멀리 산 중턱에서 '반짝' 하고 섬광이 보이면 잠시 후 '쉬익' 하는 소리와 동시에 포탄은 중대 전술 진지 안으로 날아들고, 폭음을 내며 무섭게 작열한다.

전 중대원들은 전투태세에 돌입하는 동시에 적의 2차 공격에 대비하며 경계를 강화했고 아군 박격포도 적을 향해 포격이 시작됐다.

포탄이 날아와 터질 때마다 나는 참호 밑으로 납작 엎드리며 적의 동태를 주시하며 만약의 상황에 대비했다.

얼마간의 시간이 지났을까, 피아간 포격전이 약속이라도 하듯 침묵으로 돌아섰다. '어휴~!!! 이제 상황이 끝났나?' 너무 조용하다.

"각 분대 피해 상황 있으면 보고하라!" "57mm 분대 이상무!"

모든 상황이 끝나고 보니 그렇게 찾던 철모는 진지 옆 우의 밑에 있었다. 너무 긴장해 다급히 찾다 보니 보이지 않았다.

1966년 1월 14일 수요일 맑고 비

어젯밤 진지 안으로 날아와 터진 적의 82mm 박격포탄이 언제 다시 떨어질지 몰라 하루 종일 그 생각에 초긴장된 상태로 보냈다.

오늘부터는 집단 행동이나 태권도 시합도 중지됐다. 여럿이 모여 있다가 포탄이 날아와 터지는 날에는 사상자가 많이 날 것을 우려해서 저녁이나 밤에는 모여 있지 말라는 지시가 내려왔다.

총과 철모를 옆에 두고 눕기는 했지만 좀체 잠이 오지 않는다.

가끔 바람이 불어와 철조망에 달아 놓은 빈 깡통이 소리를 낼 때면 신경이 곤두서진다.

그래도 잠은 어느새 찾아오는데….

'저 여자가 누구더라? 전부터 아는 여잔데 어디서 만났던 여자지? 홍매 같기도 하고 얼마 전 편지하러 온 연이 계집애 같기도 한데.'
"안녕하세요? 오래간만에 만나는군요."

그녀의 인사가 아주 상냥하다. 아니, 그런데 여기는 어디지? 그녀의 집 같기도 하고. 우리는 반가워 즐겁게 이야기를 하던 중 그녀와 나는 서로 포옹하며 뜨겁고 달콤한 키스를 하였다.

나도 그녀도 서로 좋아했다. 나는 그녀가 이끄는 대로 이층으로 가기 위해 계단으로 올라갔다. 그러자 방문이 스르르 열리면서 희미한 불빛이 방 안에서 흘러나왔다. 안에서는 이상한 냄새가 나는데 나는 이 냄새가 여인의 살 내음이라고 느껴져 기분이 좋아지며 묘한 감정이 들었다. 안에서는 은은한 음악 소리가 나는 것 같았다.

나는 빨리 방에 들어가 그녀를 꼬옥 안고 싶을 뿐 다른 생각은 하나도 나지 않았다. 그런데 마음은 급한데 발걸음은 왜 이렇게 무거운지, 있는 힘을 다해서 방으로 들어가려고 애썼다.

방문이 다 열리자 불빛이 점점 강해지며 음악 소리도 크게 들려오더니 사람 소리도 나는 것 같았다.

난 기분이 나빠지는 느낌이 들었다. 사람 소리는 점점 크게 내 의식 속으로 들어오더니 내 몸을 마구 흔들어 댔다.

"야~! 일어나! 교대 시간이야!"

재후 일병이 총 개머리판으로 내 엉덩이를 쿡쿡 치며 나를 깨우고 있는 게 아닌가. 꿈을 꾼 것이다.

'아이고~! 이런 씨~이팔놈 같으니! 조금만 더 있다 깨우지, 방에 들어가기 전에 깨우다니…….'

너무나 아쉽고 섭섭한 마음에 맥이 쭉~ 빠지는 듯한 느낌이 들었다. 꿈치고는 허무맹랑한, 그리고 너무 아쉬운 꿈이다.

진즉에 빨리 방 안으로 들어가야 하는 건데……!

1966년 1월 15일 토요일 맑음

웬일인지 십여 일이 넘도록 편지가 오지 않는다. 오늘은 오겠지 기대했지만 또 허탕이다. 나뿐 아니라 분대원들한테도 안 온다.

하루 종일 할 일 없이 무더운 벙커 안에서 옹기종기 모여 앉아 바둑이나 두고 그것도 아니면 무슨 할 말들이 많은지 마구 떠들어 댄다.

가만히 들어 보면 모두 자기가 최고요, 잘났다는 말뿐이니 참 우습다. 나도 그들과 같이 있으니 누가 내 옆에 있다면 나도 별반 다를 바가 없겠지. 바람이 불어와 나무 그늘에서 전번에 편지 보내 준 최 형과 조카들한테 답장을 써 놓았다. 내일 보급차 편에 부쳐야지.

오늘 밤은 유난히 밝은 것 같다. 아직 달은 안 떴으나 반짝이는 별들이 달 대신 빛을 내서 그런지 밤하늘이 맑다.

밤은 길고 시간은 지루하고, 그냥 막연하게 멋진 공상의 세계 속으로 빠져 본다. 결코 그 상상이 현실로 이루어지지는 않겠지만, 어쩌면 그렇게 될지도 모른다는 생각이 들긴 하지만….

전방 계곡에서 섬광이 번쩍하더니 뒤이어 무서운 폭발음이 들려온다. 적지에 맹렬한 포격이 시작됐다.

저곳에는 얼마나 무서운 광경이 벌어지고 있을까?

1966년 1월 16일 일요일 맑음

또다시 돌아온 전선의 일요일이다.

방공호를 만들라는 지시가 떨어져 부지런히 땅을 파 만들어 놓으니 만들지 말란다. 힘들여 땀 흘리며 만들어 놓았더니 그만두라니, 다음부터는 그런 지시는 안 했으면 좋겠다. 사수가 교회에 다녀오더니 우리 총 1분대가 제9중대 작전에 배속돼 출동한다고 일러 준다. 그래선지 우리 분대가 보급로 경계를 나갈 차례지만 중대장이 나가지 말라고 했나 보다.

출동 소식에 하루 종일 이상야릇한 기분에 사로잡혀 앞으로 있을 작전에 생각해 본다. 우리 총 1분대가 월남 와서 최초로 기동하면서 전투하게 되나 보다.

그동안 사격과 박격포 공격을 받는 등 여러 번 상황이 있었지만 이젠 본격적인 전투를 하게 되나 보다.

말로만 듣던 전투, 사람을 죽여야 하는 전투, 내가 이제부터 사람을 죽이는 전투를 해야 하다니, 나는 사람을 죽일 만한 그런 무지막지한 마음의 소유자가 아닌데, 전투 중에 사람을 죽여야 한다니. 아! 이런 일이~! 정말 내게 닥쳤구나!

1966년 1월 17일 월요일 맑음

제9중대 작전에 우리 총 1분대가 지원 나가게 되어 아침부터 탄약과 개인 화기, 실탄 등 점검을 해 놓고 대기하고 있으니 중대장님이 오셔서 간단한 장비 검사와 훈시를 하신다.

완전군장을 하고 보니 기동하기가 쉽지가 않다. 오후가 되자 중대원들의 격려 속에 대대 C.P로 출발, 저녁에 도착하니 작전 출동은 내일 헬기 편으로 하게 되니 오늘 밤은 푹 쉬라는 지시를 내린다.

저녁을 먹고 있는데 보급병이 간식과 큰형님 편지를 가지고 왔다. 온 가족이 모두 무고하시고, 이젠 부모님도 모두 알고 계시니 몸조리 잘하라는 당부의 말씀에 마음이 더욱 무거워짐을 느낀다. 늙으신 부모님, 나 때문에 주야로 태산 같은 걱정을 하실 테지.

쭈그러진 얼굴에 주름 하나 더 생길 것을 생각하니 부모님께 죄송스러운 마음이 이루 말할 수가 없다. 하지만 아버지, 걱정하지 마세요~ 언젠가 산에 가서 나무하다가 저한테 말씀하셨죠? 아버지 생각나세요? '꿩 새끼도 크면 어미 품에서 떠나 혼자서 살아가니 너도 그래야 한다' 하셨죠?

아버지! 전 이제 꿩 새끼가 아녀요. 날개도 크고 다리도 단단하다구요. 이렇게 혼자서 여기까지 날아왔잖아요! 조금도 염려하지 마세요.

밤이 되자 대대 C.P는 노랫소리가 여기저기에서 들리며 마치 시골 시장터같이 불야성을 이루고 있다. 전방에 배치돼 밤이면 불도 제대로 못 켜며 지내다 이런 광경을 보니 별천지에 온 느낌이 들었다. 여기만 해도 후방 지역이라 그런가?

내일의 전투를 위해서 잠을 청해 보지만 이 생각 저 생각에 좀체 잠이 안 온다.

나는 부대가 기동하며 전투하는 것이 처음이라 그런지 별별 생각이 꼬리를 물고 이어진다. 내일 전투에선 과연 어떤 일이 벌어질까? 다치지는 않을까? 죽기라도 한다면? 아냐, 죽진 않아! 꼭 살아서 올 거야! 별 방정맞은 생각이 다 난다.

배속 제9중대장이 지나가다가 묻는다.

"왜들 안 자나?"

"잠이 안 옵니다."

"그래도 자야지."

"넷! 알았습니다!"

1966년 1월 18일 화요일 맑음

요란한 엔진 소리를 내면서 미 해병대 소속 헬기들이 제9중대 병력을 싣고 하나둘 편대를 이루며 동쪽으로 구름처럼 사라진다.

이제 우리 57mm 분대 차례다. 그때 박경석 대대장님이 우리 쪽으로 오더니 선발 제9중대장에게 소리치듯 "비겁하게 후퇴하는 자 있으면 쏴! 대대장인 내가 책임진다!" 큰 소리로 명령했다. 9중대장이 대답했다. "예! 알겠습니다!" 대대장님은 우릴 쳐다보며 말했다.

"잘해야 한다! 명령에 잘 따르고!"

분대원들은 일제히 대답했다.

"옛! 알겠습니다!"

대대장님 허리에 찬 자그마한 권총이 오늘따라 꽤 커 보인다. 제9중대장님이 대대장님께 경례를 마치자 우리 분대를 향해 명령했다. "배속 57mm 분대~ 헬기에 탑승하라! 목적지에 착륙하면 즉시 본대와 합류하고 거리 유지하도록 하라!"

명령이 떨어지자 우리 분대는 시동을 걸고 흙먼지를 일으키며 대기 중인 헬기에 잽싸게 탑승했다. 우리를 태운 헬기와 중대장과 다른 지휘부를 태운 헬기 3대는 한 편대를 이루며 힘차게 이륙해 그대로 적지를 향해 날아간다.

이제 몇 분, 아니 조금만 있으면 우린 전투를 치르겠지. 전투에 대한 공포감으로 온몸에 긴장이 감싸 온다.

나도 헬기 안의 분대원들도 모두 입을 굳게 다물고 모두 긴장된 모습들이다. 헬기 앞 조종석에는 대위와 중위로 보이는 조종사가 번갈아 뒤돌아보며 장갑 낀 엄지손가락을 들어 보이며 뭐라고 떠들어 대지만 내 귀엔 O.K 소리만 들릴 뿐 긴장과 요란한 엔진 소리로 온몸을 짓누르고 있는 것만 같다.

헬기 양옆에는 백인과 흑인 병사 두 명이 기관총을 아래로 겨냥한 채 그들도 긴장을 풀려는 듯 껌을 질겅질겅 씹어 대며 흰 이빨을 드러내 웃으면서 역시 뭐라고 말을 걸었다. 난 도무지 알아들을 수 없어서 고개만 끄덕끄덕했더니 그 흑인 병사도 동감이라는 듯 머리를 끄덕인다. 이그~ 저런 바보 같으니!

헬기에서 내려다보이는 풍경은 정말 아름답고 멋져 보였다.

높고 낮은 구릉 지대와 넓은 들판, 그리고 끝없이 굽이쳐 흐르는 작은 수로들, 점점이 박힌 듯 보이는 파란 호수들, 마치 한 장의 풍경화 사진처럼 아름답게 보인다.

나는 전투에 대한 공포감과 조바심을 아래 풍경을 내려다보며 잊으려고 애써 보지만 좀체 긴장감은 가시지를 않는다.

그러는 사이 헬기는 어느새 목적지에 도착해 산 위를 선회하고 무장 헬기들은 기관총과 포켓 탄을 착륙 지점에 퍼붓고 있었다.

잠시 후 조종사가 엄지손가락을 아래로 가리키며 착륙한다는 신호를 보이더니 이내 기체가 아래로 곤두박질친다.

온몸에 소름이 쫙 끼쳐 왔다. 지상 2m 상공, 착륙 지점 지형이 엉망이라 헬기 착륙이 불가능했다. 분대원들은 차례로 헬기에서 뛰어내리고 즉시 산개하며 엎드렸다. 헬기는 우리 분대원들을 내팽개치듯 공중에서 떨어뜨리더니 '이젠 난 몰라' 하듯 계곡 밑으로 골짜기를 따라 사라진다.

우리보다 먼저 착륙한 9중대 병력들은 앞으로 전진해 멀찌감치 대형을 유지하며 포로인지 적인지 모를 다수의 사람을 개활지 한가운데로 수용하여 감시하고 있었다.

우리 분대는 마을이 내려다보이는 지점까지 진출해 위치를 확인하고 사격 명령을 기다렸지만 명령 하달이 없어 대기 상태로 들어갔다. 적의 저항이 미약해 9중대 선발 부대는 큰 저항 없이 목표를 점령한 것 같다.

이번 작전은 붉은 사막과 길게 뻗은 반도를 우로 하고 좌로는 점점이 이어지는 구릉 지대와 크지 않은 평원, 그리고 군데군데 마을들이 이어지는 지형을 두고 전개되고 있었다.

얼마 후 57mm 분대대는 현 위치에서 이동해 제2고지로 이동하라는 명령이 내려와 2고지를 오르기 위해서 급경사의 모래 계곡을 내려왔다. 계곡 밑을 내려다보니 까마득한 낭떠러지가 천길만길 내려다보이는데 마치 지옥문의 입구처럼 입을 벌리고 있어 현기증이 난다.

계곡을 내려온 우리 분대는 제2고지를 점령해 적의 야습에 대비하면서 9중대와 함께 야간 잠복 작전에 돌입했다. 고지 위에서 내려다보이는 풍경은 실로 아름답기만 하다. 뒤로는 시원한 푸른 바다가 지평선을 이루고 푸른 들판 그리고 띄엄띄엄 마을들이 보인다.

밤의 공포, 18일 밤부터 19일 새벽까지

고지 위로 어둠이 서서히 덮여 왔다. 시원하던 바람은 갑자기 한풍으로 돌변해 무섭게 불어왔다. 가끔 캄캄한 밤하늘 위로 조명탄이 오르며 대낮같이 밝혀 준다. 혹시나 적의 내습이 있지나 않을까 해서다.

인기척 하나 없는 적막한 밤, 멀리서 파도 소리가 간간이 들려올 뿐 고요한 밤이 흘러갔다.

오늘 밤 전투가 붙을까? 아니면 무사히 작전이 끝나 부대로 돌아갈까? 무섭고 긴장되는 밤이지만 그래도 졸음이 찾아온다. 슬며시 아무도 모르게 스며 오는 졸음……. 한밤중이 되자 말할 수 없이 추워지며 온몸이 떨려 온다.

몸에 이상이라도 올 것같이 떨려 온다. 월남이 열대 지방이라 더운 줄만 알았지 이렇게 추운지는 미처 몰랐다. 캄캄한 밤을 조명탄이 가끔씩 밝혀 줘 그나마 긴장감이 한결 풀리는 듯했다.

밤이 얼마나 흘렀을까? 빗방울이 떨어지기 시작한다. 하늘을 쳐다보니 큼직한 먹장구름이 머리 위로 지나간다. 제발 아무 일 없이 이 밤이 지나가야 할 텐데…….

길고도 긴 긴장된 시간은 흘러 동쪽 하늘이 뿌옇게 보이고, 그제야 여기저기서 담배를 피우며 긴 한숨들을 내쉰다. 긴장이 폭발할 듯했는데 거무튀튀한 모습들을 서로 바라보며 다정한 전우들로 변해 보인다. 오~! 신이시여~ 감사하나이다.

〈추기〉

당시 우리 분대원들은 말할 수 없이 고생을 했다.

작전에 참여했던 분대원들 이름을 적어 본다.

분대장 하사 조충규, 사수 병장 김성경, 부사수 일병 이범영, 1번 탄약수 일병 조진재, 2번 김이웅, 3번 이재후 이상 6명이다.

제2고지를 앞에 두고 모래 계곡을 내려올 때를 생각하면 지금도 온몸에 오금이 저려 온다.

1966년 1월 19일 수요일 맑음

붉은 태양이 검푸른 바다 위로 솟아 올라왔다.

이 순간 가장 반가운 것은 추운 밤을 무사히 보냈다는 듯 모두들 일어나 기지개를 켜는 것이다. "우아~! 살 것 같다. 어젯밤 추워서 죽는 줄 알았다." 모두 한마디씩 한다. 이렇게 작전은 무사히 끝났다.

고지 위에서 철수한 우리 분대는 헬기 탑승을 위해 9중대 병력과 합류했다. 헬기가 오기 전이라 여기저기 살펴보니 공동묘지들이 흩어져 있는데 한국과는 아주 다르게 묘를 만들었다.

헬기가 도착하자 우리 분대가 제일 먼저 탑승해 안심됐다. 헬기에서 내려다보이는 풍경은 한국의 4~5월 풍경과 흡사하게 보인다. 논에는 모가 자라는 모습들이 똑똑히 보인다.

어제의 악몽을 깨끗이 잊어버리고 넋 잃은 사람처럼 아래 풍경을 내려다보니 어느새 대대 C.P에 헬기가 착륙한다.

우리 분대는 아무 전과를 얻지 못해 중대원들 보기가 민망하게 느껴졌지만 중대 전술 진지에 도착하니 전우들이 모두 나와서 손뼉을 치며 무사 귀대를 환영해 준다. 중대에서 출동할 때는 제대로 한번 전투를 해보고 싶었는데 이렇다 할 전과가 없어서 중대원들한테 자랑거리가 없어졌다. 매우 아쉬웠지만 그래도 나에겐 좋은 경험이었다.

〈추기〉

당시 우리 중대에서는 우리 분대가 처음으로 전투에 투입됐다. 이를 계기로 우리 재구대대는 본격적으로 전투에 임하게 된다.

1966년 1월 20일 목요일 흐림

당신은 얼마나 잘난 사람이요? 분대장 나리 왜 자꾸만 그러는 거요? 죽도 밥도 아닌 못된 인간 같으니라구. 그건 바로 당신을 두고 하는 말이외다. 사나이답지 않게 행동하는 당신을 스스로 생각해 본 적이 있소?

아무 이유 없이 같이 놀다가도 무슨 기분 나쁜 일이 생겼는지 분대원들을 불러내 얼차려를 준다. 속으로 '아이구, 저 더러운 인간!' 하고 욕은 하지만 그래도 분대장이라 겉으로는 모르는 척했다.

아무리 군대라고는 하지만 이유 없는 기합이 어디 있으며 명령이 어디 있단 말인가? 우리는 공산주의 군대도 아니고, 독재자 군대도 아니다! 이 돼지 같은 사람아!!!

당신은 멍텅구리 같은 짓은 하지 말아야지, 그런 짓은 양심을 좀먹는 일이라고! 속으로 잔뜩 욕을 해 대지만 그래도 마음은 풀리지 않는다.

부슬비가 내리는 밤에 둘이서 보초를 서는데 신병 중대 동기생인 최웅렬이 와서 이런저런 이야기를 신나게 했다. 그런데 갑자기 포탄 떨어지는 소리가 요란하게 들렸다. 우리는 잽싸게 행동을 취하며 다음 상황과 명령을 기다렸지만 더 이상 별다른 상황이 없다.

혹시 베트콩이 침투하다가 아군이 매설한 지뢰에 걸린 것은 아닌지? 밤새도록 긴장된 마음에 잠이 오지 않는다.

1966년 1월 21일 금요일 흐림

내일 다른 지역으로 이동하는 날이라 오후 내내 바쁘게 지냈다. 우리 진지를 인수할 제2대대 2중대가 차량으로 이미 도착한 뒤라 모든 인계작업이 순조롭게 바삐 진행됐다. 탄약과 진지 벙커를 인계하고 마지막으로 우리도 장비를 완전히 정리해서 내일 떠날 트럭에 실어 놓았다. 이동은 항시 있었던 일이라 그렇게 힘든 일은 없었지만 이번에는 먼 곳으로 이동을 해 그런지 복잡했다.

오늘 밤에는 2개 중대 병력이 집결되어 있는데 혹시 적의 박격포 공격이라도 받지 않을까 하는 걱정이 한시도 떠나질 않는다.

이렇게 바쁜 틈에도 편지는 온다. 진즉 편지를 못 해 죄송하다는 정화 조카 편지다. 먼젓번 편지도 동봉한 걸 보니 진즉 써 놓고 못 붙인 모양이다.

서울 있을 때는 조카도 전쟁 영화를 참 좋아했는데 뉴스에서 월남 소식을 보면 나를 부러워한다는 것이다. 즉시 답장을 했으면 좋으련만 내일이 이동이라 짐을 완전히 꾸려 놨으니 안타까운 마음이다.

오늘 밤 야간 경계 근무는 진지 인수한 2중대가 맡게 되어 우리 분대원들은 한자리에 모여 잠을 자게 됐다. 밤이 깊도록 어떻게나 떠들어 대는지 제대로 잠을 잘 수가 없다.

우리 재구대대는 미군의 대대적인 작전을 앞두고 미군을 지원하기 위해서 이곳 '남탕' 기지를 제2대대에 인계하고 우리 대대는 '푸캇'이라는 곳으로 이동해 간단다.

1966년 1월 22일 토요일 흐림

아침 일찍 우리 중대는 긴 트럭 행렬을 이루며 대대 C.P를 향해 출발했다. 우리 분대가 탄 트럭은 후미긴 하지만 지난번 폭발 사고가 생각나면서 혹시 지뢰 폭발이 일어나지 않을까 하는 생각이 머릿속에서 떠나질 않는다.

걱정 속에 대대 C.P에 도착하니 오늘 떠나는 것이 아니라 하룻밤을 자고 내일 떠난다는 것이다. 그 많은 짐을 그대로 두고 내일 떠난다면 좋으련만 다시 내리고 또 옮겨 쌓고 텐트를 치느라 한바탕 소란을 피워야만 했다. 그런데 이동할 때마다 왜 이렇게 비가 오는지 모르겠다.

오후에 대대장님의 훈시가 있었다. 그리고 의무장교의 위생 문제에 대해 설명하는데 지금 상급 부대에서는 가장 문제가 되고 있는 것이 병사들의 섹스 문제였다. 그 문제가 큰 골칫거리가 되고 있다는 것이다. 보통 관심거리가 아니라는 것이다. 지금 한창 젊은 그들은 정력도 왕성하고, 먹는 것은 고기에 기르진 식사 등 최고로 먹으니 혈기 왕성하다. 게다가 남자들만의 생활에 더욱이 전쟁터에서 언제 죽을지 모르는 판에 성에 대한 욕망은 불 보듯 뻔한 일이다.

벌써 타 부대에선 사고도 일어나고 민원이 발생하기도 했단다. 월남은 전쟁터다. 조국의 명예를 지켜야 한다. 그런 의미에서 젊음의 상징인 성욕을 참으라고만 하는 것은 잘못이 아닐까?

의무장교 왈, 정말로 참기 어려우면 "핸드 프레이"를 쳐라! 하하하, 우습다. 사람이 인간의 본능을 참는다는 것이 얼마나 힘들고 어려운 일인데, 그것이 과연 용이할까?

더군다나 이 살벌한 전쟁터에서 이성에 대한 그 본능을 말이다.

1966년 1월 23일 일요일 비

이른 아침부터 재구대대 전체가 이동을 시작했다. 끝이 안 보일 정도로 긴 차량 행렬은 정말 누가 봐도 장관이다.

어제까지만 해도 착잡했던 마음은 사라지고 마치 차를 타고 수학여행을 가는 기분이 든다. 트럭 행렬이 마을을 지날 때마다 월남 사람들과 아이들이 뛰쳐나와 손을 흔들며 함성을 지르며 쳐다본다.

철모르는 아이들은 라이트를 켜며 지나가는 차량 행렬이 신기한 듯 쳐다볼 뿐 자기들 나라가 어떻게 돼 우리가 여기에 왔는지는 모를 것이다.
 어느 큰 시내를 통과하고 있는데 오늘이 장날인 듯 많은 사람들이 붐비고 있었다. 사람들은 우리를 처음 본다는 듯 의아한 표정으로 쳐다보고 있다. 그런데 이 나라 월남 군대를 보니 참으로 희한하다. 지금 자기 나라는 전쟁으로 불이 나 야단인데 거리마다 맨몸으로 돌아다니는 군인들의 모습, 태평해도 이다지도 태평하단 말인가?
 이들이 과연 자기 나라를 위해 충성할지 의문이 든다. 월남을 위해 외출은커녕 잠도 제대로 못 자는 연합군들은 전투하느라 야단인데 이들의 행동은 도무지 이해가 안 된다.
 이동 도중에 "한국군의 희생정신을 찬양합니다."라는 플래카드가 길 한가운데 걸려 있다. 우리가 오는 걸 어떻게 알았지?
 목적지에 도착하자 우리 중대는 즉시 진지 작업에 착수했다.

1966년 1월 24일 월요일 흐림

 새로 온 주둔지에서 하룻밤을 무사히 보냈다.
 이곳에서는 우리 대대뿐만이 아니라 미군 헬기사단과 같이 주둔하게 된단다. 그들은 곧 작전하게 된다고 한다.
 밤이 되자 아군포대와 미군의 거포들이 포격을 시작했다. 큼직하고 듬직한 포격 소리를 들을 때마다 가슴이 후련해지는 듯하다.
 하루 종일 진지 작업을 하고 곤한 잠에 빠져 있는데 비상이 걸린다.
 한참 있으니 대대장님의 시찰이다.

하늘은 가끔씩 별이 보일 뿐 검은 구름이 머리 위를 덮어 앞이 캄캄해 보이지 않고 비바람이 불어 야간 보초 서기가 말이 아니다. 가끔씩 미군 기갑사단 포대에서 거포들이 불을 토할 때마다 가슴을 놀라게 한다. 우리 중대보다 전방 지역에 주둔한 제9주대에서는 무슨 상황이 벌어졌는지 조명탄이 계속해 올라오고 박격탄도 발사되고 있다.

긴장된 긴 근무 시간을 끝내고 축축한 텐트 속으로 들어왔다.

비는 여전히 쏟아지며 후다닥 소리를 내는데 그래도 시간은 흐른다.

1966년 1월 25일 화요일 맑음

오늘은 우리 분대가 매복을 나가는 날이다.

오전에 간단한 작업을 끝내고 쉬라는 소대장의 지시를 듣는다.

찌는 듯한 더위는 끝일 줄 모르고 대지를 달군다. 오후에 소대장의 지시를 듣고 매복지로 출동했다. 어제 9중대에서는 잠복 도중에 베트콩의 저격을 받아 한바탕 총격전을 벌였다는데 우리 분대는 이곳에서 처음으로 매복을 나가는데 왠지 두려운 생각이 들었다.

조용하고 어두운 밤, 오늘이 음력으로 며칠인지 희미한 초승달이 어두운 밤사이로 살며시 고개를 내밀어 조금은 안심이 된다. 하지만 언제 적이 나타날지 모르는 밤은 조용히 흘러간다.

간간이 아군의 우렁찬 포격 소리가 들려오고 잠시 후 눈부신 섬광과 함께 포탄이 작렬하는 폭음은 긴장된 마음 한구석을 후련하게 해 준다. 날이 밝아 올 때까지 포격이 계속됐으면~ 하는 생각이 간절하다. 그러나 잠시, 포격은 끝이고 멀리서 개 짖는 소리가 어둠을 뚫고 들려온다.

지금쯤 고향의 우리 집 바둑이도 그 좋은 목소리로 짖고 있겠지~
아~! 고향이 그립다. 내 조국, 내 고향이 그립구나….

1966년 1월 26일 수요일 맑음

길기도 긴 밤, 매복 작전을 끝내고 아침이 되자 중대 C.P로 무사히 돌아왔다. 텐트로 돌아온 후 비로소 안도의 긴 숨을 내쉰다.

낮잠을 자려고 하는데 동생들한테서 편지가 왔다. 편지를 보고 나니 동생들이 보고 싶다.

어렴풋이 동생들의 얼굴 모습을 떠올려 본다. 나한테는 모두 귀엽고 사랑스러운 동생들이다. 작은형과 사촌 형 정화한테 편지를 썼다.

밤에 분대장이 자다 말고 본부에 불려 갔다 오더니 내일 우리 분대 도로 수색 정찰은 취소됐으며 대신 중대가 작전을 나가니 내일 아침에 만반의 준비를 하라는 것이다.

내일 두 번째 전투를 하게 된다니 긴장이 돼 잠이 오지 않는다. 이제 우리 대대는 점차적으로 방어에서 적에게 공세적으로 나간다는 것을 알게 됐다. "아니, 이렇게 갑자기 작전을 해요?" "그래, 단단히 각오들 해." 퉁명스럽게 대답을 하며 무슨 생각을 하는지 벌렁 누워 담배만 뻐금뻐금 빨아 댄다. 갑자기 작전 출동을 한다는 말에 잡념이 싹 가신다.

머릿속에서는 내일 아침 준비할 사항들을 하나하나 점검해 갔다.

탄약, 개인별 실탄, 식량, 구급대는 충분하다. 연막탄이 충분치 않은데 더 준비해야겠다. 그러나 조명탄은 필요치 않겠지?

그래도 만약 야간 작전이라도 하게 된다면 한두 개는 가져가자.

1966년 1월 27일 목요일 맑음

D-Day 늦은 아침, 반공개적인 부대 이동이다.

1번 국도를 따라가다 공격 대기선인(L.D) 철로 변으로 좌 방향으로 이동해 가다가 우리 중대는 녹슨 철길 둔덕 위에 몸을 바짝 붙이고 공격 명령을 기다렸다.

조바심 나는 몇 분이 지나고 한숨 돌리는가 싶더니 아군 포대에서 105mm 포가 엄호 포격이 시작됐다. 포탄은 공격 지점에 정확히 낙하해 폭음과 함께 화염과 흙먼지를 하늘 높이 휘날리며 작렬한다.

참으로 통쾌하고 시원하다. 그러나 한편으로 두렵고 무섭기도 하다. 포탄은 점차 우리 머리 위로 낮게 날아와 전방 300m 지점 앞에서 작렬한다. 그때마다 고막이 터질 듯이 귀가 따갑고 멍멍해진다. 어디 그뿐만이 아니다. 우리가 엎드려 있는 지점까지 파편들이 흙모래를 튀기며 떨어져 자라 머리처럼 몸을 움츠러들게 한다.

10분여간의 엄호 포격이 끝나자 몇 초간의 침묵이 흐르더니 철길 좌우에 포진하고 있는 중대원들을 살피던 중대장님의 명령이 떨어졌다.

"각 소대! 목표 지점을 공격 점령하라~!!"

곧이어 "사수! 우전방 200m 지점에 사격!" 분대장이 소리친다.

나는 재빠르게 57mm 무반동총에 포탄을 장전하고 사수의 철모를 주먹으로 치며 사인을 보냈다. 잠시 뒤 귀가 먹먹하게 꽝! 소리를 내며 불을 토하는 57mm. 전방 야자나무 숲에서는 검은 연기가 피어오른다. 통쾌하기 짝이 없다.

여기저기 L.M.G와 자동소총들이 콩 볶듯 맹렬히 사격을 해 댄다.

귀가 따갑게 멍해지는 순간들이다. 우리 분대는 9중대에서 지원 나온

1개 소대의 지원 요청이 있어 그들의 진출 지점으로 몇 발의 지원 사격을 해 주고 지원 소대가 목표 지점으로 진출하는 것을 확인하고 원래 배속 소대인 제2소대 공격 지역으로 진출해 갔다.

첫 번째 목표가 점령되자 잠시 후 아군의 105mm 포가 다시 엄호 포격을 시작한다. 포탄 낙하 지점이 아군 진출 지점과 너무 가까워 포탄이 터질 때마다 파편들이 우리 좌우에 마구 떨어진다.

그래도 포격은 계속되고, 고막이 터질 듯한 폭음 매캐한 화약 내음과 요란한 총격 소리는 실로 전투의 짜릿한 긴장감을 맘껏 느끼게 한다. 그래서일까? 그 무섭던 전투의 공포감과 두려움을 까마득하게 잊어버리고 정신없이 전방을 향해 사격을 해 대고 있는 나 자신을 보는 순간, 난 깜짝 놀라고 말았다.

그러니까 군인들이 전투를 하게 되나 보다.

우리가 계속해 아군의 포격 지원하에 전방으로 진출해 가니 우거진 야자나무 숲과 주인 잃은 소와 돼지들이 불길을 피해 이리저리 날뛰고 있었다.

적지 어디를 가나 견고한 벙커와 교통호들이 거미줄처럼 연결돼 있고 여기저기 장애물들이 설치돼 있어 적의 근거지임을 여실히 보여 주고 있었다.

오후가 돼 우리 중대는 진격을 멈추고 야간 매복으로 전환했다.

중대는 원형으로 진을 형성하고 매복 준비에 들어갔다.

주변이 늪지대로 돼 있어 모기들의 공격이 말이 아니다.

〈추기〉

이번 작전은 재구2호 작전이라고 불렸다. 치열한 전투는 없었으나 베트콩으로 하여금 우리에게 함부로 도발하지 말라는 의도로 행한 작전이다.

9중대가 그들의 선제공격을 당해 피해를 입게 되자 즉각적으로 보복 작전을 한 것이 재구2호 작전이다.

무장한 적들은 대부분 도주했지만 주변에서 미처 빠져나가지 못한 그들의 가족이나 민간인들은 이번 작전의 최대의 피해자가 된 셈이다.

특히 어린이나 여인들, 노인들은 무슨 죄가 있다고 이런 고통을 당해야 하는지 안타깝기만 하다.

우리가 마을을 점령하자 그들은 방공호에서 나와 우리를 향해 "맹호! 맹호!" 하며 손뼉을 치며 적의가 없음을 알리지만, 우리가 해치지는 않을까 두려워하는 표정에 불쌍함을 느끼지 않을 수가 없었다. 점심을 먹는 동안 미군기의 엄호를 받으며 휴식을 취하기도 했다.

1966년 1월 28일 금요일 비

어젯밤은 전 중대 병력이 아군의 지속적인 엄호 포격 속에 원형 진지를 형성하고 매복으로 밤을 뜬눈으로 보냈다.

적지 한가운데서 야간 매복이라 긴장과 두려움이 극에 달했지만 모기들의 공격이 더 심해 고통스러웠다.

안개 낀 이른 아침, 야전식을 마치자 곧바로 소탕 작전이 계속됐다.

월남전선 특징인 늪지대는 발목까지 빠지는데 앞으로 전진해 가려니 말이 아니다. 얼마나 전진해 갔을까? 전방 3시 방향에서 "타다탕! 타다탕!" 사격이 가해 왔다. 동시에 누군가 "적이다! 사격하라!" 소리쳤다.

저 멀리 2명의 적이 도주하는 것이 목격되자 사격이 집중됐다.

"소화기론 안 되겠다. 57mm로 쏴 버려!" 소대장이 소리친다.

명령이 떨어지자 분대장이 외친다. "포탄 장전! 거리 500! 준비됐으면 발사!" 나는 재빠르게 57mm 포미에 탄을 장전하고 사수 허리를 꽉 붙잡았다. 꽝! 포탄이 발사되고 잠시 후 전방에 도주하던 정면에 검은 연기가 치솟더니 도주하던 적은 시야에서 사라졌다.

우리보다 좌 방향에서 소탕을 벌이던 제3소대는 적으로부터 소련제 기관총을 노획했다.

미 공군기의 엄호 폭격과 기총 사격을 하는 사이 우리는 진격을 잠시 멈추고 휴식을 취했다. 조진재와 이웅이가 그사이 야자열매를 따 와서 갈증을 해소하는 데 기막힌 훌륭한 음료수 역할을 했다.

쉬는 시간에 다른 대원들은 적의 벙커나 거처 등을 수류탄으로 파괴하거나 소각했다. 전투기의 폭격이 끝나자 진격 방향을 좌 방향 쪽으로 전진해 가다 1번 국도로 나왔다.

비를 흠뻑 맞으며 연대장님과 대대장님이 마중하는 가운데 중대 C.P에 도착하니 그제야 모두 안도의 환호성을 지른다.

줄줄 흐르는 전투복을 갈아입고 모포에 몸을 감싸니 마치 여인의 살갗이 닿는 듯 따스한 감촉이 온몸을 포근하게 감싸 온다.

이것이 진짜라면 얼마나 근사할까~ 상상의 나래를 펼쳐 본다.

저녁을 먹고 난 후 정신없이 몸을 모포에 말고 꿈속으로 달려간다. 전투란 바로 이런 건가? 이틀간의 긴장이 확 풀린다.

오~! 아름다운 향수여~

〈추기〉

　엄청나게 쏟아지는 빗속에 사상자 없이 작전이 끝났다.

　작전 당시 지휘관 관등성명은 아래와 같다.

　연대장-김정운 준장(얼마 전 진급하셨다.)

　대대장-박경석 중령

　중대장-이규봉 대위

　소대장-이웅준 중위

1966년 1월 29일 토요일 맑음

　어제 작전으로 오늘은 쉬는 줄 알았는데 단독 무장으로 모이란다. 알고 보니 총반은 1소대와 도로 경계를 나가라는 것이다.

　어느 이름 모를 큰 다리에서 경계 근무를 서고 있는데 분대장이 아프다고 하더니만 구토를 한다. 혹시 말라리아 증상이 아닌가 싶어 심히 걱정이 든다.

　다리 위를 분주히 오가는 많은 사람들, 너희들은 어디서 왔냐는 듯 무심히 지나가는 사람들, 악수를 청하는 사람들, 또 잘생긴 사람, 못생긴 사람, 별의별 사람들이 수없이 우리 앞을 지나간다.

　차를 몰고 가는 미군들은 한결같이 손을 흔들어 주며 인사를 한다. 월남 전선에서 같이 전투를 하는 입장이니 서로 간에 뭔가 통하는 것 같다.

　미군들은 우리를 보고 NO.1이라며 치켜세운다. 물론 그럴 만하다. 월남 군대와 비교한다면 틀린 말은 아니다.

　베트남 군대는 말이 군대지 도무지 군대 같지가 않다. 한 나라 국가의 군대라는 존재와는 상당한 차이가 나는 행동을 그들은 밥 먹듯 하고 있으니 말이다.

1966년 1월 30일 일요일 맑음

오늘은 태권도 심사를 하는 날이다.

모두 열심히 연습들을 했지만 나와 분대원들은 모른 척하고 나가지 않았다. 심사가 끝나고 우리가 안 나갔다고 기합이라도 줄 줄 알았는데 아무 일 없이 지나간다.

오늘 밤에는 우리 분대가 매복 작전 나가는 날이라 저녁을 일찍 먹고 준비를 하는데 본부 전령이 "이 일병 서울에서 편지 왔네." 하며 봉투를 내민다.

서울의 그 여고생 연이 양에게서 온 두툼한 편지다. 은근히 기다리던 편지라서 그런지 몹시 반가웠다.

또박또박 예쁜 글씨로 써 보낸 편지는 고국의 향수를 듬뿍 느낄 수 있었다. 어떻게 생긴 소녀일까? 아무리 생각해 봐도 고마운 소녀같이 느껴진다. 전 편지에서는 아저씨, 오빠 하더니 이번 편지에는 그런 기색을 찾아 볼 수가 없다.

어스름히 비추는 반달을 쳐다보며 연이란 학생은 어떻게 생겼을까? 생각한다. 자꾸만 머릿속에서는 잘 알지도 보지도 못한 연이 생각이 끊이지 않고 난다.

어둡고 두려운 밤, 아군의 포격 소리가 위로라도 하는 듯 계속해 들려온다. 매복 작전 분위기는 언제나 긴장되고 무섭다는 생각이 든다. 매복

중 한차례 줄기찬 소나기가 쏟아진다.

  몇 시나 됐을까? 멀리서 어렴풋이 닭 울음소리가 들려온다.

  긴장된 지루한 긴 밤이었지만 연이 양 편지 생각에, 아니 그 계집애 생각하느라 다른 때보다 빨리 지나간 것 같다.

✉ 연이의 2번째 편지

월남을 생각하면서

이 편지를 다른 어느 분이 읽고 계시지 않을까? 생각하니 얼굴이 붉어 옴을 감출 길이 없어요. 제발 제 편지만은 돌리지 말아 주세요. 네?! 부탁드립니다. Mail box에 가서 기다리셔야 해요. 다른 사람 눈에 띄지 않게~~요. 미란이를 아시는군요. 아, 참! 그러고 보니 미란이 오빠하구 가장 친하신 사이라죠? 미란이는 제 옆의 책상에 앉아 있어요. 오빠 자랑에 얼마나 열중인지 아셔요? 부럽기도 하답니다. 방학이 되어 버려서 만날 길이 없군요. 오빠를 보통 걱정하는 게 아니에요. 어떤 분인지 정말 자랑할 만한 동생을 가지고 계셔요. 제 친구도 월남에 편지를 쓰고 싶대요. 될 수 있으면 친하신 친구 한 분 소개해 주시겠어요?(그럼 다음 편지에 기다리겠어요.) 그곳 월남과 한국의 날씨는 너무 판이하게 다르군요. 그곳 사람들은 눈이란 것을 모르겠죠? 아름답게 눈이 쌓인 풍경도~~~

조금 안됐군요. 하지만 제 마음도 울창하게 밀림으로 싸인 그곳을 동경하고 있으니 정말 이상해요.

보내 주신 서신 반가웠어요. 무척이나 기다렸던 편지였기에 더욱 기쁜지도 모르겠군요. 변하지도 않은 나뭇잎 우리 집까지 왔구나! 생각하니 대견하기도 하군요. 어머! 그러다 보니 인사가 늦었어요. 안녕하셔요? 글로나마 새해 세배와 함께 연이가 인사드립니다. 이곳 서울은 겨울 날씨답지 않게도 포근한 날씨가 계속되고 있답니다. 짓궂은 비까지 내렸어요. 저 비가 모두 하이얀 눈이었다면~ 생각하니 못내 아쉽기만 하군요. 그래서 '함박비'라고 이름을 붙여 버렸어요. 비도 눈도 아니고 뭘까요? 보슬눈, 함박비, 어울리는 말이죠?

보내신 서신 속에 월남의 웅장한 정글이 연상되었어요. 탐스러운 각가지 과실들~ 푸르기만 한 나무들~ 그곳 국민들은 얼굴이 태양에 그을려 몹시 검을 것으로 예상됩니다.

신문에선 각가지의 통쾌한 뉴스가 꼬리를 물고 기재되고 있어요. 영화, 신문, 방송, 갖가지로 보도되는 소식. 파월 장병들의 씩씩한 모습과 승리에 승리만을 거듭하는 우리 한국군, 그중에서 맹호부대, 또 그 가운데서도 재구부대의 인기가 가장 높은 곳을 차지하고 있답니다.(너무 좋아하지 마셔요.)

이곳의 저는 방학을 맞이하여 매일같이 조용함 속에서 하루를 보내고 있어요. 전쟁으로 맛보는 슬픔, 그곳의 국민들도 불행하겠죠?! 저는 전쟁이란 것을 몰라요. 이야기로만 전해 오는 터이니까요. 하지만 전쟁이 지난 다음의 슬픔은 어느 정도 알 수가 있어요.

월남은 슬픈 한국과 같은 결과가 빚어져서는 안 되겠죠.

그럼 한국군의 힘으로……. 정말 보람된 일을 하고 계십니다.

그럼 이만 줄일까 합니다. 조국의 푸른 하늘 밑에서 건강하시길 빕니다. (승리의 나팔 소리와 함께 안녕히 주무셔요.)

연이 올림.(난필을 용서하셔요.)

1966년 1월 31일 월요일 맑음

뜨겁게 불타는 태양은 조그만 야전 텐트 안을 마치 한증막처럼 만들어 놓는다. 햇볕을 가렸는데도 덥기는 마찬가지다. 어제는 잠복근무로 쉬는 날이지만 너무 더워 비 오듯 땀이 났다. 일기장과 편지를 정리하고 어제 온 연이의 편지에 답장을 썼다.

사수가 포반에 다녀오더니 앞으로는 편지에 사진이나 카드를 못 보낸다는 것이다. 오늘 쓴 연이의 편지에 월남 카드를 보내려고 했는데 그 소리를 듣고 나니 답답한 생각이 든다.

오후에 포병 사령부에 근무하는 지영 형한테서 전화를 받고 물어보니 요즘 고국으로 보내는 편지에 너무 많은 사진 등을 보내서 그런 말이 나온 거지 한두 장은 상관없다고 알려 준다.

그 소리를 듣고 다행이다 싶어 연이한테 카드를 부쳤다.

뜨거운 텐트 속에서 누워서 잠을 청하는데 옆에 누워 있는 분대장이 계속 열이 나고 앓고 있어 걱정이 이만저만이 아니다. 좀 나을 줄 알았는데 하루가 지났는데도 더 악화되는 듯하다.

아무래도 다른 조치를 취해야 하겠다. 그렇게 잔소리하던 사람이 아무 말 못 하고 저러고 있으니 얼마나 속이 탈까?

오늘 전투 수당이 나와서 분대장 대신 수령해 와 분대원들한테 나눠 주고도 1불이 남는다. 아무리 다시 계산해도 1불이 남는다. 대원들한테 확인해도 모두 이상 없다. 어떻게 된 일이지? 에라~! 모르겠다! 주머니에 넣었다.

중대 보급계가 돈이 빈다고 땀깨나 흘렸겠지!

1966년 2월 1일 화요일 맑음

오늘은 우리 분대가 도로 경계를 나가는 차례다.

소대장과 순찰조에 편성되어 중무장한 트럭을 타고 우리 중대 구역을 순찰했다. 같이 전투하는 미군들은 마주칠 적마다 손을 흔들며 소리를 지른다. 그들은 한국군이 꽤나 마음에 드나 보다.

중대 진지와 멀리 떨어진 읍내 마을을 갔는데 "한국군은 우리의 벗이다. 한·월 우호 증진은 불멸." 등 여러 가지 문구로 한국군을 환영한다는 플래카드를 거리 곳곳에 달아 놓았다.

그것이 진심으로 달아 놓은 건지는 모르나 미군을 환영한다는 플래카드는 보이지 않는다. 시장 안으로 물건을 사러 들어갔는데 아이들이 "따이한 넘버 원!" 하며 마구 달려든다. 그러고 보니 한국군이 인심은 안 잃은 것 같다.

어느 학교 앞을 지나가는데 하얀 교복 차림의 여학생들이 모여 있는데 아주 예쁘게 보인다. 월남에서 여자들은 15세가 되면 성숙한 처녀로 대접받는 모양이다. 겉으로 보기에도 그만하면 성숙하고 충분하다고 생각이 된다.

1966년 2월 2일 수요일 맑음

갑자기 또 이동하라는 명령이 내려왔다.

우리 중대 근처에 주둔한 미 육군 야전 헬기장을 경비하기 위해서 그곳으로 이동하라는 명령이 전달되기 전 중대가 부랴부랴 서둘러 저녁

때까지 장비와 탄약 등을 비행장 외곽으로 옮겨 놓았다. 당분간 미군들과 근무하니 편안하게 지내겠지.

늦은 저녁을 먹고 잡담을 하고 있는데 갑자기 전방 10시 방향에서 섬광이 '번쩍!' 하더니 "꽝! 꽝!!" 포탄 터지는 소리가 들려왔다.

이동해 온 지 불과 2시간밖에 안 된 때라 아군의 포격인가 했는데, 웬걸! 베트콩의 82m 박격포탄 기습이 아닌가!

어둠을 틈탄 적의 박격포 공격은 가히 소름 끼치는 공격이 아닐 수 없다. 계속되는 "꽝꽝꽝!!!" 작열하는 박격포탄이 좌전방 9시 근처에 맹렬한 위력으로 폭음을 내면서 터진다.

벙커나 개인호도 구축되지 않은 상태에서 나는 재빠르게 레이션 박스 옆으로 총을 들고 엎드렸다. 계속되는 포탄의 폭발로 귀가 터질 듯 아프게 느껴진다. 몇 발이나 낙하했을까?

야전 헬기장은 급작스러운 헬기들의 이륙으로 온통 엔진 소리와 흙먼지 그리고 폭음으로 온 천지가 뒤집히는 듯 극한 상황 속에 빠지고 있었다. 맨바닥에 엎드려 있던 나는 안 되겠다 싶어 개인호를 파기 시작했다. 만약의 포탄 피해를 막기 위해 죽을힘을 다해서 땅을 팠다. 아군 포대에서도 반격이 시작돼 포격이 가열되고 대대 C.P 쪽에서도 조명탄이 하늘로 오르고 총성이 요란하다.

가만있자! 그렇다면 적이 양쪽으로 공격을 하고 있는 건가?

적의 박격포 공격이 비행장 쪽으로 집중되고 있는 걸 보면 주공격 목표는 우리 쪽이겠지?

비행장에서 이륙한 무장 헬기들이 편대를 이루더니 드디어 기관총과 로켓탄을 적의 포착 지점에 사정없이 퍼붓기 시작한다.

밤하늘에 이어지는 예광탄, 진홍빛 불기둥을 뿜으며 내리꽂히는 로켓탄, 마치 아름다운 야광을 보는 듯한 느낌이다. 그래서 전쟁이 아름다운 예술품 같다고 했나? 저렇게 현란한 공중 쇼가 또 있을까? 헬기들의 공중 공격이 끝나자 이번에는 105mm 포가 불을 토해 댄다. 이 급박한 사이에 나는 개인호를 어렵게 임시라도 파 놓았다. 정말 어떻게 팠는지 생각조차 안 날 정도다.

예고 없는 적의 박격포탄 세례는 정말 두려움 바로 그 자체다. 적은 아군의 반격에 기가 죽었는지 아니면 엄청난 화력에 직격탄을 맞았는지 한 시간여 공방이 끝나고 침묵이 잠시 흘렀다.

헬기장은 이륙해 멀리 피신해 갔던 수십 대의 헬기들이 비둘기 제집 찾아오듯 차례차례 제자리에 착륙하느라 또 한차례 야단법석이 시작됐다.

역시 미군들은 대단하다. 그 긴박한 상황 속에서도 그 많은 헬기들이 순서대로 이륙하더니 이번에는 역순으로 제자리에 찾아 내린다. 그 모습에서 난 그들의 침착함과 용감함을 다시 한번 알 수 있었다.

미군의 피해는 얼마나 났는지 모르지만 우리 중대는 천만다행으로 근처에 직격탄이 안 떨어져 큰 피해는 없었다. 우리 장비도 살펴보니 별 피해 없이 온전해 긴~ 안도의 숨이 절로 나왔다.

그런데 내가 파 놓은 개인호에 누군가 있어 발로 차며 "누구야?" 하니까 재후 일병이 쭈그리고 엎드려 일어날 줄을 모른다. 이런 죽일 놈 같으니라고!

1966년 2월 3일 목요일 맑음

어제와 같은 상황이 일어나지 않을까? 긴장된 하루를 보냈다.

뜨거운 폭염 아래 벙커와 진지 구축 하느라 쉴 새 없이 땀을 흘렸다.

벌거벗은 몸뚱어리는 온통 땀과 먼지, 흙모래로 짐승과 같은 모습들이다. 그렇다고 어디 가서 목욕할 데도 없고 여기서도 물 때문에 고생을 하게 생겼다. 전투를 한다는 것이 이렇게 어려운 일인가를 새삼 느끼게 한다.

전쟁이란 총 쏘고 포를 쏘는 것만이 아니고 적을 죽이는 것만도 아니다. 오히려 진지 구축이나 땅 파고 작업하는 일이 더 힘들고 괴롭다. 더구나 이곳 월남에서 뜨거운 태양 아래 땅 파고 진지 구축을 하는 일이 생각보다 얼마나 힘든지 모른다.

갈증으로 물이 무한정 먹히는데 급수는 제대로 안 되고 여기서 근무하는 미군들하고 비교해 보면 너무나 큰 차이가 난다.

미군들은 월 400달러를 받는데 어휴, 우리는 겨우 30달러를 받으니……. 그뿐만 아니라 보급품이나 여러 사정도 우리하고는 큰 차이가 나니 한국군하고는 비교조차 할 수 없다.

전투 수당은 똑같이 주지 못할망정 보급품이라도 같았으면 좋겠다.

도대체 어찌 돼 가는 건지 모르겠다. 중대장이나 대대장도 이런 사정은 알 텐데, 그래도 나는 불만은 안 한다.

내가 원해서 전쟁터에 왔으니 그러려니 하면 되니까…….

야전 텐트 앞에서(푸캇 기지)

1966년 2월 4일 금요일 맑음

야자잎을 베어 오는 미군들과 만나서 한동안 재미있게 놀았다.

그들 중에는 한국에서 근무하던 미군도 있어서 의사소통하는 데는 어느 정도 문제가 없다.

김이웅 일병이 뚱뚱한 미군을 보고 "돼지같이 살쪄서 잡아먹으면 좋겠다."라고 했더니 그 미군이 알아듣고 "뭐야! 잡아먹어~?!" 하며 쫓아오는 바람에 이웅이는 혼비백산 도망가는 일이 벌어졌다.

오후에 철조망 너머로 월남 아가씨한테 가자고 해 분대장과 몇몇이 구경을 갔더니 이미 미군들이 줄 서서 차례를 기다리고 있다. 초가집에 문짝도 없이 판초 우의로 칸막이한 방에서 한 사람이 일 끝내고 씩~ 웃으면서 나오면 다음 대기자가 들어가고, 잠시 후 나오면 또 다음 대기자가 들어간다. 오늘 하루 종일 바쁘겠다.

미군 대기자들이 많다 보니 따이한 병사들한테는 하루 종일 기다려도 차례가 안 오게 생겼다.

그래도 약삭빠른 친구들은 벌써 여기를 다녀갔단다. 뚱뚱한 흑인 병사 땀을 뻘뻘 흘리며 우의를 들치고 히히거리며 나온다.

난 아직도 숫총각인데 저렇게 수십 명과 관계하는 여자한테 정을 주다니 밑져도 보통 밑지는 일이 아니다.

1966년 2월 5일 토요일 맑음

이곳으로 이동해 온 지 처음으로 한가한 하루를 보냈다.

무더운 텐트 속에서 뒤척이며 고국에서 온 아리랑 책을 읽었다. 그전에 이렇게 공부를 했더라면….

오후에 형님과 왕십리 조카와 병일 씨한테 편지를 보냈다. 전에 찍은 사진 중에 괜찮은 것으로 골라서 부모님과 조카들한테 동봉해 보냈다.

이웅이와 재후는 어디서 술을 사 왔는지 떠들며 독한 술을 마신다. 멋있는 세상, 모두가 제 잘난 맛에 사는 것이 인생이라는데 저들도 그들만의 생각과 공상이 있겠지?

모두 나와 같이 생사고락을 같이하는 좋은 놈들이다.

오늘도 포성은 끊이지 않고 들려온다. 승산 없는 전쟁은 오늘도 어디선가 계속되고 있고 나와 같은 젊은이들이 그들의 임무를 수행하느라 피 흘리며 죽어 가고 있겠지. 왜?! 왜 그들은 죽어야만 할까?

조국과 자유를 위하여 꼭 죽음이란 희생이 필요한 것일까?

어느 누가 말했나, 군인은 조국과 자유와 평화를 위해서는 전쟁터에서 죽는 것이 영광이라고 했다. 하지만 난, 죽고 싶지 않고 살고 싶다.

무엇보다도 나 자신을 위해서 살아야 한다. 내가 있고 나서 조국과, 자유와 평화가 있는 것이지 나 자신이 없으면 아무것도 없는 것이다. 그렇기 때문에 나는 살아야만 한다.

1966년 2월 6일 일요일 비

오후부터 비바람이 세차게 불어 대고 쏟아진다.

오늘 새벽, 어젯밤부터 잠복 작전하던 수색중대 쪽에서 갑자기 총성이 들리더니 계속해 총격전이 벌어지고 있다. 새벽이라 안심이 되기는 하지만 얼마간 기관총과 유탄 발사기 소리가 계속된다.

나중에 들리는 소식에 의하면 8명이 부상당했다는 것이다.

잠시 후 포격이 맹렬히 계속된다. 긴장이 끊이지 않고, 어느새 날이 밝아 왔다.

그런데 출동 명령이 내려 긴장했더니 작업하라는 지시가 잘못 전달돼 한바탕 소란만 피웠다.

오후에 작업 나갔던 대원들이 온통 옷을 적시고 들어왔다.

비는 계속해 내리고, 포반에서 빌려 온 책을 다 읽고 부산에 사는 설영순 학생의 위문편지에 답장을 썼다.

부산 떠날 때 주소를 적어 준 학생들한테 편지를 했더니 그중에서 설영순 학생이 편지를 보내 왔다. 두 학생 중 누군지는 모르지만 아무튼 고맙고 아름다운 마음씨를 가진 소녀들이다.

1966년 2월 7일 월요일 맑음

헬기장으로 이동해 온 지 며칠이 지나서야 벙커와 진지를 어느 정도 끝마쳐 놨다. 오늘은 시원한 바람이 불어와 기분도 상쾌하다.

월남에서 이런 날 맛보기가 쉽지 않다. 오후에 공군에 근무하는 사촌 형과 학교 선배 김병학 형한테 편지를 썼다.

여기선 우리 중대가 맡은 임무가 미군 헬기장을 경비하는 것이라 생각보다 힘든 임무는 아니다. 파월 후 지금까지를 생각해 보면 야전에서 매복과 수색으로 긴장과 두려움, 괴로움과 고통이 있었지만 그렇게 못 참을 정도로 무섭거나 고독하지는 않았다.

온 천지가 푸르고 넓고 넓은 초원과 정글은 내 마음을 유혹하고 맘껏 만족시켜 줬다. 그리고 대자연의 아름다움과 녹색 평원은 내 마음의 안식처요 피 끓는 내 젊음의 혈기를 불사를 수 있었다.

지금 이 순간도 한 치 앞이 어떻게 될지 모르는 절박한 시간이 흐르고 있지만 나는 그런대로 월남에 온 것에 만족하고 있다. 앞으로 이 이상 바라지도 않을 것이고 또 생각지도 않겠다.

전쟁과 전투를 통쾌하고 스릴 있는 것으로, 그렇게만 생각하고 바라보던 유년 시절이 생각난다.

전쟁과 전투를 스스로 체험하고 나니 유년 시절의 생각들이 얼마나 어리석고 잡스러운 생각들이었는지 이제야 깨닫고 느낀다.

전쟁이란 정말 가공스러운 행동이고 전쟁을 하고 있는 우리 인간은 그 전쟁 자체보다 더 무섭다는 걸 알았다. 평화와 자유를 위해서 전쟁을 해야 하는 그 자체, 전쟁을 막기 위해 전쟁을 해야 하는 그 자체, 사람들이 평화롭게 살아가기 위해 전쟁을 해야 하는 그 자체가 실로 무섭다는 것이다. 그 무서운 생각들이 우리 인간들 머릿속에서 나온다는 것이 가증스럽고 두렵다.

누가 그랬던가? 세계를 움직이는 것은 몇 명의 인간들이라고 한 말이 맞는지도 모른다.

1966년 2월 8일 화요일 맑음

아침부터 분대장이 분대원들을 기분 나쁘게 들볶는다.

아무리 훈련이라고는 하지만 아침부터 그렇게까지 기분 상하게 긁어 놓을 필요는 없지 않은가?

아침식사를 하고 있는데 소대장이 우리 분대에 주간 매복을 나가라고 한다. 부랴부랴 준비를 해서 중대 진지와 멀리 떨어진 산 위로 올라와 자리를 잡고 경계를 서다가 시원한 나무 그늘 밑에 우의를 침대처럼 깔고 누웠다. 맘이 편안하니 별생각이 다 난다.

그래, 지금 나는 전쟁을 하고 있는 거야. 사나이로 태어났기에 군인이 되었고, 군인이 되었기에, 여기 월남 전선에서 전투를 하고 있는 나 자신, 내가 군인이 된 이상 그건 어쩔 수 없는 일이지 않은가.

 전투를 해야 한다는 것, 그것 자체를 두려워해서는 안 된다. 그건 내가 원했던 것이며 이제는 꼭 하지 않으면 안 된다. 이런 생각 중에 어느새 잠이 들어 버렸는데 재후 일병이 저것 보라며 깨우는 바람에 깜짝 놀라 일어나니 전방 2천 미터 고지에 미군 프로펠러 전폭기가 폭격을 하고 있다.

 1번기가 묵직한 폭탄을 투하하고 두 줄기의 흰 기류를 만들면서 급상승을 하면 2번기가 놓칠세라 그 뒤를 무섭게 달려든다.

 폭탄을 얼마나 달고 왔는지 로켓탄과 함께 흰 백린탄을 산이 안 보일 정도로 퍼부어 놓는다. 얼마나 했을까? 두 대의 전폭격기는 상공을 선회하더니 기수를 서남으로 돌려 시야에서 사라진다.

 이제 조용해지나 했더니 이번엔 미 공군 제트전폭기가 나타나더니 요란한 폭음을 내면서 공기를 가르며 우리 머리 위를 낮게 날았다. 정찰기로부터 표시를 받자마자 매가 병아리 보고 달려들듯 1번기, 2번기, 3번기 순서로 목표 지점을 향해서 무서운 속력으로 달려든다. 순식간에 공격을 마친 편대는 타원으로 비행을 하면서 공격을 이어 간다. 은빛 날개를 반짝이며 높은 곳으로 굉음을 내면서 치솟는 제트전폭기의 위용은 과연 막강 미국의 비행기답구나! 감탄이 절로 나온다.

1966년 2월 9일 수요일 맑음

 본부에서 시키지도 않은 일을 하느라 대원들이 땀을 흘려야만 했다.

다른 분대는 휴식을 하는데 왜 우리 분대만 작업을 시키는지. 분대원들이야 어떻게 되든 말든 상급자한테 잘 보이려고만 하는 게 인간 머리인가. 무식해서 그런가? 환영받지 못할 인간이라고 욕해 주고 싶다.

오후 늦게까지 작업을 하고 오래간만에 사격 훈련 차 고지로 올라와 몇 발인가 사격하고 있는데 중대에서 사격 중지 명령이 하달돼 다시 내려왔다. 뜻밖에도 형님과 홍매, 그리고 연이한테서 편지가 와 있다. 일요일이라 나를 위해서 기도를 해 준다는 매야, 정말 그의 편지에 고마울 따름이다. 서울 연이는 복수를 한다고 친구끼리 월남에서 온 편지들을 공개하기로 약속을 했단다. 좀 분한 생각이 들긴 하지만 과히 싫은 생각은 아니다.

하루에 여러 통 편지가 와 기분이 참 좋다. 연이는 편지를 보내 준 지 얼마 안 됐는데 또 보내 주고 형님은 군청 재무과로 오셨다니 일이 잘 되신 모양이다.

(세 번째 받은 연이 편지는 분실돼 여기에 옮기지 못했다.)

1966년 2월 10일 목요일 맑음

아침부터 부지런히 편지를 썼다. 형님과 홍매 그리고 연이한테 편지를 썼다. 홍매한테는 어떻게 쓸까? 보초를 서면서 고민했는데 어렵지 않게 썼다. 이왕에 쓰는 김에 시골 사시는 형님과 사촌 형님한테도 썼다. 오래간만에 보내는 편지라 받아 보시면 놀라시겠다. 전번에 작은형이 부탁한 대로 5촌 당숙께도 편지를 썼다. 어제의 기쁨을 오늘도 나누며 기분 좋은 하루를 보냈다. 하지만 월남 전선은 하루도 거르지 않고 아군

거포들의 맹렬한 포격은 계속되고 멀리 보이는 최전방 고지에는 비행기의 폭격과 포격으로 거의 다 불타고 만 것 같다.

제트 전폭격기의 로켓탄 포격은 정말 멋지고 통쾌하고 실로 보기에도 장관이다.

적진 속 그들도 두려움과 무서움에 떨고 있겠지? 아무리 악착같은 놈들이지만 저토록 무서운 포화 속에서 과연 살아남을 수 있을까? 밤이 깊도록 포격은 끝날 줄 모른다.

섬광과 함께 들려오는 우렁찬 폭음 소리, 아~! 두려움이여~~

1966년 2월 11일 금요일 맑음

기쁨은 나에게로~

어제의 붉은 태양은 서쪽 정글 너머로 사라졌는데, 새 아침 눈부신 태양은 어김없이 떠오른다. 기분 좋은 아침, 무슨 좋은 일이라도 있을 것만 같다. 거의 20일 만에 목욕했다.

벌거벗은 몸이 유난히 검게 보인다. 하체 일부만 뽀얀 살갗일 뿐 온 피부가 검붉게 타서 유리알같이 윤기가 반질반질하게 난다.

우리 남자들만의 과상들, 내가 여자라면 어떻게 보일까?

점심을 먹고 누워 있는데 소포가 왔다는 소식에 얼른 뛰어갔더니 연이한테서 생각지도 않은 월간 잡지 두 권이 와 있다. 너무나 뜻밖의 일이라 좋으면서도 당황스러운 마음이 들기도 했다.

이렇게 보내 줄지 몰랐다. 첫 편지 보낼 때 너무 과한 것 같아 취소 편지를 썼는데 정말 보내 준 것이다. 먼 이역만리 월남 전선에서 보지도 못한 소녀로부터 편지도 받고 소포까지 받아 본다는 건 정말 반갑고 기쁜 일이 아닐 수 없다.

그 순간이 나에겐 가장 귀한 시간이고 즐거운 기쁨이다. 앞으로 이런 일이 종종 있다면 나에겐 보다 큰 변화가 있지 않을까 생각된다.

어떤 마음씨를 가진 소녀이기에 이렇게 정성스럽게 편지와 소포까지 보내 주는 걸까? 하루 종일 내 마음은 어느새 이 소녀의 모습과 기쁜 마음에 도취되어 갔다. 동쪽 밤하늘에 어느새 달이 머리 위까지 떠올랐다.

1966년 2월 12일 토요일 비

허무한 하루가 지나고 또다시 조용하고 깊은 밤이 긴장과 함께 찾아온다. 아무도 말 없는 전선의 밤, 긴장된 귓전엔 누군가가 자꾸만 뭐라고 하는 것만 같다. 검은 그름 사이로 희미한 별들이 고개를 내민다. 뭐라고 속삭이듯 내 마음을 풀어 줄 듯이 아롱거린다.

너는 뭐 하러 여기에 왔냐고? 그래, 내가 왜 월남 싸움터에 왔을까? 죽음을 요구하는 전쟁터, 그건 너 자신의 망상과 욕망을 채우기 위해서 온 것이 아닐까?

너무 심각하게 생각할 필요는 없다고, 생각해 봐라! 누가 가라고 하지도 않았고 더구나 오라고 하지도 않았잖아! 네 마음이 너 자신에게 가라고 했을 뿐이다. 그리고 네 육신은 그렇게 실천했고, 지금은 행동을 하고 있는 거라고!

얼마나 시간이 흘렀는지 북두칠성은 완전히 기울어져 국자 모양으로 보이며 유난히 반짝이며 멀어져 간다.

아~! 나도 괴로운 인간이 되기보다는 저 별처럼 반짝이는 별이 되었더라면…. 서쪽 하늘에서 별똥별이 긴~ 꼬리를 그리며 사라진다. 나도 저 유성처럼 멀리멀리 끝없는 우주 공간으로 영원히 사라지고 싶다. 영원히~ 영원히~

1966년 2월 13일 일요일 맑음

남모르는 고심, 나뿐만이 아니라 모든 전우가 다 같은 처지에 있는 문젯거리다. 이성에 대한 욕망은 날이 갈수록 강렬해져 온몸을 뜨겁게 휘감아 놓는다. 언제 죽을지 모르는 전쟁터에서 그 욕망은 어쩔 수 없는 현상인가? 아니면 인간의 본능인가?

누구보다도 잘 아는 나로서는 나 자신이 그 욕망을 억제하고 스스로 배출구를 찾아야만 한다. 지금은 사랑하는 이성이 없기에 더욱 사랑하고 싶은지도 모르겠다. 남성이라면 누구나 다 느낄 수 있는 일이건만, 그렇기 때문에 우리들 모두 연인이 필요한지도 모른다. 하루하루 목숨을 걸고 싸워야 하는 나로서는 마음속으로 이성에 대한 그 어떤 강렬한 감정을 느끼곤 한다.

군에 오기 전, 첫 이성을 느낀 여성이 있었지만 그땐 그녀에게 사랑의 감정을 가졌을 뿐 사랑하지는 못했다. 아마 그때는 꼭 그것을 해야지 하고 생각을 안 했기 때문일까? 그건 정말 아니었는데…! 하지만 지금 나는 많이 달라져 가고 있다. 나 자신이 사랑을 요구하고 있기 때문이다.

누군가를 사랑한다면, 사랑하고 있다면 정말로 얼마나 즐거울까? 사람이 사람을 사랑한다는 것은 누구나 잊을 수 없는 즐거운 일이다. 더욱

이 나라면 둘도 없는 즐거움을 나누는 것이다.

언젠가는 말해 주오! 그 어딘가에 당신을 사랑하는 여인이 있다고.

사랑을 몰랐기에 지금은 나 자신이 불같은 사랑을 하고 싶다.

오~! 여인이여~ 말해 주오. 당신을 사랑하고 있다고….

조용한 밤, 벌레 소리가 유난히 구슬프게 들려오는 듯하다.

벌레야~ 벌레야~ 왜 그렇게 구슬프게 울어서 듣는 내 마음이 애절해지는구나. 밤하늘 별들은 속삭이듯 반짝이는데 너는 왜 그렇게 슬피 우느냐?

네 고향이 이곳 월남 땅이건만 너의 울음소리가 슬프구나.

어느 소녀가 말했지, 지금은 아름다운 추억을 만드는 것이라고. 저 별들, 벌레 소리 깊어 가는 이 밤도, 그래 이것도 추억을 만드는 것이겠지!

먼~ 훗날을 생각한다면….

1966년 2월 14일 월요일 맑음

주간 잠복을 하러 산으로 올라갔다. 향긋한 풀 내음이 가슴속 깊이 스며든다. 이른 아침이라 그런지 나뭇잎에는 이슬이 방울방울 매달려 더욱 싱그러움을 풍긴다.

이렇게 좋고 멋진 하루를 어떻게 보내지? 잠복장소를 정하고 총과 수류탄을 점검하고 주위를 살펴봤다. 이곳은 몇 번 와 본 곳이라 낯설지 않다.

태양이 중천에 떠오르자 뜨겁게 열풍을 내뿜기 시작한다.

푸르고 싱싱하던 잎새들이 축 늘어지며 간간이 불어오는 바람에 힘없이 흔들리며 뭐라고 묻는 듯하다.

'야! 이 졸병아~ 너 지금 무슨 생각을 하고 있니? 고향 생각? 아니면 여자 생각하고 있지? 틀림없이 너 여자 생각하고 있는 거지?'

'아냐, 아냐! 틀렸어, 나 지금 이렇게 앉아 있을 뿐이라고. 전쟁터에서 그런 생각 해서 뭘 하니? 해 봤자 아무 소용 없는 일이라고. 그래서 말이야 난, 그런 생각은 안 한다고. 해 봐야 공연한 공상뿐인걸~'

따가운 햇볕이 나뭇잎 사이로 눈부시게 비쳐 온다. 한잠 자고 싶은 생각이 노곤한 몸을 노크한다.

"분대장님! 우리 교대로 한잠 잘까요?"

"안 돼, 인마! 지금이 어느 땐데 잠을 자!"

소리를 꽥 지른다. 제기랄! 기대가 무산되고 만다.

다시 말한다.

"소대장님 여기까지 안 와요~!"

"인마! 그래도 안 돼!!"

그런데 점심을 먹고 담배 한 대 피우던 분대장이 꾸벅꾸벅 졸기 시작한다. 그럼 그렇지, 넌 용가리 통뼈를 가졌냐!

우리 대원들은 교대로 잠복지에서 낮잠을 즐겼다.

1966년 2월 15일 화요일 맑음

안개로 자욱한 아침 날씨는 빗방울처럼 뭉쳐서 옷을 적신다.

2개 분대로 편성된 전투 정찰대는 적정을 살피기 위해서 전반 고지 위로 올라갔다. 3부 능선쯤 올라가니 나뭇잎 등 식물들이 썩는 냄새가 코를 자극한다. 온통 가시넝쿨이 앞을 가로막아 여러 군데 찔리면서 고지로 올라가기가 말이 아니다.

　여기저기 아군의 폭격과 포격으로 커다란 구덩이가 파이고 검게 불탄 흔적들이 눈에 띈다. 정글로 뒤덮인 큰 바위를 돌아갈 때마다 적이라도 나타날 것만 같아 긴장이 온몸을 감싸 온다.

　첫 번째 고지 위를 오르니 아군이 쏜 포탄이 '쉬~익' 하는 공기를 가르는 소리를 내면서 머리 위를 지나간다.

　잠시 휴식 후 다음 고지를 오르기 위해서 계곡으로 내려갔다. 한참을 내려가다 쉬고 있는데 조 일병이 "노루다!" 소리치며 총격을 해 댄다. 깜짝 놀라 뒤돌아보니 빗맞았는지 노루는 보이지 않았다.

　제2고지에 오른 정찰대는 잠시 휴식을 취한 다음 57mm 무반동총으로 전방 고지와 계곡에 위협사격을 해 댔다.

　점심을 먹고 곧바로 하산하는데 다시 낙엽 썩는 냄새가 코를 찌른다. 고지를 오르내리기를 반복하니 꼭 등산하는 기분이 든다.

1966년 2월 16일 수요일 맑음

　오래간만에 국산 맥주를 두 박스나 사 와서 전 분대원이 마시며 기분을 풀며 서로를 위로했다. 바걸이 없는 맥주잔은 좀 싱거운 맛이지만 그래도 울적한 향수를 달랠 수 있어서 기분 좋았다.

　술이라고는 입에도 대지 않던 내가 월남에 온 후는 곧잘 마시는 편이다. 처음 와서는 담배도 양담배라 피웠는데 요즘은 입에도 대지 않는다.

　대원들은 고향 생각에 술도 마시고 담배도 더 피우게 된다고 하는데 나는 별로인지 대원들처럼 담배는 안 피우니 다행이다 싶다.

오늘 마신 맥주 때문인지 오래간만에 편안하고 기분이 좋다. 술기운이 돌면서 긴장감은 어디로 사라졌는지 혼자서 흥얼거리며 들뜬 기분이다.

작은형님이 나 때문에 결혼을 연기했다는 소식에 큰형님과 작은형께 편지를 썼다. 나 때문에 결혼 연기하지 마시고, 나는 금년 안에 귀국하지 않는다는 내용의 회신을 보냈다.

이 편지를 받아 보시면 어떻게 생각들 하실지? 물론 마구 나무라실 것 같다.

아무튼 마음먹은 나로서는 어쩔 수 없는 노릇~

부모님 그리고 형님들, 이 못난 동생을 용서해 주세요….

1966년 2월 17일 목요일 맑음

축축이 이슬 내리는 밤, 야전 비행장은 온통 휘황찬란한 불빛과 요란한 헬기들의 엔진 소리로 마치 한 도시를 보는 듯하다. 초저녁이라 그런지 밤공기는 후덥지근하고 짙은 나뭇잎 내음이 가슴속 깊이 스며든다.

언제라도 적의 기습이 있을 것만 같은 어두운 밤은 반짝이는 별들로 아우성치는 듯 긴장감은 더욱 예민해진다.

우리보다 전방에 배치된 제9중대와 후방에 배치된 제11중대 상공에 조명탄이 계속해 오른다.

적이 나타난 모양이다. 얼마간 시간이 지났을까, 그토록 요란하던 헬기들의 엔진 소리가 멈춘 뒤 사방은 어둠의 장막과 함께 고요한 긴장이 찾아온다.

나는 정신을 집중해 사방을 살핀 후 이상 없음을 확인하고 수많은 별들을 바라보며 그리운 고향을 떠올리면서 아름다웠던 추억들을 생각해 본다.

매야는 지금쯤 뭘 하고 있을까? 내가 지금 이러고 있는 것을 알면 뭐라고 할까? 휘황찬란한 서울의 밤거리가 떠오른다.

영등포 거리 시청 앞, 그리고 중앙청 앞 넓은 거리, 안국동 로터리….

항시 다니던 거리라 머릿속에서 환하게 그려진다.

아~ 그리운 고국이여~ 언제 또 가 보나!

1966년 2월 18일 금요일 맑음

뜨겁게 작열하는 태양은 온 몸뚱이를 땀범벅으로 적신다. 텐트 안에 있으니 물 흐르듯 땀이 난다. 그래도 해는 가릴 수 있어 텐트 안에서 《사랑 월간지》와 《신동아》 잡지를 재미있게 읽었다.

특히 동남아의 춘추 전국 시대라는 시사 논설문을 읽어 보니 나는 동남아시아에 대해서 새로운 지식과 많은 관심을 갖게 됐다.

오후에 이발하려고 기다리고 있는데 미군들이 추락한 헬기를 실어다 놓는다. 대원들과 미군들이 우르르 달려가 보았더니 기체는 엉망으로 완파됐다. 조종사는 생사를 모르겠지만 전쟁의 비참한 현실을 여실히 말해 주는 것 같았다.

한편으론 매일 이렇게 여러 대가 손실되는데도 꾸준히 이를 공급해 주는 미군의 군사력이 얼마나 강한가를 새삼 느낀다.

그래도 미군들은 아랑곳없다는 듯 시시덕거리며 사진 찍기에 바쁘다.

하도 그런 일이 흔해서 그런지 한편으론 그런 그들이 부럽기도 하고, 어떻게 생각하면 아무렇지도 않고, 하지만 분명한 것은 그들 나라가 우리나라보다는 잘산다는 것이다.

1966년 2월 19일 토요일 맑음

갑자기 진지 변경을 500m 떨어진 곳으로 이동을 했다. 이동하면서 여러 걱정을 했는데 다른 분대가 있던 곳이라 간단한 진지 작업과 텐트도 쳤던 자리에 치니 쉽게 일이 끝났다.

작업 도중에 아리송한 일들이 생겨서 분대장한테 이렇게 하자고 했더니 너는 불평불만이 많다고 시키는 대로만 하라고 욕만 얻어먹었다. 분대원들 말이라면 조금도 듣지 않으니 고집불통 놈이다.

더럽고 무식한 놈! 아이고 씨팔놈 같으니……! 상급자한테만 잘 보이려고만 하니, 안 해도 될 일을 억지로 시키는 놈, 분대원들의 의견은 조금이라도 들어 주지 않으니 분대원들만 고달프다.

욕이란 욕은 다 먹고 일 끝내고 오랜만에 대원들과 목욕을 했다. 검붉게 탄 속살이 유난히 윤기가 흐른다. 검게 탄 살갗은 이제 완전히 검둥이가 된 느낌이다. 어느새 이렇게 속살까지 타다니~! 거칠어진 살갗을 손으로 문지르면 뿌연 때가 밀려 나온다.

내 몸이 이렇게 되다니, 생각할수록 웃음이 나온다. 매일 땀, 먼지에도 제대로 씻지도 못하고 지냈으니 오죽하랴.

대원들 모두가 서로 더럽다며 손가락질하며 웃었다.

1966년 2월 20일 토요일 맑음

구름 한 점 없는 파란 하늘, 따가운 햇살만이 눈부시다.

분대장 텐트 친 자리에서 물이 나와 다른 곳으로 옮겼다.

오늘부터는 낮에도 보초 근무를 서라고 한다. 이왕이면 보초 서기 수월한 30m 좌측 야자나무 그늘 아래서 보초를 서자고 했더니 분대장 왈, 하라면 하는 것이지 왜 말이 많으냐고 떠드는 바람에 한바탕 말다꾸하다가 욕만 얻어먹고 말았다. 오래간만에 낮잠을 자려고 텐트 안에 누웠는데 어찌나 땀이 흐르는지 못 견디고 말았다.

오후가 돼서야 시원한 바람이 불어와 나도 모르게 잠이 들었는데 얼마나 잤는지 "범영아~ 김○연이가 누군가?" 하며 깨운다. 일어나 보니 조진재 일병이 편지봉투를 들고 와 "김○연이가 누군고~?" 하면서 재차 묻는다. 반가운 마음에 얼른 받아 보니 생각한 대로 돈암동 ○연이한테서 편지가 왔다.

누구 편지보다도 받으면 반갑고 또 기다려지는 연이 편지다.

읽어 보니 요번 편지는 아주 얄밉게 써 보냈다.

자기 집에서는 야단은커녕 오히려 월남에 편지 안 하냐고 할 정도란다. 난, 앞으로 연이한테 반가운 소녀라고~ 그렇게 부르기로 했다. 밤늦게까지 생각해 본다. 어떤 소녀일까? 하고 편지도 아주 능란하게 잘 썼다. 아무리 생각해도 정말 깜찍한 소녀일 거야~

연이의 3번째 편지

이 일병님.
기린 목이 되기 0.1초 전, 우체부의 발걸음 속에서…. 편지 잘 받아 보았어요. 그리고 월남의 그림엽서까지도…. 이렇게 기쁜 것인 줄은 정말 예전엔 느끼지 못했어요! 너무 바쁘신 틈에 오히려 짐이 되지 않을까 염려스러워요.
이 일병님, 이곳 서울은 어제 이씨 왕조의 마지막 왕인 순종황후의 장례식이 성대히 거행되었답니다. 50만이 넘은 시민의 애도 속에서 금곡(유능)의 순종황과 합장으로 끝을 맺어 버렸어요.
왕조의 손이 이것으로써 끝을 맺었나 봐요. 정말 섭섭한 마음이 드는군요.
이 일병님, 잊지 않으시고 답장 보내 주셔서 감사합니다. 그런데 답장을 받아 보기가 이렇게 힘들다니 너무하셔요. 책 받아 보셨다는 말은 없는데 궁금하군요. 소포물은 늦게 도착하는 모양이죠?
받아 보지 못한다는 설도 있는데 저는 우체부 아저씨를 한번 믿어 보기로 하고 답을 기다립니다. (또 한 달은 목이 떨어져라 기다려야겠군요.) 오늘은 학교에서 걱정을 하고 있었는데 답장을 받으니 정말 기뻐요. 미란이 오빠도 건강하시겠죠? 동생을 위한다면 답장을 자주 하시라고 전해 주시고 이 일병님도 귀담아들으셔야 해요. 아마도 이 일병님은 걱정하고 있는 저희들의 마음을 모르시나 봐요. 이 일병님, 말씀 낮춰서 편지하셔요. 안 그럼 제가 죄송하잖아요. 아, 참! 오늘 학교에서 친구가 이 일병님께 편지하고 싶다나요? 주소를 가르쳐 주었으니 편지할 거예요. 제 친구니까 답장해 주세요. 하지만 그것 때문에 제 답장 안 하시믄 안 돼요. 화내겠어요, 그러면….
이 일병님 우스운 걱정을 하시고 계시군요. 집에서 야단은 누가 쳐요? 엄마가요? 아빠가요? 걱정하실 필요 없다나요. 우리 엄마, 아빤 오늘 월남에 편지 안 하냐고 물으실 정도인 걸요, 뭘!
아마 대한민국 어머니들은 모두 그런 마음일 거예요. 걱정하지 마시고 자주 편지해 주셔요. 저도 이제 한가해졌으니 틈 있는 대로 하루에 두세 번이라도 올리겠어요. 할 말이 없으면 시라도 적어 보내지요 뭘! 그래도 괜찮겠죠….

(소개하신 분) 고마웠어요. 내일 학교에 가서 친구에게 전하겠어요. 무척 기뻐할 거예요.
지금 한창 벼가 익어 가고 있다니 정말 아름다운 들판이 상상됩니다. 이곳은 지금 한창 아지랑이 꽃이 피었답니다. 곧 벚꽃과 개나리꽃이 피겠죠…. 월남 여학생은 흰옷을 입었다구요? 엽서에서 보았어요. 자전거 타고 있는 처녀들…. 저도 자전거는 탈 줄 알아요. 어렸을 땐 세발자전거를 탔지만 지금은 두발~ 한 발이 줄었죠?
국민학교 때 아빠에게 배웠다나요? 하지만 기회를 발휘할 기회가 없답니다. 여름에는 아빠와 소풍을 가죠~
봄비가 나지막하게 내리고 나더니 정말 따뜻해졌어요. 마음도 새로워지는 기분이에요. 정말 점점 그곳 날씨를 닮아 가나 보군요.

고막이 터질 듯한 포성, 무더운 열대성 더위에 짓궂은 비까지 내리지나 않을지~

> 푸른 하늘 위의 하나님에게 오늘도 이 일병님을 보호해 주시길 빌면서 이만 pen을 놓습니다.
>
> 무운을 비는 서울의 연이 드림.
>
> 그림엽서 정말 감사해요. 보답을 해야겠는데 무엇을 보내야 될지 모르겠어요.
>
> 부탁이 있으면 하셔요. 나쁘게 생각하시지 마시고요.
>
> 무엇이든 해 드리고 싶은 마음입니다.
>
> 정말 동포애라는 것에 새삼 놀랬어요. 그럼 베트콩 소탕 작전에 게을리하지 마시길 부탁드립니다.

1966년 2월 21일 월요일 맑음

오늘부터는 그렇게나 하기 싫은 태권도 훈련을 아침저녁으로 실시한다고 한다. 헬기 비행장 경계 근무만 서다 보니 작전이 없어지면서 시간이 많아져 태권도 훈련으로 바뀐 것이다. 아무리 신체 단련이라고는 하지만 나에겐 괴롭고 오히려 피로만 가져올 뿐이다.

오전에 주간 보초를 서면서 반가운 소녀 연이에게 보낼 편지 초안을 써 놨다.

오늘 저녁 식사는 어제 사 온 양식 국수로 별식을 해 먹었다.

식후에는 편지를 정리해 붙였다. 어느 누구 편지보다도 정성 들여서 보내 준 책을 받았다는 소식도 같이 썼다. 전번에 채집한 향긋한 꽃잎도 동봉해서 보냈다. 앞으로 부탁이 있으면 서슴지 말고 하라는 소녀의 편지, 다른 친구한테 내 주소를 알려 줘 쓴 편지가 갈 테니 꼭 답장해 주라는 것, 그렇다고 자기한테 편지 안 하면 화내겠다는 소녀의 편지. 어딘지 모르게 소녀의 질투가 배어 있는 것 같기도 하다.

야간 보초를 서는데 명렬이와 응률이가 와서 밤늦도록 시간 가는 줄 모르게 이야기를 하다가 갔다.

옛날 추억을 생각하면서 오늘 밤도 지루한 하루가 지나갔다.

1966년 2월 22일 화요일 맑음

집에서 편지 올 때가 됐는데 어찌 된 일인지 소식 없으니 궁금하다.

얼마나 더 기다려야 할지~ 어제 온 편지를 다시 읽어 보는데 오늘이 음력으로 며칠인지 손톱 같은 초승달이 검은 하늘에 처량한 모습으로 떨어질 듯 걸쳐 있다.

자정이 넘자 소란스럽던 비행장은 죽은 듯 조용하고 주변 숲에선 수많은 풀벌레들이 밤의 적막을 즐기며 사방으로 울음소리를 내느라 바쁘다. 가끔 들려오는 무거운 포성이 벌레들의 울음소리를 멈추게 하지만 그것도 잠시, 벌레 소리는 적막을 깨고 들려온다.

가만히 들어 보노라면 조용한 음악 소리 같기도 하고 어쩌다 다른 벌레가 끼어들어 울어 대면 엉터리로 치는 피아노 소리같이 혼란스럽게 느껴지기도 한다. 이렇게 멋있는 밤, 갑자기 11중대 상공에 조명탄이 오르더니 곧이어 L.M.G 기관총 소리와 함께 주황색 예광탄이 하늘 위로 치솟는다. 적정 상황이 벌어진 모양이다.

잠시 긴장된 시간이 흐르자 또다시 조용한 밤의 적막이 흐르고, 까만 하늘의 수많은 별들을 바라보노라면 한 줄기 불꽃을 그리며 사라지는 별똥별도 시야에 들어온다.

사람의 일생도 저 유성처럼 어디론가 사라져 버릴 테지? 아니지, 지금의 나는 불기둥을 내면서 사라져 가는 별똥처럼 사라지는 중일 거야, 저 유성이 가는 우주 공간으로…. 오! 전쟁이여~ 인생이여~! 저 사라지는 유성처럼 사라져라! 악몽과 함께.

추억이여~ 너는 아는가? 내 가는 길을~? 저 유성처럼 사라지고 있는 길을…….

1966년 2월 23일 수요일 흐림

하루 종일 잡념 속에서 보내다가 고국에서 같이 근무하던 윤병일 씨가 생각나 공군 사촌형께 편지를 써 보냈다. 오후에 낮잠을 좀 잤더니 밤에는 잠이 오지 않는다. 지금까지 온 편지들을 다시 읽어 보며 흐뭇했던 옛 추억들을 캄캄한 밤하늘을 쳐다보며 떠올려 본다. 아~ 그리워라, 내 고향, 어린 동생들, 지금쯤 뭣들 하며 지내고 있을까? 내게는 모두 귀여운 동생들이다. 내가 왜 이렇게 험난한 곳에 동생들을 두고 왔지? 오늘따라 어린 동생들이 그립고 보고 싶다. 동생들도 오빠가 얼마나 보고 싶으면 빨리 돌아오라고 편지했을까? 오냐! 돌아가마! 꼭 살아서 돌아가마! 오빠가 되어서 오빠 된 도리를 못 하고 오히려 너희들에게 걱정을 하게 해서 미안하구나. 순아~ 꼭 돌아가마. 그때까지 공부 잘하고 있거라.

모진 바람과 함께 비가 억수처럼 쏟아진다. 텐트에 부딪히는 요란한 빗방울 소리, '쏴~ 쏴~ 후다닥!' 하는 소리에 다른 소리는 들리지 않는다. 비바람이 펄럭이는 텐트 안까지 들이쳐 얼굴을 차갑게 한다. 연이 양, 여기는 지금 요란한 비바람이 불어 대고 있어요. 지금쯤 고국에는 무엇이 내리고 있을까요?

1966년 2월 24일 목요일 맑음

오늘은 집에서 편지가 올까? 기다렸지만 허탕이다. 올 때가 이미 지났건만 아무런 소식이 없으니 궁금한 마음이다.

캄캄함 밤, 그나마 구름이 끼어 희미하던 초승달도 보이지 않는다.

밤이라 서늘한 바람이 옷깃 속으로 들어와 언제 뜨거웠냐는 듯 소름까지 쫙 끼치게 한다. 날씨 탓인지 그토록 울어 대던 벌레들도 밤잠을 자는지 오늘은 울음소리가 뜸하다.

길고도 지루한 야간 근무를 서자니 자연히 공상의 세계로 빠져든다. 앞으로 나의 미래에 대한 장엄한 계획을 화려하게 펼쳐 본다.

정말 이 세상에 나만이 존재한다면 그땐 어떤 생활이 내 앞에 전개될까?

그때 갑자기 멀리서 들려오는 포성에 모든 잡념을 잊고 사방을 신경 쓰며 살펴본다. 혹시 적이라도 나타나지 않을까?

동쪽 하늘 머리 위에 흐릿한 구름 사이로 북두칠성이 유난히 빛을 발한다. 영원히 변하지 않는 저 별들, 나도 저 별처럼 밝은 빛을 내뿜는다면, 그리고 영원히 그 모습 그대로 존재할 수 있다면…. 인간의 욕심이란 끝도 없는 그런 존잰가 보다. 나도 그런 생각을 하고 있으니 말이다.

오~! 신이시여! 나의 앞날에 영광과 행복이 깃들기를 비옵니다.
 구름에 가려지는 북두칠성을 바라보며 내 속마음을 막연하게 빌어 본다. 긴장된 밤은 일분일초 조용히 흐르기만 하는데….

1966년 2월 25일 금요일 맑음

 따사로운 햇볕이 내리쬐는 오전, "이 일병 편지요~" 하는 소리에 나가 보니 연이와 사촌 형님한테서 편지가 왔다. 얼마나 기쁜지 마음인지 콧노래가 나도 모르게 절로 나온다.
 반가운 소녀 연이 양, 또 편지를 보내왔군요. 이틀이 멀다 하고 또다시 편지를 보내다니 고마워요. 이제는 나도 연이 편지가 기다려지는데 무슨 일인지는 나도 모르겠어요. 다만, 반가운 마음에 몇 번이나 읽어 보고 싶은 편지이기에 연이의 편지가 기다려지는 모양입니다.
 이제부터는 나의 진중일기에는 연이의 이름이 반가운 소녀라는 대명사로 쓰이게 된답니다.
 편지를 받을 때마다 반가운 마음이 들기 때문에 그렇게 이름 지었지요. 다음 편지 기다리며 안녕~

 오후에 사격 훈련 하려고 사격장에 갔는데 총반 집합! 하라는 지시가 내린다. 웬일인가 했더니 제7중대 작전에 우리 57mm 분대가 지원 사격차 출동하라는 명령이다.
 부랴부랴 준비를 하고 제1소대와 함께 출동을 했다. 무거운 탄약과 장비를 걸머지고 잠복지까지 죽을힘을 다해서 도착하니 해는 지고 어두워지기 시작했다. 개인호를 급히 파 놓고 있으니 전방에서 총성이 들려오기 시작한다.

드디어 올 때가 왔구나 하고 총을 꽉 잡고 전방을 응시했다.

잠시 후 계속 총성과 함께 총탄이 머리 위로 지나간다. 아무래도 오늘 밤에는 그냥 지나가기는 어렵게 될 것 같다. 총성과 함께 긴장의 밤이 흐르고 병사의 손에서는 땀이 흐르며 떨려 왔다.

 연이의 4번째 편지

이 일병님 보셔요.

조용하고 나직하게 나리는 봄비가 앙상하게 벗겨진 나무사이를 흐르며~ 정다운 밀어를 속삭이고 있습니다. 다사롭게도 봄을 담뿍 싣고 겨우내 얼어 있던 땅 위에 흐르는군요.

빗줄기 저 먼 곳에 잿빛 하늘이 굳은 표정을 한창 짓고 있어요.

이 일병님! 오늘도 커다란 임무를 안은 채 임무 완수에 구슬땀을 흘리시겠죠? 그곳 월남 장병들의 피맺힌 땀과 땀이 모여 이렇게 조국의 땅 아래로 떨어지고 있어요. 봄비와 함께 벌써 3월을 향하여 달음질치고 있군요. 새해를 맞던 날이 바로 엊그제 같았는데~ 정말 시간은 흐르고 세월은 빠르구나! 하고 새삼 느낍니다.

어제는 학교에서 친구들에게 마음껏 자랑을 하고 뽐내 보였어요. 모두들 부러워하는 눈초리였어요. 얼마나 즐거운 일인지 몰라요. 어린 계집애라구요? 글쎄요 그럴지도 모르죠~ 하지만 저라고 가만히 있을 수가 있어요?

이 일병님! 그곳에 우리 대한의 방송이 잘 들리고 있는지요? 잘 들린다는 희망을 가지고 친구와 함께 음악을 보내 드리겠어요.

뽑히게 될지도 모르지만 예쁘게 장식하여 보내면 이 일병님께 아름다운 음악이 흐르게 될 거예요. 방청해 주시기 바랍니다.

아니 이 편지가 도착하기 전에 방송될지도 모르겠군요. 정말 안타까워요. 왜 그리 늦게 도착하는지….

오늘 영화관에서 <발전해 가는 월남>이란 문화영화를 보았어요. 정말 피맺히는 노력을 하고 있더군요. 그런데 월남 사람들은 무척 살이 없어요. 모두가…. 친구와 함께 보고 느낀 것이에요. 수척한 그곳 사람들~ 전쟁에 시달려 더욱 그런가 봐요.

정신적으로나 신체적으로 정말 피로했겠어요.

이 일병님! 몇 가지 가르쳐 주시겠어요? 저는 군대에 대해서는 백지예요. 알고 싶어요. 재구대대는 몇 명으로 구성되었어요? 그리구 한 중대마다 몇 명씩 배치되었는지요? 군대에 대해서 좀 가르쳐 주지 않으시겠어요? 이 일병님, 그럼 다음 편지 기다리겠어요.

그리고 월남의 국민성이라든가 느끼신 것이 있으시면~ 우리나라와 다른 점도 소개해 주셔요. 아시는 대로! 그럼 곧 답장 써 주셔요. 기다리고 있으니까요.

승리 속에 항상 건강하시길 빌며 한국에서.

연 드림.

1966년 2월 26일 토요일 맑음

초긴장 상태의 밤은 요행이 아무 접전 없이 보냈다. 동쪽 하늘이 환하게 동트기 시작하자 우리는 직감적으로 공격 시간이 다 되어 간다는 것을 알았다. 드디어 공격 몇 분을 앞두고 아군 105mm 포와 155mm 거포가 엄호 포격이 시작됐다.

눈부신 섬광과 폭음이 천지를 뒤흔든다. 공격 준비를 완전히 끝내고 나니 날은 환하게 밝았다. 아군 포격은 공격 목표 지점에 명중탄을 낙하시킨다. 포격이 끝나자 미 공군의 폭격이 기갑연대 공격 지점에 맹렬하게 가해지고 있는 사이 우리 부대도 서서히 목표 지점을 향해 전진을 시작했다.

전번 작전과는 달리 큰 접전 없이 전진을 계속해 갔다.

아군의 포격과 전폭기의 폭격으로 적들은 죽거나 도주했는지 아무 저항도 받지 않고 목표 지점 가까이 접근할 수 있었다.

미 공군의 엄호를 받으면서 기갑연대 공격 부대가 헬기에서 목표 지점에 투하되기 시작한다. 무장 헬기에서는 로켓탄이 발사되고 기관총들은 무섭도록 불을 토해 댄다.

제1파, 2파, 3파, 계속해 공격 부대는 파상적으로 적지에 목표 지점으로 투하된다.

우리 부대도 목표 지점에 무사히 진출해 12시까지 우리의 임무인 적의 퇴로를 막고 있다가 오후 늦게 중대로 들어왔다. 뜨거운 태양에 얼마나 목이 타는지 귀대 도중 야자열매를 두 개나 따 마셨다.

1966년 2월 27일 일요일 맑음

오늘 사단사령부에서 검사관들이 나와서 병사들의 사격 실력을 검열했다. 나는 훈련소부터 사격에는 자신이 있어서 이번 검열에서 90점을 받아 간단히 통과했다.

점심식사를 하고 있는데 문 상병이 편지를 주면서 연이한테서 온 편지는 분대장이 가지고 있다고 시치미를 떼며 내 눈치를 본다. 아무렴, 분대장이 남의 편지를 가지고 있으려고. 그런가 보다 하고 가만히 있으니까 "여기 있다, 인마!" 하며 주머니에서 꺼내 준다. 질투가 났던 모양이다.

연이~ 아니 반가운 소녀야! 또 편지를 보내 주었군요. 엊그제 연이의 편지를 받았는데 또 보내 주다니~ 반가운 소녀야~ 오늘 편지도 반가웠어요. 발신인을 보니 하루걸러 편지를 보냈다는 걸 알 수 있었다.

무슨 생각을 하고 있길래 또 이렇게 편지를 보냈을까? 아무리 나이 어린 소녀지만 그저 우습게 볼 일이 아닌 것만 같다.

이번 편지에는 내 가족 사항까지 물었다.

연이 양, 오늘은 무엇을 했냐구요? 오늘은 사격해서 특등 사수가 되었답니다. 또 어제는 베트콩 잡으러 갔었구요.

연이 양, 나는 연이가 예쁘고 마음씨 착한 소녀라고 생각하는데 나는 꼭 그런 소녀이길 믿고 싶어요. 하지만 나는 아주 다를 거예요. 다른 군인들과는 전혀 다른 타입의 멋없는 군인일지도 몰라요. 연이 양~ 정말 그렇다면 아주 우습겠지요?

연이의 5번째 편지

이 일병님 보시겠어요?

지금 서울엔 안개가 한창이랍니다. 마치 런던에 안개같이~ 보지는 못했지만 런던의 안개가 유명하다죠? 아주 몇 발자국 앞도 보일 듯 말듯~ 흔히 볼 수 있는 그것들과는 다르답니다.

교통사고가 많이 생길까 염려스러워지는군요.

이 일병님! 그곳 월남을 동경하는 연이가 또 pen을 들었어요. 영원한 기원과 함께…. 지금쯤 월남의 풍경은 어떨까요? 과실과 모든 곡식이 무르익고 있겠죠? 과실들은 유혹적이고 매혹적인 색으로 변하여 가고 수풀 속에 그윽한 과실의 향기가 넘쳐흐르겠군요. 벼는 누렇게 고개를 숙이고~ 아름다운 풍경이 머릿속에 새겨졌답니다. 한편으로 보면 이 일병님은 얼마나 행복한지 몰라요~ 아무도 보지 못한 혼자 보기 안타까울 풍경을 혼자서 실컷 감상하고 계십니다. 하지만 저는 고국의 어느 누구만큼이나 행복하다고 볼 수 있어요. 그림엽서로써 그곳의 풍경 그대로를 보고 또 즐거움에 젖기도 하니까요. 이 일병님께 감사드려야겠군요. 무엇으로 보답해야 할지~

이 일병님! 이 일병님 가족은 어디에 계셔요? 서울에 계시지는 않은지요? 저 같은 동생은 없어요? 들려주시지 않았군요.

신문에서 보니 편지 받는 시간이 가장 반가운 시간이라고요? 이 일병님은 대체로 몇 통의 편지를 받으셔요? 이 일병님께서는 저에게 편지가 방해되지 않느냐고 물으셨죠? 그것은 제가 묻고 싶은 말이에요. 그러지 않아도 한창 바쁘실 텐데 제 편지가 짐이 되지나 않을지? 걱정이에요.

오늘은 박정희 대통령이 무사히 귀국하셨어요. 말레이시아, 자유중국, 태국 등 친선 방문을 마치시고~ 성과가 대단한 효력을 나타내고 있다는 신문 보도였어요. 매우 성공적이라고요.

이 일병님, 오늘은 무슨 일을 하셨어요? 재미있는 이야기나 슬픈 이야기, 기쁜 이야기, 이 일병님 혼자만 알지 마시고 서울의 저에게도 들려주셔야 되어요. 지난 편지에 실례된 일이 있으면 관대히 용서하셔요. 다음부턴 잘못되는 일이 없도록 하겠어요.

이제 곧 졸업식이 거행됩니다. 아니 이 편지를 받아 보실 즈음엔 벌써 2학년이 되어 있을지도 모르겠군요.

상급 학생이 된다 하니 기쁜 마음보다 다시 못 올 1학년의 재미있는 시기를 떠나니 섭섭한 마음이 앞섭니다.

저도 진급했으니 이 일병님도 곧 진급하시겠죠? 그럼 이만 난필을 줄이겠어요. 푸른 월남의 하늘 밑 전선에서 모쪼록 건강하시길 빕니다. 안녕히.

서울의 연이가.

1966년 2월 28일 월요일 맑음

어느덧 병오년 2월도 다 가는구나~ 생각하니 서운한 생각이 들기도 하지만 한편으론 고국으로 갈 날이 가까워졌다는 걸 생각하면 기쁜 마음이 솟구쳐 오른다.

엊그제 같던 1월이 어느새 2월이 다 지나가니 세월은 확실히 빠르게 지나가고 있다.

새해 들어 또 이동해 간다는 말이 돌아서 대원들 마음이 어수선해진다. 부대 앞에 베트남 붕붕 아가씨가 있다고 벌써부터 여러 대원들이 드나드는 모양이다. 이제 곧 다른 데로 이동하면 여자라고는 보기도 힘들 텐데 만나 보는 것도 괜찮다고 끼리끼리 모여 수군댄다.

듣자 하니 박격포반 애들은 하루에도 몇 번씩 베트남 여자를 만난다고 한다. 아무리 성욕에 못 견딘다고 해도 매일같이 미군들과 한국군들이 수십 명씩 줄지어서 교대로 육체의 향연을 만끽하다니 여자 하나에 얼마나 추잡한 장소인가. 그래도 누가 보기에 청결하다고 생각된다면 그런대로 나쁘지 않다고 하겠지만, 여자의 육체에 미친 야수들처럼 하루에도 수십 명씩 상대하는 여자에게 덤비다니…. 저놈들 상대하는 그 여자는 또 어떨까?

멀리 이국 전선에서 언제 죽을지 모르는 판에 상대할 여자가 있는데 가만히 있을 남자가 얼마나 될까? 죽으면 그만인데 에라! 될 대로 돼라! 하는 식으로 이해한다면 당연한 일로 생각되지만, 그래도 그렇지 잠시 생각해 볼 문제다.

저 멀리 표적을 향해서 사격(남탕기지에서)

1966년 3월 1일 화요일 맑음

오늘은 삼일절이다. 월남 전선에서 맞이하는 국경일, 너무 무의미하게 지나가는 것 같다.

오늘 분대원들 3명이 베트남 여자와의 여가를 즐기려고 나갔다가 늦게 부대로 들어와서 오늘 있었던 이야기를 신나게 털어놓는다. 다리통이 굵다니, 유방이 크다니 하며 시시덕거리며 떠들어 댄다.

누구나 이성에 대한 욕망은 똑같은 것이리라. 나도 남자인 이상 이들과 다를 바 없다. 그들이 여자를 탐한다면 나도 그럴 것이고 즐기고 싶다면 나 또한 그럴 것이다. 우린 남자들이니까….

이국 전선에서 이성에 대한 성욕은 어쩔 수 없어서, 억제하려 한다고 되는 일이 아닌 것 같다. 그것은 명령이나 규율만으로 다스릴 일도 아니다. 젊은이들의 생리적인 작용을 인위적으로 억제시키는 일은 어리석은 일이다.

오히려 그렇게 하느니 그 욕정을 배출시킬 수 있는 방법을 택해 주는 것이 현명한 일이 아닐까 생각된다. 장교들은 마음껏 즐기고 사병들이라고 억제시키라는 법은 없다.

나도 마찬가지다. 마음껏 육체의 향연을 즐기고 싶다. 적당한 곳이 있다면 마음먹은 대로 그들처럼 할 수도 있다. 그것이 인간이 갖고 있는 가장 이상적인, 본능이고 감정이기에 나라고 예외가 될 수도 없다. 하지만 나는, 그들처럼 저렇게 놀고 싶지는 않다.

1966년 3월 2일 수요일 맑음

언제부터 시작됐는지 오늘도 몇몇 대원들이 베트남 여자를 만나고 왔다. 지휘관들도 다 아는 일인데, 그건 전쟁터에서 불가피한 일이라 생각되어서 그런지 묵인하는 듯 내색하지 않는다. 나보고도 같이 가자고 하는 대원도 있지만 못 들은 척했다.

그들은 지금 잠시 향락을 맛보기 위해서 저런 행동을 하고 있지만 그 뒤는 생각들을 안 한다. 알고도 그러는지 모르고 그러는지, 하여간 내 생각이 그렇다는 것이다.

소란한 하루가 지나고 조용한 적막이 흐르는 고요한 밤이 또 찾아온다. 뿌연 하늘엔 밝은 달이 어둠의 대지를 비춰 줘 덕분에 야간 근무 서기에는 큰 도움을 준다. 어디선가 적이라도 나타나 큰일을 터트릴 것 같은 밤은 초병의 매서운 눈초리를 받으며 일 분 일 분 흘러간다.

시계를 쳐다보니 이제 겨우 자정을 넘긴 시간이다. 아직도 교대를 하려면 한 시간이 더 흘러가야 한다. 하늘의 달도 서쪽으로 한결 기울고 북두칠성도 반듯이 자세를 바꾸기 시작한다.

요란한 제트기의 폭음이 고요한 밤공기를 가르며 어디론가 사라져 간다.

까만 밤하늘 한쪽에선 가끔씩 수많은 유성들이 밝은 빛을 길게 내면서 빠르게 사라져 버린다.

아~! 나도 언젠가는 이 세상에서 저렇게 사라져 버리겠지! 저 별똥별처럼 말이야….

1966년 3월 3일 목요일 맑음

이른 새벽부터 분대장이 처음으로 '퀴논'으로 외출을 나간다고 법석을 떨더니 부랴부랴 떠난다. 매일 눈 위에 혹 같은 존재가 사라지니 속이 다 시원하고 모든 것이 다 내 세상처럼 느껴진다.

검게 탄 몸을 물로 씻으며 하체를 내려다보니 국부의 살갗이 유난히 하얗게 보인다. 목욕하면서 어제 있었던 전우들의 말을 다시 한번 되새겨 본다. 사수 성경이가 말했다. "이 일병! 같이 갈까? 한번 맛보는 것도 좋잖아!" 정말 그들은 그렇게나 원할까? 여자들의 품을 말이다. 그럼 나도 한번 가 볼까? 그런 생각을 하기도 했지만 왠지 뭔가 마음을 찌른다.

에잇! 빌어먹을 놈들, 너희들이나 실컷 하렴! 난, 안 간다, 인마!

얼마 전 총 2분대로 간 조진재가 편지를 가지고 왔다.

김포 마르미에 사시는 숙부님께서 보내온 편지다.

어두워진 초저녁이라 주머니에 넣어 두고 외출에서 돌아온 분대장 경험담을 들었다.

내일의 행운을 빌면서 또 총을 들고 야간 보초 임무에 임한다.

어제보다 밝은 달은 야간 보초 근무하는 데 한결 불안감을 덜어 준다. 슬며시 떠오르는 추억들, 그리고 연이 생각, 또 매야 생각이 난다. 지금쯤 뭣들을 하고 있을지….

1966년 3월 4일 금요일 맑음

우표와 카드를 보내려고 연이와 원화 그리고 숙부님과 한홍이 한테 편지를 써 놓았다. 무척 더운 날이다. 뜨거운 태양과 후더분한 열풍, 그리고 포성의 여운 속에 하루해가 저문다.

저녁 늦게 고국에서 위문품이 왔다고 소대 본부로 수령하러 갔더니 전국 공무원 이름으로 된 위문품들이 많이 와 있다.

매달 박봉에다 그마저도 어려운 생활에 쪼들려서 써야 하는 형편들인데 이렇게 뿌듯한 물건들을 정성스럽게 보내 주었다. 고마운 마음과 한편으로는 동포애라는 걸 새삼 느낀다.

모두가 잘 싸워 주길 바라는 마음들이기에 나에게도 무거운 책임감이 있다는 걸 느낀다. 밤에는 미군들이 상영하는 영화를 보고 난 후 밝은 달이 환하게 전선을 비추는 때쯤 힘없는 발걸음으로 텐트로 돌아왔다.

지금쯤 고국의 전선에도 저 밝은 달이 떠 있으리라.

언제쯤 고국을 다시 볼 수 있을지~

축축한 텐트 속으로 비치는 달빛을 바라보며 무엇인가 아쉬운 마음으로 잠을 청해 본다. 그런데 불러 봐도 대답 없는 그 여인은 지금 어디에 있을까?

1966년 3월 5일 토요일 맑음

점심을 먹고 목욕을 하고 있는데 누군가, 오늘은 네가 재미 볼 차례니 생각 있으면 2불을 가지고 나오라고 소리친다.

검게 탄 살갗을 씻으면서 생각하니 추잡하기도 하고 우습기도 하고 한편으론 호기심도 나서 돈도 없이 사진이나 찍어 볼 생각으로 따라나섰다. 가 보니 장사꾼들이 우글거리는 초가집이 바로 재미 보는 장소란다. 헛간 같은 집인데 판초 우의로 가려 있어 들여다보니 대나무 침대 하나에 파리가 우글거린다. 악취가 코를 찌르는 장소부터 마음에 들지 않는다. 생각했던 대로구나~ 하고 옆에 있는 기타로 장난을 치고 있는데 대원들은 교대로 들어가고 나오고 한다.

분대장이 사진이나 찍자고 해 여자들 중에 한 명을 껴안고 포즈를 취하니 그것도 여자라고, 나 역시 남자라 그렇게 밋밋했던 감정이 솟아난다. 하지만 월남에서 이런 때도 있구나~ 하는 감정으로 참았다. 그러고 보니 매일 이곳에 와서 여자의 유방을 빨아 대는 그들의 심정도 조금이나마 이해가 된다.

뜨거운 태양이 지고 붉고 짙은 초록의 저녁노을이 서쪽 하늘에 물들기 시작한다. 마치 영화의 멋진 천연색 영화를 보는 듯하다.

고요의 어둠이 더 깊어질 때 붉은색은 아주 보기 좋은 감색으로 변하고 짙은 초록은 연하고 부드러운 초록색으로 서쪽 하늘을 물들인다. 점점 변해 가는 저녁노을, 너무나 보기에도 아까운 대자연의 아름다움이 아닐 수가 없다.

1966년 3월 6일 일요일 맑음

오전에 분대장이 전축과 레코드판을 사 와서 나무 그늘 아래서 망중한을 즐겼다. 정말 오래간만에 듣는 음악 소리라 그런지 여간 흥겨운 게 아니다. 빨리 제대를 한다면 음악을 들으면서 즐거운 생활을 했으면~ 하는 생각은 비단 나뿐만이 아니라 모두의 바람이겠지.

오후에 낮잠을 자려고 하는데 또 이동할 예정이니 준비하라는 지시가 내린다. 매일 이동한다고 하다가 이제야 결정되고 나니 후련한 생각이 든다. 그런데 막상 이동 장소가 3소대 장소다.

별로 흥미 없는 장소로 이동하는 바람에 땀과 힘만 들었다.

땅이 석회 성분이 많아서 돌처럼 단단해 진지 구축에 애를 먹었다.

철조망 밖에서는 월남 소녀들이 물건을 가지고 와서 팔아 달라고 손짓을 한다. 조금이라도 돈을 벌어 보려고 악착같이 몰려든다.

물건이라고는 맥주와 주스 그리고 한국군이 잘 먹는다는 걸 어떻게 알았는지 고춧가루와 배추까지 가지고 왔는데 장삿속인지 고춧가루는 맵지가 않다.

우리나라에서도 그렇게 하는데 상술이란 다 그런가 보다.

1966년 3월 7일 월요일 맑음

다른 데로 또 이동한다는 말에 어제 옮긴 짐과 장비를 대강 정리해 놨다. 뜨거운 태양은 오늘도 우리를 그냥 놔두지 않는다. 오후 늦게는 좀 낫지만, 한낮에는 정말로 더워서 죽을 지경이다.

그래도 전선은 많은 사건과 기적을 만들고 뜨거운 태양은 서산 너머로 진다. 내일이면 또다시 밝고 뜨거운 모습으로 떠오르겠지~ 새로운 역사를 만들어 내면서….

저녁때 다른 소대는 편지가 왔다고 야단인데 우리 소대만 아무 소식이 없어 총반장이 본부에 가 보라고 해 어둡기 전에 들렀더니 포반장이 "인마! 너 애인한테서 편지 왔다!" 소리친다.

소대장이 그 소리에 부른다. "누구야! 연이가?" 어물어물 대답하고 나니 소대장은 만족스러운 표정을 짓는다.

오랜만의 연이 편지다. 그녀의 편지를 받을 때마다 반가워했기에 반가운 소녀라고 이름 지었는지 모른다.

얼른 편지를 보고 싶었지만 어두운 초저녁이라 읽을 수가 없어 마음만 바빠졌다.

둥근달이 전방 고지위에 떠오르니 마음도 환해지는 느낌이다.

혹시나 하고 주머니에 편지를 꺼내 보니 놀라울 정도로 잘 보인다. 이럴 수가, 몇 번이고 읽어 보고 또 읽어 본다.

흐뭇한 시간도 잠시, 야간 사격이 실시됐다. 공중에서 터지는 오색 신호탄, 밤하늘을 가르며 날아가는 수많은 예광탄은 전선에서나 볼 수 있는 아름다운 밤의 향연이다. 옆에 있던 이웅이가 이런 광경은 돈 주고도 구경 못 하는 장면이라고 한마디 한다.

 연이의 6번째 편지

이 일병님 보셔요.
정녕 봄이 왔는지 입김이 자취도 없이 사라져 버리는 따스한 날이에요. 무언가 기다림 속에서 여러 날이 지났군요.
제가 게으름을 피웠나 보군요. 하지만 그동안 학년 말 시험이 있었어요. 지루하리만큼 많은 과목이었어요. 하지만 지금은 가벼운 마음이 되어 버렸답니다. 월남 편지는 왜 이렇게 늦게 도착하는지 명 짧은 사람은 받아 보지도 못하겠어요. 책은 받아 보셨는지 궁금하기도 한데~ 왜 이렇게 편지가 안 오는 거죠? 정말 답답해요.

이 일병님! 찌는 듯한 더위 때문에 대한민국에 있는 연이에게 답장 보내는 것을 잊지는 않으셨는지?

오늘 학교에서 월남 보낼 수건을 만들었어요. 저희들이 손수 정성을 기울여 만든 것이랍니다. 제 것은 빨간 꽃이에요. 이 일병님의 호주머니 속에 들어가기를 간절히 빌면서 정성을 담뿍 실어 봅니다. 오늘도 신문지상에선 승리의 기사를 보도하고 있어요.

이 일병님! 이렇게 고국에서 무운을 빌고 있는 저를 위해서라도 건강하셔요. 그럼 오늘은 간단히 줄이겠어요. 승리의 환호 속에 항상 무사하시고 건강하시길…. 안녕히.

연 드림.

그리고 한 번에 두 통의 편지가 들어갈 수 있을 거예요. 편지의 겉봉 끝에 번호를 쓰겠으니 그것으로 구별하셔요.

✉ 연이의 7번째 편지

읽어 보셔요.

오래간만에 글을 드리게 되는군요. 게으름을 피워서 죄송하와요. 다음부터는 이런 일이 없도록 하느님 앞에 맹세하겠어요. 하지만 사정이 없었던 것은 아니에요. 학년 말 휴가 덕분에 시골에 갔었어요. 시간 있는 대로 편지 띄우려 마음은 먹었지만 너무 뛰어놀다 보니 실천을 못한 채 이 시간을 맞이했군요.

서울에 올라와 보니 며칠간이나 이 일병님의 편지가 임자 없이 책상 앞에서 외로움에 눈물을 흘리려고 하던 중에 드디어 임자를 만났지 뭐예요. 편지가 무척 반가워하더군요. 하지만 저보다는 2분의 1만큼 반가웠을 거예요. 정말 오래간만에 받게 되는군요.

황송하게도 칭찬해 주시니 제 낯이 이렇게 달아오르잖아요?

그곳의 상징인 나뭇잎 반가웠어요. 무엇으로 감사에 보답할 수 있을지….

이 일병님! 그딴 일 가지고 화를 내시면 어떻게 해요? 제게 죄송하지 않아요? 한참 심통을 부리고 계실 이 일병님을 생각하니 배꼽이 가만히 있지를 않는군요.(실례를 했군요.)

이 일병님! 걱정하실 필요 조금도 없어요. 우리 학교에서도 이 일병님 모르는 사람이 없다나요? 유명세금을 내셔야 할 정도라니까요. 그래서 제 친구들도 이 일병님께 편지해도 괜찮냐는 거예요.

지금쯤 제 친구의 편지를 받아 보셨을지도 모르겠군요. 인기의 절정에 앉아 계시다는 것은 몰랐죠?(너무 좋아하지 마시고 살짝 보셔요. 총알이 날아올지 모르니까요? 아멘.) 까불어서 죄송하군요.

그럼 다음 page는 심각하게 기대하시라! 2막 1장.

내일은 한국의 르네상스라고 일컫는 삼일절입니다.

47주년이 되나요? 언뜻 유관순 열사를 생각하게 되는군요. 신문의 보도에 의하면 그분을 추모하는 뜻에서 교회당을 짓고 비석을 세운다고 하더군요. 우리 모두 조국을 위하는 마음, 이 일병님의 경우와 같게 되겠죠. 그로 말미암아 우리나라가 이토록 번영하는지도 모르겠어요. 저승의 유관순 열사도 자유로운 우리나라를 보고 미소를 짓고 있을 거예요.

'보지는 못했어도 아마 그럴 거예요.' 그렇죠?(이제 고만해요.)
이제 곧 벚꽃이 필 텐데~ 봉우리도 아직 나지 않았지만…. 성급하게도 제 이마에 꽃이 피었지 뭐겠어요? 언니 오빠들이 막 놀려서 죽겠어요. 엄마는 막 걱정하신답니다. 얼굴이 미워진다구요.

엄마 눈에는 아직도 제가 젖먹이 꼬마로밖에 안 보이나 봐요. 이제 몇 살인데…. 안 그래요?
제 친구들은 옛날부터 생겼는데 저는 좀 늦은 편이라구요…. 하지만 저도 살이 우툴두툴해서 속상해 죽겠지 뭐예요. 이 일병님! 무슨 비결이라도 있으면 알려 주셔요. 월남 그곳에 통치약이 있을지 모르겠군요. 제 동생도 "어머머! 언니 이마에 봄이 왔구나?" 하고 놀리지 뭐예요. 왜 이마에만 봄이 오냐는 거예요.
이 일병님! 혼자만 살짝 보셔요! 친구분이 커닝하면 살짝, 아니 꼭꼭 꼬집어 주셔요. 하지만 비틀지는 말아요. 비명을 올리면 더욱 곤란하니까요. 연이 계집애 너무 까분다고 흉보실까 봐 이만할래요.
그럼 또 내일……. 항상 안녕하시길.
연 드림.

1966년 3월 8일 화요일 맑음

기상과 동시에 이동하니 텐트를 철거하라는 명령이다. 그제 이동해 왔는데! 하며 투덜댔지만 졸병인 우리로서는 어쩔 수 없는 일이다. 상관이 명령을 내리면 따를 뿐이다. 아무리 부당한 명령이라도 그 명령을 어길 수 없는 것이 군인의 정신이 아닐까?

하지만 아무리 계급을 가진 군대라고 하지만 너무 노골적으로 대하는 데는 정말 권태증을 느낀다. 얼마 전에 미군 중대장이 우리한테 와서 사진을 찍는 도중 같이 온 전령이 담배를 피우려다 성냥이 없자 서슴없이 중대장 주머니에 손을 넣어 찾았다. 중대장은 아무렇지 않게 성냥을 꺼내서 부하한테 건네주는 모습을 본 적이 있다. 나는 그때 미군들의 군대생활이 얼마나 고도로 발전됐는가를 알 수가 있었다. 우리 한국 군대와 비교한다면 엄청난 차이가 난다.

우린 어떤가? 조그만 일에도 얼굴을 찡그리고 입에서는 못 하는 욕이 없다. 하나부터 열까지 전부 한마디씩 안 하고는 못 배긴다. 지금의 한국군은 6.25 때 군대가 아니다. 무식하지도 않고 모든 일은 각자가 스스로 판단할 줄 알고 또 해 나갈 줄도 안다. 그럼에도 불구하고 지휘자는 옛날 그대로 자기 경험을 병사들한테 부합시키려고 강요하는 건 아닌지~ 물론 병사들 모두가 그렇게 하지는 못한다. 그중에는 그전보다 못하는 병사들도 있지만 그건 극소수에 지나지 않는다.

우리 한국 군대는 언제 그럴 때가 올까….

1966년 3월 9일 수요일 흐림

미군들도 이곳에서 철수해 우리 중대는 대대 C.P로 돌아와 하루를 보냈다. 이곳에서도 얼마 안 있다 이동한다는 말이 있어 진지는 대강 정리해 놓고 분대는 쉬기로 했다.

오늘은 바람이 세차게 불어 대 모래가 얼굴을 따갑게 때린다.

우리 주둔지가 해안가와 가까워서 그런지 시원한 바람이 가끔씩 불어와 그나마 다행이다.

하루를 그냥 보내기가 심심해 연이한테 전번에 써 둔 편지를 읽어 본다. 인천 누님한테서 온 편지를 꺼내서 다시 한번 읽어 본다.

큰어머니께서는 아무래도 올봄을 넘기시지 못할 것 같다는 내용이다. 점점 쇠약해지시는 모양이다. 내가 귀국해 한 번이라도 뵙고 돌아가셔야 할 텐데, 그러지 못한다면 애석한 일이 될 것 같다.

오늘 분대장이 말라리아 양성 반응이 나타나자 분대원들이 다시 우울해진다. 덩치가 큰 사람이 매일같이 아프다고 누워 있으니 그 꼴도 못 볼 일이다.

가끔 내리는 소나기로 더위는 가시는 듯하나 그래도 무척 덥다.

제2소대가 야간 매복을 나가는데 미군의 포격이 시작되고 어둠의 적막을 깨는 우렁찬 포성은 그칠 줄을 모른다.

1966년 3월 10일 목요일 비

허무한 하룻밤이 지나고 나면 또다시 뜨거운 태양은 말없이 떠오른다. 행복할 때나 불행할 때나, 후방에서나, 나처럼 월남 전선에서나, 그건 신만이 할 수 있는 일이고 또 그것은 사실이다.

검은 구름 사이로 햇살이 고개를 내밀다 이내 다시 사라진다. 세찬 바람은 쏟아지는 비를 텐트 안까지 들이치며 흔들어 댄다. '이런 망할 놈의 비 같으니라고!' 하면서 손바닥으로 텐트를 받쳐 봐도 뚫린 구멍으로 빗물이 계속해 흐른다. '에잇! 빌어먹을 비 같으니!' 전쟁터에서는 할 수 없군, 하며 그냥 누워 버렸다. 하지만 빗방울이 귓전으로 떨어져 그때마다 차가움이 느껴진다.

포대에서 발사되는 우렁찬 포성에 신경이 쓰인다. 잠시 후 멀리서 들려오는 은은한 폭음소리. 저 멀리 어디선가 누군가는 또 죽어 가고 있겠지. 태어날 때부터 숭고한 인간은 전쟁의 제물이 되어 가고 나를 해치는 적이건, 아군이건 누구나 할 것 없이 악착같이 살려는 것이 인간들이다. 왜 그들은 죽어 가야 하나? 인간들은 지금 생존 경쟁에서 허덕이다 전쟁의 제물이 돼 가고 있다

나도 언제 어떤 형태로 전쟁의 제물이 될지 모른다.

나도 살려고 허덕이는 인간이기에 그들과 다름없이 싸워야 한다.

다르다면 그들과 나는 서로 적과 적이라는 것뿐이다.

그들은 살기 위해 나를 죽이려 한다. 나도 살고자 그들을 죽이려고 한다. 우리 모두 살아야 한다는 것 때문에 목숨을 건 싸움을 한다. 과연 누가 더 나쁜가? 그리고 누가 승리자가 될 것인가.

1966년 3월 11일 금요일 맑음

내일 이동이 확실해지자 모든 준비를 끝냈다. 선발대는 일찍 가고 우리는 오후에 간다고 한다. 저녁때 편지가 왔다고 사수가 본부에 가더니 연이한테서 편지가 왔다고 흰 봉투를 내민다.

봉투를 만져 보니 딱딱한 것이 잡혀 사진이 왔나 보다고 모두 야단을 쳤지만 열어 보니 예쁘게 만든 책갈피를 넣어서 보내왔다.

반가운 소녀, 연이 빠짐없이 또 편지를 해 주는군요. 이제부터 연이 편지는 나의 진중 생활에서 없어서는 안 될 귀중한 그 어떤 한쪽을 차지하고 있습니다. 연이, 그건 내가 연이를 사랑해서가 아니라 나의 야전 생활을 즐겁게 해 주고 또 고국에 대한 향수를 잊게 해 주는 역할을 하기 때문인지도 모릅니다.

연이가 편지해 주는 목적이 내 생각과 다르다고 할 지리도 나는 진정 그렇게 생각하고 있습니다. 연이, 연이는 정말 반가운 소녀입니다. 편지를 받을 때는 모두가 반가움뿐이니까요. 그렇기 때문에 연이의 편지가 기다려지고 또 바라고 있는지도 모릅니다.

연이, 연이는 틀림없이 훌륭한 여성이 될 것입니다.

나는 그렇게 믿고 또 그렇게 될 것입니다.

✉️ **연이의 8번째 편지**

이 일병님!

한 줄기 두 줄기 가느다랗게 흐르는 가랑비 속에서 입학식을 마치고 오늘부터 정상 수업을 시작했어요. 오늘도 역시 곧 터질 것 같은 침통스럽기만 한 잿빛 하늘이에요. 하지만 온도는 포근하게도 10도를 오르내리고 있어요. 따사로운 날씨입니다.

이 일병님! 편지 반가웠어요. 좀 더 기다려야 한다고 생각했는데 아주 일찍 도착했군요. 하나님이 저의 마음을 꿰뚫어 보시고 계셨나 봐요. 더구나 저의 조그만 성의가 이 일병님의 마음을 기쁘게 해 드리다니 저로서는 정말 다행한 일이 아닐 수 없어요.

덕분에 선임 하사님께도 출두하시는 스릴을 맛보게 됐었다니 약간은 죄송해요. 이 일병님! 친척 동생이라니 그런 새빨간 거짓말이 어디에 있어요. 또 한 번 그러시면 염라대왕이 노하십니다. 그러면 이 일병님 손해 아녜요? 아울러 저도 감사드려야겠어요. 계속 빠짐없이 보내 주신 월남의 내음새를 담뿍 안은 나뭇잎~ 덕분에 가을철도 아닌데 제 일기장이 살이 토실토실 쪘답니다.

제가 감사해야 할지, 움직일 수도 없는 일기장이 감사해야 할지 모르겠군요. 그럼 두 번 감사드리겠어요.

이 일병님! 타오르는 화염을 보노라면 통쾌감까지 느끼신다니 너무 가혹하셔요. 통쾌하다니~ 저는 생각하기도 두려운 광경이 아닐 수 없어요. 그렇기 때문에 여자와 남자가 다르다고들 하고, 또 그래서 남자들만이 푸른 제복의 군인이란 높은 벼슬을 하나 봐요.

이 일병님! 무슨 기념될 것이 없을까 생각하다 조그만 책갈피를 만들어 보았어요. 지난해 모아 두었던 꽃잎을 이용해서 만들었지만 예쁘게 되질 않았어요. 하지만 받아 주신다면 감사히 생각하겠어요.

항상 건강하시길 기원하면서 정성을 기울여 봅니다.

지면이 남아서 간단한 詩 하나 적어 보겠어요. 아시는지 모르겠군요. 조용한 시간을 틈타 한번 감상해 보셔요.

　　　　…연이는 〈고향〉이라는 시를 적어 보냈다.…

그렇다고 너무 고향 감상에 젖지는 마세요.
그럼 항상 건강하시길 기원하며
연 드림.

1966년 3월 12일 토요일 맑음

큰 작전을 위해 어디론가 대대 C.P를 오전에 출발했다.

긴~ 트럭 행렬을 이루며 떠나니 이국 전선에서 정들었던 주둔지에 섭섭한 생각이 든다. 이제 내 일생에서는 다시 못 볼 이곳 전선, 우리 부대가 떠나자 주민들이 몰려와 이곳저곳을 파헤친다. 심지어는 쓰레기장도 파헤치며 야단들이다.

모두가 불쌍한 인간들, 그들은 모두 헐벗고 굶주리고 지쳐 있다. 하나같이 뼈만 앙상하게 남은 궁상들이다. 이것이 전쟁의 현실이고 참상을 보여 주고 있는 것이다. 우리나라도 6.25 때는 이들과 하나도 다를 바가 없었으니 이들보고 누가 미개인이라고 하겠는가?

인상 깊은 월남 농촌 지역을 지나면서 우리 부대는 주둔지를 향해서 달려갔다. 마을을 지날 때마다 누추한 모습과 색다른 풍습들이 제일 먼저 눈앞에 지나쳐 보인다.

우리 한국도 그렇지만 여기도 빈부격차가 심한 듯 여기저기 다른 모습들이다. 들판에는 모판을 만드는가 하면 벼꽃이 피는 논도 있고 한창 추수 중인 곳도 보인다.

뽀얀 흙먼지를 일으키며 달리던 트럭 행렬이 1번 국도로 접어들자 곧 주둔지가 가까워졌음을 느낄 수 있었다.

이곳도 한창 추수가 진행 중이다. 이곳에는 남자들보다 여자들이 활동적인데 놀랐다. 그럴 테지, 남자들은 전쟁터에 나가야 할 테니 그 대신 여자들이 일을 해 나가나 보다.

1966년 3월 13일 일요일 맑음

이동해 와 하룻밤을 무사히 보냈다. 앞으로 매일 영화를 상영하고 작전이 시작될 때까지 휴식을 원칙으로 경계근무만 한다는 것이다. 그러니까 앞으로 큰 작전이 있을 거라는 것이다. 이곳은 나무 한 그루 없어서 더위를 피할 곳이 없는 형편이라 더위가 말이 아니다. 이 무더운 환경을 어떻게 이겨 가야 할지 고민이 이만저만 아니다.

오전에 더위를 잊을 겸 냇가로 목욕을 나갔다. 허벅지만 남기고 온통 검게 익어 버렸다. 이곳 전선에서 고생하는데도 살은 빠지지를 않는다. 사수 선경이가 나를 쳐다보더니 "연이가 좋아하겠네." 하며 웃는다. "나보다는 사수 물건이 큰 거 같은데?" 했더니 한바탕 웃음이 터져 나온다.

오후 늦게 저녁 먹기가 바쁘게 영화를 상영한다고 초번 근무자만 남고 모두 집합하라고 한다.

어제저녁에는 내가 초번을 서다가 모포 한 장을 잃어버려 내가 책임이 있다고 생각돼 초번 보초를 서다가 한 장을 채워 놨다.

남의 것을 훔치는 것은 나쁘지만 남이 내 것을 훔친 이상 나도 어쩔 수 없이 채워 놔야 한다. 영화를 보고 나서 그런지 좀체 잠이 안 온다. 어렴풋이 연이 생각, 홍매 생각이 나는데 모두 쓸데없는 생각이련만 나도 모르게 떠오르는 영상은 어쩔 수가 없다.

1966년 3월 14일 월요일 맑음

지금은 뜨거운 태양이 내리쬐는 늦은 오후입니다. 그러나 바람이 불어와 시원한 느낌을 주고 있습니다.

연이, 보내 준 편지는 잘 받았어요. 아빠에게 꾸중을 들었다고요? 미안해서 어떡하지요? 혹시 나 때문에 하신 것이 아닌지요, 연이?

연이는 화가 났지만 나는 무척 기쁘군요? 화난 연이 편지가 말이에요. 하지만 고마워요. 가장 친한 글동무 중 한 사람이 연이라는 게 말예요. 그렇다고 나는 연이를 어떻게 하지는 않습니다. 다만 먼 이국의 전선에서 반가운 소녀의 글을 읽으면서 잠시나마 외로움과 고통을 잊을 수 있는 나이기에 연이가 좋은 것뿐입니다.

연이, 지금 여기는 어두워지려고 합니다. 전선의 저녁은 너무나 쓸쓸한 느낌을 줍니다. 농가에는 사람이 살지 않고 집들이 모두 비어 있어서 그런지 저녁밥을 짓는 흔적이라고는 하나도 찾아 볼 수가 없군요. 연이, 또 편지해 주기 바라면서 오늘은 이만 안녕히….

(○연이의 편지를 받고.)

✉ **연이의 9번째 편지**

각하 보셔요.

요사이는 하루도 빠짐없이 궂은비가 내리고 있어요. 비는 아마 개근상이 그리운가 보죠? 빗속에 향기로운 봄의 향기가 흘러넘치고 있어요. 어제 화단을 무심히 들여다보니 벼룩의 간만큼이나(보진 못했지만) 아주 조금 싹이 터 있었어요. 매우 반가운 소식입니다. 곧 제비가 도착한다고 전보도 왔었어요(정말 아닌 거짓).

아지랑이의 율동하는 그 모습, 정말 봄의 독특한 내음이 아닐 수 없어요.

오늘 학교에 갔더니 친구들 모두가 답장이 왔다고 무척 좋아하더군요.
전쟁 속에서도 잊지 않고 편지 주셔서 정말 감사해요.
우린 반이 갈라졌지만 거의 쉬는 시간마다 만나서 월남의 이야기에 시작종이 치는 것도 모른답니다.
말 많은 아가씨들이라구요? 어머 한창 그럴 때 아니에요? 각하께서 알아주셔야지요. 봄이 돼서인지 더욱 싱그러운 모습들이에요.
소녀 그대로의 순진한 모습이거든요? 저의 친구들은 모두 다 예쁘답니다. 또 명랑하구요. 명숙이도 혜숙이도 미란이도 모두 다 명랑한 성격의 소유자예요.
사회의 더러운 물이 들지 않은 깨끗한 마음들이구요, 겉은 하이얗고 마음속은 푸르답니다.
각하는 태양에 그을려 건강해 보이시겠지요?

오늘 아빠한테 야단을 맞았지 뭐예요? 겨울 방학 때부터 피아노 공부를 소홀히 한다구요. 엄마도 덩달아 큰소리지 뭐예요. 그러다 보니 제 편은 하나도 없잖아요? 속이 상해 죽겠어요.
이다음부터 각하께서 제 편이 되어 주셔야겠어요. 제가 잘못하긴 했지만 욕을 먹어서 어찌나 배가 부른지 저녁도 안 먹고 방에만 누워 있지 않았겠어요? 엄마가 애타서 들락날락하시길래 마침 뱃속에서 뭐가 피아노를 치는 것 같은 괴로움에 마다하지 못하는 척하고 실속을 차렸답니다. 맹랑한 계집애라고요? 부모의 은혜를 모른다고요? 정말 그런지도 모르겠군요. 하지만 저는 부모님의 사랑이 무엇인지 알고 있어요. 수년 동안 별거 생활을 했었으니까 뼈저리게 느꼈죠.

각하께옵서도 느끼실 때가 되었군요. 어머, 죄송해요. 급소를 찌르고 말았군요.

날씨도 좋지 않고 아울러 기분도 좋지 않으니 우울한 마음이에요.
기분을 풀기 위해서 건넛방에 가서 동생과 함께 '가위 바위 보'를 해서 이마 튕기는 거 있잖아요? 그걸 하기 시작했어요.
재미있는 일이지 뭐예요. 한 대만 맞아도 머리의 피가 뱅글뱅글, 눈 속에 별이 동에 번쩍 서에 번쩍하곤 한답니다.
이마를 튕기기 전 그 스릴에서 오는 표정, 그 괴이한 표정들. 어찌나 우스운지 하나밖에 없는 배꼽이 떨어졌지 뭐겠어요. 이따가 엄마한테 하나 달아 달라고 부탁해야겠어요.
이다음에 웃으려면 떨어질 것이 없으니까요.(이 일병님, 아니 각하, 한쪽 눈을 감고 보셔요. 두 눈으로 보시면 교통법 위반, 아니 시정법 위반으로 상당한 벌금을 내셔야 하니까요.)
동생은 부어오른 이마가 걱정스러운지 얼음찜질을 하고 있어요.
내일 학교 갈 때까지 나아야 한다구요. 제 실력 알아보시겠죠? 자신 있으시면 한번 도전해 보시라구요. 기꺼이 받아 드릴 테니 말예요. 정말 맹랑하죠? 좀 일찍 느끼셔야 했을 텐데…….
오늘 연이가 너무 까불죠? 글씨도 엉망이구…. 하지만 이해하셔요. 지금 연이는 화가 났으니까요. 지금은 99% 풀렸어요.
'각하, 연이 이등병 이만 떨어지려 하지 않는 pen을 억지로 놓습니다. 아멘~ 쏘멘.' (실례.)
날이 밝기 전에 이 일병님의 베개 위에 놓였으면 좋겠어요. 그럼 용꿈이라도 꾸어 보셔요.

So long Korea에서 Yeon이.

각하, 이렇게 부르겠어요. 너무 좋아하진 마셔요.

이런, 웃으셔요. 웃어서 남 줍니까? 오늘도 웃음으로 해를 보내셔요.

한 번 웃으면 한 번 젊어진다잖아요? (사실 그렇다면 16번 웃어서 한 살짜리 아기가 되고 싶어요.)

각하, 너무 비행기 태우지 마셔요. 떨어지면 무슨 방아 찧는지 아셔요? 저는 칭찬받을 만한 가시나가 못 되니까요.

제 얼굴이 붉어지지 않겠어요?

그럼 또 내일…….

1966년 3월 14일 월요일 맑음

홍매 편지를 받고서.

매야, 한참 누워서 여러 가지 공상을 하고 있는 중입니다.

어제 매야의 편지를 받았어요. 마치 매야의 손길이 닿는 듯 내 가슴을 따뜻하게 만들어 주는군요.

매야, 지금 하늘에는 수많은 별들이 제각기 무슨 말을 하는지 속삭이듯 반짝입니다.

먼~ 미래의 아름다운 사랑을 약속이라도 하려는 듯합니다.

매야의 편지는 정말 반가웠어요. 솔직히 나는 매야의 편지를 기대하지는 않았지만, 작년 내가 입대할 때 매야는 말했지요? "나한테서는 답장 받을 생각은 하지 마라."라고요. 그런데 편지를 보냈군요.

매야, 너무 그렇게 우울한 생활은 하지 말아요. 나한테는 하나밖에 없는 여자 친구인 매야가 그렇게 우울한 생활을 한다면 내 마음도 편치 않을 거예요.

매야, 지금 캄캄한 긴장의 밤이 일 초 일 초 흐르고 있습니다. 수많은 벌레들이 가지각색의 울음소리를 자랑하며 사방에서 울어 대고 있습니다. 모두 자기 소리가 아름답다고 하는 듯 느껴집니다. 지금 나는 저 소리를 들으면서 이 긴장된 밤을 지키고 있습니다. 그 어떤 소리도 없는, 오직 저 벌레 소리만 들려오는 밤은 적막하게 흐릅니다.

매야, 나는 지금 매야를 생각해 봅니다. 몰라보게 변했을 매야를 생각해 보니 나도 모르게 얼굴이 붉어지는군요. 글쎄, 왜 그러는지 모르겠지만….

동쪽 하늘의 북두칠성이 하늘 높이 올라와 보이는군요.

건강과 행운을 빕니다.

1966년 3월 15일 화요일 맑음

큰 작전을 앞두고 연일 휴식이 이어진다. 마음대로 놀아도 누구 하나 탓하는 사람이 없다. 그러니 일단 마음이 편해서 얼마나 좋은지 모르겠다. 하지만 요다음에 돌아올 일을 생각하면 좋은 것만은 아닌 것 같다.

뜨겁고 무더운 날씨지만 오후가 되면 시원한 바람이 불어와 그런대로 견딜 만하다. 어제 온 연이 편지에 답장을 쓰려는데 박격포반 신영

준 상병이 와서 자기 친구한테서 편지가 왔는데 여자 친구를 소개해 줄 테니 같이 근무하는 전우를 소개해 달라는 부탁을 받았다는 것이다. 그러니 나한테 소개하니 편지 좀 해 달라고 했다. 나같이 못 배운 사람이 어떻게 상대가 되겠냐고 사양했더니 그래도 소대에서 이 일병만 한 사람이 어디 있냐고 괜찮다고 막무가내다. 한편으론 그래도 생각하고 나한테 왔는데 싫다고만 할 수 없어 염치불고하고 모르는 여자한테 몇 자 적어서 편지를 보냈다.

서산으로 해가 질 무렵 단출하게 분대원들이 모여서 식사를 했다. 오늘의 무사함과 내일의 희망을 약속하면서 하루를 보내는 순간은 너무나 간단하면서도 무의미하지만은 않다. 그렇다고 특별한 일은 없지만 내일이 될지 모레가 될지 작전 명령만 기다리는 분대원들의 눈빛만큼은 번득거린다.

그래, 휴식하는 동안에는 마음껏 놀자! 그다음은 나도 모른다.

1966년 3월 16일 수요일 맑음

임박한 큰 작전을 앞두고 만반의 준비에 온 신경이 집중된다.

오늘부터 우리 중대는 명령만 떨어지면 언제든 출동할 수 있는 만반의 태세를 완료했다. 오늘 대대 C.P에서는 작전회의가 있었다.

연대장님과 각 대대장 중대장님들이 속속 도착해 긴장감을 더해 주는 느낌이다. 공교롭게도 사수와 나는 정문 위병 경계를 섰다.

하루하루 앞당겨지는 작전 날짜에 긴장감이 더욱 높아지는 가운데 각 소대는 마지막 준비로 바쁘게 움직이고 있다.

이번 작전은 다른 전투 때보다도 치열하고 규모가 매우 큰 사단급 작전이라는 것이다.

주월남 한국군최고사령관인 '채명신' 장군이 헬기 편으로 이곳 야전까지 오셔서 "장병 여러분은 모두 애국자다. 지금은 아무도 알아주지 않지만 언젠가는 여러 장병이 흘리는 땀과 피 희생은 보상받게 될 것이다…. 그리고 전투 수당을 아껴서 본국으로 많이 송금해라. 그 돈이 나라 살림을 살찌우게 한다…. 국가와 맹호부대를 위해서 용맹스런 맹호용사가 되자."라는 격려를 해 주시고 사병들과 악수와 포옹을 해 주고 가셨다. 나는 저런 훌륭한 사령관 휘하에서 사단급 작전에 참가하는 것이 자랑스럽고 영광이라고 생각했다.

어둠에 물드는 초저녁, 각 소대별로 이번 작전에 대한 대략적인 브리핑이 있었다.

오늘 밤 영화는 〈로맨스 빠빠〉, 큰 작전을 앞두고 긴장을 풀어 주려는 듯 매일 밤 영화 상영이 있어서 구경을 했다. 작전 중 언제 죽을지도 모르니 그동안 영화라도 많이 보라는 것인지….

오늘 밤하늘은 유난히 맑고 높게 보인다. 밤하늘엔 수많은 별들이 '너는 왜 태어났느냐' 하는 듯 아물아물 반짝이며 소곤대는 듯하다. 하늘엔 많은 별들, 지상엔 수많은 풀벌레들이 울어 대고, 작전을 앞둔 전쟁터라기보다는 오묘하고 신비스러운 자연 속에 파묻혀 지내는 느낌이 든다.

그래, 언제 이런 자연 속에서 살아가기만 한다면 얼마나 좋을까~!

고국의 매야가 생각난다. 매야~ 오늘밤은 잠이 오지 않는군요.

누구도 위로해 주지 않는 긴장된 밤이 흐릅니다. 수많은 풀벌레들이 그들 나름대로 울음소리를 내고 있다는 것이 그나마 위안이라면 위안이 되는군요. 매야~ 이처럼 긴장 속에서 허전한 마음속에 매야의 영상을 떠올리는 것, 그 또한 위안이 됩니다.

1966년 3월 17일 목요일 맑음

작전 출동을 앞두고 완전군장으로 도하 작전 훈련을 실시했다. 우리 중대 작전 지역에 두 개의 강이 있어 도하 훈련을 한 것이다.

마지막 57mm 무반동총을 점검하니 이상 없다. 지난번 검사에서 단발자용수철을 수리했더니 아주 좋다.

오전 중에 훈련을 끝내고 마지막 준비에 박차를 가하느라 모두들 땀을 흘린다.

오후가 되자 내일 오전 중으로 78고지로 공수된다는 말이 전해진다. 그리고 며칠 지나서 작전이 실시된다는 것이다.

그렇다면 앞으로 무슨 일이 벌어질지 걱정되고 긴장이 된다.

이번 작전은 상당히 치열하게 전개될 것 같으니 마음의 준비를 굳게 하라는 중대장님의 훈시를 들었다. 내일의 건투를 빌어 주는 듯 서쪽 하늘엔 아름다운 저녁노을이 붉게 물든다. 곱게 물드는 저녁노을, 아! 정말 아름다운 자연의 한 폭 그림 같다.

또 밤이 되자 수많은 풀벌레들이 사방에서 시끄럽게 울어 댄다. 오늘 밤엔 아름다운 자연의 소리가 아닌, 저 울음소리가 시끄럽게만 느껴지니 웬일일까? 신경이 날카로워져서 그럴까?

대원 모두가 누구도 말하려 하지 않는 묘한 감정들이 흐르는 가운데 오늘 밤에는 영화 상영도 안 한다고 한다.

오후 중대 대항 배구 대회에서 우승해 상으로 받은 맥주를 기분을 풀기 위해 마셨더니 마음이 가라앉은 듯하다.

큰 작전을 앞두고 내가 어떻게 될지도 모른다는 생각이 불현듯 났다. 혹시 전사하거나 부상당한다면 연이에게 편지를 못 하게 될지도 모른다는 생각에 연이에게 마지막이 될 수도 있는 편지를 그녀에게 썼다.

그녀에게 이 편지가 잘 배달되기를 바라면서….

연이 양에게.

계속 보내 주는 연이 양의 반가운 편지 잘 받아 보고 있습니다.
연이 양의 수려한 문장과 고국 소식을 받을 때마다 월남 진중 생활이 얼마나 즐겁고 행복한지 모릅니다.
정글 생활이 항상 긴장된 생활이고 때로는 두렵고 공포의 순간도 닥쳐와 괴롭기도 하지만 연이 양 편지를 받을 때마다 그 모든 것이 한순간에 사라진답니다. 그렇기에 연이 양의 예쁜 편지가 기다려지고, 받고 나면 읽고 또 읽고 한답니다.
연이 양의 소녀스러운 감성이 담긴 편지를 받는 날은 달빛에 비춰보며 한 번 더 읽어 보기도 하고요.
정글 전선의 병사에게 그보다 더 좋은 것이 또 뭐가 있겠어요.
연이 양에게 정말 깊은 감사와 고마움을 이 편지에 담아 보냅니다.
연이 양~!
이제 곧, 우리 부대는 아주 중요한 임무를 맡게 됩니다. 언제 어디서,

얼마나 오래 그 임무가 계속될지는 지금은 아무도 모릅니다. 그리고 내가 또 어떻게 될지도 모르고요.
혹시 월남 전선에서 편지가 늦거나 없다고 해도 연이 양이 나한테 편지하기 그 이전처럼 평범한 그때로 돌아가서 학업에 열중하면 좋겠어요.
미란이네 오빠 김 일병도, 우리 분대원 모두 잘 있고 그리고 맡은 임무 잘 해낼 거예요. 너무 걱정 말고 공부 열심히 잘하고 있기를 여기 정글 전선에서 두 손 모아 빌겠어요.
그럼 연이 양, 안녕~~
월남 '푸캇' 어느 전선에서.
일병 이범영

1966년 3월 18일 금요일 맑음

오늘이 작전 출동하는 날이라 대기하고 있는데 연기됐다는 것이다. 어떤 사정이 있는지 몰라도 좋지 않은 느낌이 든다.
출동 장비만 남겨 놓고 모든 관물을 본부로 집결시켜 놨다.
전투 중에는 편지도 할 수 없으니 내 사물도 대강 정리하고 작전에만 신경 써야 할 것 같다. 저녁때 대대장님으로부터 여러 가지 훈시를 들었다.
제11중대에서 부녀자 강간 사건이 일어났는데 군법회의에서 사형 판결이 났으니 우리 대대에서는 이런 불상사가 나지 않게 각별히 주의해 주기 바란다는 경고를 한다.

1966년 3월 19일 토요일 맑음

연기되었던 작전이 곧 시작되어 우리 중대는 내일 새벽 7시를 기해서 이미 수색 중대가 점령한 78고지로 헬기 편으로 공수된다는 중대장님의 브리핑을 한다.

드디어 출동이라는 사실에 오랫동안 기다리며 초조했던 마음이 활짝 열리는 느낌이다.

밤에 영화 상영이 있어 갔더니 이미 본 영화라 그냥 야전 텐트로 돌아와 내일 할 일을 하나하나 생각하면서 잠을 청해 보지만 좀체 잠이 안 온다.

> 연이, 지금 여기는 아주 조용한 전선의 밤입니다.
> 누구 하나 말하려 하지 않는 고요한 밤은 긴박한 긴장을 품고 일 분 일 분 흐르고 있습니다.
> 연이, 우리 부대는 내일부터 본격적인 작전에 들어갑니다. 열흘이 걸릴지 아니면 보름이 될지는 지금은 아무도 모릅니다. 그동안 연이의 편지는 오겠지만 아마 나는 연이에게 언제 편지할지 모릅니다. 작전이 끝날 때까지 이 병사한테는 긴박하고 숨 막히는 시간의 연속이 될 것입니다.

> 오늘도 연이의 편지를 기다렸지만 오지 않는군요. 오늘따라 연이의
> 편지를 기다린 것은 작전을 앞두고 긴장된 마음을 다소나마 가라앉
> 혀 줄지도 모르기 때문입니다.
> 연이 편지를 받을 때마다 긴장을 풀어 주고 즐거움과 반가움을 주
> 기 때문입니다.
> 어두운 밤, 수많은 열대 풀벌레들이 소리를 내고 밝은 별들은 반짝
> 이며 이야기를 주고받는 듯 아롱이는 이 밤, 고국의 연이는 지금쯤
> 아름다운 음악소리와 다정한 밀어를 속삭이고 있겠지요?
> 연이, 내일의 임무를 위해 오늘은 이만 줄입니다. 안녕~

1966년 3월 20일 일요일 맑음

아침 7시 정각, 우리 분대는 무거운 탄약과 장비 그리고 총을 걸머지고 미군 헬기에 탑승해 78고지로 공수가 시작됐다. 헬기는 요란한 엔진 소리를 내면서 기체가 서서히 하늘로 날아오른다.

헬기 아래로 집들이 드문드문 표정 없는 모습으로 빠르게 지나쳐 버린다. 얼마쯤 비행해 가니 멀리 시야에 우측으로 재구 1호 작전을 했던 모래 지형이 펼쳐져 보인다.

여기저기 월남의 아름다운 농촌 풍경들이 끝없이 눈 아래 펼쳐 보인다. 어느덧 헬기는 목표 지점 상공에 날아와 서서히 선회하면서 착륙 지점을 정확히 찾으며 급강하 착륙을 한다.

헬기 위에서 내려다보이는 넓은 들판은 군데군데 포탄 세례를 맞은 흔적들로 입 벌린 듯 파여 있다.

직감적으로 이곳이 얼마나 치열한 격전지인지 느끼게 한다.

무사히 착륙한 헬기에서 탄약과 장비를 걸머지고 78고지 위로 올라와 간소하게 야전 취침을 준비했다. 앞으로 작전 기간에는 진짜로 야전에서 싸우고 먹고 자야 한다고 생각만 해도 벌써부터 몸에서는 찌릿한 전율이 일어나는 듯하다

밤이 되자 넓은 작전 지역으로 아군 포대에서 위협 포격이 시작됐다.

1966년 3월 21일 월요일 맑음

오늘 새벽 4시에 전투 정찰을 나가려고 78고지 밑으로 내려갔으나 무슨 이유인지 갑자기 중지하고 다시 고지 위로 올라왔다.

뜨거운 햇볕을 받으면서 오늘도 증강 부대는 속속 공수돼 온다. 제11중대, 12중대가 안전하게 공수돼 정위치에서 호를 구축하느라 구슬땀을 흘리고 있다. 아군 정찰기와 헬기가 적지 상공을 날았다. 적으로부터 대공 사격을 받자 아군의 105mm 포와 155mm 포가 적지 상공에 공중 폭발탄을 터트린다. 그때마다 우렁찬 폭음과 화염이 실로 통쾌하다.

오후에 보급 헬기로 식수와 식량 각종 탄약들이 공수돼 왔는데 연이의 편지도 배달돼 왔다. '우와! 이렇게 전투지까지 연이 편지가 배달돼 오다니!' 반가운 마음이 이루 말할 수가 없었다.

연이, 오늘 연이의 편지를 받았어요.

오래 기다리던 편지였기에 정말 얼마나 반가웠는지 모릅니다. 정말 반가웠어요. 이렇게 자주 편지를 해 주니 연이한테 혹시 공부에 지장이라도 되는 건 아닌지 염려가 되는군요.

연이, 나는 지금 적지 한가운데 와 있습니다. 내일 모래는 우리 재구대대 전체가 맹호 5호 작전에 돌입하게 됩니다.

나도 그중 한 군인으로서 참가하게 된답니다. 사람의 생명을 앗아가고 모든 것이 파괴되는 전쟁, 이건 우리 인류사회에서는 어쩔 수 없는 현실인가 봅니다.

매우 안타까운 현실이지만 우린 해야 합니다. 더 좋은 미래를 위해서 누군가는 반드시 해야 합니다. 어둠이 깃드는 전선에서 이만….

 연이의 10번째 편지

이 일병님!

연이예요. 밤새 안녕하셨어요? 잠자리에서 곰곰이 생각하던 끝에 저도 한번 우체국 아저씨들의 눈을 속여 보기로 결심했어요. 도중에 검사한다던데 걸릴까 봐 걱정이군요.

무사히 통과하길 빌어 보겠어요. 속일 방법이 없어 집에서 돌아다니던 책 몇 권 속에 숨겨 보냅니다. 많이도 못 보내고 먼저 조금만 보내겠어요. 결코 가짜는 아니니 염려 마시고 너무 섭섭히 생각 마셔요. 조금이라서….

당국에서 지시를 정식으로 내리게 되면 그땐 좀 많이 보내 드리겠어요. 죄송합니다.

날이 더워서 병균도 많을 텐데 채식에 주의하셔야 할 거예요.

미란이와 우리 친구들 모두 잘 있답니다.

익살꾼들이라서 학교에서 만나면 웃기는 통에~ 한참 웃다 보면 배가 고파요. 갑자기 눈이 날려 모두들 놀랐답니다.

이렇게 개나리와 진달래꽃이 한창인데 말이에요.

이 일병님! 더위에 몸조심하셔요.

난필 용서 바랍니다.

연.

1966년 3월 22일 화요일 맑음

20일에 헬기로 공수돼 온 우리 중대는 78고지 위에서 내일의 대작전 개시를 앞두고 완전무결한 준비를 끝내고 긴박감 속에 대기하고 있었다. 아군의 포격도 쉴 새 없이 계속된다.

78고지 위에서 내려다보이는 끝없이 펼쳐진 넓은 들판이 내일 전투가 벌어질 지역인데 아군의 포격으로 여기저기 화염과 폭음이 요란하다.

연대장님과 대대장님이 내일 작전 지휘를 위해 이곳 적지 한가운데인 78고지 임시 지휘소로 헬기 편으로 도착했다.

맹호 5호 작전이라 불리는 이번 작전은 사단급 작전으로 파월 이래 가장 큰 작전이다. 여기에 참전하는 나로서는 자부심까지 느끼게 한다.

이 긴박한 상황 속에서도 오늘도 형님과 연이한테서 편지가 왔다. 그간 고향에서 소식이 뜸해 궁금했는데 편지 받고 보니 안심이다.

날이 어두워지자 아군의 위협 포격 시한폭탄이 적지 상공에 터졌다. 모두가 환호성을 지른다. 어둠 속에서 이규봉 중대장님으로부터 내일 작전에 대해서 마지막 브리핑을 들었다.

"내일 전 중대원은 새벽 2시에 적중 침투 한다. 매우 위험하고 은밀한 행동이니 중대원들은 한 사람도 실수나 낙오자가 없도록 하라. 한 사람의 실수가 작전의 성패를 결정하니 각자 각별한 주의를 해라. 탄약과 실탄은 물론 식량과 구급대 등 전투 장비 일체를 재점검하고 작전 시 인근 소대와 분대 간 거리 유지에 신경 쓰고 명령에 절대 복종하라. 여러분의 행운을 신께 빈다. 이상!!"

다시 한번 장비를 점검을 끝내고 자갈투성이 고지 위에 누웠는데 잠이 오지 않는다. 하늘 위 총총한 별들은 내일의 작전을 모르는 듯 더

맹호 5호 작전을 앞두고

욱 반짝이고 있다. 고향 부모님 얼굴이 불현듯 떠오른다. 그리고 귀여운 동생들 모습도 아롱거린다.

이번 전투에서 난 어떻게 될까? 만약 전사라도 한다면 내 뒤는 어떻게 되는 걸까? 작전 때마다 떠오르는 상념이 그치지 않고 내 맘을 짓누른다. 희뿌연 구름 사이로 별들은 숨고 밤은 점점 깊어만 가는데 음산함이 엄습해 온다. 아! 전쟁이여~ 전쟁이여~

> ✉ 연이의 11번째 편지
>
> 이 일병님!
> 경칩이 지난 뒤 비도 눈도 아닌 진눈깨비가 나린 지금, 날씨가 제법 쌀쌀하군요. 넓은 학교의 이곳저곳에도 하이얀 눈이 아직도 녹지 않고 겨울의 냄새를 간직하고 있어요. 그 손에서도 성급한 개나리는 봉우리를 맺어 전교 화단이 노오랗게 물들어 버렸어요.
> 이제 일주일만 기다리면 만발할 것 같은 기세를 품고 있어요. 아주 향긋하고 산뜻한 향기로움이 머릿속에 스며드는 것 같아요.
> 창경원의 벚나무 속에 봄의 정감을 아로새기고 있어요.
> 이 일병님, 편지 반가웠어요. 예상외로 편지가 자주 오는군요.
> 편지가 오는 날은 하루의 피로를 완전히 잊어요. 바쁜 생활 속에서도 잊지 않고 틈틈이 보내 주시니 정말 감사해요. 죄송하게도 저는 편지 쓸 시간을 충분히 만들지 못하고 있어요. 용서하시기 바랍니다. 학년 초가 되어서인지 시간이 달음질쳐 도망가 버리고 말아요. 잡을 수 어려운 것이 시간이 되어 버렸군요. 답장을 쓰고 싶은 마음이 가슴속에서

방망이질을 치고 있지만 안타깝군요. 헛된 지난 시간의 보복과 죄의 벌인지도 모르겠군요.
생활이 이토록 종잡을 수 없게 되다니 이젠 몇 분 못 가서 갈비뼈가 모두 와드득! 되어 버릴 것 같아요.
따분한 이야기는 여기서 good bye~

이 일병님! 지금 엄청난 오해를 하고 계셔요. 연희와 제가 같은 애로 생각되셔요? 아이참! 그런 실례가 어디 있어요?
그 애는 한연희, 저는 김○연 또는 김연이가 되기도 하지만 같이 보면 싫어요. 글쎄요, 이제 생각해 보니 연희와 제 글씨는 흡사하군요. 하지만 자세히 보시면 다를 거예요. 이제는 착각하지 마셔요. 명심하셔야 됩니다~
NO.4의 편지를 못 받으셨다니 궁금하군요. 배를 타고 가다가 아마 그것이 수영을 하고 싶어 못 견디겠던가 보죠? 지금쯤 푸른 바다에서 살려 달라고 소리치고 있을 거예요. 월남에 가라는 명령을 위반했으니 물속에서 잠들어도 관계없어요.

이 일병님! 한 소대는 몇 명이나 소속되어 있나요? 해답 있으시길….
바늘과 명찰이 필요하다지만 명찰은 어떻게 만들어야 하는지 제가 알 수 있어야죠! 전화 통화라도 되면 좋으련만…. 바늘 몇 개 동봉합니다.
바늘이 있으니 실도 필요하실 텐데 보낼 수가 없군요.
명찰은 만드는 법, 들어가야 할 말 등을 알려 주셔요. 될 수 있는 대로 만들어 보내 드리겠어요. 소속이 변경되었군요. 491이 238이 되다니 자꾸 혼동돼요.

그동안 소홀히 해서 죄송해요. 이제 될 수 있는 대로 시간을 틈틈이 내겠어요. 이 일병님! 바쁘신데 너무 걱정 마셔요. 저는 편지 때문에 공부 못 할 그렇게 등뼈 없는 계집아이는 아니니까 안심하셔도 돼요. 그리구 엄마 때문에 마음 쓰시는 것 같은데~ 우리 엄마는 더 대견하게 생각하고 계시다나요. 어리기만 한 딸이라고 생각하다가 제법이라고 생각하고 계신가 봐요. 지금 제가 두 살밖에 안 된 걸루 생각하구 계신답니다. 환갑이 지나도 아들은 엄마 눈에 아기라더니 엄마도 예외는 아닌가 봐요. 이 일병님도 지금 엄마 눈엔 두 살밖에 안 됐어요. 제 말 틀리지 않았죠? 아가를 무척 걱정하시겠죠?(실례~)

지금도 이 일병님의 이마엔 땀방울이 송골송골 맺혀 있을 것 같아요. 마치 이슬 같기도~ 하지만 땀방울은 이슬과 같은 처지는 못 되겠군요. 오늘도 무더위 속에서 베트콩과의 전쟁보다 모기와의 전쟁이 더 치열하겠군요. 전쟁에도 승리가 따르기 마련이죠? 역시 패배자가 있어야 승리자가 있겠지만요. 하지만 정의는 항상 승리자가 된답니다.

그럼~ Victory~ 이 일병님의 무운을 하루도 빠짐없이 기원하는 연이 드림.

(재미있는 글이 못 되었나 봅니다. 다음에는 재미있는 시간이 되도록 노력하겠어요.)

So long.

📧 **연이의 12번째 편지**

하늘이 높아만 가고 또 파아란 코발트빛으로 마냥 익어만 갑니다. 밤이면~ 맑은 눈망울인 별들을 따라 따스한 연륜을 헤어 보기도 해요. 진눈깨비로 얼었던 땅 위에 아지랑이가 한창이에요. 그 뒤 연파란 새싹이 쏙~ 고개를 내밀고요. 정녕 봄이 왔는지, 봄의 내음새를 맡으려고 애쓰는군요.

편지 정말 반가웠어요. 하루가 멀다 하고~ 봄이 와서 설레는 저의 마음에 편지를 끊임없이 보내 주시니 정말 그것과 비할 기쁨이 없답니다. 고단하게 피로해 버린 마음과 몸을 깨끗이 정화시켜 주는 듯, 한 번의 글월이 그토록 훌륭한 값어치가 된다는 것을 새삼 강하게 느낍니다. 말 한마디로 천 냥 빚을 갚는다지만 편지 한 장이 실질적인 것은 못 되더라도 생생한 인간미를 맛볼 수 있었어요. 그것으로 하여금 항상 발전하는 내일을 설계할 수 있는 것인지도 모르겠군요.

다른 때 편지와는 달리 고국을 그리는 마음이 뚜렷이 엿보여 무언가 가슴을 안타깝게 하는군요.

익어 가는 과일의 싱그러움 속에서 하루를 지내시고 또 고약한 화약 냄새와 싸워 가면서 정서적인 맛과 강건한 맛이 넘쳐흐르는 생활, 멋진 삶이라 아니할 수 없어요. 바쁘게 하루를 보내시고 좀 더 나은 삶을 가질 수 있는 내일의 설계에~ 곤한 잠이 드셨겠죠. 같은 민족에 서기보다 진실한 한국의 딸로서 또한 이 일병님의 참된 글벗이 되고 동생이 된 마음으로 하얀 공간을 메꾸어 봅니다.

이 일병님! 여동생이 있다고 하셨죠? 동생들의 편지가 자주 전해지겠군요.

보고픈 마음으로 가득 찬 글월이~ 부럽기도 합니다.

저도 이 일병님의 동생 같은 사람이 되고 싶어요. 사실상은 못 되더라도 좀 더 아름답고 보람 있게 장식하고 싶습니다. 오늘과 내일을⋯.

동생 대하듯이 다정하게 부드럽게 생각해 주셔요. 검은 공간은 오늘도 지났다는 것을 암시해 주는 한편 밝은 내일을 맞으라고 속삭이기도 합니다. 이런바 아지랑이도 보이지 않지만~

그곳의 자금은 풀벌레 소리가 나직하고 모기들도 요동치겠죠? 하늘은 마찬가지로 또렷한 눈망울들이 가득하겠죠?

가장 반짝이는 북극성에게 월남의 하늘에서도 아릅답게 반짝일 북극성에게 이 일병님의 무운과 무궁을 빌어 봅니다.

그럼 이 밤도 안녕히 주무셔요. 날이 밝기 전에 이 일병님의 침구 앞에 놓였으면 하고 바라 봅니다.

So long.

연.

〈광야〉 이육사

까마득한 날에

하늘이 처음 열리고

어데 닭 우는 소리 들렸으랴

모든 산맥들이

바다를 연모해 휘날릴 때도

차마 이곳을 범하던 못하였으리라.

끊임없는 광음을
부지런한 계절이 되어선 지고
큰 강물이 비로소 길을 열었다.

지금 눈 내리고
매화 향기 홀로 아득하니
내 여기 가난한 노래의 씨를 뿌려라.

다시 천고의 뒤에
백마 타고 오는 초인이 있어
이 광야에서 목놓아 부르게 하리라.

아시는지 모르겠어요. 한번 외워 보셔요.

7. 파월 최대 맹호 5호 작전

1966년 3월 23일 수요일 맑음

고양이 낮잠 자듯 눈을 뜬 우리 중대는 새벽 2시에 일어나 6시 공격 시간을 앞두고 공격 대기선인 L.D을 향해서 어둠을 이용했다. 78고지에서 제1소대를 선두로 제2소대가 그 뒤를, 중간에 중대 본부가, 우리 화기 소대가 뒤따르고 제3소대가 후미를 따르는 종대 대형을 이루며 은밀한 야간 적중 침투가 시작됐다.

무섭고도 캄캄한 밤은 당장에라도 적의 매복 공격이 있을 것만 같았다. 가시덤불을 헤치고 발목까지 쑥쑥 빠지는 늪과 논을 지나 우리는 크고 작은 몇 개의 내를 건너서 그야말로 숨 막히는 적중 침투 행군을 계속해서 갔다.

논둑 길 앞과 옆에는 무수한 함정과 날카로운 대창과 장애물들이 설치돼 있어 전진을 막고 있었다. 선두 1소대 첨병 분대는 침착하고 노련하게 대창과 장애물을 제거하면서 진격로를 터 나갔다. 뒤따르는 본대는 그 길을 더 넓히고 안전하게 처리해 가면서 한 발 한 발 적진으로 침투해 들어갔다.

새벽 5시경, 날이 뿌옇게 밝아 오는 공격 한 시간 전이다. 아군 포대에서는 엄호 포격을 개시하기 시작한다. 이미 설정된 목표 지점에 정확하게 포탄을 낙하시키는 아군 포격술은 정말 기막힌 솜씨가 아닐 수 없다.

우리 중대는 아군의 엄호 포격을 이용해서 적에게 노출되지 않고 L.D선까지 침투하는 데 성공했다. 전 중대 병력이 가쁜 숨을 몰아쉬면서 공격 대기 지점에 몸을 숨기며 엎드려서 공격 시간을 기다렸다.

공격 개시 30분 전쯤 검붉은 화염과 매캐한 화약 냄새 속에 아군의 마지막 엄호 포격이 되는지 포격은 절정에 달하였다. 온 천지가 뒤집히는 듯 폭음이 귀를 찢을 듯 요란하다.

포탄이 아주 낮게 공기를 가르며 날아가는 소리는 소름이 끼치도록 오금을 저리게 한다.

너무나 치열하고 정확한 포격이……. 정말 대단한 협동 지원 공격이 아닐 수 없다.

드디어 공격 시간 6시, 공격 개시 시간이 되자 어둠은 완전히 가시고 아군의 엄호 포격이 다시 시작되었다. 중대장님의 숨 가쁜 무전 교신이 끝나자 드디어 공격 명령이 떨어졌다.

"각 소대 예정된 지점으로 공격 점령하라!"

쉴 틈을 주지 않고 떨어지는 아군의 엄호 포탄은 눈부신 섬광을 번쩍이면서 터지고 온 천지는 화약 냄새와 초연 속에 시야가 흐려지는 순간에 공격 부대마다 일제히 총격을 가하며 적지를 향해서 돌진을 시작했다. 우리 분대도 귀가 따갑도록 쏘아 대는 총격 소리 속에 제1소대를 지원 사격 해 주며 서서히 한 발 한 발 앞으로 전진해 갔다. 우리의 목표는 야자나무 숲이 우거진 마을 전면이라 개활지를 통과해야만 한다. 발목까지 빠지는 논바닥을 건너가자니 공격해 가기가 말이 아니다.

적에게 노출된 상태라 신속하게 움직이지 않으면 적의 첫째 목표가 되므로 있는 힘을 다해서 움직여야만 했다. 수렁논을 지나 논둑길에 올라서며 숨을 가다듬는 순간 전방에서 '타다탕! 타다탕!!' 자동화기가 총탄을 퍼붓기 시작한다. 우리 분대 여기저기에 물방울을 튀기며 기관총탄이 떨어진다. "엎드려! 엎드려!" 분대장이 가쁜 숨을 식식거리며 소리친다.

아차! 우리 분대원들은 재빠르게 질퍽이는 논바닥 얕은 논둑을 엄폐 삼아서 엎드렸다.

전방을 응시하던 소대장이 소리친다. "57mm 분대! 2시 방향이다! 거리 4~5백 지점이다! 사격하라!!" 분대장이 소리친다. "포탄 장전! 거리 4백! 준비됐으면 발사!"

나는 어깨에 메고 있던 탄약을 꺼내서 재빨리 포미에 장전하고 사수에게 사인을 보내자 김선경 사수는 낮은 자세로 조준하더니 '꽹~!' 발사했다.

4~5명가량 될까? 우리에게 총격을 가하며 내뛰던 적은 그 자리에서 풀썩 주저앉더니 시야에서 사라진다.

최초로 적이 쓰러지는 것을 목격한 우리 분대는 흥분하기 시작했다. 적 방향에서 움직이는 물체는 사정없이 사격을 해 댔다.

좌측 전방에서도 총탄이 날아오는데 도무지 위치가 어딘지 모르겠다. 땀과 진흙으로 온몸이 범벅이 되어 가쁜 숨을 몰아쉬며 공격 제1목표를 성공적으로 점령했다. 마을은 완전히 폐허가 되어 추한 모습으로 변해 있고 곳곳이 교통호로 견고히 연결돼 있었다. 수많은 벙커와 교통호가 교묘히 위장되어 있었고 우거진 야자나무 숲과 바나나밭, 열대림은 폭격에 찢겨 있어서 전진과 수색하는 데 방해가 되기도 했다.

적의 은신처나 시설들은 화염에 휩싸여 하늘 높이 연기를 내뿜고 있었고 그 속에서도 살아남은 사람들의 모습은 죽음의 문턱에서 허덕이는 모습들이었다.

우리는 그들을 수용수색하고 제2목표를 공격하기 위해서 휴식과 준비에 들어갔다.

이번 작전은 드넓은 지역에서 여러 부대들이 사방에서 움직이며 전투가 벌어지기 때문에 사방팔방에서 총격과 포격이 쉬지 않고 계속되었다.

잠시 쉬는 동안 우리가 최초에 대기했던 L.D선 쪽에서 다시 총탄이 가해 오자 우리 분대원들은 땅바닥에 납작 엎드렸다.

조진재 일병이 "니개미 좆같은 새끼들이 어디 숨어 있다가 이제 총을 쏘노!" 하며 보이지도 않은 적을 향해 마구 총을 난사해 댄다. "그만 둬! 실탄을 아껴야지~" 내가 말리자 "씨~이팔 놈들!" 하고 무지막지한 욕을 해 댄다.

우리 중대는 휴식을 끝내고 제2목표를 공격하기 위해서 마을을 벗어났다. 또다시 수렁논이 앞을 가로막고 있다. 뜨거운 태양은 몸을 달구고 땀으로 범벅을 만들어 갈증은 참기 힘들 정도로 병사들의 목을 태운다.

갈증이 너무 심해 대원들이 논 위를 건너면서 고인 물을 마시려 하자 소대장이 "아서라, 참아라! 조금만 참아 보자!" 하며 말린다.

논둑과 가시덤불을 엄폐 삼아 한 발 한 발 앞으로 전진을 계속하는 사이 무장헬기들이 다시 나타나 머리 위를 스치듯 지나가며 공격지점에 엄호 사격을 해 준다. 적들도 발악을 하는지 헬기를 향해서 마구 대공사격을 해 댄다. 이제 우리 중대가 제2목표를 점령하면 오늘밤은 그곳에서 야영을 할 예정이다.

이글대는 저 태양, 뜨겁게 내리쬐는 햇볕이 오늘따라 너무 원망스럽다. 저 숙영지를 점령하면 제일 먼저 야자열매를 따야지…….

목표 숙영지를 향해서 우리분대는 전진을 계속했다.

"이재후 힘내! 조금만 참아!" 더위에 허덕이는 그를 다그쳐 댔다. "여기서 주저앉으면 우린 다 죽어! 빨리 움직여! 거의 다 왔어!" 그의 장비와 탄약 일부를 떠맡는다. 그래도 뒤처지려는 재후 일병을 이웅이가 부추기며 움직여 주고 있다.

우리 분대는 있는 힘을 다해 숨을 헐떡이며 앞으로 전진 또 전진했다. 드디어 우리 10중대가 목표 삼은 제2목표 지점에 힘겹게 진출하는 데 성공했다.

1966년 3월 24일 목요일 맑음

맹호 5호 작전 첫 밤을 초긴장 속에 적지 한가운데서 무사히 보냈다.

자는 둥 마는 둥, 그야말로 눈만 감았다 뜬 지난밤 우리 분대는 무거운 장비와 젖은 몸을 추스르고 또다시 새로운 목표를 향해서 공격이 시작됐다.

사방에서 터지는 포탄 소리, 볶아 대는 총격 소리로 귀가 먹먹해진다. 어느 총소리가 아군이 쏘는 총소린지 적이 쏘는 총소린지 구분이 되지 않은 상황이 잠시 계속됐다.

대나무 숲에 엄폐한 우리 분대는 적의 집중 사격을 계속 받아 총탄에

꺾인 대나무 가지들이 철모 위에 마구 떨어진다.

아군의 화력이 그곳으로 집중되자 적들은 퇴각하는지 사격이 잠잠해지자 우리 분대는 전진을 다시 계속해 나갔다.

우리 중대가 얼마간 전진해 갔을 때 많은 건물들이 파괴돼 있고 화염에 휩싸인 곳에 미처 빠져나가지 못한 비무장 인원과 부녀자와 어린이들이 공포에 떨고 있었다.

저들이 무슨 죄가 있다고, 무슨 일을 했다고 이 전쟁에 저렇게 고통을 맛봐야 한단 말인가?! 너무나 불쌍하다는 생각이 든다.

그들 모두가 적과 같이 생활하고 그들을 지원하는 적의 구성원들이지만 안타까운 마음이 한순간 나를 뒤돌아보게 한다. "비무장 민간인들에게 피해가 가지 않도록 각별히 주의하라!" 소대장님의 엄명이다. 그들을 뒤로하고 전진은 계속됐다.

비행기의 폭격으로 거대한 분화구가 여기저기 하마가 입 벌리듯 시커멓게 파여 있다. 무지막지한 더위에 중대원들은 잠시 휴식을 취했다. 야자열매를 따서 타는 목을 축이며 새로운 명령을 기다렸다. 이제 전투의 공포는 사라지고 이글거리는 태양과 땀 그리고 갈증이 병사들을 괴롭힌다. 고통을 더해 준 어제와 오늘이 계속됐다. 잠시 쉬며 한숨을 돌리나 했는데 우리 쪽으로 총탄이 마구 아주 낮게 날아오기 시작한다.

우리 소대보다 우측 방향에서 한발 앞서가던 제2소대가 수 미상의 적과 총격전이 시작됐다. 수많은 기관총탄과 소총탄들이 공기를 가르며 매서운 소리를 내면서 빗발치듯 계속해 낮게 스쳐 간다.

총반장은 "엎드려! 엎드려! 엄폐물 찾아서 엎드려!" 하고 소리친다. 그러면서 대원들의 위치를 확인하려는 듯 이리저리 뛰어다닌다.

부상자가 발생했는지 2소대 방향에서 녹색 연막탄이 피어올랐다. 모두 신경을 곤두세우며 전방을 응시하고 있는데 한 명이 아니고 여러 명이 당한 모양이다.

근처에 있던 소대장이 명령한다. "2소대가 움직이지 못하고 있다. 57mm 분대 지원 사격 하라!" 사수와 나는 큰 야자나무에 기대서서 사격 위치를 잡고 57mm 무반동총으로 사격을 시작했다.

'쨍~!' 발사 폭음이 나는 즉시 폐쇄기를 열고 탄피를 제거한 후 재빨리 실탄을 장전했다. 또 '꽝~!' 우리 분대가 휴대한 탄약의 절반을 소비하며 사격을 해 댔다. 중대 화력이 그곳으로 집중됐다. "전 중대 돌격 앞으로!" 중대장의 명령이 떨어지자 중대병력이 일제히 개인 화기를 난사하며 적 방향으로 공격해 들어갔다.

발목까지 빠지는 개활지인 논을 지나자 적 방향에서 볶아 대는 적의 응사도 만만치 않게 날아왔다. 제2소대 공격 지점까지 진출하자 2소대는 개활지 중간 지점 독립 가옥 근처에서 전진 공격을 하던 중 적의 완강한 저항에 꼼짝하지 못하다가 전 중대 병력이 좌우에서 일제히 공격해 들어가자 적의 화력이 분산된 틈을 타 대단한 위험을 무릅쓰고 용감하게 돌격해 들어갔다. 적의 저지선 돌파에 성공, 중대가 진격하는 데 결정적 활로를 개척했다.

이 과정에서 우리 중대도 2소대장을 잃었고 몇 명의 전상자를 내는 귀중한 대가를 치러야 했다. 참으로 애석하고 분한 마음이다.

우리의 집중 공격을 받은 적 저지선에는 견고한 개인호와 교통호들이 연결돼 있고 벙커도 있었다. 진지 주위에는 적의 시체들이 처참하게 널려 있었다. 저지선을 돌파한 우리 중대는 그곳을 지나 작은 강을 건너서 새로운 목표로 접어들었다. 적들은 우리의 공격에 다른 지역으로 퇴각하는데 이따금 멀리서 총격을 가할 뿐 필사적인 저항은 못 하고 있다.

우리 중대가 치솟는 초연을 뚫고 다시 마을 선단에 진출하여 가쁜 호흡을 잠시 가다듬는 순간 갑자기 근처에 포탄이 날아와 터진다. 우리 분대는 재빠르게 적들이 파 놓은 엄폐호에 몸을 엎드렸다. 뒤이어 연막탄이 날아와 바로 앞에서 터지며 연기를 내뿜는다. 즉시 무전 교신이 계속되고 그사이에 몇 발인가 계속해 날아와 터지더니 잠잠해졌다. 아군의 포대에서 우리 중대 진출지에 착오로 포격을 시작했다가 무전을 받고 중지한 것이다.

"야~! 하마터면 아군포에 맞아 죽을 뻔했다! 씨이팔놈들 같으니!"

이웅이 입에서 거친 욕이 마구 튀어나온다. 우리 분대는 산개하여 휴식을 취하면서 잠시 후면 공격해 가야 하는 저기 저쪽, 물이 잔뜩 고인 들판을 응시하며 탄약과 식량, 식수를 기다렸다.

공격 지점을 바라보며 저기를 공격하는 건 좀 수월하겠다는 생각이 들었다. 군데군데 엄폐물이 있으니 다행이라고 생각됐다. 그래도 어렵고 희생이 따르겠지?

저기를 점령하면 우리 중대는 그곳에서 또 진중 야영을 하게 된다.

뜨거운 태양은 여전히 이글거리며 열풍을 내뿜는다. 전투의 두려움보다는 더위와 갈증이 병사들을 괴롭힌다.

전쟁이여! 전쟁이여~! 어서 끝내 다오. 그리고 멀리 사라져라! 영원히 사라져라!

불타는 태양을 바라보며 난, 나 자신에게 외쳐 댔다.

1966년 3월 25일 금요일 맑음

악몽 같은 전선의 밤은 지났다. 포로 2명을 감시하며 야간 경계 근무하기가 여간 어려운 일이 아니다. 잠깐 눈을 붙였더니 벌써 출동 준비에 바쁘게 움직이고 있었다. 어제 소탕 작전한 지역을 다시 수색하면서 제31목표를 향해 전진할 것이라고 소대장이 브리핑한다. 시간이 흐르자 뜨거운 태양이 어제처럼 이글대며 우리를 허덕이게 한다. 큰 저항 없이 31 목표를 점령하고 휴식하고 있는데 보급 헬기 편에 식량과 식수 그리고 고국에서 연이로부터 편지가 또 배달됐다. 이렇게 반가울 수가~!

나는 연이 편지를 받고 느낀 감정을 어둠에 물든 야전 참호 안에서 이 편지에 쓴다. 작전이 끝나면 그녀에게 이 글을 다시 써 보내려고 한다. 내가 무사하다면 이 글이 전달되기 바라면서…….

연이! 오늘 연이의 편지를 받았어요. 지금 나는 맹호 5호 작전이라 불리는 큰 작전에 참여해 이름 모를 정글 전선에서 연이가 보내준 편지를 읽었습니다. 이렇게 적지 한가운데서 전투를 하는 중에 연이의 편지를 받아 보다니 정말 꿈에도 생각지 않았던 일입니다. 연이! 우리는 또다시 어디론가 전투하기 위해 떠나야 합니다. 무릎까지 빠지는 늪을 지나고 가시덤불로 뒤덮인 정글과 마을을 수색하면서 타오르는 초연을 뚫고 어제도 싸웠고 오늘도 싸웠습니다. 마을의 타오르는 연기 속에서 살고자 몸부림치는 월남 사람들의 모습을 볼 때마다 얼마나 불쌍한 생각이 드는지 모릅니다. 아마 그들도 이 전쟁을 무서워하고 또 한편으로는 마음속 깊이 이 전쟁을 증오하고 있겠지요?

연이, 전쟁이란 그렇게 간단한 일이 아니군요. 여기 오기 전 한때나마 영화나 소설 속에서 보고 느꼈던 그런 감정과 느낌과는 전혀 다른 현실을 어떻게 설명해야 할지 모르겠군요.

모든 가옥들은 파괴되고 마을은 마을대로 폐허가 돼 가고 사람들은 굶주림과 두려움에 떨고, 저 넓은 옥토는 황무지가 되어 가고 있습니다. 이 모든 것이 전쟁의 후유증이고 전쟁의 제물이 돼 가는 중이지요.

앙상하게 뼈만 남은 사람들, 울창했던 정글과 숲들은 포격과 폭격으로 산산이 찢어지고 보기 싫은 추한 모습들을 보여 주고 있습니다. 이런 전쟁의 굶주림과 폭격과 포격 속에서 전쟁의 화를 피해 보려는 민간인들의 모습은 불쌍하고 한없이 동정해 주고 싶은 마음뿐입니다.

지금 월남은 전쟁으로 많은 사람들이 죽거나 다치고 있습니다. 전쟁이란 우리 인간들로서는 가장 야비한 행동이지만, 적이건 아군이건 전쟁이라는 것, 그 행위는 결코 정당화될 일은 아닙니다.

연이, 그래도 어쩔 수 없군요. 이제 우리 부대는 또 적진을 향해 공격을 멈출 수가 없습니다. 그렇게 하지 않으면 나 역시 이 전쟁의 희생양이 될지도 모르니까요.

연이, 이번 전투가 두렵고 고통스럽기도 하지만 나는 군인이기에 적과 생사를 걸고 싸워야 합니다. 그리고 이겨야 합니다.

연이, 이번 작전이 끝나서 내가 무사하다면 조용히 그리고 가벼운 마음으로 이 글을 띄우겠습니다. 그럼 안녕을.

이름 모를 정글 전선 야전 참호에서.
일병 이범영

 연이의 13번째 편지

이 일병님 보셔요!
따스한 봄 하늘이에요.
행인들의 화사한 모습은 가슴속 깊이 파고드는 따사로운 표정들이에요. 꺾어 온 진달래를 화병에 꽂고 한 시간에도 여러 번씩 살피곤 한답니다. 너무도 꽃에 목말랐기 때문인가 봐요. 제법 연분홍색의 꽃잎이 어렴풋이 보이고 있어요. 언니하고 내기를 걸었다나요. 일찍 피는 봉우리가 이기게 되어요. 내기까지 걸었다나요.
이 일병님! 응원해 주셔요. 제 것이 꼭 이기게 말예요.
어머! 인사가 늦었군요. 편지 정말 반가웠어요. 얼마나 기뻤는지 눈물이 막 나오려 하지 않겠어요? 뛰는 가슴을 억제하고 펴 보니 상상하지도 못했던 아름다운 선물, 정말 고마웠어요.
우표와 장미꽃을 제가 좋아하는지 어떻게 아셨는지 정말 신기해요. 우표 수집을 하는 중이랍니다. 한 200종은 모였어요.
정말 귀중한 선물이었어요. 정말 감사드립니다.

이렇게 기뻐하는 저의 모습 한번 상상해 보셔요. 어떻게 생겼는지 궁금하다고요? 하지만 얼마 안 지나서 아시게 될 거예요. 붉은 장미보다는 못하니까 실망하시게 될 거예요. 붉은 장미, 생화인지 착각하시겠어요. 세계에서 가장 예쁜 꽃, 또 제가 가장 좋아하는 꽃이기도 합니다. 동백꽃도 좋아하지만 역시 장미꽃이 제일 예뻐요.

사람들은 가시가 있다고 싫어하지만 저는 장미의 가시가 있어서 더욱 좋아하는지도 몰라요. 아무도 침범하지 못할 위엄이 있으니까요. 내일 학교에 가서 자랑해야겠어요. 몹시 부러워들 하겠죠? 어린 계집애라고요. 속 알맹이는 보여 주지 않을 테니 걱정하지 마셔요.

아니 날씨도 더운데 한창 떨어 보셔요. 더위가 달아날지 어떻게 알아요? 끊이지 않는 폭음 속에서도 잊지 않고 이렇게 기억하여 편지 보내주시니 얼마나 다행하고 감사한 일인지 몰라요.

그럼 오늘도 이만 Adeio.

무운을 빌면서, 연이.

〈청포도〉 이육사

내 고장 7월은
청포도가 익어 가는 시절

이 마을 전설이 주저리주저리 열리고
먼 데 하늘이 꿈꾸며 알알이 들어와 박혀

> 하늘 밑 푸른 바다가 가슴을 열고
> 흰 돛단배가 곱게 밀려서 오면
>
> 내가 바라는 손님은 고달픈 몸으로
> 청포를 입고 찾아온다고 했으니
>
> 내 그를 맞아 이 포도를 따 먹으면
> 두 손을 함북 적셔도 좋으련
>
> 아이야 우리 식탁엔 은쟁반에
> 하이얀 모시 수건을 마련해 두렴

1966년 3월 26일 토요일 맑음

작전 3일째 밤을 야전에서 무사히 보냈다. 어젯밤은 조명탄과 포격으로 밤새도록 대낮 같은 밝은 천지를 만들어 놓았다.

정말 무서운 밤이었다. 그칠 줄 모르는 포성과 총성, 오늘은 얼마나 많은 인간들이 피를 흘릴까? 하루 종일 야전 진지 작업을 했다. 오늘은 전투를 안 하고 야전 진지 작업으로 하루를 보낸 셈이다.

그 바람에 피로한 몸을 어느 정도 풀 수가 있었다.

오늘 무슨 이유로 전투를 안 하고 진지 작업만 시킬까?

모처럼 소나기 한줄기가 시원하게 쏟아져 더위를 식혀 준다.

막간을 이용해 매야한테 박스 종이를 찢어 편지 초안을 써 본다. 적과 싸우는 도중이지만 이런 시간을 갖는다는 것이 얼마나 다행스러운 일인지 모른다. 점점 어두워지는 전장의 밤이 섬뜩하게 밀려온다. 이 긴장의 밤을 또 어떻게 보내야 할지 모르겠다. 두려움도 밀려온다. 하지만 지금껏 그랬듯이 나는 견뎌 낼 수 있다.

아! 전선의 밤이여~ 어두워진 전선의 밤 포성으로 적막을 깨기 시작한다. 조명탄이 머리 상공에 터지면서 캄캄했던 밤을 대낮같이 환하게 밝혀 준다. 그래도 긴장은 가시지 않는다.

조명탄 불빛이 사그라들자 기다렸다는 듯 모기들이 만만치 않게 달려들기 시작한다.

전투, 또 전투~ 그리고 고통스러운 이곳 전선의 밤, 긴장되고 지루하고 괴로운 시간이 어서 빨리 지나갔으면…….

저 먼~ 고국의 연이를 생각해 본다. 지금 내가 이 정글 전선에서 적과 모기와 싸우고 있는 걸 안다면 그녀는 어떻게 생각할까? 그리고 부모님과 가족들이 이 사실을 안다면 아마 큰 걱정을 하실 테지……?

1966년 3월 27일 일요일

즐거운 일요일이지만 정글 전선은 그런 걸 알아주지 않는다. 길고도 긴~ 공포의 밤은 지나고 어느새 우리 중대는 전투 출동이 시작됐다. 제2대대 7중대는 우리 중대가 진출해 가는 길목에 배치되어 진지 구축을 하고 있었고 우리 중대가 통과할 때까지 삼엄한 경계 엄호를 해 준다.

새로운 작전을 위해서 한 발 한 발 전방으로 진출을 계속해 갔다.

어제부터 이재후 일병이 복통을 일으키는 바람에 그가 휴대한 탄약까지 짊어지게 돼 어제보다 기동하는 데 여간 힘든 일이 아니다.

'어휴~! 하필 이 작전 중에 탈이 나다니!'

몇 개의 마을을 지나자 꽤 큰 강이 눈앞에 나타났다. 발전소 댐 같은 콘크리트로 만든 둑은 오랫동안 손보지 않아서인지 나무 판때기로 걸쳐 놔 겨우 한 사람이 갈 수 있는 통로가 돼 있다.

강을 건너가자 기갑 연대 1개 중대가 주간 잠복을 하고 있었다. 마을을 지날 때마다 불타는 집들로 매캐한 초연으로 시야가 흐리다.

얼마나 진출했을까? 기갑 연대 12중대가 계속해 81mm 박격포탄을 적지로 발사하고 있었다.

이곳에 진출한 기갑 연대 12중대는 어제 전투에서 12명의 전사자를 냈다는 것이다. 너무나 큰 손실이다.

우리 중대는 한동안 휴식을 취한 후 도로를 따라 내려오니 물소가 죽어 썩는 냄새가 코를 찌른다.

계속 작전이 이어질 줄 알았는데 우리 중대는 이번 맹호 작전을 여기서 끝내고 몇 개월이 될지 모르는 시간 동안 이곳에서 주둔하며 경계 작전을 계속해 간다고 했다.

맹호 5호 기동 작전이 끝났다는 소식에 대원들 모두 긴 안도의 숨이 절로 나왔다. 아~! 두렵고 괴로웠다. 고비에 고비를 넘기면서 이렇게 끝났다. 드디어 이번 큰 작전을 나는 해냈다!

주둔 장소가 정해지자 우리 분대는 뜨겁게 내리쬐는 태양 빛 아래서 진지 구축을 하느라 돌같이 단단한 땅을 파기 시작했다.

1966년 3월 28일 월요일 맑음

말할 수 없이 뜨거운 날씨가 계속되는 가운데 우리 중대는 새로운 주둔지에서 무사히 하룻밤을 보내고 본격적으로 진지 구축에 들어갔다. 무슨 땅이 이다지 단단한지 삽날이 들어가지를 않는다.

석회질이 많아서 젖었다가 굳으면 돌처럼 단단해진다는 것이다.

숨 막힐 정도로 더운데 급수는 되지 않아서 목이 탈 지경이다.

우리 중대는 이번 맹호 5호 작전에서 제2소대장을 잃었고 네 명의 전상자를 내는 손실을 당했다. 큰 전공을 세우지 못했는데 훌륭한 소대장을 잃어서 매우 가슴이 아프다.

파월 작전 사상 처음으로 장교가 전사한 것이라고 대대장이 와서 애석해하며 "우리 대대에서 첫 번째로 장교 전사자를 내는 불명예를 10중대가 냈다. 너희들이 아까운 소대장을 지키지 못했으니 최전방에서 더 고생 좀 해 봐라. 그래서 더 강한 전력을 키워라!" 하며 불호령을 내리며 가신다.

우리는 최선을 다해서 싸웠고, 소대장을 잃고 전우가 부상당해 슬퍼하고 있는데 대대장의 불호령을 듣고 나니 맥이 빠진다. 그런데 얼마 후 제1소대 2분대에서 주간 잠복 나갔다가 귀대도중에 베트콩의 저격을 받아 부분대장이 머리에 관통상을 당해 전사하는 일이 벌어지고 말았다. 하이구나! 하필 오늘 같은 날 이런 일이 일어나다니! 참, 인상 좋은 사람인데 전사했다는 소리를 듣고 슬픔이 밀려온다. 얼마 후 헬기가 와 후송되는 걸 보며 그의 영혼을 위로하는 뜻에서 부동자세를 취했다.

저녁 늦게까지 작업을 하고 났는데 총반장한테 안 좋은 소리를 들었다. 분대원들은 정성껏 작업했는데 무엇 때문에 인상 쓰며 잔소리하는지 모르겠다. 아주 신경질적이다. 분대장보다 더하네~!? 양곡 사는 희자 누나한테서 편지가 와 그나마 기분이 좋다.

밤이 되자 맹호사단이 최전방이라 그런지 포격이 끊일 줄 모른다.

1966년 3월 29일 화요일 맑음

누구도 말하려 하지 않는 전선의 밤은 지금 이 시각에도 긴장된 무거운 침묵을 안고 흐른다. 오늘도 뜨거운 태양 아래 비 오듯 땀을 흘리며 탄약호를 끝내고 막사 겸 대피 벙커 작업을 시작했다. 그렇게 뜨거운 낮이 지나고 밤이 돌아오면 고요의 밤이 찾아온다.

하지만 그것도 잠시, 또다시 무서운 포격이 시작된다.

눈부신 섬광과 폭음에도 아랑곳없이 수많은 풀벌레들은 제 울음소리 내기에 바쁘다.

언제 어떻게 될지도 모르는 이 순간, 하지만 나는 똑바로 정신을 차리고 진지 앞에 설치한 철조망을 응시하며 시선을 집중한다.

벌레 한 마리 움직이지 않는 무섭고 음침한 밤, 오늘이 음력 며칠인지 희미한 초승달이 머리 위에 매달리듯 떠 있다.

또다시 울려오는 우렁찬 포성, 조용하고 아름답던 공상을 한순간에 흩트려 놓는다.

잠시 후 포격이 끝이고 다시 고요한 밤이 흘러간다. 하지만 적막이 감돌 때마다 오히려 무서움이 마음속을 깊이 파고든다.

이 밤도 무사히 보낼까? 공포의 회오리가 온몸을 엄습해 오는 것만 같다.

나? 나 자신은 도대체 무엇이란 말인가? 이름도 없는 전선에서 병사로서 내가 이렇게 지내고 있으니……

요란한 밤, 때로는 고요한 이 밤이 긴장과 두려움을 끊임없이 가져다 주는데 지금 내가 할 수 있는 일이 도대체 뭐란 말인가?

이 긴 밤이 지나면 또다시 뜨겁고 무더운 내일이 돌아올 테지~

아! 무서운 이 전쟁이여~

1966년 3월 30일 수요일 맑음

콘크리트 같은 맨땅을 야전삽으로 팠다. 태양은 온몸을 달구다 못해 아예 익혀 준다. 목에서는 갈증이 심해져 숨이 확확 막힌다.

이럴 때 시원한 얼음물을 실컷 마셨으면~ 하는 엉뚱한 생각을 해 본다. 아~ 이 못난 졸병이여! 네 이름은 육군 일등병! 얼마나 명예스러운 이름인가! 에잇~! 할대로 해 봐라~! 세월이 좀먹냐?

"인마~ 너는 졸병이야! 대한민국 육군 일등병이란 말이다!"

저 높은 이국의 하늘을 쳐다보며 뭉클한 심정을 달래 본다.

이런 날 연이한테서 편지라도 온다면 얼마나 좋을까?

괴로움이여~! 고독이여! 이 뜨거운 전선의 햇볕에 모두 타 없어져라! 고통이여~! 허무한 영혼이여! 저 높은 하늘 허공 속으로 흩어져 버려라!

찝찝한 땀방울이 눈으로 들어가 눈알이 쓰리고 흐르는 땀은 온몸을 적시지만 누구 하나 수고한다는 말 한마디 해 주는 이 없는 바로 이곳이 전선의 현실이다. 그래, 누구를 위해서 이 고통을 감수해야 하나? 그건 나 자신! 죽지 않기 위해서 이 모든 걸 감내할 수밖에. 그것뿐이다.

그 외는 없다, 없어!

나 자신이 월남에 지원해 왔으니 할 말이 없는 거지!

멀리 하늘 높이 제트기 편대가 하얀 비행운을 그리며 사라져 간다. 어디로 가는 건지…….

1966년 3월 31일 목요일 맑음

3월의 마지막 날이다. 오늘도 쉬지 않고 진지 작업 정리를 했다.

매일 하는데도 무슨 일이 이렇게 많은지 모르겠다.

이렇게 편지 한 장 쓸 시간이 없으니, 시간이 어떻게 가는지 모를 지경이다. 작전 끝난 지가 얼마 안 돼서 그런지 미공군기의 폭격이 연일 계속된다. 전방에 보이는 '푸캇' 산이 주목표가 된 듯 매일 폭격이 실시되고 있다. 정말 무서운 장면이 그때마다 펼쳐진다.

한 대가 불을 토하면 쉴 틈도 주지 않고 다른 한 대가 매섭게 달려들어 폭격해 댄다. 저렇게 공격해 대는데 살아남을 자가 있을까? 싶다.

폭격 지점엔 화염과 폭연이 하늘 높이 피어올라 통쾌감마저 든다.

또 하루해가 가고 고요한 밤이 찾아온다. 점점 어둠이 깊어 가면 어느 누구도 말이 없는 전선의 밤이 긴장 속에 파묻힌다.

북두칠성과 북극성만이 유난히 캄캄한 밤 속에 반짝인다.

하지만 그것도 잠시 다시 아군의 야간 포격이 시작된다. 아군한테는 편안한 밤이 되겠지만 적에겐 무서운 밤이 되겠지~

우리와 마찬가지로 그들도 자신들을 위해서 우리를 상대로 싸우고 있겠지? 참으로 불쌍한 인간들이지만 그들은 우리를 어떻게 생각할까? 날이 밝아 오면 그들은 다시 지하 동굴로 들어갈 테고…. 폭격과 포격은 그들에겐 정말 무서운 일이 아닐 수 없겠지.

 야간 임무 교대 시간이 다가온다. 나는 다시 평화로운 꿈나라로 빠져 가야지. 오늘 온 연이 편지를 생각하며 내 작은 행복을 위하여~

 벙커 속 분대원들은 깊은 잠에 빠져 있고, 아! 전쟁이여~ 멀리 사라져라! 영원히~

 연이의 14번째 편지

이 일병님께.

안녕하셔요? 기다려도 편지가 없어 또 pen을 들었어요. 지금 가슴이 두근 반 세근 반 한답니다. 왜냐구요? 어제 소포를 부쳤는데~ 어휴~ 인간 한번 속이기가 그렇게 어려운 줄은~ 예전엔 미처 몰랐어요. 더구나 중간에 검사가 있다잖아요? 그 아저씨가 눈을 살짝 감아 주시길 나무아미타불~ 이에요. 조금이지만 무사히 들어가기만 이렇게 빈답니다. 고춧가루 정도는 아무 해도 없을 텐데 왜 단속을 하는지 모를 일이에요. 여기가 어딘 줄 아셔요? 바로 연희네 집이랍니다. 신영준 상병하고 친한 애 말이에요. 자기는 한 번밖에 못 받았다며 한창 투덜거리는 꼴이 가관이군요. 부러워하지 않을 수가 없죠, 어느 누구도.

어느 누구한테 물어도 그렇게 자주 답을 주신 분은 귀하니까요. 감사해야겠어요~

이 일병님! 신영준 상병께 전해 주셔요~ 연희 목이 빠진다고요! 이건 농담 아닌 진담의 반대랍니다.

보내 주신 그림엽서를 친구들께 자랑했더니 부러워한 게 지나쳐 눈독을 들이고 있으니 걱정이에요. 언제 날아갈지 모르니까요.

깍쟁이들이라서 여간 조심하지 않으면 코가 떨어진다니까요?

오늘은 무슨 일을 하셨어요? 더위에 손발이 멋대로 놀아나겠군요. 앞으로 닥쳐올 여름을 생각하면 이마에 땀이 솟는 듯한데~ 월남 생각하다 보면 살이 익어서 물렁거려요(진짜 살도 딱딱하진 않지만 말예요). 순 공갈이라고요? 사람 의심하면 어디로 가는지 아셔요? '지옥'. 거기도 만원이라니 걱정할 필요는 없지만 저는 옛날에 맡아 놨답니다. 9999999...... 호예요.

너무나 안타까운 숫자죠! 벌써 지옥 방을 주문해 놨다는 거 이거 모르셨죠? 이건 몰랐을 겁니다.

엄마가 보시면 혼낼 거예요. 계집애 하는 말이 저속하다고요. 이 일병님은 이해하시겠죠. 엄마가 오기 전에 얼른 봉해 버려야겠어요. 여긴 우리 방이에요. 쓰다 말고 집에 왔답니다.

난필 용서 바랍니다.

연.

1966년 4월 1일 금요일 맑음

봄을 상징하는 4월, 오늘은 재미있는 만우절이기도 하다. 그러나 군대에서는 만우절이 허용되지 않는다.

진지 앞 정글을 쳐내느라 분대원 모두 먼지와 땀투성이다. 오늘따라 급수가 되지 않아서 모두 갈증으로 괴롭기가 말이 아니다.

오후가 되자 몸에 열이 나고 머리가 아파 오더니 온몸에서 맥이 쭉 빠지는 느낌이다. 힘든 작전과 진지 작업에 몸살이 나는 모양이다.

저녁때 소포가 왔다고 찾아가라는 전갈이다. "연이한테서 고춧가루가 왔을 거야." 하는 대원들의 뒷소리를 들으며 소대 본부로 갔더니 말 그대로 《007 스릴러》 4권과 그 속에 비닐에 포장된 고춧가루를 가득 보내 왔다. 얼마나 반가운 일인지 모르겠다.

《007 스릴러》는 한국에서 한창 유행하는 영화와 책이다.

반가운 소녀 연이, 이렇게까지 해 주다니 정말 내가 미안하군요.

전번 편지 때 보내 달라고 한 것보다 더한 말을 하긴 했지만, 막상 받고 보니 내가 지나친 부탁을 한 듯합니다. 그리고 《007 스릴러》 소설은 무척 읽어 보고 싶었던 책이었는데 어쩌면 연이는 내 맘속을 들여다보는 듯하군요.

오늘 저녁 우리 소대원들 저녁 식사는 잔치하는 기분으로 입맛을 돋워 줬답니다. 그러나 나는 몸살 기운 때문에 연이가 보내 준 그 귀한 물건을 먹지 못해 무척 안타까운 심정이랍니다. 연이가 그걸 안다면 얼마나 섭섭해할까~ 생각하니 미안한 마음이 듭니다.

그리고 앞으로 어떻게 보답을 해야 할지 모르겠군요.

하필 이럴 때 몸살이 나서 입맛을 잃다니! 제기랄~ 맛있게 먹는 분대원들을 쳐다보니 은근히 화가 난다.

맹호 5호 작전 때는 재후 일병이 탈이나 미웠는데 이젠 내가 그 모양이 됐으니 대원들이 미워하겠지?

1966년 4월 2일 토요일 맑음

어제는 머리가 무겁고 열이 나더니 오늘은 아무 일도 못 할 정도로 녹아떨어지고 말았다. 작업 도중 대원들이 들어가 쉬라고 해 벙커로 들어왔는데 몸이 떨리고 열이 많이 난다. 아무래도 병세가 심상치가 않다는 생각이 든다.

몸이 아프다 해도 누워만 있자니 대원들 보기가 미안해 말을 못 하겠다. 하필 한창 바쁠 때 병이 나 체면이 말이 아니다.

거기에다 입맛까지 싹 달아나 국 한 모금도 넘어가지 않는다. 그래도 먹어야 사니 우유를 끓여서 간신히 목을 축여 본다. 계속 이러다간 후송이라도 가야 하는데 정말 그렇게 되면 큰일이다.

집에 편지도 드려야 하고 연이한테도 답장을 보내야 하는데 이렇게 누워만 있어야 하다니 파월 이래 두 번째로 눕게 되나 보다.

희미한 의식 속에 기를 써 보지만 맘먹은 대로 움직여지지를 않는다. 밤이 되자 열이 더 심해지고 의식이 점점 더 희미해지고 앓는 소리까지 나온다.

분대원들이 위생병을 부르고 살펴보더니 아무래도 말라리아 증세 같다며 내일 조치를 해야겠다고 하며 간다.

아 참! 이 일을 어쩐다! 말라리아로 후송을 가게 되다니…….

1966년 4월 3일 일요일 맑음

아침에 일어나니 몸이 가벼워 이제 낫나 했더니 오후가 되자 뜨거운 열이 나고 쓰러질 것만 같았다. 이발도 중단하고 막사로 들어와 눕고 말았다. 열은 나고 아파 죽겠는데 아침부터 시작된 폭격은 쉴 줄 모르고 계속돼 폭음과 폭연이 하늘로 치솟는다.

위생병이 와 열을 재더니 화씨 106도라며 아무래도 후송을 가야 할 것 같다고 반장한테 말한다. 내가 생각해도 말라리아같이 생각된다. 어젯밤은 한잠도 못 잤다.

찬 물수건이라도 머리 위에 얹어 줬으면 좋으련만 서로 눈치를 보며 반응들이 없다. 한 벙커 안에서 지내는 전우들이건만 아파서 누워 있는 전우한테 별 관심도 안 주니 다시 봐야겠다. 나는 그들에게 잘 못해 준 것도 없는데 나 몰라라 하는 걸 보니 많은 생각을 하게 한다.

가장 서러울 때가 이럴 때를 두고 말하는 것 같다. 하지만 대원들도 큰 작전 직후라 얼마나 힘들어했을까~ 생각하면 이해도 된다.

오히려 힘들 때 내가 아프다고 빠졌으니 그만큼 대원들이 힘들어했겠지. 선선한 저녁때가 되니 한결 가벼워지는 느낌이 든다.

나 때문에 야간 근무도 더 서게 되는 대원들을 생각하니 물이라도 갖다 달라는 말이 나오지 않고 미안한 생각만 든다.

이럴 때 고국에 계신 어머님의 따뜻한 손길이 내 머리 위에 닿아 주었으면 하는……. 어머니 생각이 간절히 난다.

1966년 4월 4일 월요일 맑음

어제보다는 마음이 가볍고 몸이 풀린 것 같다. 아침에 찬물로 머리를 식혀 보았다. 아침 식사도 조금 먹어 보았지만 억지로 넘겼다.

오후가 되자 다시 열이나 냉수 찜질을 해도 머리와 허리가 왜 이렇게 쑤시고 아픈지 정말 미칠 지경이다.

체온을 재러 위생병이 와 보더니 화씨 100.1도라며 아무래도 후송을 가야 되겠다고 말한다. 몸이 아프니 고향 생각만 자꾸 난다.

연이와 원화 조카한테서 편지가 왔다. 꼭꼭 보내오는 연이의 편지는 아프고 괴로운 지금 얼마나 위로가 되는지 모른다.

내 기분을 조금이라도 상하게 할세라 항상 조심스럽게 쓴 연이의 편지를 받을 때마다 그녀의 섬세함이 엿보이는 것만 같다. 당장에라도 답장을 보내고 싶지만 내 몸이 아프니 안타까울 따름이다. 전투 중 참호에서 쓴 메모도 아직 보내지 못하고 배낭 속에 그대로 있는데……. 얼마나 내 소식을 기다릴까?

연이! 미안해요~ 나는 지금 아주 곤란한 괴로운 처지에 있어요. 김 일병이 집으로 편지를 했으니 미란 양은 알게 될 거예요. 아프다는 것이 이렇게 괴로운 것인 줄은 정말 느껴 보지 못했어요.

벌써 여러 통의 편지를 받고도 한 장의 답을 못 한 이 병사를 원망하고 있겠지요? 이해를 바랍니다.

실은 지난 전투를 끝내고 한가한 시간이 되면 편지를 쓰려고 했는데 그만 이렇게 되고 말았네요.

그저 연이한테 미안할 뿐입니다.

내 병이 회복되면 곧 회답을 보내겠어요. 정말 미안해요…….

연이의 15번째 편지

(1966. 3. 25.)

이 일병님 보셔요.
봄바람이 어디서부터 불어오는지 요란스럽게 창살을 흔들면서 몰아치면 제 눈에는 하이얀 눈물이 고이고 코 감각이 이상해지는 것 같아요. 어제는 밤사이 눈이 내렸지 뭐겠어요. 아마도 겨울이 다시 오려나 봐요. 바람은 자고 덕분에 제에게는 '감기'라는 명예롭지 못한 훈장이 달렸으니 처치 곤란이군요.

이 일병님의 편지는 참 반가웠어요. 오랜만인 것 같군요. 그윽한 풀냄새가 가시지 않는 그곳의 푸른 잎과 함께~ 예상외로 이 일병님의 건강한 모습을 볼 수 있어서 더욱 기뻤어요. 요사이 부대가 이동되는 모양이죠? 무척 바쁘시겠군요. 아무쪼록 임무 수행에 열중하시기 바랍니다. 들려주신 월남 소식 중 그곳의 여자들은 생활 능력이 강하다는 글귀를 읽을 때 저로 하여금 무언가 느낄 수 있는 기회가 되었어요.
우리 한국 여자들도 생활 능력이 강하다고 생각했는데 중노동도 하고 있다니 놀라움과 동시에 본받아야 할 일이라고 느꼈어요.

무서운 생활고에 처한 불쌍한 그 민족에 하루 속히 자유의 메아리가 울려 퍼져 자유로운 기쁨을 같이할 수 있도록 기도해 봅니다.
이 일병님! 커다란 임무를 안고 계신 이 일병님께 저까지 짐이 되고 있는 것 같아 죄송하군요. 답 보내시는 것 절대 의무라고 생각지 마셔요. 저를 잊고 계시다 해도 절대로 섭섭하게 생각지는 않겠어요.

다만 연이라는 한 여학생이 고국에서 편지를 보내왔구나 하고 기억해 주셔요.

그것만으로도 정말 다행한 일이라고 생각해요.

서툰 글이나마 전하여서 이 일병님의 고국을 그릴 수만 있고 그리운 마음을 잠시 메꿀 수만 있다면 그것으로 보람을 느끼고 또 그 이상 바랄 것이 없다고 저는 생각하고 있어요.

우렁찬 폭음이 그칠 줄 모르는 격전지에서 여러 통의 편지를 주셔서 정말 기쁘게 생각해요

같은 조상의 붉은 피를 이어받은 우리가 멀리 떨어져 있으면서도 잊지 않고 서로 염려하고 걱정할 수 있다는 것을 생각하면 핏속에 숨은 동포애가 얼마나 아름다운 것인지 새삼 느끼게 합니다.

이 일병님! 지난날 보낸 고춧가루는 제대로 도착했는지 궁금한 마음 감출 길 없어요. 받으시면 곧 소식 있으시길 바랍니다.

전투가 점점 맹렬해지는 기세가 엿보이는군요. 정말 이 일병님 말씀대로 신문지상엔 하루가 멀다고 통쾌한 뉴스를 보도하고 있어요. 이 일병님은 지금 커다란 임무를 수행하고 계시지만 저는 언제나 보람 있는 일을 할 수 있을지 기다리는 마음 자못 큽니다.

이 일병님! 포성이 짙은 전선에서 맹렬한 전쟁이 끝난 뒤 옷깃에 배어버린 탄약 내음과 먼지를 터시면서도 '나는 어느 것에도 굽힐 줄 모르는 굳은 기상을 가진 한국의 남아'라는 것을 항상 기억해 주셔요.

그럼 오늘은 이만하겠어요.

이 일병님의 무운을 비는 연이가.

1966년 4월 5일 화요일 맑음

　대원들의 위로를 받으면서 대대 M.D(의무대)로 입원을 왔다. 오늘 몸의 열은 어제보다 낮고 M.D에 와서 그런지 한결 정신이 드는 것 같다. 그래도 아직은 입맛이 돌아오지 않아서 음식을 하나도 먹기가 싫다. 밤인데도 잠이 오질 않는다.
　김치가 얼마나 먹고 싶은지 모두 김치로만 보인다.
　본국에 귀국하게 된다면 원 없이 실컷 김치를 먹어야지!
　식사를 못 하니 물만 자꾸만 먹힌다.

1966년 4월 6일 수요일 맑음

　대대 M.D에서 연대 의무대로 이송돼 왔다.
　모든 것이 처음이라 환경도 낯설고 분위기도 낯설다.
　주위 환경을 익히려고 입원실을 나와서 여기저기 다녀 보았다.
　어제보다 몸 상태가 한결 좋아졌다. 아직도 식사를 잘 못 하는데 물만 자꾸만 마시게 돼 걱정이다. 오늘 밤에도 다른 생각은 안 나는데 오직 김치 생각뿐이다. 이렇게 김치 생각이 나서야 원….
　군대 입대 후는 물론 난생처음 의무대에 입원해 본다.

1966년 4월 7일 목요일 맑음

연대 의무대에서 하룻밤을 보냈다. 침대에 시트와 모포가 깔려 있어 잠자리가 한결 편하다.

최전방에서 전투 생활만 하다 이런 곳에 와 보니 별천지 같은 생활을 해 보는 것 같다. 포병 사령부에 근무하는 친척 형한테(지영) 전화를 하려다 기분이 내키지 않아서 내일 하기로 했다.

오늘 점심은 같이 입원해 있는 환자들과 입맛을 돋우며 오랜만에 맛있게 먹었다. 아파서 입원까지 해 형님과 연이한테 답장을 해 주지 못해 미안한 생각이 떠날 줄을 모른다. 그런 생각을 하면, 하루빨리 회복해서 퇴원했으면 좋겠다.

그런데 나보다 먼저 입원한 환자 두 명은 완전히 회복된 듯한데도 퇴원하지 않고 이럭저럭 날짜만 때우는 것 같다. 오히려 의무대에서 퇴원시킬까 봐서 이곳 근무자들한테 잘 보이려고 아양을 떨어 댄다.

매일 김치를 만들어 의무대 사람들한테 바치는데 나는 죽어도 그런 일을 못 하니 그들한테 미움받을까 걱정이다.

1966년 4월 8일 금요일 맑음

생각 외로 포병사령부 형님한테 전화 연결이 잘돼 통화했더니 지영 형님이 단숨에 달려왔다. 정말 오래간만의 상면이라 반가움에 말이 안 나올 지경이다. 지영 형님이 월남에 왔다는 말은 작은형님이 알려 왔고 지영 형님도 내가 재구대대에 있다는 걸 알고 한번 찾아왔다가 내가 작전 중이라 만나지 못하고 쪽지를 남기고 갔는데 이렇게 여기서 만나게 될 줄이야~!

형이 사 온 콜라와 파인애플을 잠시 즐기며 시간 가는 줄 모르게 이야기를 하다가 형은 포병 사령부 인사과에 근무하니 시간 나는 대로 오라고 당부하고 갔다.

오늘부터는 입맛도 돌아오는지 밥도 어제보다 많이 먹었다.

어둠이 깃든 연대 본부 연병장에는 많은 차량들이 일과를 끝냈는지 요란한 엔진 소리를 내면서 분주히 움직이고 있다.

최전방 우리 중대는 지금쯤 야간 매복 준비하느라 긴장감이 돌 텐데 여긴 태평성세니 이렇게 다를 수가~!?

입원실 라디오에서는 은은한 음악 소리가 내일의 희망을 말해 주듯 조용히 흘러나온다.

1966년 4월 9일 토요일 맑음

여기선 식사만 끝나면 할 일이 없다. 누가 뭐라고 시키는 사람도 없고 또 내가 할 일도 없다.

몸도 회복되는 것같이 연이한테 답장을 쓰다 날이 어두워져 내일로 미루었다. 의무대 요원들은 환자가 후송돼 오면 치료해 주고 그것으로 끝이다. 이렇게 편한 근무처가 있다니?

연병장에서 영화 상영이 있다고 해 갔더니 외국 영화를 상영한다.

몸도 하루가 다르게 회복이 빨라져 이대로 간다면 빨리 중대로 귀대하지 않을까 싶다. 처음에는 제6후송 야전 병원으로 갈지도 모른다고 생각했는데 예상외로 회복이 빠르다.

이러다간 6후송 병원 입원하게 되면 간호장교 팬티 하나 훔쳐 올 생각은 수포로 돌아가게 생겼다. 여자 속옷을 지니고 다니면 행운이 따른다는 말이 군인들 사이에서 퍼져 있기 때문이다. 그중에도 월경 때 입던 속옷이 제일이라는 것이다.

그냥 속된 말이긴 하지만 한때는 후송 병원에서 간호장교 속옷이 도난당했다는 풍문도 있었는데 이해는 되지만 믿기지 않는다. 그 월경 팬티 안 가져가도 좋으니 제발 하루빨리 회복돼 퇴원했으면 좋겠다.

1966년 4월 10일 일요일 맑음

몸이 차츰 완쾌되어 가자 빨리 중대로 가고 싶은 생각이 불현듯 난다. 그간 편지도 여러 통이 와 있을 것을 생각하니 어린애같이 가고 싶은 생각뿐이다.

오늘 중대에서 같이 근무하는 2소대원이 손이 아파서 여기까지 후송돼 왔다. 중대 안부를 물으니 말도 말라는 것이다. 요즘 저녁이면 매일 적의 박격포탄 세례를 받는다는 것이다. 그 말을 들으니 분대원들한테 별일이 없는지 궁금해 죽겠다.

제발 내가 없는 사이에 아무 일도 없어야 하는데…….

한편으론 연이의 편지가 여간 기다려지는 게 아니다. 요번 편지에는 혹시 사진이라도 동봉해 보냈는지도 모른다. 요즘 매일 연이를 생각하게 되는데 내가 이상할 정도다. 언젠가는 내가 꿈꾼 대로 사진이 오려나…?

오후 늦게 큰형님과 연이, 작은형과 정화 같이 근무했던 영등포 검사소에 윤종현한테 편지를 썼다.

편지를 쓰고 나니 밀렸던 숙제를 한 것 같다.

1966년 4월 11일 월요일 맑음

어느새 월요일, 여기선 별로 하는 일 없는 곳이라 남는 건 시간이다. 홍매와 공군 사촌 형한테 편지를 쓰고 영등포에 사는 사촌 동생 국분이한테는 주소를 몰라 귀대하면 부쳐야겠다.

오후에 중대 본부에 근무하는 박 하사가 왔다. 들어가면 내 안부를 전해 달라고 부탁했다. 박 하사는 몸조리 잘하라고 위로하며 헤어졌다. 아는 사람을 만나고 보니 하루라도 빨리 중대에 가고 싶은 생각이 간절하다.

오늘 밤에도 영화 상영이 있어 갔더니 〈본드 007 스릴러〉가 상연된다. 남들은 잘된 영화라고 하는데 내 생각은 별로다. 영화 감상을 잘 못 해서 그런지 다른 영화보다 잘됐다고 하기엔 좀 그렇다.

연이가 보내 준 007 책을 봐서 그런가? 아무튼, 오래간만에 흥미 있게 편한 마음으로 봤다. 가끔 중대에 들어온 영화를 볼 때는 적의 기습을 받을까 조마조마한 마음으로 봤는데 여기선 후방이라 만사태평이다.

1966년 4월 12일 화요일 맑음

구름 한 점 없는 맑은 날이 계속된다. 중대에 있으면 찌는 듯한 더위에 고생이 말이 아니겠지만, 그래도 중대에 빨리 가고 싶은 생각이 굴

똑같다.

이젠 입맛도 완전히 돌아와서 얼마든지 만사가 O.K다.

오후에 '남탕' 기지에서 같이 근무했던 81mm 박격포 분대장이 배가 아프다고 연대 의무대로 입실되어 왔다.

식사를 못 한다고 해 우유를 끓여서 주었더니 고맙다고 인사를 한다.

놀기만 하니 시간이 지루해 왕십리 조카한테, 부산의 설영순 학생한테 편지를 썼다. 전번에 두 번 했는데 잘 받았는지 모르겠다.

오늘 밤 영화는 〈노란 샤쓰 입은 사나이〉가 상영된다.

처음 보는 영화라 재미있었다.

내일은 어떤 영화가 상영될지 기다려진다.

1966년 4월 13일 수요일 맑음

인천 누님과 작전 때 메모해 놨던 연이한테 보낼 편지를 정리하고 있는데 포병 사령부 형님한테서 전화가 와 받으니 안부를 묻는다.

점심때쯤 중대에서 2소대 선임 하사가 입실해 있는 세 사람의 선물을 가지고 병문안을 왔다. 아는 사람은 나 하나뿐인데 두 사람은 후송 병원으로 갔는지 없다고 하면서 중대에 있는 대원들한테 전할 말이 없냐고 묻는다. 선임 하사는 사단으로 가고 나는 중대원 일동으로 돼 있는 선물 꾸러미를 펼쳐 보았다.

꾸러미에는 파고다 담배 한 갑과 과일 통조림 3개 그리고 연이 편지와 대영이와 구화 조카한테서 온 편지가 들어 있었다.

얼마나 반가운 순간인지 모른다. 즉시 모두에게 답장을 써 놓았다.

연이의 16번째 편지

파아란 하늘빛이 명랑한 표정을 지으며 마음껏 봄의 내음을 발산하고 있어요. 마음까지도 파아란색으로 물들어 버릴 것 같아요.

그간 무르익을 대로 익은 봄의 여울 속에서 연이가 인사드립니다.

별고 없으시겠죠? 커다란 작전을 이행하시기에 한창 바쁘시겠군요. 모든 하나하나의 동작을 신문은 보도하고 있어요.

덕분에 궁금한 마음을 덜 수가 있답니다. 지내시는 하루를 저는 알고 있으니까요.

오늘은 무엇을 하셨는지…. 다행한 일이 아닐 수 없군요.

지금은 학교 재건 전 부회장 선거에 무척 바쁘답니다. 이제 내일이면 투표 결과가 보도될 거예요. 선거가 모두 끝났으니까요.

여러 가지 연중행사가 잇달아 고개를 드는군요. 이제 5일은 식목일, 학교에서도 묘목을 많이 사들였어요. 교외로 나아가 식목을 할 예정인가 봐요.

오늘은 만우절 날이랍니다. 친구, 선생님, 교장 선생님까지도 멋지게 속아 넘어가 버렸어요. 정말 즐거운 날이군요.

어수선했지만 그래도 수업시간은 무척 재미있었어요. 선생님 말씀마다 '안 속아요.'라는 말이 꼬리를 치듯 잇달아 나왔으니까요.

역시 말괄량이 친구들의 짓이죠. 공부 도중 친구 하나가 '안내'로 "가장 급한 전화가 댁에서 왔어요!" 하고 노크하면서 외치고 달아나면 선생님들 딱! 뛰어나가십니다. 이어서 까르르……. 우리들의 웃음소리~ 얼굴이 붉으락푸르락해서 들어오시는 선생님들의 모습~ 또 독일어 선생님!

키가 아주 작은 여선생님은 무섭기로 유명합니다. 오시는 것을 기다렸다가 "선거 문제로 교장 선생님이 부르십니다~" 했어요. 가방을 던지고 옷도 벗기도 무섭게 교장실 문을 노크하니 "들어오시오." 하는 점잖은 교장 선생님의 음성이 들렸어요. 교장 선생님은 "허허허허! 학생한테 속으셨구려!" 하셨답니다.

그 뒤의 선생님 얼굴 표정은 회피하겠어요. 웃음이 나와서 마치 하이얀 불독 같았다나요, 하하하…. 이 일병님, 속지는 않으셨어요? 멋지게 친구분을 속여 보셔요. 즐거운 날이에요.

그럼 항상 건강하시길 기원하는 연이가.

1966. 4. 1. 학교에서.

1966년 4월 14일 목요일 맑음

연대 의무대 군의관이 퇴실해도 좋다고 판단해 퇴원하기로 했다.

중대로 갈 준비를 하는데 대대로 갈 차편이 없어 내일 가기로 했다. 포사령부 형님께 전화했더니 내일 찾아오라고 한다.

내일 갈 준비를 다시 한번 확인하고 푹 쉬다.

내 생각에도 완쾌된 것 같다. 야전 레이션도 입에 당기고 좋다. 중대로 그렇게 빨리 가고 싶었는데 막상 퇴원하게 되니 섭섭한 생각도 든다. 어디를 가도 인정이 있으니 떠날 때 섭섭한 느낌이 드는 건 어쩌면 당연한 일인지도 모른다.

p.x에 가서 잡지를 보며 하루 시간을 보냈다.

1966년 4월 15일 금요일 맑음

아침과 점심을 잘 먹고 연대의무대에서 퇴실을 했다. 떠날 때 돌봐 주던 의무대 병사들도 자대에 돌아서 근무 잘하라며 섭섭해한다.

찾아온다던 포 사령부 형님은 바쁜지 오지 않아 그냥 떠나왔다.

떠나기 전 근처에 있는 월남어 교육대에서 한국영 일병을 만나 봤다. 국영이는 내가 여기 온 줄도 모르고 있다가 차에서 내리자 먼저 알아보고 손을 덥석 잡으며 반가워한다. 거의 한 달 만의 만남이다. 앰뷸런스 차 편에 대대 C.P에 도착해 잠시 쉬다가 중대 보급차 편으로 중대에 도착하니 소대장님과 소대원들이 모두 나와 반갑게 맞아 준다. 내가 입원해 있는 동안에도 적의 박격포 공격에도 분대원들이 무사히 잘 지내고 있어서 얼마나 고맙고 다행한지 모른다.

대원들은 더 쉬라고 하지만 오늘 밤부터 야간 근무에 임했다.

간간이 기습적으로 박격포탄이 날아온다고 해 잔뜩 긴장됐다.

내가 입원해 있을 때나, 지금이나 아군의 포격 소리가 밤새도록 끊이지 않고 들려와 이곳이 사단 최전방이라는 것을 말해 주고 있다.

1966년 4월 16일 토요일 맑음

아침에 교통호 확장하는 작업을 했다. 오래간만에 하는 작업이라 땀이 많이 흐르고 힘들다. 오전에 작업, 오후에는 휴식을 취했다.

아마도 적의 박격포 공격을 의식해서인가 보다.

어제는 형님과 연이한테서 온 편지가 분대장 W백 속에서 발견되어 모두 회수했다. 그동안 내게 온 것을 분대장이 보관해 놓았나 보다. 분대장한테는 아무 소리 안 하고 꺼내 와 읽고 답장을 썼다.

아마 지금쯤, 입원 중에 보낸 편지를 받아 보았을 것 같다.

정성스럽게 보내 준 연이한테 그저 고마울 따름이다. 사진도 보내 준다고 했는데 얼마 안 있으면 받아 볼 수 있겠지! 아마 그렇게 된다면 펜팔 시작한 지 처음으로 그녀의 모습을 보게 될 텐데 기대가 이만저만이 아니다. (입원 중 온 편지를 한데 묶어 적는다.)

✉ 연이의 17번째 편지

동쪽 창문이 환해 옵니다.

일요일의 밝은 해가 떠오르는가 보아요. 잠자리에 누워서 이렇게 글을 올립니다. 일요일은 곧잘 늦잠을 자게 되어요. 이렇게 해가 솟는데도 일어나려 하지 않고 있으니까요.

그동안 안녕하셨어요? 편지가 없어서 궁금하군요. 연이는 항상 잘 있답니다. 요사이 서울은 복잡한 교통난으로 골치를 앓고 있어요. 학교 가는 시간이나 오는 시간이나 지옥에 한 번씩 갔다 와야만 하니까요. 정말 생지옥이랍니다. 연달아 꼬마들이 희생당하는 비보가 마음을 슬프게 해 준답니다.

봄의 꽃송이같이 채 피지도 않은 어린이들이 숨져 가고 있고 또 호소하고 있으니까요. 더욱이 안타까운 광경은 정류장에 선 갓 입학한 중학생들이죠. 꽉 차 버린 버스 속을 뚫고 들어갈 힘도 없지만 차장들도 또 태워 주려 하지도 않는데 등교 시간은 압박해 오니 꼬마는 발을 동동 구르고 울음을 터트리고 맙니다.

버스 안은 더하답니다. 밀리고 밀려오고 속에 끼어 버린 꼬마는 훌쩍 울기 시작하고 정말 아비규환이에요. 속히 정리해서 안전한 교통을 이뤄야 하는데 고통이라 아니할 수가 없군요.

어머! 너무나 기쁘지 못한 소식을 전해 드린 것 같군요. 학교에서는 선거를 끝냈어요. 재미있는 일은 투표 결과가 4인의 부회장 중 NO.1과 NO.4의 투표 수가 612 대 613이었지 뭐겠어요. 매우 매력적인 일이에요. 불행히도 NO.1이 저의 친한 친구랍니다.

슬퍼는 했겠지만 한 표로 당선된 것보다는 한 표 차이로 낙선된 것이 더 좋다고 했답니다. 그것이 정말 영광된 일인지도 모르겠어요. (그곳 월남의 온도는 40℃를 오르내리고 있다면서요? 저로선 상상도 못 할 무더위입니다. 만일 이 일병님이 이곳에 오시면 추워서 감기가 들어 버리겠군요. 이곳은 평균 7~8도를 하니까요.)

어제는 학교에서 미란이와 우리 모두 만났어요. 정말 우연이었답니다. 모두가 소식을 궁금해하고 있었어요. 미란이는 참 얌전해졌답니다. 아니 전에도 그랬지만 더욱 얌전해졌어요. 어른이 조금 더 됐다고 체면 차리나 봐요. 전의 미란이는 참 재미있게 장난도 잘했는데 이젠 의젓해요. 그리고 혜숙이를 아시는지요? 편지를 보셨으면 아마 아실 거예요. 그 애는 바로 옆 반인 5반이랍니다.

연희를(한연희) 만나러 갈 때마다 편지가 오지 않는다고 나한테 화풀이로 알밤 한 대를 주곤 하지만 그건 또 혜숙이 손해죠. 저는 줄곧 두 번을 콩! 콩! 아셨죠, 그렇게 하니까요. 그 애는 여전히 명랑하고 유쾌하고 잘 놀아요. 같이 있으면 웃기는 통에 앉아 있을 수가 없을 정도니까요. 연희는 편지 그대로 얌전하고 순진하고 또 때로는, 아니 항상 명랑하지만 굉장히 크답니다. 뒤에서 두 번째로…. 저도 그에 못지않지만요~ 아셨지요?

또 김혜숙! 아실지 모르겠군요. 그 애는 저의 반이랍니다. 만나면 그곳 이야기예요. 혜숙이도 얌전해요. 하지만 그 애와의 접촉이 많지 않아서 자세히 소개해 드릴 수가 없으니 언급하지 말기로 하죠!
그러다간 한 분대를 점령해 버리고 말겠다면서~ 대견해한답니다. 정말 재미있는 일이에요. 이건 비밀인데요! 저는 친구들한테 온 편지를 몽땅 보았답니다. 혼자 살짝 보셔야 되어요.
다른 분이 보시면 화내십니다. 하지만 고맙게도 모두 좋은 분들이었어요. 하나도 빠짐없이~! 정말 훌륭한 일이에요.
오늘 만나서 편지 좀 자주 하라고 교훈 아닌 충고를 했으니까 많이들 할 거예요. 지금은 무엇을 하고 계시는지 궁금하군요.
우리 집의 유행어를 소개해 드릴까요? 어디서부터 새어 나왔는지 말 끝에 "ㅂ"자를 첨가해서 말하는데 약간 우스워요. 왈! "웃기지 마랍." 하는 정도로 모두 "ㅂ"자가 붙는답니다.
오늘 쓸데없이 많이 지껄였나 봅니다만…….
해가 좀 더 고개를 내놓아 창이 더욱 밝아 옵니다. 새로운 해에게 그곳의 장병 모두의 건강과 무운을 빌어 봅니다.
이 일병님의 무운을 다시 한번 빌어 보겠어요. 잠이 깨지 않아 난필이었어요. 이제 일어나 봐야겠어요. 그럼 이만 안녕히…. 연이 드림.

> 사진 받았는데 답을 못 해 죄송함을 금할 길이 없군요.
>
> 저를 상상해 보셨어요? 너무 예쁘게 생각지는 마셔요.
>
> 실망하시게 되면 미안하니까 촬영되는 대로 곧 보내 드리렵니다.

 연이의 18번째 편지

(연이는 이 편지가 **NO.22**라고 표기했다.)

이 일병님 보시겠어요?

오늘은 4월 10일 일요일이에요. 개나리도 일요일을 만난 듯 울타리 밑 담에서 화들짝 웃어 보이고 있어요. 화단을 아름답게 장식했던 진달래는 벌써 시들어 버려 세월이 지났다는 것을 암시해 주려 해요.

이 일병님! 그동안 아무 일 없으신지요? 저를 비롯한 여러 친구들 모두 잘 있답니다. 편지가 도착하지 않아 모두 지루한 비명을 올리고 있지만 모두들 잘 참고 있답니다. 모두 착한 아가씨들이에요. (저는 빼놓고.)

오늘 연희네 집에 갔더니 답장이 신 상병한테서 왔다고 무척 좋아하더군요. 모두 안녕하신 것 같아 한결 마음이 놓입니다. 빨간 가루가 가운데서 분실됐을까 걱정이에요.

오늘 무슨 일을 하셨는지? 신문지상엔 통쾌한 뉴스들! 정말 수고들 하셨어요. 굵은 땀방울이 조국의 명예를 높여 주고 있어요.

우리의 임무가 하루하루 무거워져만 가는군요. 좀 더 나은 사회를 만들기 위해서 말입니다.

이 일병님! 그곳의 모기는 베트콩을 닮았다죠? 모기 역시 K.B.S겠군요. 무더운 월남의 기온 속에서 글을 기다리고 계실 것 같아 간단히 안부 전합니다.

모두 무사하시기를 바라는 연이에게 간단한 글이라도 주셔요.

이 일병님의 편지를 받지 못해서인지 고단해 죽겠어요. 그럼 이만하고 밝은 태양이 솟을 내일을 기다리렵니다. 안녕히.

안암동 연이가.

 연이의 19번째 편지

(오늘 받은 편지다.)

이 일병님께.

신문지상엔 통쾌한 정말 통쾌하기만 한 뉴스를 전하고 있어요. 아름다운 미담과 함께~ 찌르는 듯한 슬픔이 마음을 아프게도 하지만 가장 보람이 있는 일을 하고 계실 것을 생각하니 가슴 한구석 뿌듯하면서도 무엇인가를 합장하고 기도해 봅니다.

이렇게 멀리서 이 일병님의 건강과 무운을 빌어 볼 뿐~ 달리 할 수 있는 능력이 없으니 안타깝기만 하군요.

연이는 지금 꽃샘바람에 감기가 들어 버렸어요. 누워 있지는 않지만 고통이 크군요. 진달래도 한창이에요~ 괘씸한 감기를 뺏어 갈 수 있을지 걱정이군요. 지금 한창 격전지에서 베트콩과 한자리에서 총부리를 겨누고 계시겠지요? 모조리 아주 모조리 없애야만 이 땅 위에 자유가 오려나 봅니다.

인간이기에 자유가 필요했고 또 자유가 필요했기에 무서운 전쟁이 있어야 했나 봅니다. 무슨 원칙에서 오는 것처럼~

이번에 저의 오빠도 군에 입대하게 되었어요. 눈으로 볼 수밖에 없었던 군인이 저의 집에도 있게 되다니……. 자랑스러운 일이에요. 오빠가 더욱 어른스러워 보이는 것 같애요. 월남에 간다고 야단법석이랍니다. 의무대로 배치되게 되었어요. 풋내기 학도병은 기합을 많이 받는다죠? 요사이는 한창 군인에 대한 재미있고 슬픈 이야기를 재미있는 이야기로 들려주곤 한답니다.

저도 많은 상식을 알게 되었어요. 정말 신성한 곳이군요.

가장 큰 체험인지도 모르겠어요.

여자들도 군인이 되었으면 좋겠다고 하니까 수염 없는 인간 아닌 인간이 어디에다 눈독을 들이냐고 호령이랍니다.

요사이는 글을 드리지 못했군요. 죄송해요. 사과드리겠어요.

다음부터 시간 있는 대로 소식 전하겠어요. 기다리지 말자고 굳게 결심했는데 편지가 없으니 하루가 약간 섭섭하게 지나가 버리고 마는군요. 미란이 오빠도 안녕하시겠죠? 모두 건강하시길 기도하겠어요~

난필을 용서 빕니다. 무운을 빌며.

So long.

안암동에서 연 드림.

1966년 4월 17일 일요일 맑음

아침에 일어나니 온몸이 뻐근하다, 퇴원한 후 오래간만에 힘든 작업을 해서 그런가 보다. 그런데 갑자기 벙커 막사를 다시 짓는다고 고된 작업이 또 시작됐다. 지금 벙커도 괜찮은데 뭐 때문에 다시 짓는다는 것인지 모르겠다. 오전에 돌 같은 땅을 힘들게 파냈다.

다행히도 오후에는 쉬라고 분대장이 말해 낮잠을 즐겼다.

오후 쉬는 시간에 연이한테 보낼 편지를 정리해 놨다. 곧 부쳐야지~

야간 보초를 서는데 우측 전방에서 갑자기 총성이 들려온다.

잠시 후, 총성은 더 요란하게 들려온다. 우리 중대 우측에 주둔한 월남 민병대와 베트콩 사이에 교전이 붙은 것이다. 계속되는 자동화 소리와 소총 소리, 그리고 수류탄 터지는 소리까지 들려온다.

상황이 심상치 않게 돌아가자 중대는 즉각 비상에 들어가고 우리 분대도 대원들을 깨워 전투 배치를 했다.

중대 중앙에 배치된 박격포반에서는 수시로 민병대 주둔지 상공으로 조명탄을 발사한다. 오랜만에 닥치는 실전 상황이라 긴장감이 온몸에 전해 온다. 우리 분대는 만약의 상황에 대비해 탄약과 실탄을 장전하고 만반에 대비하고 기다렸다.

시간이 지나자 총소리도 잠잠해지더니 상황이 끝났다.

곧이어 근무자만 남고 진지에서 철수하라는 명령이 하달된다.

우리 중대까지 상황이 전개되지 않아서 다행이다.

그러나 이 밤도 무사히 지나가게 될지~ 긴장감은 더해진다.

아! 전선의 밤이여 무사히 보내 주오~

1966년 4월 18일 월요일 맑음

　어젯밤 베트콩과 접전한 민병대는 3명의 적을 사살하는 전과를 올렸다. 아군의 피해는 없다고 해 다행이다. 중대에서 박격포 사격이나 조명탄으로 지원해 줘서 민병대에게 큰 도움이 됐나 보다.
　오늘도 뜨거운 태양 아래 벙커 작업이 계속됐다. 땅을 거의 다 팠는데도 단단하기는 마찬가지다. 항영 형님한테서 편지가 왔다. 전번 편지에 답장인 모양이다.
　오늘 밤 야간 보초도 초번이다. 밤이 깊어지자 아군의 포격이 무섭게 격해진다. 퇴원 직후는 무척 긴장됐는데 차츰 안정돼 간다.
　어제 철조망에 설치한 배터리가 약해서 새것으로 갈아 줬더니 오늘 밤은 무척 밝다.
　요즘은 귀국 이야기로 모이기만 하면 이런저런 이야기로 말들이 많다. 아직은 어떻게 될지 모르는데 서로 먼저 가려고 야단들이다. 나는 9차라고 하는데 그것도 확실치는 않은 것 같다.
　내 생각엔 내년 4월경에나 귀국했으면 좋겠다.

1966년 4월 19일 화요일 맑음

　더운 날씨 속에 하루의 고된 일이 끝났다. 저녁때 이돈희 국회의원 명의로 기념품과 편지가 왔다. 그 편지 속에 작은형 편지 두 통과 동생 편지도 동봉돼서 왔다. 오래간만의 편지라 무척 반가웠다. 그뿐만이 아니라 연이 편지도 한꺼번에 오고, 전번에 내가 보낸 편지는 아직 못 받아 본 것 같다. 항시 가족과 함께 염려해 주는 연이의 마음씨가 고마울 따름이다.

나는 여기서 답장이나 자주 해 주는 것이 그에 대한 보답이라 생각한다. 연이는 그렇게 해도 흐뭇하게 생각할 것이다.

연이는 벌써 23번째라고 하는데 나는 얼마나 해 줬는지 모르겠지만 연이는 열 통을 받았다고 했다. 내 생각에는 더 해 준 것 같은데……. 편지를 받고 나면 다 버리라고 했는데 연이는 모두 보관하고 있다니 연이가 좀 맹랑한 것 같기도 하고~

저녁 늦게 형님과 연이 그리고 방영이한테 회신을 써 보냈다.

아무래도 연이한테 보내는 편지가 다 배달되지 않는 것 같다

 연이의 20번째 편지

(연이는 **NO.23**이라고 표기)

밤새 안녕하셨어요?
어제 글을 드렸으나 또 갑자기 쓰고 싶은 충동을 느껴 또 끄적입니다. 지난 편지를 한 장 한 장 읽어 가며 환상의 바탕을 더 하고 또한 염려되는 마음을 달래도 봅니다. 모두 열 장의 편지였어요. 다행히도 보내신 것은 모두 받아 본 것 같아요. 하지만 언제 소식인지 통 알 수가 없군요. 다음부터 날짜를 꼭 기입해 주셔요. 언제 편지를 받으셨는지 알 수 있도록 말이에요.

이제 일주일 후면 중간고사가 실시됩니다. 벼락치기 공부를 하자니 하루가 무척이나 빨리 지나가는군요. 아무리 바쁘다 해도 소식 드리는 것은 소홀히 하지 않겠음을 맹세해요.

이곳 날씨도 그곳 월남의 열을 받는 덕분인지 점점 더워집니다.

하지만 아무리 더워도 그곳의 기온은 당할 수가 없을 거예요.

진달래가 지니 개나리가 피고 이제 개나리가 지면 또 벚꽃이 피겠죠.

이어서 작약 또 아름다운 장미…. 꽃들의 아름다운 향기 속에서 생활의 즐거움을 찾을 수가 있거든요?!

이제 시험이 끝나면 봄 소풍을 가게 될 거예요. 그곳 월남으로 갔으면 좋겠지만 상상도 못 할 일이군요.

(집에서 쓰다 만 것을 학교에서 또 씁니다.)

지금은 점심시간, 모두 식사를 마친 후 개나리가 가득한 정원으로 나가고 몇몇만이 교실 안에 남아 있을 뿐이에요. 옆자리엔 조충규 병장님과 아주 친한 혜숙이가 있어요. 자꾸만 커닝해서 고개를 돌리고 눈을 감겨 놓았어요. 혜숙이도 편지를 쓰는군요.

편지에다 저를 공개하겠다고 협박하지 않겠어요?

지금은 혜숙이와 가까워졌답니다.

전주부터 같은 책상에서 공부하게 되었어요. 아주 재미있답니다.

나중에 사진 한 장 몰래 찍어서 보내 드리겠어요. 한번 기대해 보셔요.

네? 맹호 5호 작전 성과는 모두 보도되어 잘 알고 있어요. 국민의 한 사람으로서 아니면 친척 동생?이 된 기분으로 감사드립니다.

좋은 성과는 우리 한국군의 기상을 거울에 비친 모습 그대로예요.

어제 뉴스에서도 모두 영화로 되어 보았어요. 전쟁 중에 어떻게 촬영했는지 신기하기만 해요.

가을이 점점 높아만 가니 모기들의 공격이 더 심해졌겠군요.

갑자기 우박이 쏟아진다고 하셔서 무척 놀랐어요.

> 매우 광적인 날씨군요. 그런대로 매력이 있어요. 여름과 겨울을 함께 맛볼 수 있을 테니까요. 계속 통쾌한 뉴스가 보도되길 바랍니다. 또 맨발의 국민들에게 하루속히 자유의 날이 오길 바라며 여러분의 건강을 빕니다. 이 일병님도 특히 더~~ 무운을 빌며…….
> 그럼 내일 또.
> So long.
> yeon.

1966년 4월 20일 수요일 맑음

오늘도 작업은 계속된다. 이젠 거의 다 끝나 가는 중이다.

오늘은 분대원들한테 편지 한 장 없는 날이다. 저녁때가 되자 모기들의 공격이 시작된다. 옷을 입었는데도 옷을 뚫고 무는데 질색이다. 참다못해 분대장만 쓰는 약을 몰래 가져다 뿌리자 악착같이 물던 모기들도 뜸해진다. 매일 밤, 아군의 포격은 여전하다.

민병대가 주둔 중인 곳에 포탄이 떨어지는 듯해 걱정이다.

야간 근무 중 잠시나마 고국 생각에 잠겨 본다. 매야 생각, 연이 생각, 귀국하면 미래에 대한 푸른 설계도를 그려 본다.

점차 밤이 깊어지자 모기들의 공격이 다시 2차로 시작된다. 이제 분대장이 안에 있으니 가져올 수도 없다. 들키는 날에는 대원 모두 비상이고 기합받을 테니…. 에잇! 빌어먹을 모기 같으니라고~

1966년 4월 21일 목요일 맑음

오늘자 일기는 빼먹었다. 왜 안 썼는지? 모르겠다.

1966년 4월 22일 금요일 맑음

그동안 땀 흘린 보람이 있어서 새 벙커 막사가 완성됐다. 그런데 선임 하사가 와 보더니 샌드백을(모래주머니) 두 겹으로 하라는 것이다. 하이고! 죽도록 땀 흘려 해 놨는데 또다시 하라니~! 한마디로 '지애미 씨부랑이다!' 다시 하기 싫었지만 할 수 없이 민간인들이 없는 마을로 가서 재료를 구하려 했지만 마땅치 않아 되돌아오다가 냇가에서 목욕만 하고 왔다. 돌아오는 길에 민병대 주둔지를 가 보니 너무나 환경이 초라하다. 그냥 맨밥에 멸치 몇 마리하고 소금에다 식사하는데 우리보고 같이 먹자고 한다.

나이 적은 사람부터 50살이 넘은 사람까지 다양하게 섞여 있다.

이들도 전쟁이 아니었다면 한 가정의 가장으로 행복하게 노력하며 살아갈 텐데~ 하는 생각이 든다. 지난날 우리나라 6.25 때도 저렇게 생활했을 것 같다는 생각이 들고 비교가 됐다.

근무 중 소나기가 한줄기 세차게 쏟아진다.

무척 오래간만에 쏟아지는 소나기다.

1966년 4월 23일 토요일 맑음

가끔 잠복 나가던 근처로 나무를 베러 갔다. 사람들이 피난을 나가서 아무도 살지 않는 마을이라 으스스한 분위기가 마음에 걸렸다.

빈집 주위에는 '파인애플'이 주인 없이 아무렇게 자라고 있었다.

야생에서 자란 탓인지 농익은 과일 향이 기막히게 좋아 따 먹었다.

무거운 나무를 베다가 벙커를 헐고 다시 만들어 지붕을 덮었다.

하루 종일 작업으로 몸은 땀범벅이고 피곤하다. 저녁때 대원 모두 완전무장으로 냇가로 가서 목욕과 세탁도 하고 수영도 즐기다 들어왔다. 밤에 야간 보초를 서는데 몸은 피로한데도 졸음도 안 오고 잠도 안 온다. 커피를 많이 마셔서 그런가 보다.

오늘 밤에도 우렁찬 포성이 들려오고 긴장되고 잠 안 오는 캄캄한 전선의 밤은 아무 일 없이 흐르기만 한다.

이따금 전깃불이 철조망 근처를 밝혀 줘 야간 근무에 도움을 준다. 이 긴~ 밤이 지나면 내일은 또 어떤 일이 일어날까?

아~! 이 밤이여 어서 빨리 흘러가라! 새로운 역사를 잉태하며~

1966년 4월 24일 일요일 맑음

어제까지 벙커 막사 일을 끝내고 간단한 교통호 작업은 더워지기 전에 오전 일찍 해 놨다.

아침나절에 목욕하고 누워 있으니 사수 김성경이 편지를 가져다준다. 서울역에서 있어 내려간다며 요즘 왜 편지를 안 보내 주느냐는 내용이다.

다시 곧 편지를 보내겠다고 하면서 간단히 적은 편지다.
급한 일이라니? 무슨 급한 일이 연이에게 닥쳐왔을까?
먼저 온 연이의 23신에 답장을 부쳤다.
이곳으로 온 후 가장 편안한 밤을 보낸 것 같다.

 연이의 21번째 편지

(연이는 **NO.24**라고 표기)

요사이 답장이 없어 걱정하던 차에 연희가 안부 전해 주니 한결 마음이 가벼워짐을 느낍니다.
받지 못하실 줄 알았는데 조금이나마 고춧가루를 받으셨다니 반가운 소식이에요. 벚꽃 바람이 장안에 한창이랍니다. 봄의 멋을 구가해 보고 싶어요. 왜 편지를 안 하시는지 궁금하군요. 생활이 무척이나 바빠서 까맣게 잊고 계신가 보죠? 편지를 받으실 때만이라도 기억이 있으시다면 다행입니다. 답장은 굳이 바라진 않아요. 짐이 되실 테니까요.
항상 무더위가 계속되겠지요?
이곳은 어제 약간의 가랑비가 내렸어요. 곧 소식 전해 드리겠어요. Stand에 서서 몇 자 적습니다. 난필 용서하셔요. 무더운 날씨~ 건강에 유의하시길 빌며 간단히 마칩니다. Good bye~

서울역에서 몇 자 적었어요. 갑자기 일이 있어 시골에 가게 되었답니다. 즐거운 소식은 아니지만 걱정할 일도 아닌 것 같아요.
서울에서 연이가.

1966년 4월 25일 월요일 맑음

아침에 간단한 교통호 작업을 했다. 아침부터 몹시 더운 날씨다.

오후에 형님과 동생의 편지를 받았다. 형님의 편지를 받고 보니 나도 모르게 눈물이 글썽거려진다. 주야로 걱정해 주시는 형님의 마음, 전장에 있는 동생이 얼마나 걱정이 되실까? 즉시 회답을 썼다. 어제 온 연이의 편지에도 답장을 써 같이 부쳤다.

몇 번이고 형님 편지를 다시 읽어 본다. 여러 날 편지를 못 했더니 걱정을 많이 하신 모양이다.

또 밤이 오고, 포격이 없어선지 너무 조용하고 적막감마저 흐른다.

음력 며칠인가? 초승달이 제법 환하게 전선을 비춰 준다.

밤 21시경, 민병대 주둔 근처에서 총성이 들리더니 3소대 전방에서 수류탄이 터지고 자동화기 총성이 요란하다. 갑작스럽게 총격전이 벌어지자 중대는 비상이 걸리고 전원 전투태세에 돌입했다.

우리 분대 전원도 전투호에서 57mm에 실탄을 장전하고 전방을 응시하며 사격 태세를 취했다. 박격포반에서는 조명탄을 3소대 상공으로 연상 띄우고 어둡던 밤을 대낮같이 밝혀 주고 있다.

다시 박격포 포격이 시작되고 중대 중앙에 배치된 '에께끼 중기관총'이 무섭게 불을 토해 대기 시작했다. 잠깐 사이에 수백 발이 발사된 듯하다. 얼마간 상황이 계속되다 조용해진다.

중대 철조망을 침투하려던 적이 기습 사격을 가해 왔다. 이를 발견하고 중대 화력이 집중 사격하자 적은 도주한 걸로 판단하고 상황은 종결됐다. 휴~! 한편으론 안도의 긴 숨이 나온다. 아! 긴장과 공포스러운 밤이여~!

1966년 4월 26일 화요일 맑음

긴장되고 무서운 어젯밤이었다. 그리고 똑같은 밤이 찾아온다.

손톱 같은 쪽달이 전선의 어둠을 희미하게 비추고, 수많은 벌레들이 울음소리가 요란하다. 내가 왜 월남에 왔지? 희미한 빛 속에 별들은 말이 없다. 끝없이 떠오르는 환상의 갈림 속에서 그래도 나를 찾아 보려고 애써 본다.

밤이 얼마나 지났는지 초승달은 벌써 서쪽 하늘 구름 속으로 숨어든다. 계속 침침한 밤이 다시 흘러간다. 이 순간은 말할 수 없이 괴로운 밤이다. 인생의 가장 즐거워야 할 젊을 생사를 가르는 월남 전선에서 하루하루 죽음을 두려워하며 내가 살기 위해서 적을 죽여야 하다니, 그건 내가 바라던 일이 아니었는데….

그렇다면 강요당하고 있었단 말인가? 그건 더욱 아니다. 그렇다면 뭐란 말인가? 난, 조국의 운명이 가져다준 역사적 유물이라고도 생각지 않는다. 다만 현재 내 조국이 요구하는 의무를 다하고자 여기에 왔을 따름이다.

그리고 그 의무 속에 내 개인적 욕망도 있을 것이다.

젊은 혈기와 호기심이 바로 그런 것이 아닐까?

1966년 4월 27일 수요일 맑음

오늘은 편지가 올 줄 알았는데 한 장도 없다. 편지가 안 오는 날에는 공연히 허전한 생각이 종일 마음속에 남는다.

작업도 전부 끝나니 하루 종일 한가해서 여유까지 생긴다.

저녁때 '봉타우'로 휴가 갔던 소대장이 귀대하고 우리 중대와 11중대 사이에서 적이 매설한 지뢰가 터져 지나가던 민간인들 여러 명이 즉사했다고 한다.

그러고 보니 우리 중대에도 위험한 일이 아닐 수 없다. 그 소리를 듣고 보니 긴장감이 더해 간다.

오늘 밤은 어젯밤보다 달빛이 더 환해서 고향 생각이 간절하다.

벌써 지나간 추억들을 하나하나 더듬어 본다.

모두 다 아름답고 즐거웠던 일, 아~! 그리운 추억들이여~ 언제 또 그럴 때가 있으리오~

1966년 4월 28일 목요일 맑음

어제 도로 폭파 사건으로 위험 요소가 우리 중대에 직접 가해지자 아침 기상과 동시에 소대 병력이 출동해 지뢰 탐지기와 육안으로 도로를 쓸다시피 수색하면서 사고 지점까지 수색 정찰을 했다.

다행히 지뢰는 발견되지 않아서 안심하고 수송 차량이 통행을 시작했다. 이제부터는 매일 도로 수색을 하고 차량 통행을 하기로 했다. 그러고 보니 작전이 하나 더 생긴 셈이다.

이런 긴장 속에 하루가 지나고 다시 환한 달빛을 받으며 어제처럼 밤을 지키는 병사가 된다. 내가 지키는 일 분 일 분은 전우의 생명을 지켜 주는 귀중한 순간이며 또 나를 지키는 시간이기도 하다. 임무가 끝나고 피곤한 몸과 긴장된 마음을 가지고 포근한 모포 속으로 파고든다.

그리고 아름답고 아늑한 꿈나라로 긴 여행을 떠난다. 얼마나 잠들었는지 밖에서 떠들썩한 바람에 깨었더니 분대원 모두 기상하라는 불호령이 떨어졌다.

교대한 지 얼마 안 된 시간이라 상황이 발생한 줄 알았더니 이웅이가 근무 중 졸다가 선임 하사한테 걸려서 그 벌로 대원 모두 야간 근무를 서라는 것이다. 이런 제기랄 같으니라고! 멋진 꿈은 거품처럼 사라지고, 한 사람의 실수로 전 대원이 그 귀중한 꿀잠을 날리고 밤을 새워야 한다니 생각할수록 화가 머리끝까지 난다. 자기가 맡은 그 귀중한 시간은 자기 생명뿐만 아니라 전체 분대원들의 생명까지도 직결된다는 걸 왜 모르는지, 걱정된다.

엉뚱한 생각과 실수가 얼마나 큰 사고를 초래하는지 스스로 생각해 봐라. 너는 과연 어떻게 될지를……. 좋지 않겠지!

환하던 달빛이 거의 다 넘어가고 희미한 빛만이 긴장된 밤을 끝까지 비춰 준다.

1966년 4월 29일 금요일 맑음

어젯밤 일 때문에 필경 분대장이 좋지 않은 뭔가 있을 줄 알았더니 예상외로 누그러진 모습이다. 속으로 다행이라 생각하고 있는데 내일 작전이 실시될지 모르니 전원 전투 작전 준비를 하라는 지시가 내려졌다. 포탄과 실탄 식량과 식수를 챙기고 휴식을 취했다.

오늘도 편지를 기다렸지만, 또 허탕. 특별히 그렇게 바라는 것은 없지만 기다려진다. 공연한 생각이었나~

밤하늘이 맑아서 그런지 하늘 끝까지 보일 듯 별들이 온 하늘을 꽉 메웠다. 조용한 명상에 잠겨 있는데 전달 사항이 하달된다.

내일 새벽 3시에 출동을 개시한다는 것이다. 맹호 5호 작전처럼 어둠을 이용해 적지 앞까지 침투해 적을 생포하라는 작전이다

그 소리를 들으니 갑자기 온몸에 소름이 끼쳐 오며 긴장이 감돈다. 내일 새벽일을 하나하나 생각하며 모기들 극성을 피해 모기장 안으로 들어간다. 후덥분한 지열 때문에 땀이 줄줄 흐르지만 그래도 나에겐 몸과 마음의 안식처인 벙커 속이 편안한 침실이다.

잠자리에 들자 내일 작전과는 아무 상관 없는 엉뚱한 욕정이 솟구친다. 아니, 이 판국에 여자 생각이 나다니~ 내 원 참!?

오! 사랑하는 연인이여~ 어서 내 곁으로 오라!

1966년 4월 30일 토요일 맑음

3시 10분 전이다. 전 분대원들이 기상했다. 그리고 조용히 준비한 전투 장비를 걸머지고 제1소대를 선두로 야간 침투 작전이 시작됐다. 멀리 목표 지점이 어둠 속에서 거무튀튀하게 보인다. 침투 중에 길을 잘못 잡아서 길을 다시 돌고 하다가 드디어 날이 밝을 무렵에 목표 지점에 도착했다. 공격 시간이 다 되자 6시경 아군의 엄호 포격이 시작됐다. 시간이 지날수록 포격은 더 맹렬해졌다. 먼지와 흙더미가 하늘 높이 치솟는다. 그리고 검붉은 화염이 피어오르고 매콤한 화약 내음이 코를 찌른다. 정확히 6시가 되자 맹렬하던 아군 포격이 입을 다물고 잠시 침묵이 흐르자 드디어 공격 명령이 떨어졌다. 자동화기가 불을 뿜고 사방에서 총

을 쏘며 공격이 시작됐다. 사방에서 총격 소리로 귀가 따갑다. 여기저기 검붉은 연기가 하늘로 치솟는다. 나무 그늘 하나 없어 뜨거운 지역이라 정말 미칠 것 같은 더위가 원망스럽다. 갈증이 이루 말할 수가 없다. 계속 물이 먹힌다. 피 한 방울보다 물 한 모금이 아쉽다. 최소 한도로 아껴 마셔야 한다. 오후가 넘어서 철수를 시작했다. 수통에 물이 떨어진 지는 벌써 오래다. 갈증은 이루 말할 수가 없다. 잠시 쉬는 동안에 사탕수수 대를 씹어 본다. 단물이 그나마 목을 축여 준다. 한결 그것도 잠시, 갈증은 더 심해지는 것 같다. 이를 악물고 철수는 계속되고 멀리 중대 기지가 보인다. 빨리 가서 실컷 물을 마셔야지~! 지금 이 순간 나에게는 오직 물뿐, 아무것도 필요 없다. 길가의 물이라도 마셨으면 했더니 소대장이 야단야단이다. 제기랄! 죽으면 내가 죽을 텐데…. 드디어 중대 진지에 도착하자 모두들 물통으로 달려든다. 야! 살았다! 이제야 살았다! 만세!!

1966년 5월 1일 일요일 맑음

무더운 4월도 지나고 이제 5월이다. 전선의 5월은 4월이나 매한가지다. 5월의 달빛은 더욱 밝아 야간 근무 서기에 도움을 준다.

5월도 여전히 아군의 포격은 끝일 줄 모른다. 고요하던 전선의 적막을 깨고 들려오는 포성, 들을수록 무거운 짐을 가져다주는 듯한 느낌이다. 포성의 여운 속에서 나는 오늘 무엇을 했는지 생각해 본다. 오늘 나는 뭘 했지? 아무리 생각해 봐도 남은 일이라고는 하나도 없는 것 같다.

언젠가 생각했지, 좀 더 나은 내일을 위하여 하루에 한 시간이라도 보람 있고 쓸모 있는 시간을 갖겠다고. 하지만 나는 과연 그때 그 생각을 실행하고 있는가? 매일 반복하는 전선의 일과, 이 밤을 보내면 내일은 그다음 밤을 위해서 잠을 자야 한다. 계속되는 경계 근무와 야간 매복과 주간 잠복을 해야 하는 그것이 전선의 일상이다.

그런 것들이 과연 보람된 일일까? 그래도 좀 더 나은 생활을 위하여 살아가야 하겠지!

1966년 5월 2일 월요일 맑음

어젯밤 졸음을 풀려고 벙커에 들어와 잠을 청하는데 갑자기 출동 명령이 비상이 걸린다. 우리 소대는 즉시 출동 준비를 끝내고 대기했다. 오늘 새벽에 적중 침투해 잠복하던 3소대가 베트콩과 접전이 벌어졌다는 무전이 들어와 비상이 걸린 것이다. 잠시 후 요란한 총성이 들려온다. 총성으로 봐 심상치 않은 예감이 든다. 중대 상황실에 가 보니 적과 접전 중에 한 명이 전사했다는 것이다. 무전기에서는 계속해 숨 가쁜 교신이 유지되고 있다. 현재 상황은 적에게 포위된 상태에서 아군의 엄호 포격을 받으며 철수 중이라는 것이다. 제2소대가 급거 지원차 출동했다. 우리 소대는 만반의 출동 준비를 하고 대기했다. 한참 후에 전사자를 실은 지프차가 오고 있어서 2소대와 3소대가 중대로 들어왔다.

아군의 지원 포격이 정확해 더 큰 피해 없이 철수해 다행이지만 또 한 명의 희생자가 발생해서 매우 안타깝다.

오늘도 편지는 허탕~ 이웅이 동생 미란이한테서 온 편지를 보니 요즘이 시험 때라 편지를 못 하는가 보다.

저녁노을이 붉게 드는 정글 평원을 바라보며 야간 초번 근무를 시작했다.

1966년 5월 3일 화요일 맑음

또 하루가 지났다. 맥주 한 상자를 사 와 대원들과 마시고 나니 얼근하게 취기가 오른다. 급수차가 왔는데도 대원들은 누워 있기만 해 한바탕 야단을 쳤더니 그제야 일어나 물을 나른다. 미안했던지 재후 일병이 맥주를 사 온 것이다.

저녁 식사 후 초번 근무 준비를 하고 있는데 편지가 왔다고 이웅이가 떠들며 본부로 달려간다.

내게도 왔겠지~ 하고 기대했는데 예상대로 이웅이가 편지뭉치를 가지고 왔다. 연이 편지 2통, 한홍이, 상영 형, 구화가 한 통씩 보내왔다.

연이 편지는 정말 오래간만이라. 너무나 반가웠다. 연대 의무대에서 보낸 편지를 받아 보고 회답을 보낸 것이다.

매일같이 기다리던 연이의 편지를 받고 보니 마음이 가벼워지는 것 같다.

농산물 검사소에서는 그동안 감정 대회를 한 모양이다. 희미한 서울 모습은 그리며 캄캄한 전방을 응시한다.

오늘 밤은 구름이 끼어 비라도 오려는지 잔뜩 흐렸다.

편지도 많이 오고, 아! 행복하고 흐뭇한 이 밤이여~ 영원히 이어질지어라!

연이의 22번째 편지

(연이는 NO.28로 표시)

어머! 정말 오래간만에 편지가 연이를 찾는군요. 편지가 끊어져서 은근히 골이 났었는데 입원을 하셨다니 놀라움과 동시에 송구스러운 마음이 마음을 붉혀 줍니다. 왜 일찍 전해 주지 않으셨어요.

불행 중 다행으로 곧 퇴원하시게 되었다니 한결 가벼운 마음이 되요. 상처가 크지는 않으신지? 걱정이 되긴 하지만 멀리서 그저 안타까운 마음뿐이군요. 모쪼록 몸조리 잘하셔요. 회복되시길 빌겠어요.

이곳은 벚꽃놀이가 한창이에요. 벚꽃의 향기가 장안에 가득한 듯합니다. 하지만 아직 전 구경하지 못했어요. 앞으로도 도저히 구경할 만한 충분한 시간이 없는 듯하군요. 날씨도 점점 더워져 가고 있어요. 이마에 땀방울이 살며시 맺어 버리곤 한답니다.

학교에서도 한창 바빠요. 뭐 때문에 그리 바쁘냐고요? 28일 서울에서는 학도 체육대회를 서울운동장에서 성대히 거행합니다. 그 식전에 우리가 Mess Game으로 더욱 멋지게 장식할 거예요.

맹연습 중이에요. 덕분에 학년 중간고사가 연기 되었지만 끝나는 대로 또 시험이 시작될 테니 바쁜 것 같아요.

연이는 시간만 있으면 지난 편지를 읽어 보는 버릇이 생겨 버렸어요. 그때가 하루 중의 가장 즐거운 시간이랍니다. 말 한마디가 그렇게 중요한 줄도 깨닫고~ 진실이란 것을 추구해 봅니다.

오늘은 4월 22일 금요일입니다. 제가 가장 좋아하는 요일이에요.

토요일과 일요일이 바로 뒤에 숨겨져 있어서인지 금요일은 거의 즐겁게 보낸답니다. 신기하게도 금요일에 편지가 가장 많이 오게 돼요. 제가 싫은 요일은 수요일, 그날은 어쩐지 지루해요. 수업도 7시간이나 계속되거든요. 이 일병님은 어느 요일이 가장 좋아요?

이곳도 꽃의 계절을 만난 듯 각가지 꽃들이 주위에서 미소 짓고 있어요. 진달래는 지고 개나리, 동백꽃, 수선화, 벚꽃, 목련, 앵두나무꽃도 제법 예쁘군요. 아무리 뭐라 해도 장미꽃이 가장 아름답다고 생각해요. 역시 꽃이 주는 이미지는 각각이지만 말예요.

장미꽃이 빨리 피어 주길 기다리는 마음이에요. 아름답지 않은 꽃이 없듯이 꽃을 보는 동안은 악한 마음이 사라져 버려요. 그래서 꽃을 싫어하는 사람이 없나 봐요. 하늘이 점점 푸르고 높아만 갑니다. 높다랗게 뻗어 오른 하늘에게 이 일병님의 건강을 빌어 봅니다. 그럼 안녕히. 연이 드림.

 연이의 23번째 편지

(연이는 **NO.25**로 표기)

라일락의 짙은 향기가 코를 자극하는군요. 봄의 아름다움인가 봅니다. 자연이 가져다주는 순수한 꽃향기에 취해서 교실 안에선 바람이 불 때마다 길게 숨을 들이쉬곤 합니다. 전 오늘 제비를 보았어요. 큰 발견이나 한 듯 기뻐했답니다. 제비의 지저귀는 소리는 봄하고 정말 어울리거든요.

오늘은 4월의 넷째 일요일이에요. 봄을 맞은 상춘객들이 곳곳에 모여 벚꽃 구경이라기보다 사람 구경이란 말이 더욱 알맞을 것 같군요. 이렇게 시끄럽기만 한 일요일엔 집에 있는 것이 가장 편해요. 밖에 나가면 고생만 하니까요. 요번엔 벚꽃놀이 할 예정을 바꿔서 아주 단념해야겠어요. 5월 초순부터 중간고사가 또 시작됩니다. 시간적인 여유가 없어 가 볼 수가 없군요. 마치 군인이 전투에 참가하듯…. 이 마음을 그것에 비유할 수 있을까? 생각해 봅니다. 군인에겐 전투가, 학생에겐 시험이 가장 중요하고 어려운 것이겠죠. 약간 떨리는 마음이에요. 그렇다고 글씨까지 떨어서 엉망이니~ 죄송하군요. 이해하여 주시겠죠? 오래간만의 편지라서인지 기쁨을 감출 길이 없어요. 더욱이 퇴원하셨다니 더욱 기뻐요. 무슨 병이 있어서 누워 계시고 또 저에게 편지도 못하셨는지 궁금하군요. 하지만 전과 다름없이 건강하게 회복되셨겠죠? 그렇게 믿고 또 바라고 있어요.

맹전투가 벌어지고 있다고 하더군요. 어제 신문지상에 발표되었어요. 편지는 쓰고 있지만 몇 번째 편지인지 잊어버렸어요.

소홀히 한 것은 아닌데 도저히 알 수가 없군요. 답장이 없고 소식이 없어 지쳐 버렸는가 보죠? 하지만 이렇게 또 받고 보니 안도의 숨과 함께 부지런히 써야겠다고 다짐해 봅니다.

미란이 오빠도, 신영준 아저씨 그리고 조장군? 님 모두 안녕하시겠죠? 아참, 한 사람이 빠졌군요 김성경 님. 모두 모두 알고 있다고요…. 미란이를 만났어요. 오랜만에~ 미란이 왈! 자기 오빠는 편지 속에다 눈알이 큰 죽은 잠자리를 보낸다고 기쁜 비명을 하더군요. 한참 동안 월남

> 이야기에 시간 가는 줄 몰랐답니다.
> 김혜숙 아시죠? 제 짝이 된 애 말이에요. 제가 편지 왔다고 공개 자랑을 할 적마다 혜숙이가 쓸쓸한 표정이니 짝이 가만히 보고만 있을 수 있어야죠? 침을 한 방 꼭 찌르세요.
> 어머! 이런 말 한다고 이 일병님 계급이 낮으니까 기합 놓으시면 어떡하나? 그럼 저한테 이르세요. 혜숙이를 꼬집어 줄 테니까요?
> 하하하~~ (농담 아닌!)
> 오늘은 잔소리만 끝없이 하는군요.
> 오늘은 이만 '건강을 빌겠어요.' 또 내일.
> 연.

1966년 5월 4일 수요일 맑음

한가한 시간, 그러나 전선은 조용할 줄을 모른다. 아침부터 제트기의 맹렬한 포격이 계속된다. 날쌔게 비행기의 급강하, 성냥갑만 한 폭탄이 기체 중간에서 이탈해 커다란 포물선을 그리며 적지에 떨어진다. 동시에 검붉은 화염과 흙먼지가 하늘 높이 치솟고 잠시 후 귀를 찢는 듯한 우렁찬 폭발음이 울려온다. 정말 무서운 광경이고 순간이다. 저 화염과 폭음 속에서 인간들이 몸부림을 치겠지? 그 어떤 사상과 정치를 떠나서 오직 한 사람의 인간으로서 살아야 한다는 인간의 본능으로…. 아마 그래서 살기 위해 서로 죽고 죽이는 전쟁을 하나 보다.

어제 받은 편지에 모두 회답을 써 부쳤다. 오늘 무진 더운 날이다.

비가 오려는지 구름이 잔뜩 몰려온다. 중대 본부에서는 오늘부터 귀국에 대해서 일절 말하지 말라는 지시가 내렸다. 군 작전상 사기에 문제가 있다고 귀국 문제를 거론 말라는 것이다.

점심 후 냇가로 목욕과 세탁을 하러 갔다. 수영도 하고 물장난도 치면서 전쟁터에 있다는 사실을 까맣게 잊고 망중한을 즐겼다.

그렇게 하니 그저 일상생활을 하는 기분이 든다.

요즘같이 한가하니……. 언젠가는 두렵고 고통스러운 작전이 언제 또 명령이 떨어질지 모른다.

1966년 5월 5일 목요일 맑음

물차가 왔다고 해 얼른 가 보니 서로 빨리 가져가려고 야단이다. 나도 물통으로 부지런히 날랐다. 월남 전선에서 식수 확보는 우선적으로 해야 하는 것이 상식이다. 또 일과 중 중요한 일 중 하나다. 마지막으로 물을 나르고 나니 편지도 왔다고 내민다.

큰형님과 인천 누님, 그리고 연이한테서 또 편지가 한 통씩 왔다. 의무대에서 보낸 편지를 보고 한 답장이다. 연이는 오늘까지 시험을 보고 내일은 소풍을 간다고 자랑이다. 모두 기쁘고 반가운 소식들이다. 형님은 내 편지가 없는 동안 걱정을 많이 하신 모양이다. 연이와 누님한테 회답을 보내고 형님한테도 편지를 썼다.

작전이 끝나고도 아직까지 성에 대한 조치를 취하지 않아서 대원들 사이에 추잡한 일이 벌어지나 보다.

여태껏 외출이 허용되지 않아서 성욕 배출 문제가 큰 골칫거리가 되고 있다. 나 역시 그 어느 때보다 생리적 현상이 눈에 띄게 일어나고 있다. 의무장교 말대로 전쟁터에서 성에 대한 욕구가 큰 문젯거리가 되고 이만저만한 골칫거리가 아니다.

 연이의 24번째 편지

(연이는 **NO.26**으로 표시)

곱게 접힌 나뭇잎과 함께 편지 반가웠어요.
이렇게 계속 편지를 받고 있으니 기쁜 마음 한량없습니다. 무서운 전투 중에도 빠짐없이 보내 주시는 이 일병님의 성의에 놀람과 동시에 깊은 감사를 드립니다.
오늘은 비가 온종일 내리는군요. 아마도 익은 복숭아 열매 터지듯 마음껏 비를 내리어 우리 땅의 내음을 맡으려는 듯 땅 위를 바로 밀착하여 내리고 있어요.
5월 2일부터 5일까지 중간고사가 진행되고 6일은 봄 소풍이 기다려지는군요. 그러고 보니 아직도 어린애의 탈을 벗지 못했나 봐요. 마음이 기다려지곤 하니까요~ 오래간만에 쏟아진 비 덕분에 개나리 꽃잎이 지고 짓궂게 불어 대는 좀 선선한 바람에 벚꽃 잎도 떨어지기 시작하여 마치 엄동설한 눈발같이 휘날리고 있으니 아름다운 광경이라 아니할 수 없어요. 목련 꽃잎에도 이슬 맺힌 듯 줄줄이 맺은 물방울은 목련의 고귀함을 더욱 돋보이게 하는군요.
정말 자연이란 아름다운 것이에요. 가끔 자연의 아름다움을 느끼고 싶어 응시하고 또 쫓아가 신비한 내음새를 맡아 보곤 한답니다.

그 향기도 물건이라면 편지 속에 끼워 보냈으면 좋으련만 안타깝군요. 시시로 변하는 꽃 계절의 이미지는 모두 달라요. 월남의 꽃과 한국의 꽃도 다를 것 같아요. 풍토가 다르니까요. 그곳의 꽃은 뜨거운 태양의 열을 받아 아주 강렬한 빛을 가진 짙은 향기를 발산할 것 같아요. 한국의 그윽한 향기와는 달리…. 그렇진 않겠죠?

오늘의 온도는 17℃에 불과하지만 어제는 26℃까지 올라가 저희들을 자못 놀라게 했답니다. 올해는 평년보다 훨씬 더울 것을 예상하더군요. 아무래도 그곳 월남의 열이 이곳까지 미치게 됐나 봅니다. 40℃도 더 높게 올라간다는 그곳의 날씨, 말이 그렇지 상상도 못 할 무더위예요.

더욱 괴로움이 더하겠군요. 항상 질병에 주의하셔요.

시험공부에 마음이 답답해서 난필로써 그래도 몇 자 끄적이니 마음이 맑아지는 것 같아요. 난필을 용서하시기 빌며….

이 일병님 외 모든 장병님들 하루같이 건강하시길 기원합니다.

그럼 또 다시 연이 드림. 1966. 4. 25.

1966년 5월 6일 금요일 맑음

오늘도 조용한 밤은 지나간다.

오늘 밤부터는 일주일 동안 2번 보초를 서게 되었다. 첫 번째 근무 날이다.

11시 반, 잔뜩 흐린 밤하늘엔 간간이 달빛이 희미하게나마 비쳐서 전방의 철조망 관측하기에 도움을 준다. 그러다 한차례 소나기가 쏟아진다. 그리고 나면 모기들이 극성스럽게 달려든다. 열대 모기들은 베트콩 못지않게 고통을 주고도 남는다.

또 아군의 포격이 시작된다. 눈부신 섬광과 요란한 폭음 소리, 조용하던 밤공기를 뒤흔든다. 어딘지 모르지만 저 머~언 아군의 포대에서도 지금 나처럼 잠자지 않고 전방에 있는 우리를 위해서 포격을 해 주고 있다고 생각하니 고요 속의 긴장과 고독함이 폭음과 함께 사라진다. 폭음의 산울림이 전방 죽음의 골짜기 속으로 빨려들고 그러다 되돌아 울려오면서 은은한 여운의 굉음이 이어지다 사라지면 조용한 긴장이 가슴속에 스며들고 뭔가, 생각에 잠기는 듯 의식할 때 난 깜짝 놀라면서 전방을 응시한다.

벌써 전쟁터에서 7개월째, 나는 그동안 무엇을 보고 배웠나? 머릿속에서 아련히 떠오르는 지난 작전들, 나는 죽을힘을 다해 뛰고, 쏘고, 숨고, 적을 추격하며 쫓아다녔다.

이렇게 한 것이 국토 방위의 신선한 임무를 수행한 것인가?

다시 한번 깊이 생각해 보면 이것도 그 일부분이 되겠지? 그래, 나는 국가의 부름을 받아 입대했고 지금처럼 명령에 따르면 되는 거야…….

1966년 5월 7일 토요일 흐림

공군에 사촌형과 연이한테 편지를 써 놓고 복순이한테는 카드를 보내려고 봉투에 넣어 놓았다.

저녁때 비가 갑자기 억수같이 쏟아지는 바람에 막사에 물이 새 방수 작업을 하느라 대원들이 옷을 적시며 한바탕 소란을 떨었다.

텐트에서 생활하면 좋으련만 최전방이라 적의 포격이 염려되어 벙커 막사가 필수적이라 무너질 염려로 늦게까지 방수 작업을 했다.

밤 한 시에 보초 교대를 했다. 다행히 비가 그쳐 걱정은 없는데 모기들이 덤벼들어 말이 아니다.

온몸에 약을 발라도 막무가내로 달려든다. 비 온 뒤라 그런지 벌레들의 울음소리가 낭랑하게 들리는 듯 아름답다. 저 소리들이 과연 무엇을 뜻하는지?

동쪽 하늘이 환하게 먼동이 트기 시작한다. 샛별도 높은 하늘에서 수줍어하듯 반짝이고 밤 동안 마음속 가득 뭉쳐 있던 긴장감이 날이 밝아 올수록 눈 녹듯이 풀린다.

아! 긴장된 어젯밤도 지나고 또 하루가 밝아 오는구나~ 새로운 역사를 잉태하면서…….

1966년 5월 8일 일요일 맑음

어제 온 비로 소대장 벙커에 물이 새자 벙커를 새로 짓느라 소대원 모두가 동원돼 작업을 했다. 작업을 끝내고 나니 온몸이 진흙투성이다. 오후에 대원들이 냇가로 나가서 목욕을 한 후 휴식을 했다. 새벽 4시에 분대장과 야간 보초 교대를 하는데 편지를 꺼내 준다.

아니! 언제 온 편지를 이제야 주다니! 벙커에 들어와 전지 불에 비춰 보니 영등포에 사는 사촌누이가 보낸 편지다. 전번에 편지했는데 회답을 받아 보니 긴장으로 피곤했던 몸이 확 풀린다.

멀리서 들려오는 포성 소리가 마치 자장가처럼 들린다. 눅눅한 잠자리에 눕는다. 방금 분대장이 잤던 자리라 따듯한 온기가 그대로 포근하게 느껴진다. 이 생각 저 생각, 고향 생각까지 하면서…….

깊은 잠에 빠진 분대원들의 코 고는 소리가 좁은 벙커 안을 요란하게 진동시킨다. 자다 말고 일어나서 코를 비틀어 줄까 하다가 고단한 단잠을 깨울 것 같아서 그만뒀다.

잠은 오지 않고, 아군의 포격 소리가 깊은 벙커 속까지 아련하게 들려온다.

1966년 5월 9일 월요일 맑음

어제 온 국분이한테 편지를 써 보냈다. 5월이 되자 날씨가 더 덥다. 지난달보다 더욱 무덥게 느껴진다. 모기들도 더위에 목이 마른지 더욱 사납게 달려들며 기승을 부린다.

오늘 밤은 어제보다 포격 소리가 뜸하게 들려온다. 야간 교대 시간이 다 될 무렵 전방에서 벌레 소리와 다른 이상한 소리가 귀를 자극한다. 재빨리 총에 손이 갔다. 안전핀을 손가락으로 풀면서 총구를 적 방향으로 돌리고 눈이 뚫어져라 응시했다. 철조망 가까이 10m 전방에서 검은 물체가 보이긴 한데 확인이 되지 않는다.

총보다는 수류탄이 더 유효할 것 같이 안전핀을 펴 놓았다. 초긴장으로 머리털과 솜털이 쫙~! 일어나는데 물체 확인은 안 되고, 어떻게 할까? 수류탄을 던질까? 막 달이 뜨려던 참이라 조금만 참아 보자~! 일 초 ~ 일 분~ 긴 시간이 흘러간다. 그리고 얼마 후 달이 떠오르자 그제야 물체가 보이며 확인이 된다. 휴~! 긴 한숨이 절로 나온다. 사계청소 후 타다 남은 나무뿌리가 그렇게 보인 것이다. 너무 긴장하고 근무하다 보니 착각을 했나 보다.

속으로 긴 한숨을 쉬면서 보초 근무를 교대했다. 아! 정말 진땀 나는 밤이었구나…. 잠자리에 들어도 그 생각으로 잠이 안 왔다.

1966년 5월 10일 화요일 맑음

우리 중대에 지원 나와 있던 81mm 박격포반과 L.M.G 기관총반이 대대본부로 철수하고 그 대신 4.2인치 중박격포반이 배치됐다.

포반 화력은 증강됐는데 기관총반이 떠나서 우리 분대 옆 진지방어가 약화되지 않을까 걱정이 된다. 중화기 진지가 변경돼 60mm 박격포가 중대 중앙으로 배치되어 갔다.

오후에 정문 보초를 서는데 조 상병이 편지를 가지고 뛰어왔다.

연이가 편지와 이름표 5개를 보내왔다. 언젠가 부탁 있으면 하라기에 이름표를 말했더니 이렇게 만들어 보내온 것이다.

시험이 시작됐다고 하더니 꽤 바쁜 모양이다.

야간 보초 2번을 서는데 어떻게나 모기들이 덤벼 대는지 미칠 지경이다. 잠자리에 들어서도 역시 마찬가지다. 벙커 안에 모기장을 치자니 너무 갑갑하고, 요즘은 왜 모기약 공급이 안 되는지 모르겠다. 가뜩이나 후덥지근한데 모기까지 극성이니 참으로 지루한 밤이다.

✉ 연이의 25번째 편지

(연이는 **NO.28**로 표기)

이 일병님! 편지 잘 받아 보았어요. 예전 그대로 전투에 참여하고 계시다니 기뻐요. 미란이한테서도 소식 들었어요. 부탁하신 것 보내 드립니다. 이제 곧 시험을 치르게 됩니다.

이곳은 학교 도서실 지금 교실로 가는 도중의 Stand에서 난필로서 오늘 만든 것을 보내 드리렵니다. 공부를 안 해서 걱정이에요.

하지만 잘되겠죠. 실력은 뻔한 건데요 뭐! 아무튼, 하루속히 끝났으면 좋겠어요. 명찰이 밉게 됐어요. 아침에 서둘러 하느라고…….

보내긴 하지만 꺼림칙하군요. 난필을 용서하셔요.

시험 끝나는 대로 곧 편지 띄우겠어요.

항상 건강하시길 빌며…. 도서관에서 연이 드림.

우리 친구들 모두 잘 있어요. 분대장님이 퇴원하셨다고요? 축하한다고 전해 주셔요. 하지만 혜숙이가 답장을 기다린다는 것도 잊지 마시기 바랍니다. 모두 전우님들 무운을 빌겠어요

So long.

1966년 5월 11일 수요일 맑음

오늘자 일기는 못 썼다.

왠지 모르겠다~

1966년 5월 12일 목요일 맑음

큰형님과 사촌 형 편지에 회답을 보냈다. 재후도 편지를 써 달라고 해 두 통이나 써 줬다.

한동안 떠돌던 귀국 이야기는 요즘 들어 잠잠해진 듯하다. 오늘 밤 근무는 끝번이다. 일찍 벙커 안으로 들어와 누워 보지만 후텁지근해 미칠 지경이다. 모기들은 밖에서 앵앵거리며 당장에라도 뚫고 들어와 피를 빨아먹겠다는 듯 아우성을 쳐 대고 모기장 안은 어찌나 더운지 모포가 땀으로 축축이 젖어 버린다.

그래도 참아야지! 나는 군인이다!! 이것은 고생이라기보다는 죽음과 싸우는 거라고 생각하면, 모기가 문제가 아니고 흐르는 땀이 더 문제다.

잠이 올 때까지 멀리 고국을 생각해 본다. 얼마나 가고 싶고 그리운 고국인가~ 내가 태어나고 자란 고국, 언제나 가게 될지! 하루라도 빨리 가고 싶은 마음뿐이다. 그때는 부모님과 가족들 그리고 매야와 연이도 모두 만나 보게 되겠지….

1966년 5월 13일 금요일 맑음

아침 일찍 도로 수색과 경계 임무에 나섰다. 앞으로 3일간은 우리 분대 차례라 철저히 경계 임무에 임하게 됐다. 지난번 폭발 사건으로 매일 아침에 지뢰 탐지기로 도로를 검색한 다음에야 보급차량이 운행되기 때문에 철저히 수색해야 한다. 담당 구역을 수색하고 중대에 들어오니 다른 소대와 분대는 이미 밥을 타 먹은 뒤다.

내일 사격대회를 앞두고 소대원 전원이 오래간만에 사격 훈련을 했다. 오늘 편지는 허탕~ 이웅이는 동생한테서 편지가 왔다고 입이 째지고, 나는 오후에 작은형한테 간단한 안부 편지를 써 보냈다. 오늘 밤 근무는 초번이다. 당장에 비라도 올 듯 하늘은 흐리고 덥기는 왜 이렇게 덥지? 옷은 땀으로 흠뻑 젖고 모기들은 먹을 식량이 왔다고 연속 찔러 대고 빨아 댄다. 후~! 무덥고 너무 지루하다.

1966년 5월 14일 토요일 맑음

아침에 도로 수색과 경계를 끝내고 중대 진지에 들어오니 이미 사격대회가 시작돼 총소리가 콩 볶듯 야단이다. 분대원들이 아침을 먹고 사격 준비를 하는데 오늘 미국 신문 기자들이 방문한다고 주변 청소를 잘 하란다. 분대원들은 어젯밤 비로 인해 교통호에 고인 물을 퍼내고 흙을 치우는 등 정리를 한 후 나는 정문 보초에 완전군장 차림으로 나섰다.

오후에 소대 전원 집합! 웬일인가 했더니 중대 사격대회에서 우리 소대가 1등을 했다는 것이다. 상으로 받은 맥주 3박스를 받아서 소대원들이 모여 파티를 했다. 저녁때가 되자 바람이 불어와 선선해지고 맥주 탓인지 취기도 기분 좋게 오른다. 조금 전 맥주 파티 중에 소대장이 중대장에게 "이범영 일병은 소대원 중에서 가장 진지한 연애를 합니다. 편지도 가장 많이 옵니다." 하니까 "이범영! 오늘 형님한테서 편지 왔지?" 한다.

중대원들의 세세한 것까지 파악하고 있다니 놀랍다.

1966년 5월 15일 일요일 맑음

아침에 정문 보초를 끝내고 진지로 들어오니 연이한테서 편지가 와 있다. 읽어 보니 내용이 전보다는 신통치 않다는 생각이 든다.

읽은 후에 즉시 답장을 썼다. 오후에 오래전에 온 신문을 보다가 잠이 들어 버렸다.

저녁에 영화 상영이 있어서 서로 본다고 다투는 바람에 내가 제비뽑기를 했다. 나는 어젯밤 초번을 섰기 때문에 제비뽑기에는 빠졌다. 영화 제목은 〈호랑이 꼬리를 밟은 사나이〉다.

영화 뉴스에 맹호 5호 작전과 번개 5호 작전 때 모습이 나와서 그때의 고통이 새삼 떠올랐다. 영화가 끝나자 곧바로 2번 초로 야간 경계 근무에 임했다. 오늘 밤에도 어찌나 모기들이 덤벼 대는지 베트콩보다도 모기 쫓는 데 더 신경을 써야 할 판이다.

자정이 넘었을까, 제트기 편대가 요란한 소리를 내면서 머리 위로 날아간다. 이 밤중에 어디를 가는 건지…….

 연이의 26번째 편지

(연이는 **NO.29**로 표기)

안녕하셔요?
이젠 봄이 아니고 이른 여름이랍니다. 오늘은 오월하고도 팔 일이랍니다. 바로 어머니의 날이죠. 붉은 카네이션을 단 사람이 자주 눈에 띄는군요. 모든 행사가 끝난 것 같군요. 중간고사도 소풍도 선서식도 어떻게 되었는지 의식도 없는 속에서 오월을 맞게 되었어요. 정말 바빴던 것 같군요. 지금은 제법 한가한 마음이에요.

이토록 늦게 Pen을 들게 되어~ 죄송한 마음을 금할 길 없습니다. 주신 편지 잘 받았어요. 나뭇잎도 함께~

명찰은 받아 보셨는지요? 제대로 보내 드릴 수가 없었어요. 오늘은 선생님과 함께 창경원에 갔었답니다. 마침 월남 전선에서 베트콩에게서 노획한 물건을 전시하고 있었어요. 마네킹에 씌워 논 의상이라든가 여러 가지 물품들~ 정말 우리나라 물질과는 비교할 수도 없을 만큼 질이 좋지 않더군요. 그 사람들의 신발은 더욱 볼만해요. 일본 나막신을 닮았다고도 하고 또 짚신을 닮았다고 한 것도 같았어요. 아무리 전쟁이라고는 하지만 너무나 초라한 생활이군요. 가득히 걸려 있는 사진 속에 월남을 상상할 수가 있었어요.

모르는 것을 많이 느끼고 안 것 같아요.

우리 친구들 모두 잘 있답니다. 혜숙이는 편지가 왔다고 무척 기뻐하더군요. 보여 달라고 했더니 싫다고 하잖아요. 무슨 말이 쓰여 있는지 아마 비밀 이야기라도 하신 모양이에요.

퇴원은 하셨어도 완쾌되진 않으셨나 봐요? 모쪼록 몸조리 잘하셔요. 오늘은 이만 안녕해야 할까 봐요. 연이가.

칫솔은 사 놨는데 소포를 해야 할지~ 기회가 없어 보낼 수가 없군요. 학교를 마치면 우체국은 이미 문이 철컹 닫혀 있고 또 오늘 같은 일요일은 쉬고~ 기회 보아 곧 보내 드리겠어요.

1966년 5월 16일 월요일 맑음

오늘은 5.16 군사혁명? 5.16 쿠테타? 기념일이다. 월남 와서 맞이하는 혁명 기념일이 새삼 새롭게 느껴진다.

연이와 홍매한테 그리고 이웅이 아버지께도 한 통씩 써 놓았다.

분대장은 누구한테 욕을 얻어먹었는지 어젯밤 야간 근무를 잘못 섰다는 핑계로 비가 오는데도 대원들을 집합시키고 기합을 준다.

좋게 이야기해도 될 일을 꼭 이렇게 할 것이 뭐람! 씨부랑탕 놈! 상급자한테 욕을 먹고 오면 곡 분대원들한테 이런 식으로 분풀이를 한다. 이래서 군대는 계급이 좋다고 했나!? 아이고~, 할 수 없지 뭐! 화는 나지만 웃고 만다.

나는 초번 근무라 기합은 면했지만 돼지 같은 그놈 얼굴에 침이라도 뱉어 주고 싶은 생각이 든다.

제9중대 쪽에서 상황이 생겼는지 조명탄이 오르고 총소리가 요란하고 야단이다. 반면에 연대 최전방인 우리 중대 전술 진지는 긴장 속에 침묵만 흐를 뿐 조용하다. 너무 조용해서 그런지 풀벌레 소리만 요란하다. 재후와 교대하고 깜짝 놀랐다. 적에게 위협사격을 한 것이다. 다른 대원들은 깊은 잠에 빠져 세상모르게 잘도 잔다.

모기장 속에 들어와 잠을 청해 보지만 얼른 잠이 오지 않는다. 이따금 포격 소리가 벙커 안의 적막함을 달래듯 들려오고…….

1966년 5월 17일 화요일 맑음

아침에 총 2분대가 도로 수색 나가는데 사수와 같이 따라갔다. 귀대 중에 야자잎을 쳐 가지고 오려고 보급차는 돌려보내고 야자잎을 자르고 있는데 보급차가 우리를 데리러 다시 왔다.

중대 C.P에 들어오니 인사계 선임 하사가 총반장을 차에서 끌어 내리더니 마구 후려갈긴다. 나중에는 침대 막대기로 쳐서 머리에서 피가 나고 야단이 났다. 소대장이 보다 못해 인사계를 때리려고 달려드니 중대부관이 말리느라 또 한 번 야단법석을 떨었다. 명령에도 없는 야자나무 잎 따느라 인사계 담당인 보급차량을 혼자 귀대시켰다고 이 사단이 난 것이다. 그 책임을 총반장한테 해 댄 것이다.

아무리 군대지만 사고 없이 들어왔는데 사람을 그렇게 패다니 말도 안 된다. 인사계야! 계급이 높다고 해도 되는 거냐?! 씨팔놈! 같으니라구! 에이 더러운 놈!!!

오후에 목욕 가는 도중에 총 2분대에 갔더니 반장은 얼굴이 퉁퉁 부어 위생병한테 치료를 받고 있었다. 전장에서 이게 뭐람!

강에는 전보다 물이 많이 줄어 있다. 요즘이 건조기라 그런가 보다. 적의 기습이 언제 있을지 모르는 터라 세탁도 얼른 했다. 저녁에는 바람이 시원하게 불어와 오랜만에 지낼 만하다.

1966년 5월 18일 수요일 맑음

연아! 지금 이 순간은 아주 어두운 밤이야. 오늘따라 왜 연이가 보고 싶은지 모르겠구나. 지금 하늘은 비라도 오려는지 시커먼 구름이 별빛을 가리고 머리 위를 지나가고 있어. 빛이라고는 이따금씩 보이는 별빛과 포탄이 터지는 섬광이 밤하늘을 위로라도 하려는 듯 보일 뿐이지. 많은 벌레들은 협주곡이라도 부르는지 가지각색 울음소리를 내고 있어. 이럴 때는 내 마음이 한순간이나마 행복감을 느끼며 아주 흐뭇한 감정을 느낀단다.

연아! 또다시 우렁찬 포성이 들려오고 있어. 계속되고 있는 포탄의 작열로 저 깊은 골짜기까지 폭음의 여운이 퍼져 나갈 때 내가 비로소 전쟁터에 있다는 걸 깜짝 놀라면서 초병의 임무에 신경을 곤두세운단다.

연아! 이상하게도 오늘 밤, 연이는 어떤 성격을 가진 소녀일까? 그리고 정말 어떻게 생겼을까? 생각하며 실제로 보고 싶어져. 이럴 때 연이가 내 옆에 와 있어 준다면 얼마나 좋을까? 하는 생각을 하게 되기도 하지만 그건 망상이지. 이마 초병의 고독한 이 순간이 그런 망상을 하게 해 주나 봐.

지금은 조명탄의 환한 불빛이 밤하늘을 밝혀 줘 칠흑 같던 대지를 밝혀 주고 있어. 이곳 전선에서만 볼 수 있는 광경이지. 전쟁이 아니라면 참 아름다운 모습일지도 모르겠지?

연아! 연이가 한 살 더 먹고 흰 눈이 내릴 때쯤이면, 아마도 그때쯤 연이를 찾아가 볼지도 모르겠어. 그때가 오면 정말 내가 연이를 만나 볼 수 있을까? 지금처럼 망상이 아닌 정말로 말이야…….

1966년 5월 19일 목요일 맑음

맑은 아침, 기분도 상쾌한 전선의 이른 아침이다. 밤에 비가 얼마나 왔는지 교통호에 물이 고였다. 분대장은 대원 2명과 도로 경계를 나가고 나는 남아서 교통호의 물을 퍼내고 깨끗이 정리했다. 오후에 고국에서 편지와 신문이 많이 왔다. 고국 소식을 잠시나마 엿볼 수 있어서 여러 가지 궁금증을 풀 수 있었다.

중공이 핵실험을 했다는 것, 소련 공군기가 울릉도 근처까지 비행해 왔다는 내용도 실려 있다.

느지막하게 중대장님이 벙커로 들어오더니 분대장에 대한 유도 심문을 한다. 내가 누군데 거기에 말려들어!? 오늘 밤에 영화 상영이 있어 서로 본다고 또 소란을 떨어서 또다시 가위바위보를 했다. 몇 번 만에 결정이 나서 한바탕 웃음이 터졌다. 영화 제목은 〈또순이〉다. 부산 설영순 학생이 진지한 내용의 편지를 보내왔다.

1966년 5월 20일 금요일 맑음 흐리고 비

5월 중반이 되자 우기로 접어들 모양이다. 뜨거운 낮에도 몇 차례씩 소나기가 내린다. 갑작스러운 일기 변화는 우리한테는 간혹 당혹스럽게 만든다. 소나기가 내린 후는 후더분한 공기가 무덥고 짜증스러운 날씨를 만들기 때문이다.

요즘 큰 작전이 없어선지 한가한 시간이 많고, 그래도 바쁘긴 매한가지다···. 이번 달 말부터는 방첩 주간이라고 불필요한 사진이나 편지는 보이는 곳에 노출시키지 말라는 지시가 내렸다. 큰 작전이 없을 때면 꼭 이런 지시가 내려 졸병들을 괴롭힌다. 그러고 보니 최전방인 우리 중대에도 작은 변화가 생길 듯하다. 하지만 나 자신은 월남 진중 생활에 싫증을 느끼는 건 아니다.

1966년 5월 21일 토요일 맑고 흐리고 비

우리 화기 소대가 이른 아침부터 주간 잠복에 나가는데 나는 소대에 남아서 벙커 막사를 지키는 임무를 맡았다. 혼자 남아서 아무도 보는 사람이 없으니 정말 살 것 같다. 매일 하나부터 열까지 옆에서 잔소리하던 분대장이 없으니 해방된 느낌이 든다.

오후 늦게 분대원들이 귀대해 57mm 사격 훈련을 했다. 사격에는 자신이 있어서 표적에 잘 들어맞는다.

더운 날씨 탓인지 포탄이 발사될 때마다 뜨거운 가스 열과 화약 냄새가 눈을 못 뜨게 따가움을 더해 준다. 사격 후 분해 청소를 하고 장비를 점검하니 아주 좋고 오늘 사격 결과도 대만족이다.

휴식하며 바둑을 두고 있는데 연이한테서 두 통의 편지가 왔다.

6일 만에 받아 보는 편지인가 보다.

분대장한테도 왔는데 전번에 혜숙이 말을 했는데 연이가 그 편지를 보여 준 모양이다.

나한테 그다지 안 좋은 말을 했나 보다.

그 내용을 보고 나니 좀 불쾌한 생각이 든다.

 연이의 27번째 편지

(연이는 NO.30으로 표기)

이 일병님께!

하늘이 점점 푸르러만 가는군요. 완전한 여름으로서 더워지는 하루하루입니다. 아름다운 각가지 꽃망울을 가슴에 안은 채 산과들은 점점 짙은 녹색으로 변하고 새들의 지저귀는 소리는 귓전에서 떠날 줄을 모르고 있어요. 그동안 안녕하셨어요? 오래간만에 조용하게 Pen을 들 수 있는 시간을 마련했군요. 지금은 혼자 음악 감상을 하고 있어요. 시험 때문에 마음속이 모두 메말라 버렸지 뭐겠어요. 이 모든 음률~ 아름답게 흘러나오는 곡을 그곳애 보내고픈 마음입니다. 음악 속에 하루의 즐거움이 담겨 있는 듯해요.

햇빛이 아주 낮은 데서 내리쬐는 듯 강한 열을 내어 어제 종일 내린 비 덕에 흠뻑 젖어 있는 땅을 마르게 해 주는군요.

수증기가 올라 마치 3월의 아지랑이같이 보이고 있어요.

이 일병님! 오늘은 오 월 십일 일 목요일이에요. 하늘도 푸르고 꽃들도 한창 피어나고 있어요. 혜숙이한테 편지가 왔는데 이 일병님이 또 다시 후송되었다고 조충규 하사님께서 말씀하셨어요.

정말이에요? 며칠간 소식이 없는 걸 보니 그런 것 같기도 하고~ 궁금하기 그지없나이다.

칫솔은 옛날부터 책상 위에서 잠을 자고 있어요. 왜 안 보내는 줄 아셔요? 옛날 고춧가루 신세가 될까 봐서….

다음 기회만 기다리고 있는 중이에요. 그곳에 보내는 편지엔 한글만이 허용된다죠? 예전엔 미처 몰랐지 뭐예요. 될 수 있는 한 앞으로 한글만 쓰기로 노력하겠어요.

이 일병님! 항상 같이 생활하는 대원들은 몇 명이나 되나요? 제가 아는 사람만 해도 여섯 명은 되는군요. 여름이 또 되었어요. 제가 이 일병님께 편지할 적에는 흰 눈이 내리는 겨울이었는데 이제는 그와 정반대되는 계절이군요. 날씨가 덥다 하더라도 매력이 있는 계절이라구요?
이 일병님은 이제 무슨 계절에 오시게 되나요? 가을? 그때쯤 되겠죠? 몸조심하시길 모든 대원 앞에 빌며, 안녕히.
연.

 연이의 28번째 편지

(연이는 **NO.31**로 표기)

붉은 해당화조차도 피어 버리고 말았어요. 아름다운 계절이 뒤따르는 등나무 꽃도 연보라색의 존귀함을 내포하고 정원 한가운데 자리 잡은 벤치를 시원한 그늘로 만들어 주었어요. 벌써 그늘을 찾아 나서고 땀방울을 닦아야 할 철인가 봐요. 하지만 이렇게 창 너머 불어 대는 바람은 3월의 훈풍과도 같이 따사롭습니다.
편지 잘 받았어요. 저 역시 오래간만에 반가운 손님을 맞이하게 되어 기뻤어요. 오늘은 오 월 십일 일 목요일이에요. 또 한 주일의 산마루턱을 내리 향해서 걸어야겠군요.
우리들이 모여서 편지에 대한 논평을 한다구요? 글쎄요, 그렇게 말할 수 있을지 모르겠어요. 그저 몇 자 훔쳐 가서 몽땅 보고해 버리니 곤란하기만 해요? 사진 건은 정말 재미있어요. 김성겸 님은 합죽 씨라고 했다고 답장도 안 하신다지요? 참 재미있어요. 별명이 뭔지 아셔요?

재미있는 간판이에요. 저희들도 모이면 장난들인데 월남 생각을 하면 소름이 쏙 나온다나요?

미란이는 여전히 명랑해요. 소풍 갔을 때 일이에요. 모두 아무도 모르게 살짝 사진을 찍어 선사해 드리려 저 혼자 음모를 꾸몄지요. 헌데 알고선 제 앞에 나타나지도 않지 뭐예요.

제1막 1장은 완전히 실패로 돌아갔지만 2장이 기다리고 있으니 곰곰이 생각해서 기발한 착상을 꾸며야겠어요. 모두 성공하게 되면 마지막으로 제 것을 보내 드리고자 생각하고 있어요.

오늘은 간단한 놀이 하나 소개해 드릴까요? 먼저 사회자가 "메뚜기(혹은 올챙이) 가라사대"를 집어넣어 말을 합니다. "왼손을 들든지" "손뼉을 치든가" 생각에 따라 동작을 바꾸는데 만약 "가라사대"의 말 어귀를 빼었는데 사회 말대로 행동하면 걸리게 되는 거예요. (예를 들어서 말하자면) 사회: 메뚜기 '가라사대' 눈 떠 (눈을 떠요.) 사회: (또 말하기를) 메뚜기 '가라사대' 눈 떠 (눈을 떠요.) 사회: 모두 손뼉을 쳐라! (이때 손뼉을 치는 사람을 잡는 거예요. 즉, 가라사대라는 말이 없으니까요. 술래는 간단한 벌을 받거나 대가를 의논하여 술래에게 요구하면 돼요.)

기분 나쁘실 적에 한번 해 보셔요. 간단한 것을 종종 가르쳐 드리겠어요. 우리 걸 스카우트는 봉사할 기회를 주시는 것도 봉사하는 거예요. 모두 안녕하시다니 기뻐요.

오늘은 이만 안녕~

연이가.

> 놀이의 주의할 점은 서회는 말을 빨리빨리 바꾸어 청중의 마음을 사로잡을 수 있어야 합니다.
> '칫솔 때문에 곤란을 받을 생각을 하니 마음이 편치 않아요. 곧 서둘러야겠는데 수업이 끝나면 5시군요. 그리고 너무 미안해하실 것 없어요. 우리의 의무인걸요. 기회를 주신 데 감사하고 있는걸요?'

1966년 5월 22일 일요일 맑고 흐림 비

매일 밤이면 비가 한바탕 쏟아진다. 오늘 아침에도 교통호의 고인 물을 퍼내느라 한바탕 진땀을 흘렸다. 오전 중에 다시 57mm 사격을 했다. 매일 사격 훈련을 하느라 말아 아니다. 오늘 사격 훈련에는 산탄을 쏴서 탄착점을 확인했다. 오후에는 얼마 안 있으면 태권도 심사가 있다고 해 그 지긋지긋한 태권도 단련이 시작됐다. 매일 반복되는 일이라 이젠 태권도 병이라도 걸릴 것만 같다.

태권 훈련 중에 대련을 제대로 안 한다고 욕을 하더니 성에 안 찼는지 나중에는 기합으로 변한다. 하이고, 분대장 나리! 공사를 구분 못 하니 어찌하오리까?

저녁때 연이한테 보낼 편지 초안을 대강 잡아 놨다. 어제 편지에 분풀이라도 했으면 좋겠는데 막상 쓰려니 그렇게 되지 않는다.

오늘 밤 보초는 2번초다. 거의 교대 시간이 다 되어서 밖에서 총소리가 나고 야단이다. 상황을 살펴보니 근처에 주둔 중인 민병대 진지에서 또 한판이 붙은 모양이다. 한 20여 분 교전하더니 잠잠하다. 처음 같았으면 비상이 걸리고 야단일 텐데 이젠 경험이 쌓이다 보니 접전 상황을 살피면 어느 정도 파악이 가능해 태연한 자세로 근무하게 된다.

밤에 비가 많이 와 57mm 진지에 빈 탄약통들이 둥둥 떠다닌다.

앞으로 얼마나 더 올지가 문제다.

이제 우기로 접어드는 시점이라 비는 매일 올 거라는 생각이 든다.

1966년 5월 23일 월요일 맑고 흐리고 비

아침에 정문 보초 임무를 맡았다. 오늘은 아침부터 가랑비가 내린다. 정문 철조망 밖을 나가니 적지에서 귀순한 민간인들이 보급차 오기를 기다리고 있다. 어린아이 엄마는 다리를 다쳤는지 잘 걷지도 못하는데 아기는 막 울면서 보챈다. 저 아이 엄마는 얼마나 가슴이 아플까? 다른 여자가 나서서 우는 아이를 달래 보지만 어디가 아픈 건지 아니면 배가 고픈 것인지 역시 막무가내로 울어 댄다.

누구에게나 마찬가지겠지만 특히 민간인에게는 전쟁은 비참하고 불행을 낳는구나 하는 생각을 새삼 느끼게 한다.

또다시 찾아온 밤, 수많은 반딧불이 반짝이며 풀 사이를 부지런히 날아다니고 벌레들은 박자라도 맞추려는 듯 울음소리가 현란하다. 이 밤이 지나면 내일 또 뜨거운 대낮이 시작될 테지.

변함없는 전선의 밤, 고독이 내습하듯 깊은 생각 속으로 빠져들어 내 의식을 모를 지경이다.

지금 나는 신성한 국민의 의무인 국토방위 임무를 이행하는 것인가? 월남 전선에서 자유를 위해서 싸움을 하는 것인가?

지금 이 현실에서 내 위치를 알려고 애써 보지만 얼른 머릿속에서 떠오르지 않는다. 그저 그냥 지금 이대로 보내는 거야! 특별한 것 없이 이렇게 지내는 것이 내게는 더 편할지도 모르지…….

1966년 5월 24일 화요일 맑고 비

연이의 편지에 회답을 써 붙였다. 편지 내용이 맘에 안 들지만 그래도 안 하는 것보다 해 주는 것이 좋을 것 같아서 보냈다. 편지를 쓰는 중에 대영이한테 편지가 와 같이 회답을 보냈다.

대소 가내가 모두 안녕들 하시다니 참 다행이다.

뿌연 안개가 죽음의 골짜기에 깔리며 땅거미가 지는 전선의 저녁이 다가오고 곧이어 어둠 속에 산골짜기도 잠기자 중대 전술진지 안에서는 영화가 상영된다. 제목은 〈주유천하〉다.

뉴스에서는 맹호부대 증파부대인 제26연대 파월 환송식 장면이 나오고 이어서 맹호 5호 작전 전투 실황 장면이 상영됐다.

고국에서 이 장면을 보면서 국민들과 파월 가족들이 얼마나 마음이 조마조마할까~ 야! 대한의 맹호용사들이 과연 용감하게 싸우는구나~ 하고 찬사를 보낼까? 그러면서도 한편으론 걱정들을 하실 테지….

영화가 끝나자 곧바로 2번초 임무에 들어갔다. 캄캄한 밤, 침묵 속에 초병의 임무는 무겁고 막중함을 느끼면서 야간 임무를 이어 간다.

모기들의 앵앵거리는 소리에 신경이 더 날카로워지는 것 같다.

한참 동안 비가 쏟아지더니 모기들의 공격이 더 심해지는 것 같다.

영화 상영으로 잠깐 동안의 즐거움 뒤에는 이런 괴로움이 뒤따르고,

이처럼 사람이 살아간다는 것이 새삼 어렵고 험난하다고 생각된다. 내가 이곳 전선에 있는 한 언제까지나 이런 생활을 계속 맛볼 것이다.

전선의 밤이여~ 어서 흘러가라! 어서 흘러가!!!

1966년 5월 25일 수요일 흐림

아침부터 잔뜩 흐리더니 가랑비가 내린다. 날씨 때문에 예정했던 사격은 내일로 미루었다. 그러고 보니 오늘 날씨 덕을 본 셈이다.

마침 분대장도 없으니 정말 지낼 만하다는 생각이 든다.

옆에 있으면 거슬리고 기분 상해지는 그가 보이지 않으니 매일 이랬으면 좋겠다.

뭔가 하려는데 졸음이 밀려와 실컷 낮잠을 잤다. 역시 마음이 편한 것이 중요한가 보다. 전쟁터에 있다는 긴장감 때문인지 항상 예민한 신경은 풀리지 않는다.

마음의 여유 없이 또 실속 없는 하루가 지나가는 것 같다.

왜 이렇게 시간을 보내야 하지? 좀 더 나은 하루, 여유 있고 실속 있는 하루를 가져 볼 수는 없을까? 그런 생각을 하면서 배낭에서 영어 단어 책을 꺼내 펼쳐 본다.

하지만 마음뿐이지 머릿속에 들어갈지는 의문이다.

여기가 어딘데 공부랍시고 단어 책을 꺼내다니~ 내게는 주제넘은 행동이 아닐까?

땀이 흐르는 벙커 속에서 가만히 나 자신을 되돌아본다. 하지만 답답함과 괴로움이 나를 못 견디게 할 뿐 마음속에 꼭 잡히는 건 아무것도 없다.

내가 가졌던 꿈, 희망, 야망, 미지의 세계에 대한 동경, 등등….

내 젊은 혈기가 무모한 모험한 세계로 이곳까지 이끌고 온 것 말고는 지금까지 정말 아무것도 남는 것이 없단 말인가?

흩어지는 꿈이여~! 아늑한 고국의 그리움 속에 오늘을 보내고 내일을 맞이하노니 나, 언제 스스로를 위로해 주겠느냐!

괴로움과 두려움 속에 나를 알지 못하는 나 자신도 전선의 고통스러운 하루가 지날 때 나도 따라 흐르겠지~

1966년 5월 26일 목요일 비 흐림

아침에 가랑비를 맞으며 우리 분대는 도로 정찰을 나갔다.

대원들 표정이 모두 굳은 표정들이라 긴장감이 더해지는 것 같다. 무사히 도로 정찰을 끝내고 중대 전술 진지에 귀대해 늦은 아침을 먹기가 무섭게 또 정문 보초 임무를 맡는다.

민병대들이 집에서 나올 때 아이들을 데리고 나와서 중대 쓰레기장을 뒤져서 우리가 먹지 않고 버린 통조림 같은 것을 골라 내 가져가는데 정문 보초도 내 임무지만 쓰레기장 감시도 그중에 하나다.

둘이서 못 들어가게 아무리 말려도 그들은 막무가내로 필사적이다.

전쟁으로 가난한 백성들이 겪어야 하는 배고픔과 서러움이다.

어릴 적 나도 그랬고 우리나라 동포들도 미군들 쓰레기장에서 지금 저들처럼 먹을 것을 찾아 서로 싸우며 쓰레기를 뒤지지 않았던가? 가난한 나라에는 왜 이렇게 전쟁이 잘 일어나는지~

나는 이들의 쓰레기장 출입을 모른 척 묵인해 줬다.

중대장이 알면 호된 질책을 받게 되겠지만 그보다 이들의 생활이 더 불쌍하기 때문이다. 아이러니하게도 내 임무는 쓰레기장 감시가 아니라 중대장이나 소대장이 나오지 않나~ 하고 감시하는 것이었다. 태권도 심사를 한다고 해 교대를 하고 중대로 들어가 심사를 받았더니 8급 판정을 받았는데 꼴찌란다. 꼴찌라도 좋았다. 연이한테서 편지 두 통이 한꺼번에 왔으니 말이다. 언제나 변함없는 소녀다운 그녀의 편지 솜씨는 나를 마냥 즐겁게 한다.

뿌옇게 비치는 달빛, 희미하게 전방이 관측된다. 구름에 달빛이 가려지면 캄캄한 암흑이 되고 본부에서 구슬픈 나팔 소리가 들려온다. 고요한 밤공기를 타고 저 멀리 죽음의 골짜기까지 퍼져 나간다. 그쳤다 또 이어지고 간격을 두고 불어 대는 나팔 소리는 내 마음을 구슬프게 만든다. 연아! 이 밤이 왜 이다지도 적적하고 향수가 그리워질까? 이렇게 이 밤이 지나면 또다시 새 아침이 오겠지.

그때쯤이면 연이는 뭘 할까?

 연이의 29번째 편지

(연이는 5월 17일자로 표기)

점점 더워지기만 하는 날씨에 짜증을 내는 연이가 인사드립니다.
편지 반가웠어요. 이렇게 시계 바늘은 일곱을 가리키고 있는데 해는 지지 않고 서산에 걸리었어요. 예전 같으면 벌써 어두워졌을 텐데~ 해가 길어졌으니 편리하군요. 뜨거운 태양의 열을 받아 붉게 피어나던 해당화

꽃잎이 벌써 땅 위에 한 잎 두 잎 떨어져 가고 있어요. 마치 시간이 흐르고 있다는 것을 암시해 주는 듯……

이름 모를 꽃들도 곳곳에서 미소 짓고 있군요. 꽃 이름을 모두 알아 둬야겠어요. 여자에 있어서는 일급 상식이라나요.

우표 동봉된 것 잘 받았어요. 한창 우표 수집에 열을 올리고 있는 제를 도와주시니 무엇으로 감사에 보답할지~ 그저 기쁜 마음뿐입니다. 제법 많이 수집됐어요.

이번 우표 전시 때는 의젓이 출품해 봐야겠어요.

20개국의 우표를 모으면 명예 훈장(배지)을 한 개 탈 수 있답니다.
각 나라 우표를 이렇게 모으고 보니 정말 아름다워요. 도안이라든지 그림 등은 그 나라의 문명 문화 역사 등을 알 수 있게 하거든요.
기념우표는 더욱 값진 것이어서 기념일이 대체적으로 많은 우리나라 우표가 대인기라나요. 월남 우표도 그 나라의 문명 정도를 그대로 우표 속에 담아 놓았어요. 또 아름다움도 곁들여 찍힌 꽃들은 정말 예뻐요.
오늘은 오 월 십팔 일. 유월을 향해 줄달음치고 있는 듯한 느낌입니다. 이렇게 빠른 세월이 아쉽고 안타깝기도 하고 한편 빨리 지났으면 하는 느낌도 없지 않아요. 누구나 항상 후회하지 않으려면 노력하는 것이 아니겠어요? 우리나라가 점점 더워짐에 비례하여 그곳 온도도 상승할 것을 생각하니 빨리 가을이 되고 또 하루하루가 지났으면 하는 마음입니다. 모두 몸조심하셔서 건강하게 뵐 수 있길 빌면서 이만 안녕을….
연.

연이의 30번째 편지

(연이는 5월 18일자로 표기)

어제 보내 주신 편지의 답장을 우체통에 채 넣기도 전에 또 하나의 편지가 저를 찾고 있어요. 못생긴 명찰이나마 받으셨다니 안심이 되는군요. 그런 것을 받으시고 기뻐하셨다니 더욱 미안하고 죄송해지는 부끄러움을 숨길 길이 없어요. 아무튼 잊지 않으시고 꼬박 답을 주시니 고마워요. 누구도 따라올 수 없는 만큼 이 일병님이 보내 주신 편지는 우두머리 즉 가장 많은 부수를 차지하고 있답니다. 제가 학교에서 편지 왔다고 자랑할 적마다 친구들은 부러워하죠. 심지어 제 말이 거짓말이라고 공갈을 친답니다. 그때는 하는 수 없이 봉투가 선을 보이게 되죠. 절대로 안심하셔요. 속 알맹이는 제 밖에 놓지 않습니다. 조충규 하사님이 분대장님이시라니 심각한 문제인데요? 그런 줄은 예전엔 미처 몰랐지 뭐예요. 미리 알았다면 단단한 부탁을 해야 했는데 때는 이미 늦었나 생각합니다.

화풀이로 기합이라도 놓지 않으셔요? 편지가 안 온다고 저기압이시겠군요. 혜숙이한테는 약간의 사정이 있으니 기다려 보시라고~ 미란이도 편지가 없다고 무척 걱정하고 있어요. 안녕하시다니까 아마 편지 쓸 내용이 없나 보죠? 오늘은 중심지를 돌아다니다가 맹호부대 군인들을 많이 만났어요. 아마 영화 감상을 하시고 금방 나오셨는지 인상들을 쓰시더군요. 깜짝 놀랐어요. 맹호 용사가 웬일인가 하구요. 특별휴가라는 것이 있다면서요? 참 멋있는 일이에요. 한국으로 휴가를 온다는 것은~ 이 일병님은 언제 오시게 되죠? 과히 멀지 않아서 오실 것

> 같은데 제 예감이 맞죠?
> 미란이 오빠도 가을에 오신다고 미란이는 가을이 오기만 기다리고 있
> 답니다. 무척 보고 싶은 마음인가 봐요.
> 참 아름다운 일이에요. 이 일병님 동생 나리들한테도 편지 자주 오겠
> 죠? 오늘도 무척 더웠어요. 곤색 교복이 싫증이 나는군요.
> 곧 흰 하복을 입게 되죠. 그럼 안녕히.
> 연.

1966년 5월 27일 금요일 흐리고 비

하루해가 또 지나간다. 아무런 흔적도 없이 저물어 가는 밤이 하루해를 삼켜 버린다. 어제와 다름없이 진지 안에서 진한 커피를 마시며 한편으론 모기를 쫓으며 전방 철조망을 뚫어져라 쳐다본다.

갑자기 V.C라도 나타나 한바탕 해치우고 훈장이라고 달고 한국에 휴가라도 갔으면, 하는 엉뚱한 생각도 해 본다.

오늘 밤은 다른 때와는 다르게 조용한 전선의 밤이 흐른다. 이따금 멀리서 들려오는 포성 이외는 풀벌레 소리만 가냘프게 들려온다.

점점 검은 구름이 하늘을 덮어 오니 어제보다 밝던 달이 구름에 가려 그나마 보이던 전방이 어둠 속에 감춰진다.

오늘 밤도 무사히 보내겠구나, 하는 육감적인 느낌 속에 임무 교대를 하고 홀가분한 마음으로 벙커 안으로 들어오니 모기들이 먹이가 왔다고 앵앵거리며 생야단이다.

총과 탄약을 정리하는 사이 모기들은 표적을 찾았다는 듯 일제히 온몸을 찔러 댄다. 얼른 모기장 안으로 들어가 두 다리를 쭉~ 펴고 하루 동안의 일들을 생각하며 잠을 청해 본다. 그래, 오늘 하루도 무사히 보냈지! 내일도 대원들 모두 오늘처럼 무사히 보내야지…….

밖에서는 비 오는 소리가 '후드득' 하며 들려온다.

나는 좋지만 방금 교대한 재후 일병은 좀 괴롭겠다.

1966년 5월 28일 토요일 맑음

오전에 사촌 국분이와 막내한테서 편지가 왔는데 오후에는 생각지도 않은 홍매한테서 편지가 왔다. 오빠를 염려해 주는 동생들의 마음이 착하다. 홍매는 전보다 한결 안정된 생활을 하는 모양이다. 국화꽃 피는 가을에 오면 국화의 향기가 담뿍 풍기는 꽃을 한아름 안겨 주고 싶다고, 항상 굳은 신념과 마음으로 귀국하는 그날까지 건강을 빌면서 귀국하는 그날을 기다린다는 매야의 고마운 마음. 그저 보고 싶은 생각뿐이다. 그녀 말대로 나를 기다려 준다면 한번 기다려 볼 만도 하지? 아직도 내 뇌리에서 사라지지 않은 매야를 생각하면 그녀에 대한 미련을 아직까지는 남아 있는 모양이다. 그때 사랑하고 싶었던 마음이 아직도 내 마음속을 벗어나지 못했다니 그보다 더 좋은 추억이 있다면 난 행복을 느끼고 있는 것인지도 모른다.

여기까지 생각하니 절로 지난 추억의 미소가 얼굴에 스미는 듯하다. 하지만 여기는 전쟁터, 이제 그런 생각일랑 하지 말자. 생사가 순간순간 가름될 수 있는 이곳이 격전지 아닌가?

그런 시절이 있었다는 사실만으로 그것으로 만족해야지.

초번 교대를 하고 매야와 국분이에게 보낼 편지 초안을 적어 본다.

그동안 많이 변해 있겠지!

1966년 5월 29일 일요일 맑음

하루 종일 편지봉투와 씨름을 하다시피 바빴다.

두 동생한테 편지를 붙이고 매야와 연이한테 보낼 편지도 다시 정리해서 보냈다. 한꺼번에 같은 날 보내는 편지라 내용이 비슷해 미안한 생각도 든다.

오후에 더위라도 잊을까 해서 중대 본부에 마련된 놀이터에 갔더니 머지않아 작전이 있을 거라는 소문이 들린다.

한동안 휴식 기간이 길었으니 그럴 만도 하다.

뜨거운 태양 아래에서 하루가 또 지나고, 언젠가 그 작전의 날이 다가오면 병사들은 다시 들판과 정글 속을 헤매야 할 테지. 무더위와 갈증, 그 고통스러움이 지금부터 나를 긴장시킨다.

어둠이 깊어지자 또 포격이 시작된다. 매일 계속되는 상황이지만 지금도 작고도 엄청나게 큰 역사적인 전사가 이 순간에도 잉태되고 쓰이겠지.

그렇다면 전쟁과 우리 인간들은 과연 어떤 관계란 말인가?

1966년 5월 30일 월요일 맑음

어느새 내일이면 5월도 다 지나간다. 새삼 전선의 생활이 빨리 지나감을 느낀다. 중대 정문으로 위병근무를 하기 위해 나갔다.

이른 아침인데도 쓰레기장을 뒤지느라 민병대원들이 소대 규모로 몰려왔다. 못 들어가게 말려도 막무가내로 들어가 과자 하나라도 들고 나온다. 멀리서 민간인들이 접근해 와 다가갔더니 나이 어린 소녀가 자기 아버지가 민병대원인데 거기를 꼭 가야 한다고 사정을 한다. 문득 고향에 있는 동생 생각이 난다. 둥근 눈망울에 눈물을 글썽이며 애원하는 모습을 보니 너무 애처로워 그냥 모르는 척하고 통과시켜 주었다. 한참 후에 보니 아버지와 둘이서 오손도손 이야기하는 모습이 무척이나 귀여워 보인다.

나중에 쓰레기장에서 먹을 것을 골라 한아름 안겨 주었더니 좋아하며 받아 간다. 기마전을 한다고 야단들이다. 우리 분대도 죽을힘을 다해 싸워서 2등을 했다.

상으로 받은 맥주를 분대원들이 모여 더위를 식히며 마셨다.

오늘은 전투 수당을 받는 날이라 30불을 받아서 고향 부모님께 송금했다. 밤이 되자 모기들의 공격이 극성을 부린다.

1966년 5월 31일 화요일 맑음

내가 제일 싫어하는 태권도 시간이다. 오후에도 태권도 훈련하느라 뙤약볕 아래서 땀을 흘렸다. 잠시 쉬는 틈을 타 저녁 준비를 한다는 핑계로 막사로 빠져나와 찌개를 끓였다.

한참 찌개를 끓이는데 신 상병이 웃는 얼굴로 오더니 편지를 내밀며 그 안에 사진이 들어 있다는 것이다. 뭐! 사진? 만져 보니 뭔가 잡히는 듯한 연이의 편지다. 아니! 그런데 한차례 개시한 뒤다. 제기랄! 남의 편지를 뜯어 보다니! 하지만 무척 반가웠다. 복숭아꽃 사진과 소풍 가서 찍은 자기 사진 한 장, 이렇게 두 장을 보냈다. 생각했던 대로 못생긴 얼굴은 아니다.

도톰한 입술에 살이 포동포동하게 올라 아주 복스럽게 생긴 모습이다. 나이에 비해선 아주 성숙한 모습이다. 어디서 많이 본 듯한 느낌도 든다.

나는 그녀가 글씨도 예쁘게 쓰고 편지도 잘 써서 아주 예쁜 학생일 거라고 상상했다. 내 생각과는 약간 차이는 있지만 그래도 아주 만족한다. 그리고 사진까지 이렇게 보내 줬으니 고마울 따름이다.

편지 내용은 좀 언짢은 듯했지만 애교 있는 내용이니 기분 나쁘지는 않다. 사진을 달빛에 비춰 보며 몇 번이고 보고 또 봤다.

흐뭇한 생각에 기쁨도 두 배, 그래선지 긴장된 전선의 밤도 지루하지 않고 조용히 흘러간다. 아! 이렇게 기쁠 수가…….

월남 정글 전선으로 위문편지 보내 주던 무학여고 학생 김○연 양

📩 연이의 31번째 편지

이 일병님 보셔요.
저의 편지가 이 일병님께 오랜만에 전달된 것과 마찬가지로 제게도 이 일병님의 편지는 많은 공백 기간을 마쳐 주었군요. 안녕하시다니 기뻐요. 저도 염려 덕분인지 아주 잘 있답니다. 지금 저희 학교는 아름다운 꽃들의 향기 속에 묻혀 버렸답니다.
생물반 실습실엔 형형색색의 아름다운 장미가 가득 피어 있어요. 그것은 제가 제일 좋아하는 꽃이랍니다. 그 꽃을 좋아하는 사람들이 너무나 많아 흔한 것 같기도 하지만 그래도 좋은 것은 어쩔 수 없나 봐요. 뒤뜰엔 아까시나무 꽃내음이 한창이죠. 무척이나 그 꽃을 좋아하는 친구들은 그 나무 그늘을 떠날 줄 모르고 있답니다.
그곳엔 항상 있을 수 있는 꽃들이죠. 지금은 지난 어느 때보다 계절마다 피는 꽃에 산뜻한 아름다움을 느껴요. 전에 느끼던 아름다움보다는 약간의 맛이 다른 것 같군요. 아니 그 이미지는 매년 변화할 줄도 모르겠군요.
연령의 차이에 따라 느끼는 감정도 달라질 테니까요.

중대장님께서 화제의 실마리를 저에게 꺾으셨다니~ 영광이군요. 하지만 기뻐하진 않아요. 저는 유명해지는 것을 좋아하지 않으니까요. 유명 세금이 청구되지 않는 것을 다행으로 생각합니다.
사격엔 당연 우승이라죠? 축하합니다. 저도 왠지 기쁘군요.
모두 사격엔 명사수라니 말이에요. 군인으로선 가장 큰 훈장감이 아닌가 생각하는데요? 저도 아버지의 사냥총으로 맥주병을 겨냥해 본 적은 있지만 날아다니는 것은 아무리 쏘아도 떨어지지 않는군요. 제 실력 그만하면 아셨죠? 어렸을 때는 총 쏘기 해서 캐러멜도 많이 타 먹었다니까요? 미란이 오빠, 조 장군님, 신 상병님, 모두 안녕하시겠죠? 이 일병 씨도…!

미란이 오빠는 편지를 안 하신다구요? 조 장군님께 부탁해서 멋들어지게 군인들이 가장 좋아하는 것(반대)을 받도록 청하겠어요.

……(실례인가요?) 미란이의 마음을 아신다면 결코 그런 말씀은 안 하실 거예요. 꼭 편지를 써 주실 것을 친구로서 부탁드립니다.

점점 심해지는 월남의 사태 중에서 뚜렷이 보이는 우리 국군들의 성과는 하나둘 빠짐없이 신문에 보도되어 걱정하고 있는 우리 국민들의 마음을 포근하게 감싸 주고 있으니…….

무더위 속에서도 작전 임무 수행에 열중하실 이 일병님 외 모든 국군 장병 아저씨들께 감사를 드리는 바입니다.

이 일병님! 이곳도 점점 날씨가 더워져요. 오늘은 올해 들어 가장 높은 기온인 31.5℃의 높은 온도를 나타내고 있어요.

보리에도 이삭이 여물고 전라도에서는 모가 벌써 10cm나 자랐다고 하더군요. 올해도 멋지게 풍년이 들 것으로 예상되는군요.

이것은 우리 모두가 기뻐해야 할 일이 아닐 수 없어요.

지금 서울시에선 재해 방지 대책으로 사랑의 모금 운동으로 "사랑의 열매"를 girl scout, boy scout에서 활동하고 있답니다.

저희들도 행사에 나갔었는데 많은 시민이 협조를 잘해 줘서 좋은 성과에 보람을 느낄 수 있었답니다. 우리 주위에 불행한 사람들이 적어진다는 것은 사회봉사의 가장 큰 성과예요. 점점 발전해 가는 우리 사회의 성장을 한눈으로 뚜렷이 볼 수 있어요.

곳곳에 지하도 공사가 한창이라서 교통에 불편을 느끼지만 완성된 지하도를 상상해 보니 불편이 삽시간에 흩어지고 마는군요.
약속한 대로 사진을 보내 드립니다. 소형 카메라로 찍은 모습이라서인지 마음을 흡족시키지는 못했어요. 벚꽃은 현상이 제대로 안 되었죠? 보내 드리니 받아 보셔요. 다른 데로 한 번이라도 흐르면 안 되어요. 제가 요즘 한창 나오는 토마토나 딸기가 되어 버릴 테니까요. 사진을 보내려 생각하니 쑥스럽군요.

제 사진을 보내 드리는 것은 좀 재미없는 일이지만 약속이라서…….
이 일병님! 무더운 날씨에 몸 건강하시길 빌며 고만 안녕을 고해야 할까 봐요.
다른 대원님들도 건강하시길 기원합니다. 안녕.
연이 드림.

1966년 6월 1일 수요일 맑음

연이의 편지에 답장을 썼다. 사진 보내온 것에 대한 말은 일절 하지 않았다. 상영이한테도 회답을 쓰니 저녁 늦게 '봉타우'에 갔던 분대장이 초라한 모습으로 귀대했다. 돈은 있는 대로 다 털어 쓰고 왔단다. 며칠간 분대장이 없어서 지낼 만했는데 이제 왔으니 그것도 끝장이다. 야간 초번을 서는데 신 상병이 놀러 와서 한동안 심심치 않게 시간을 보냈다.

오늘 하루도 별로 한 것 없이 보낸 셈이다. 비가 올 듯하던 하늘이 맑게 개어 보름이 채 안 돼 환한 달이 전방 곳곳을 비춰 준다.

그래선지 잔뜩 긴장돼 있던 몸이 한결 부드러워진 느낌이다.

요즘은 큰형님한테서 편지가 없다. 뭔 일이라도 있는 건지…. 오늘 밤은 참 맑은 달밤이다. 그리고 무척 조용한 밤이기도 하다.

고국의 하늘에도 저 달이 떠 있겠지?

벌레 소리가 유난히 낭랑하게 들려온다. 달빛이 밝아서일까?

1966년 6월 2일 목요일 맑음

어제 사 온 필름으로 중대 진지 안에서 사진을 찍고 정문 밖으로 나가려다 선임 하사가 보고 있어서 포기했다. 오후에 선임 하사가 대대 C.P로 배구대회에 참가하러 가고 소대장도 없어서 '이거 찬스로구나' 하고 신 상병과 셋이서 강가로 나가서 신나게 폼 잡으며 사진을 찍는데 원수는 외나무다리에서 만난다고 중대장이 소대장을 대동하고 사진을 찍으려고 나오다가 우리하고 마주치고 말았다. '이런~! 이제 큰일 났구나!' 단단히 기합 받을 각오를 했는데 천만다행으로 같이 따라다니면서 사진도 같이 찍고 중대 진지로 돌아왔다. 오늘 중대장님이 기분이 좋았기에 망정이지 그렇지 않았다면 정말 큰코다칠 뻔했다. 저녁때 어제 쓴 편지를 부쳤다. 얼마 있으면 또 편지가 오겠지.

오랜만에 맥주를 사다가 대원들과 마셨다. 필름도 새로 사 왔다.

1966년 6월 3일 금요일 맑음

심심해서 연이에게 처음으로 공격적인 내용으로 편지를 썼다. 이제껏 방어만 했는데 한번 공격적인 투로 써 봤다.

맹호부대 부대 휘장을 동봉했는데 별일 없을지 모르겠다.

오래간만에 영어 공부를 한답시고 영어책을 펴 봤다. 모두 까맣게 잊어버린 것들, 한 단어 한 단어 사정을 찾아 해석해 보니 여간 어려운 일이 아니다. 그러다 더운 날씨가 더 더워지는 것 같다.

오늘 밤 또 영화가 들어와 상영됐다. 오늘 밤 보초는 내가 초번이라 영화는 못 보고 모기와 싸우면서 달빛으로 환한 전방을 응시하며 초병의 임무를 다한다. 영화 상영 소리만 들리는 조용한 밤, 그동안 잠정적으로 쌓였던 성욕이 한꺼번에 복받쳐 일어난다. 나뿐만이 아니라 모든 대원들이 같은 생리 작용을 일으켜 고민이다.

최전방에서 대안 없이 각자가 정력을 스스로 배출하기란 불가능한 일이 아닌가? 우리 남자들만의 독특한 전선의 생활이기에 어쩔 수 없는 일이라고만 생각하기엔 너무 힘든 고민거리다.

1966년 6월 4일 토요일 맑음

한가한 전선의 오전, 사촌 형님과 대구 방송국에 근무한다는 경아라는 생면부지의 여자한테 편지를 보냈다.

연이의 사진 속 모습이 생각나 배낭 속에서 사진을 꺼내서 한참 동안 쳐다봤다. 볼수록 시원스런 그녀의 모습에 왠지 마음이 끌린다. 내일 잠복 나간다고 완전 출동 준비를 하라는 지시가 내렸다.

부지런히 배낭을 챙기고 실탄과 식량 식수를 준비했다. 분대장은 씨름을 하다가 팔이 부러져서 또 6후송 병원으로 후송을 갔다.

그렇게 연대 의무대를 가기 싫어하더니 기어코 사고를 냈다.

어쩌면 본국으로 후송될지도 모른다는 말에 꿔 준 돈 어떻게 되냐고 야단들이다.

늦게까지 내일 출동 준비를 완벽하게 끝내고 보초 임무에 들어갔다.

1966년 6월 5일 일요일 맑음

오전 7시, 단독 무장으로 주간 잠복을 위해 중대 전술 진지 밖으로 나갔다. 한참을 가다가 다리 하나를 건너니 작은 강이 나타났다. 강을 따라 내려가다 또 하나의 큰 강을 만났다. 그 위로 다리 하나가 걸쳐 있는데 겨우 사람 하나 건널 정도다. 강가에는 열대 식물들의 왕성한 가지와 뿌리들이 무성하게 자라고 있다.

이곳은 처음으로 와 보는 곳이다. 다리를 건너니 작은 마을이 눈앞에 나타난다. 사람들은 이미 피난을 가서 아무도 없고 집들은 모두 폐허가 돼 있어 보기에도 추하게 보이고 으스스한 느낌을 준다. 안전하게 잠복지에 도착한 우리 분대는 잠복에 들어갔다. 주위에는 함정과 대창들이 무수하게 설치돼 있어 이곳이 적들의 활동지임을 말해 주고 있었다.

잠복에 배치되고 얼마 후 우전방에 적으로 보이는 사람의 움직임이 있다는 신호가 전해졌다. 내가 자리 잡은 곳은 바나나 숲이 무성한 곳이라 적으로부터 노출이 되지 않아서 좋았다.

한참 동안 주위에 사는 도마뱀과 장난을 치고 있는데 갑자기 총성이 들려왔다.

발견된 적을 생포하려고 했는데 도주하는 바람에 사살하고 말았다. 총격으로 우리 잠복지가 노출되자 급히 다른 지역으로 이동해 야식을 하고 오후 늦게 중대 진지로 철수를 했다.

1966년 6월 6일 월요일 맑음

어제 잠복 작전 때문인지 고단한 하루를 보냈다.

요즘은 다시 건조기로 접어들었는지 비도 안 오고 더운 날이 계속된다. 기다리던 연이한테서 편지가 와 있다. 간단한 인사 내용이지만 반가웠다. 정 상병한테 온 편지에 대신 내가 편지를 써 보냈다. 엉뚱한 생각은 아니지만 펜팔이라도 해 볼까 해서다.

새벽 2시경 전방에서 총성이 들려오고 조명탄이 오르고 야단이다. 총탄이 매서운 소리를 내면서 머리 위로 날아간다.

중대 박격포반에서는 연속으로 조명탄을 발사해 준다. 야간 매복조에서 접전이 벌어진 모양이다.

막 달이 뜨려던 시점이다. 한동안 총소리가 나더니 조용해진다.

적과 가벼운 접전이 벌어지고 지금은 철수 중이라는 무전이 들어왔다. 야간 보초를 교대하고 벙커로 들어와 연이의 편지에 회답을 썼다.

배터리 불빛이 밖으로 새 나가지 않을까 신경이 쓰였지만 조심해서 편지를 썼다.

📧 연이의 32번째 편지

(연이는 이때부터 **NO.**를 쓰지 않았다.)

이 일병님께.

안녕하셨어요? 연이가 인사드립니다.

오늘도 바쁜 하루가 되셨겠군요. 이곳은 장미의 독특한 향기로 가득 차 있어요.

그곳에서도 항상 볼 수 있는 꽃들이겠지요? 시험이 끝나 채 숨도 돌리기 전에 또 시험 발표가 되었어요. 이 일병님, 오늘에야 임무를 수행했군요. 게으른 탓은 아니니 용서해 주셔요. 이 일병님 손안에 들어갈 수 있도록 기도해 봅니다.

날씨가 무척 더워졌어요. 어제는 최고 31.5°C까지 올라갔다나요. 우리나라에선 삼복더위만 찾아 볼 수 있는 기온이지만 그곳에선 아주 낮은 온도가 되겠군요. 더위에 항상 몸조심하셔요. 이곳에도 약간의 전염병이 고개를 들고 있어요.

이 일병님, 오늘은 무슨 일을 하셨어요? 꽉 빈틈없이 짜인 작전의 임무에 여염 없으시겠죠? 아니면 사격 연습. 그야 지금은 제 편지를 읽고 계시겠죠. 안 그래요? 저는 보지 않고서도 모두 안다고요. 만리안이니까요.

이 일병님 감사드릴 것이 있어요. 보내신 우표 덕분에 명예 배지 한 개 타게 됐어요. 우리 "Girl scout dnvy" 전시회에서 커다란 인기였답니다. 제가 설명한 월남의 우표가 말이에요.

우리 소녀단에서 배지를 탄다는 것은 군대에서 훈장을 받는다는 것과 거의 비슷한 일이에요. 배지가 많을수록 한 단계 더 올라가는 것이거든요? 정말 진심으로 감사드립니다. 이제 곧 사진전에도 출품해 볼 예정인데 잘되면 멋진 풍경 사진을 보내 드리겠어요.

취미 생활에서는 누구에게도 뒤떨어지지 않으려 한답니다.

엄마는 제가 욕심쟁이라서 그렇대요. 하지만 모두 취미가 있는 건 어찌할 수 없잖아요? 여러 가지 하니까 참 재미있어요.

난필을 용서하셔요. 밤이 꽤 깊어 갑니다.

오늘은 이만 안녕히.

서울에서 연이가.

1966년 6월 7일 화요일 맑음

변함없는 전선 생활은 오늘도 계속된다. 전 분대원이 도로 순찰을 나가고 나는 벙커에 남아 정리와 대원들이 돌아오면 먹을 찌개를 끓인다. 땅바닥에 엉덩이를 문지르며 찌개 통 밑으로 박스 종이를 찢어 넣어 불을 지핀다. 오늘도 대원들이 무사히 임무를 끝내고 돌아와야 할 텐데……. 어느새 찌개는 흰 거품을 내면서 끓기 시작한다. 산등성이를 넘은 해는 벌써 등을 뜨겁게 달군다.

무사히 귀대한 대원들과 아침을 먹기 위해 찌개 통을 들고 식탁으로 들고 가니 분대원들 모두가 좋아한다

벌써 아침 일과 끝났으니 앞으로 뭘 하지~? 연이와 형님한테 편지를

썼다. 작전이 없는 한 이곳 전선 생활이 단조로운 것이면서도 언제나 긴장이 풀리지 않는 생활이라 밤만 되면 또 하나의 공포감에 휩싸이고 초긴장이 되는 것이 전선의 일상이다.

그래서 인내와 끈기로 참아 가는 수밖에 없다.

이것이 지금 내가 당면하고 있는 내 운명이니까…….

1966년 6월 8일 수요일 맑음

아침부터 건의하려던 사항을 오후에 소대장한테 말했다.

6후송 병원에 입원한 분대장 옷과 소지품도 가져다주고 포 사령부에 친척 형님을 면회를 가려고 한다니까 흔쾌히 허락을 해 준다.

소대장한테 허락을 받고 보니 이제 안심이다. 내일 갈 준비를 서둘러서 해 놨다. 오늘 밤 근무는 초번이다. 근무 중에 포반장이 와서 내일 면회 가면 분대장한테 이야기를 요령껏 잘하라고 어린애 타이르듯 말하고 간다. 젠장! 누구든 저만 못한 줄 아는 모양이지~? 내일 외출은 월남에 온 후로 처음으로 갖는 공식 외출이다.

임무 교대를 끝내고 내일 일이 잘되기를 빌면서 하루의 피로를 꿈속에서 풀려고 잠자리에 들었다.

1966년 6월 9일 목요일 맑음

보급품 정리에 아침을 바쁘게 보내고 보급차 편으로 대대 C.P로 갔다. 매일 사단 C.P에 간다는 앰뷸런스는 못 타고 아무 차나 사단 방향으로 가는 차를 번갈아 갈아타고서 6후송 병원에 도착했다.

분대장 조 하사는 그래도 휴양을 해서인지 건강한 모습이다. 분대장이라 그런지 분대원들이 궁금한지 안부를 자세히 묻는다. 나는 생각이 있어 더 놀다 가라는 것을 마다하고 포병 사령부에 있는 형님을 찾아갔다. 내가 입원 후 오래간만에 만남이라 시간 가는 줄 모르게 이야기를 이어 갔다.

형님과 같이 근무하는 동료들은 내 전투 경험 이야기에 신기한 듯 일손을 놓고 열심히 듣는다. 여기선 포 사령부에서만 근무하기 때문에 이들은 실전을 경험할 기회가 없다 보니 내 실전 이야기가 무척 부럽고 신기한 듯 호기심 넘치게 듣고 나는 무슨 영웅이나 된 듯 신나게 이야기를 해 줬다. 맘 같아서는 이곳에서 형님과 이곳 근무자들과 밤새 이야기하며 하룻밤 자고 갔으면 좋겠는데 졸병 신세에 여기까지 온 것만도 다행인데 어림없는 생각이다.

중대로 돌아오는 길에 연대 본부에 들러서 부탁받은 사진을 찾아 가지고 오느라 시간이 많이 흘렀다. 연대 정보과에 근무하는 홍재 선배를 만나려고 계획했지만 시간이 너무 없어 포기하고 제1대대 보급차 편으로 1대대 근처까지 와 보니 중대로 가는 차편이 여의치가 않다. 할 수 없이 지나가는 월남군 지프차를 얻어 타고 '푸캇'까지 왔지만 우리 대대로 가는 차편이 없어 난감했다.

한참 기다리니 아군 지프차가 뽀얀 먼지를 일으키며 달려오기에 손을 들어 세우니 아차!! 뜻밖에도 대대장님 박경석 중령과 부대대장이 타고 있지를 않는가!

해는 저물어 가고 날은 어두워 가는 판에 아무튼 타고 볼 일이었다.

겁이 덜컥 났다. 뒷자리에 타고 나니 부대대장이 어찌 된 일이냐고 불호령이다. 이렇게 혼자 다니다가 적에게 납치라도 되면 어쩔 거냐고 불호령이 계속됐다.

대대 C.P에 도착하니 우선은 안심이 되긴 하는데 너무 시간이 지나 중대 보급차도 이미 떠난 뒤다.

할 수 없이 고향 사람인 홍 병장 막사에서 하룻밤 신세를 지기로 했다. 그나저나, 대대장님이 중대장한테 연락을 했을 텐데 내일 중대에 들어가면 틀림없이 기합받을 것을 생각하니 걱정이 태산같이 많이 생겨 잠이 안 온다. 허참, 이를 어쩐다.

1966년 6월 10일 금요일 맑음

물 보급차 편으로 국영이가 대대 C.P로 들어왔다. 참 오래간만이라 반가웠다. 중대에서 나오는 길인데 중대에서는 적 정보를 입수해 작전차 모두 출동을 했다는 것이다. 정말 큰일이 아닐 수 없다. 내가 없는 분대는 있으나 마나인데 어떻게 준비를 하고 출동했는지 걱정이 이만저만이 아니다.

보급차 편으로 중대에 들어가니 정말 아무도 보이지 않고 지원 중대원들이 진지를 지키고 있다. 물차에서 물을 받아 놓고 국영이한테 대접할 것이 없어 과일과 커피를 끓여 줬다.

작전은 다행히 크게 벌어지지 않은 모양이다. 4.2인치 박격포반에서는 계속해 포격을 해 댄다. 오후 늦게 중대원들 모두 귀대한다는 무전 보고가 접수되어 그제야 안심이 됐다. 한참 기다리고 있으니 분대원 둘이 무사히 귀대를 한다. 대원들 보기에 미안한 생각이 들었지만 잘 끝내고 돌아와서 다행이다. 대원들한테 어떤 상황이었나 하고 물으니 별거 아니었다고 오히려 내게 안심을 시킨다.

분대장 안부를 전해 주니 더 있다가 퇴원했으면 좋겠다고 해 웃었다. 더 다행인 것은 어제 일로 중대장님으로부터 별말이 없어서 천만다행이었다.

며칠 전에 써 놓은 형님과 연이 편지를 오늘에야 부쳤다.

1966년 6월 11일 토요일 맑음

아침에 기상해 보니 찬바람이 거세게 불어온다. 비라도 동반해 오려는지 강한 바람이다.

홍매와 연이한테서 오후에 작은 소포가 왔다. 홍매는 《농검일보》 5권을 연이는 칫솔 두 개를 보내왔다. 얼마나 기쁘고 고마운지 종일 기분이 좋았다. 홍매는 한결 안정된 듯하다.

여러 가지로 염려해 주고 걱정해 주니 고마울 따름이다.

연이한테는 무엇으로 보답을 해 줘야 할지 모르겠다.

칫솔을 보내 달라고는 했지만 막상 받고 보니 미안한 생각도 든다.

이웅이도 집에서 편지가 온 모양인데 언짢아했기 때문인지 나한테 몹시 기분 나빠하는 눈치다. 나는 그래도 저를 위해서 편지를 했는데 이웅이는 그렇게 생각 않는 모양이다. '짜아식~! 마음대로 하라지~ 그렇게 생각한다면 너는 너고 나는 나다.'

앞으로는 그에게 더 이상 관심 쓸 필요가 없겠다.

1966년 6월 12일 일요일 맑음

어제 온 소포에 고맙다는 편지를 홍매에게 쓰고 작은형님께도 편지를 썼다. 오후에는 파월 기술단이 중대를 방문해 전투사격 훈련을 시범해 보였다. 적과 교전을 벌이는 상황을 가정해 실탄을 사격하니 그들은 매우 놀라는 표정이다.

저녁에는 편지가 허탕이다. 내일은 오겠지? 그런 희망을 품으며 야간 임무에 들어간다. 달은 뜨지 않았지만 밤하늘이 맑아선지 수많은 별빛 때문인지 캄캄한 것 같지가 않다. 그래도 모기들의 극성이 시간이 지날수록 심해진다.

고국에선 지금쯤 모내기가 한창일 텐데 얼마나 바쁘실까?

멀리서 밤공기를 타고 포성이 은은한 여운을 흐르며 들려온다.

전우여~ 그대들도 나처럼 밤잠을 안 자고 이 밤을 지키고 있구나!

1966년 6월 13일 월요일 맑음

매일 먹던 된장이 떨어져 밥 먹을 맛이 나지 않는다.

처음 밥이 나올 때는 소금하고도 먹을 것 같더니 이젠 입맛이 변했는지 된장 없이는 못 먹겠다.

사수와 둘이서 정문 보초를 끝내고 중대로 들어오니 작은형, 연이, 조카 남숙이한테서 편지가 와 있다. 오래간만의 편지라선지 반가운 마음이다. 집안이 모두 안녕하시다니 안심이 된다.

왕십리 조카한테서는 거의 두 달 만에 받아 보는 편진가 보다.

서울 있을 때는 남숙이가 제일 잘 따랐는데 편지도 남숙이가 많이 한다. 오후에 별로 할 일도 없어서 모두 답장을 써 놨다.

오늘 밤 야간근무는 모기들이 덜 덤벼서 모기들한테 감사해야겠다. 시원한 바람이 불어서 모기들이 활동이 뜸한가 보다.

음력으로 며칠인지 요즘은 달이 뜨지 않아서 밤하늘이 맑아서 전방 관측하기에 용이하다. 오늘 밤도 조용히 보내야 할 텐데…….

 연이의 33번째 편지

안녕하셨어요?
장미는 자기만의 독특한 향기를 내어 우리를 매혹시키려 하는군요. 태양의 열이 점점 강해져 질수록 곳곳에서 아름다운 꽃들이 피어나고 있어요. 오늘 꽃 전시회장에 갔다가 새로운 꽃의 이름을 많이 외웠답니다. 정말 꽃의 종류도 많더군요. 향기도 모양도 모두 달리하니 더욱 재미있는 일이에요. 꽃을 좋아하는 사람에 따라 개성이나 성격을 짐작할 수 있다는 전문가의 말에 수긍이 가는군요. 오늘 미란이에게 소식 들었어요. 편지를 하셨다고요? 미란이가 아주 고맙게 생각하고 있더군요. 요사이 편지가 없는 것을 보니 제 편지가 아직 도착하지 않았나 보군요. 오늘부터 하복으로 갈아입게 되었어요. 매우 깨끗해 보이더군요. 전교생이 하얗게…. 이렇게 완전한 여름이 되어 버렸어요. 날씨도 무더울 때가 많아서 괴로움을 당하고 있으니까요.
오월이 산마루턱에 걸리어 유월의 머리 자락이 저편에 보이는 듯하는군요. 더워지면 졸음이 오기 마련이에요. 강의 시간에도 꿈나라를 맘껏 방황하는 친구들도 더러는 있기 마련이라나요?

그런 때는 냉수가 통치약이 되어 버리죠!

이 일병님! 오늘도 무척 더웠겠군요. 몸조심하셔요….

시험 발표가 또 선포돼 바쁘게 되었어요. 어쩌다 보면 벼락치기 공부를 수행하게 되어 버려요.

이제 대학 입시 공부도 해야 할 텐데 하루에 40시간이 되었으면 하는 어리석음뿐이랍니다.

혼란에 빠진 월남 정부의 태도에 신경이 쓰이는군요. 큰 성과가 있길 바라면서 안녕을 고해야 할까 봐요. 안녕, 연이가.

(아래는 이웅이 동생 미란이가 보낸 편지 내용이다. 연이 편지에 동봉해 왔다.)

이 일병님께. 이 일병님 편지 받고 모든 것 자세히 알았습니다. 오빠를 위로 격려해 주시는 이 일병님을 진심으로 공경합니다. 이 일병님의 글친구인 연이랑 저는 자주 만나기 때문에 오빠가 잘 있다는 것만은 알고 있었습니다. 그리고 편지 공개는 저한테만 하니 안심하시고 연이 부모님에 대한 걱정 안 하셔도 좋으니 편지 자주 해 주세요. 아버지께서 오빠를 대신해 편지해 주는 이 일병님께 고맙다고 하며 따로 편지 못 함을 미안하게 생각하신다고 대신해 전하라는 분부 있으시길래 전해 드립니다. 할 말이 많은 것 같았는데 막상 쓰니 별로 없군요. 앞으로 또 뵙겠습니다.

안녕히 계십시오.

1966. 5. 29.

란 올림.

1966년 6월 14일 화요일 맑음

오늘로 이곳 진지로 이동해 온 지도 두 달 반이 넘었나 보다. 그동안 우리 중대는 두 번이나 중대급 작전을 펼쳤고 나는 말라리아에 감염돼 연대 의무대로 후송 한 번 가고 분대장은 두 번째 입원 중이다. 얼마 되지 않은 기간이지만 많은 환경의 지뱃속에 적지 않은 변화를 가져왔다. 앞으로는 더하겠지.

오늘 밤은 왜 이렇게 조용하지? 그토록 요란하던 포격 소리도, 수시로 떠다니던 제트기 소리도 들려오지 않는 고요의 밤이다.

저 머~언 아득한 하늘엔 보석 같은 별들만 반짝인다. 아! 이 순간 이 병사에겐 얼마나 행복하고 평화로운 시간인가! 조용한 밤의 고요를 타고 벌레들의 울음소리가 귀를 간지럽힌다. 이런 밤이면 전선은 무섭고 공포스러운 전쟁터가 아니고 평화로운 시골 마을의 잔디밭에 누워 있는 기분이 든다.

인간은 누구나가 자기의 삶과 생명을 존중하며 살아가기를 원하며 산다. 그런데 왜? 서로 싸우고 죽이며 전쟁을 하는 걸까?

각자가 가져야 할 자유마저 포기하고 왜 이렇게 싸워야만 하는 건가? 원래 인간이 태어날 때는 선하고 자유롭게 태어난다는데….

나팔 소리가 들려온다. 아~ 벌써 10시가 되었구나. 이제 나도 보초 근무를 교대해야지~ 그리고 꿈속으로 가야지~

하루의 긴장과 피로가 조수같이 온몸으로 밀려온다. 그리고 난, 어느새 깊은 잠속으로 빠져 버렸다.

1966년 6월 15일 수요일 맑음

편지 왔어! 하는 소리에 재후가 밖으로 뛰어나가더니 흰 봉투를 내민다. 연이한테서 왔구나! 반가움과 기쁨이 겹치는 순간, 계급이 낮은 졸병에겐 가장 행복한 순간이다. 몇 개의 별을 단 사령관도 이 병사의 행복한 기쁜 순간을 못 느낄 것이다.

편지를 읽어 보니 나에게 뭘 원하는지 잘 이해가 되지 않는 내용이 나를 잡아 놓는다. 하지만 아무 말을 해도 상관없다. 이 병사에게는 하루의 기쁨이 있고 또 즐거움이 있으면 그것만으로 족하다.

내가 바라는 건 바로 그런 것이다. 내일, 아니 모레까지 이런 기분 좋은 날을 바라지 않는다. 전선의 이 병사에겐 오직 오늘이 중요할 뿐이다. 내일도 모레도 이런 기쁨을 느낀다면 그건 아직 내가 살아 있다는 증거다.

요대 빠클 때문에 문 상병과 한바탕 말다툼을 했다. 그도 화가 났는지 빈 깡통으로 때리려고 마구 달려든다. 이런 못난 놈 같으니! 나를 때리기 전에 너 자신을 생각해 봐라! 그래도 잘했다고 생각하면 그때 나를 쳐라! 그때는 아무 말 않고 맞으마.

요행이 영화 상영이 있어서 그것으로 끝났다. 그런데 둘이서 싸우는 것을 선임 하사한테 들켜서 문 상병이 몇 대 쥐어박히는 선에서 끝나 어찌나 속이 시원한지 모르겠다.

연이의 34번째 편지

이 일병님!

지금은 어제부터 내리는 비가 계속 흐르고 있어요. 너무도 기다리던 비인 것 같군요. 농부들의 기쁨에 찬 환한 웃음이 마음을 수놓아 줍니다. 하지만 딱 한 가지 전 나쁜 것이 있어요.

오늘은 편지가 올 것 같은 예감이었는데 이렇게 굵은 빗줄기가 끊임없이 떨어지니 우체부가 발걸음을 정지했을 게 아니에요?

그렇지만 농부들이 그렇게까지 애타게 기다리던 '단비'니 저도 반갑지 않을 수가 있겠어요? 지금 한창 모내기가 시작되었을 거예요. 빗속에서도…….

올 보리는 대풍작이랍니다. 기쁜 소식이에요. 저는 농사에 대해서 알진 못하지만 관심이 많은 편이랍니다. 시골을 동경한 나머지 그렇게 되었나 봐요.

기쁜 소식을 전해 드린 반면 한 가지 슬픈 소식을 전합니다. 그것은 다름 아닌 전 국무총리 장면 박사가 고인이 되어 버리고 말았어요.

오늘은 유월의 첫째 일요일입니다. 이 일병님의 편지가 왔던 날도 꽤 오래전 일이군요. 답장을 안 하신 건지 편지가 아직 도착하지 않았는지…. 약간 궁금하군요.

이 일병님! 벌써 유월하고도 일주일이 지났어요. 제가 처음 이 일병님께 편지 한 날짜가 십이월 중순이었는데 일곱 달째 접어들었군요. 그동안 누구도 감당하기 쉽지 않은 만큼이나 저에게 편지를 주셨어요.

저는 항시 시간의 여유가 있으니 장한 일은 못 되어도 항상 바쁘고도 또 생사의 갈림길 속에서도 답을 주실 것을 잊지 않으시고 꼬박……. 진심으로 감사합니다.

다른 편지 속에서는 맛볼 수 없는 독특한 맛이 이 일병님 편지 속에서 볼 수 있어요. 이국에서 보내는 편지라선지? 아무튼 즐거움을 새로이 느끼곤 하니까요.

이 일병님이 군인이고 또한 전쟁 속에서 위태한 하루를 맞이하고 보내고 있다는 속에서도 저는 새로운 것을 발견합니다.

죽음 앞에서도 침착할 수 있는 인간이 얼마나 존엄한 것인가를….

그러한 강한 투지력과 마음이 얼마나 보배스러운 것인가를….

이 일병님! 저는 이런 생각을 했어요. 짧고 굵은 인생관 속에 아름다움을 넣고 싶다고요. 사치한 아름다움은 절대 아니에요. 마음을 아름답게 가질 수 있고 또 자연을 아름답게 볼 수 있는 눈도 우리에게는 가치 있는 것이니까요.

언젠가 타는 듯한 노을을 보고 감탄해 쓰신 글귀를 읽을 때 저도 간접적으로나마 흐뭇한 자연의 아름다움을 생각할 수 있었거든요.

전쟁 속에서는 악이란 무서운 것이 항상 따르기 마련인가 봐요. 하지만 악은 선보다 약하다는 어느 대가의 말씀이 생각나는군요.

우리는 뺏으려 총을 든 것이 아니고 오직 '방지' 때문에 할 수 없이 무기를 든 것이 아닌가요? 악한 마음의 소유자들은 종내 멸하고 말 거예요. V.C들이 격전을 벌이다가 참패하고 사망자들의 숫자가 방송될 때마다 통쾌한 승리감보다는 처참한 인간 생활의 종말이 사고의 심경을 이룩하고 말아요.

이 일병님, 우리는 모두 참되게 되기를 바라고 있어요. 인간이라서보다 우리 민족으로서…. 또 개인의 마음 보기에서….

비의 낙수 지는 소리가 아직도 끝나지 않고 있군요.

마음에 텅 빈 공허가 닥칠 때까지 팔이 아파 도저히 움직일 수 없을 때까지 글을 쓰고 싶은 마음이에요.

잠깐 한국과 월남을 비교해 볼까요?

한국

면적: 28만 8백구십 제곱킬로미터.

인구: 3천5백만 명.

같이 일제하에 있다가 1945년 해방과 동시 정부 수립.

기후: 온대성 계절풍 기후.

전쟁: 1950년 6월 25일(6.25 남침 한국전쟁)

　　　(휴전: 53년 7월 27일 판문점, 경계 38°선)

월남

면적: 32만 팔천 제곱킬로미터.

인구: 2천9백만 명.

기후: 열대성 계절풍 기후.

전쟁: 1946년 12월 19일(인도차이나 전쟁)

　　　(휴전: 54년 7월 20일 제네바, 경계 17°선)

> 모든 것으로 보아 한국이 아니 우리나라가 앞서고 있군요. 같은 슬픔을 당한 적도…. 오늘은 쓸데없이 쓰다 보니 금지된 용어가 들어갔군요. 이만 안녕히.
> 연.

1966년 6월 16일 목요일 맑음

분대원 세 명이 문 상병한테 엉덩이 두 대씩 맞았다. 이유는 그냥 막연히 말을 듣지 않아서라는 것이다. 아마 밤새도록 요대 문제로 선임 하사한테 쥐어박힌 것이 분했던 모양이다. 맞기는 했지만 나는 할 말을 차근차근 해 댔다. 아무리 군대지만 내 의무를 다하는데 빠따를 맞아야 하다니, 하급자에 대한 권리 침해다.

계급적으로는 나를 누를 수 있지만 말로는 나를 당해 내지 못했다. 때리기는 했지만 말로는 내가 이겼다. 그래선지 맞기는 했지만 그렇게 기분 나쁘지는 않았다.

하여간 그 일로 인해서 오늘은 유쾌한 날은 아니다.

어제같이 즐겁던 날이 오늘 이렇게 되리라고는 미처 몰랐다.

매일같이 뜨거운 태양 아래서 뭔가를 붙잡고 싶은 마음이었는데, 열풍은 땀을 흘리게 하고 불같은 태양은 등을 태우고 자꾸만 짜증이 난다. 내일도 이럴까……?

1966년 6월 17일 금요일 맑음

오랜만에 동생과 사촌 형님한테서 편지가 왔다.

동생 편지에는 교우들의 응원 편지도 함께 동봉돼 왔다. 순이야! 이제 오빠는 너희들이 무척 보고 싶어지는구나. 이젠 너도 많이 컸겠지?

시원한 바람이 땀에 젖은 몸속으로 스며드니 시원한 감촉이 좋다. 어둠이 깃드는 초저녁, 하나둘 보이던 별들은 이제 수천수만으로 헤아리지 못할 정도로 하늘을 뒤덮여 반짝인다. 그리고 조용한 밤이 깊어 갈수록 수많은 풀벌레 울음소리가 귓전에 울려오며 간간이 그쳤다가 또 울려오고……. 언제까지 저렇게 울어 댈까? 이 밤이 지새도록 저렇게 울어 댈까?

그리고 내 사랑하는 조국의 하늘 위에도 저 별들이 반짝이며 우주의 밀어들을 속삭이겠지? 그리운 내 조국이여~ 사랑스러운 대한의 대지여~ 나 살아 있는 한 당신의 품속으로 환호의 승전고를 울리면서 기쁨의 눈물을 흘리며 돌아가리라! 다시 고국에 대한 환상이 떠오른다.

또 포격이 시작된다. 포성이 울리고 죽음의 골짜기에서 폭음의 산울림이 끝날 때 다시 들려오는 벌레들의 울음소리가 귀를 간지럽히며 긴장된 마음을 달래 주려는 듯 애잔하게 느껴진다.

먼~ 하늘 저 멀리, 커다란 유성이 긴~ 꼬리를 밤하늘에 그으면서 사라진다.

1966년 6월 18일 토요일 맑음

오늘 같은 날이 며칠이나 될까 싶을 정도로 한가한 오전, 연이가 보내 준 편지를 세어 봤다. 모두 37통 편지를 받았다. 반면에 내가 보낸 편지는 26통이다. 삼 분의 일을 적게 보낸 셈이다.

요즘은 연이로부터 편지가 없는데 좀 이상하다. 내가 적게 보내서 연이도 안 하는 건 아닌지?

내일은 야간 매복을 나가니 만반의 준비를 하라는 지시가 내려왔다. 내일 밤 밤새도록 모기한테 시달릴 생각을 하니 벌써 걱정이 앞선다. 식량 주머니에 레이션을 넣어 두고 철모에 위장하고 탄약과 총에 기름도 발라 준비를 철저히 했다. 그리고 수류탄 안전핀도 확인해 둔다.

저녁 식사를 하고 나니 2소대 대원들이 몰려와 어떻게 떠들어 대는지 시끄러워 자리를 피하고 말았다. 한참 후에 다른 곳에 있다 왔는데도 아직도 가지 않고 무슨 할 말들이 많은지 끝날 기미가 보이질 않는다. 하는 이야기마다 남들 욕하거나 흉보는 말이고 그다음이 여자 이야기다. 남자들만의 사병들이고 자기도 모르게 상급자들에 시달리다 보니 불평불만이 많고 맘속에 응어리진 스트레스를 욕으로 풀려고 하는 것이고, 전쟁터에서 느끼는 외로움에 자연히 여자 이야기로 위안을 달래는 것은 자연스러운 현상이 아닌가 생각된다. 어떤 유행가였던가? "여자 없이는 못 살아~" 하는 노래가 수긍이 간다. 그래, 여자 없는 세상은 상상도 못 하지….

1966년 6월 19일 일요일 맑음

　1시, 조용히 기상한 우리 분대는 전투 장비를 휴대하고 2시에 적지를 향해 은밀한 잠복 기동을 시작했다. 별빛만 보이는 캄캄한 밤을 이용해 적지로 침투하는 것은 여간 힘들고 위험한 일이 아닐 수 없다. 한 발 한 발 앞으로 내딛는 발은 뭐라도 건드리면 당장에라도 터질 듯한 긴장감이 감겨 있다. 날이 밝아질 무렵에야 목적지에 무사히 도착한 우리는 은밀한 주간 잠복에 들어갔다.
　우리 분대는 우거진 바나나 숲속에 은폐해 자리를 잡고 흐르는 땀을 식히며 경계에 들어갔다. 몇 시간 동안의 은밀한 침투 기동은 그건 실로 생명과 바꿔야 하는 아슬아슬한 행동이다. 긴 한숨이 절로 나왔다.
　얼마나 시간이 흘렀는지 뜨거운 해가 중천에 떠오르니 바나나 잎새로 들어오는 햇살이 나를 괴롭힌다. 그때 '적 발견!' 신호와 동시에 잠시 풀려 있던 긴장이 온몸을 휘감아 왔다.
　적은 나무 위에 올라가서 우리 잠복을 감시라도 하는 듯, 그러나 우리한테 발각된 상황이 벌어진 것이다.
　즉시 포위 작전이 전개됐다.
　총반 2개 분대가 좌우로 제1분대가 산과 계곡을 우회해 퇴로를 차단하고 정면으로 우리 분대가 공격했다.
　요란한 총성과 M79 유탄 발기의 폭음이 고막이 터져라 굉음을 낸다. 퇴로가 차단된 적은 꼼짝도 못 하고 현장에서 사살됐다.
　무전을 접한 중대 C.P에서는 우리 위치가 노출되어 즉시 철수하라는 명령이 하달돼 신속하게 현장에서 이탈 도중 갑자기 산 위에서 적의 자동화기 사격이 요란한 소리를 내면서 가해 오기 시작했다.

우리 잠복조가 철수하자 산에 숨어 있던 적이 사격을 시작한 것이다. 이제는 우리 중대가 적지 턱밑까지 들어가 작전을 시작한 것이다.

우리 소대는 적의 공격을 아군 포격으로 제압하면서 잘 회피해 가며 철수에 성공해 무사히 중대 C.P에 도착했다.

더위와 땀으로 범벅이 되어 벙커에 들어오니 편지가 나를 반긴다. 더위와 긴장으로 지친 몸이 한꺼번에 풀리는 듯 기분이 날아가는 것 같다.

1966년 6월 20일 월요일 맑음

어제 잠복 작전으로 초긴장 때문인지 어젯밤은 곤히 잘 잤다.

내일은 중대 작전을 한다고 하는데 우리 소대는 어제 작전으로 오늘 작전에는 빠진다고 해 준비하지 말라는 지시가 하달됐다.

연이한테서 오늘은 편지가 올까 했는데 허탕이다. 큰형님한테서도 한 달째 소식이 없고….

어둡고 갑갑한 벙커에서 밖으로 나오니 눈부신 태양과 후끈거리는 열기가 가슴을 짓누르는 듯 따갑게 내리쬔다. 이글거리는 저 태양이 원망스럽기도 하지만 한 달간 비만 오다가 볕이 날 때는 그렇게 반가울 수가 없다. 어둡고 갑갑해도 다시 벙커로 들어왔다.

어둡긴 해도 내게는 안식처다.

적의 박격포탄을 막아 주고 총탄을 막아 주는 생명의 보호처 역할을 해 주기 때문만이 아니고 그러면서도 대원들의 유일한 공간이며 침실이기 때문이다.

어두워 가는 전선의 초저녁, 대원들이 모여 앉아서 자연스럽게 귀국

이야기로 화젯거리가 이어진다. 이제 본국으로 간다는 것, 이곳 전쟁터에서 평화로운 우리 한국으로 간다는 것이 그렇게도 기다려지고 어서 가고 싶어지는 것일까? 아무튼, 언젠가는 나도 가게 되겠지~ 그날을 남들이 기다리듯 나도 기다려진다.

1966년 6월 21일 화요일 맑음

정문 보초 임무를 끝내고 들어오니 오늘 저녁 5시를 기해서 전 중대가 출동하는데 우리 분대도 참가하게 되니 모든 준비를 하라는 것이다. 탄약과 장비를 정리하고 낮잠에 들어갔다.

저녁 5시, 중대 병력이 집결해 간단한 브리핑을 듣고 출동을 시작했다. 가시덤불과 잡목들로 뒤덮인 좁은 길을 헤쳐 가며 맹호사단 최전방이라는 '푸캇' 산맥의 끝자락 마을로 어둠을 이용해서 아주 은밀히 행동을 이어 갔다.

우리는 도착하자마자 즉시 야간 매복 대형으로 경계에 들어갔다.

우리 분대도 중대 지휘부를 뒤에 두고 우전방에 배치돼 매복 경계에 들어갔다. 매복 장소가 습지라 그런지 모기들의 공격이 말이 아니게 심하다. 웃옷을 벗고 모기약을 발라도 모기들은 용케도 약이 묻지 않은 곳을 찾아내 찔러 댄다. 역시 남의 피를 빨아먹는 곤충이라 그 주둥이 송곳이 어지간히 발달한 모양이다.

캄캄한 적중, 긴장은 최고로 긴장된 상태에서 전방을 응시한다. 손가락은 언제나 실탄이 장전된 총 방아쇠에 닿아 있다.

일 분 일 분 밤이 지나서 내일 날이 밝아 오면 적과 접전을 벌여야 한다. 내일의 전투가 순간순간 다가오는 이 순간 내 마음은 정말 긴장되고 착잡해지고 있었다.

이 시간이 왜 이렇게 길게만 느껴지는지~ 아! 적지의 밤이 이다지도 길단 말인가!

1시간이 지나고 또 얼마나 지났을까? 이상한 예감이 들더니, 아니나 다를까~ 전방 3소대 매복 지점에서 총성이 나기 시작하면서 신호탄이 하늘로 계속해 오른다. 그리고 곧이어 자동화기가 불을 토하더니 여기저기에서 총성이 요란하다. 날이 밝기 전에 드디어 붙었구나! 순식간에 긴장이 온몸으로 감싸 왔다. 그리고 총 잡은 손가락이 방아쇠 안으로 자동으로 걸어졌다.

박격포의 조명탄이 하늘로 오르자 적지는 한순간에 대낮처럼 밝아졌다. 이따금 총성이 울리는 가운데 누군가를 부르는 소리가 들려왔다. 중대 C.P와 지휘부 사이에 무전이 오가는 소리가 들리더니 C.P에서 4.2인치 박격포반에서 포격과 조명탄이 매복지 상공으로 날아와 터졌다. 적지는 더욱 밝아졌다.

그러는 사이에 부상자가 발생해 구조 헬기가 도착해 매복지 상공에 착륙 지점을 찾기 위해 애쓰는 듯 아주 낮게 선회를 하고 있다.

적지는 더욱 밝아지고 아군의 엄호 포격 속에 불을 질러 착륙 지점을 표시하자 헬기는 라이트로 비추며 아군임을 확인하고 조심스럽게 착륙에 성공했다. 이 캄캄한 한밤중에 특히 포격이 계속되는 와중인데도 매복지까지 찾아오는 헬기 조종사들은 그야말로 정말 감탄할 만한 일이 아닐 수가 없다. 그들의 비행술과 용기가 정말 대단하다. 부상자가 누군지 전우의 등에 업혀서 헬기에 실리는 모습이 흐릿하게 보이더니 헬기는 이내 급히 이륙해 후송 병원을 향해 어둠 속으로 사라져 버린다.

우리 중대 위치가 노출돼 다른 지역으로 급히 이동해 매복 작전을 계속해 이어 갔다. 이 상황은 새벽 1~4시 사이에 일어난 상황이다.

1966년 6월 22일 수요일 맑음

밤새도록 초긴장 속에서 어떻게 운명이 결정되는지 모를 순간순간이 흐르고, 날이 희미하게 밝아 오자 극성스럽게 덤비던 모기들도 뜸해진다. 6시, 우리 분대의 57mm 무반동포 사격을 시작으로 공격 작전이 시작됐다. 10중대 각 소대는 우리 분대 엄호 사격을 받으며 일제히 '푸캇' 산 죽음의 계곡을 건너서 정글 고지 밑으로 진출해 들어갔다. 고지 밑으로 진격한 우리 분대는 계속해 산속에 은폐된 적 동굴 진지에 57mm 무반동포로 사격을 해 댔다.

어젯밤 기습으로 적들은 깊은 산속으로 후퇴를 했는지 큰 저항 없이 목표를 점령했다. 우리는 적의 근거지를 불사르고 수류탄으로 벙커 등을 파괴하며 수색을 해 나갔다.

어젯밤 접전으로 적의 시체들이 여기저기 흉한 모습으로 흩어져 있어 1개 분대 정도의 적이 전멸된 듯했다. 중대는 총 3정을 노획하는 전과를 올렸지만, 우리도 1명의 전사자를 냈다. 어젯밤에 후송됐던 부상자가 후송 도중에 전사했다는 것이다.

작전 목표였던 적 생포는 야간에 접전이 이루어지는 바람에 이루지 못했다.

10시경 철수를 하는데 산속 깊이 도주했던 적들이 갑자기 자동화기로 사격을 가해 왔다. 매우 정확하고 맹렬한 기관총 사격이다. 우리 분대는 낮은 논두렁에 엎드려 있다가 낮은 포복으로 신속히 움직이는데 기관총탄은 엎드려 있는 우리 주위 20~30cm까지 흙먼지를 튀기며 떨어지는데 부상이라도 당할까 봐 오금이 저려 왔다.

적은 산 위에서 우리를 보며 사격을 해 대고 우리는 개활지에 노출된 상태라 우리 분대는 적의 사격에 꼼짝도 못 하고 갇힌 신세가 됐다. 그러나 대대 C.P와 중대 C.P에서 엄호 포격이 시작되고 연막탄으로 연막이 쳐지자 그 틈을 이용해 적의 기관총 사정거리에서 탈출하는 데 성공했다.

적들의 사격 지점을 바라보며 긴 안도의 숨을 내쉬었다. 그래도 적들의 사격으로 2명이 가벼운 총상을 입었지만 철수하는 데는 큰 지장은 없었다.

중대 C.P에 무사히 도착하니 그제야 피로가 몰려왔다. 장비를 정리하고 옷을 갈아입고 나니 졸음이 밀물처럼 덮쳐 온다.

아! 격전의 어젯밤이여~ 무사히 또 하루를 보냈구나!

1966년 6월 23일 목요일 맑음

조용한 전선의 밤, 이따금씩 아군의 포격이 고요한 밤공기를 흔든다. 희미한 쪽 달이 전선 구석구석을 비춰 앞에 보이는 철조망이 뚜렷이 보이고 어쩐지 무섭기도 하고 외롭게 보이기도 한다.

어제 작전에서 한 명이 희생된 생각을 하니 허무한 마음과 고독한 생각이 밀물같이 한꺼번에 찾아온다. 희미하게 비추는 달빛에 몸을 숨기며 가만히 지금의 나를 곰곰이 생각해 본다. 지금 내 앞에는 사람을 살상하는 수류탄과 M18 크레모아 지뢰가 누르기만 하면 터지게끔 장치돼 있다. 그리고 제2의 생명이라는 총에는 15발 총탄이 장전돼 방아쇠만 당기면 순식간에 발사되도록 되어 있다. 나는 지금 적이긴 하지만 한 인간을 죽이기 위해서 인간을 죽일 수 있는 장치를 감시하고 관리하고 또 사용하게끔 임무를 맡고 있다.

내가 태어날 때는 한 인간으로서 순수하게 이 세상에 태어났을 텐데~ 아니! 지금은 그렇지 못하다.

한 인간이 저쪽에서 나를 향해 총을 겨눌 때 나는 앞에 놓인 수류탄을 던지고 총을 쏴야 한다. 그것도 먼저 쏘고 던져서 반드시 그를 죽이지 않으면 안 된다. 만약 그 일이 실패한다면 나는 그 인간한테 죽임을 당해야 한다. 왜 나를 죽이려 들지? 그렇지 살기 위해서겠지. 살아남으려면 누군가는 먼저 상대방을 죽이는 수밖에 없다. 그것이 지금 이 전선의 엄연한 현실이다.

내가 지금까지 살아온 보람도 알지 못하고 두려움과 고통과 괴로움을 참으며 여기까지 견디어 온 보람도 없이 죽임을 당한다면 그건 상상도 하기 싫은 일이고 그래서도 안 되지! 나는 어떻게든 살아남아야 한다. 갑자기 죽는다는 것이 무섭기도 하고 두렵게 느껴진다. 그래, 죽는다는 것, 아니 그 인간에게 죽임을 당한다는 것, 그건 두려운 일이다. 그건 나도 그렇고 적도 마찬가지일 테지~

달이 비스듬히 기울어 간다. 벌써 10시가 됐는지 나팔 소리가 크게 울리다 작게 울리다 여운을 남긴다.

저 멀리 깊은 적진 속 죽음의 골짜기까지 저 소리가 들리겠지~?

1966년 6월 24일 금요일 맑음

사단 방송이 라디오에서 흘러나온다. 오늘이 수도사단 창설 17주년 되는 날이다. 연이 편지가 여러 날이 되도록 오지 않아서 궁금증이 나는데 오늘도 허탕이다. 오늘도 몹시 더운 날이다. 분대장이 퇴원한다고 포반장이 전해 준다. 다행이다. 밤이 되자 바람이 시원하게 불어와 모기들이 덤벼들지 않아서 야간 근무 하는 데 한 가지 일이 없어진 셈이다. 환한 전선의 밤, 구름 한 점 없는 맑은 밤하늘에선 유성이 긴 꼬리를 남기면서 희미하게 사라진다. 인간의 죽음도 저 유성처럼 언젠가는 삶이라는 꼬리를 남기고 사라지겠지? 저 넓은 우주 공간을 바라보자니 나만의 쓸쓸한 고독이 찾아온다.

1966년 6월 25일 토요일 맑음

아침에 사수와 정문 보초를 나갔다. 오전 11시경 요란한 총성이 나면서 실탄이 머리 위로 매서운 소리를 내면서 스쳐 간다.

베트콩의 기습이구나! 직감적으로 느끼며 상황을 살피니 그다지 심각한 상황은 아닌 것 같다. 즉각적인 아군의 반격이 시작되자 잠시 후 잠잠해진다. 이런 일은 가끔 일어나는 일이라 별로 긴박한 상황은 아니어서 경계만 강화했다.

오후에 이웅이가 교대차 나왔다. 연이의 편지가 왔다는 말에 얼마나 반가운지 위병 근무를 인계하고 진지로 들어갔다. 그런데 저녁때 희순이 편지와 또 한 통의 편지가 왔다. 오늘은 정말 기분 좋은 하루다. 그동안 소식이 없어 무슨 일이라도 생겼나? 했는데 읽어 보니 별일은 없었나 보다. 곧바로 회답을 써 놓았다.

밤에 보초 근무를 서는데 신 상병과 이야기를 하던 중 소대장이 순찰을 돌아서 헤어졌다.

소대장은 "근무 잘 서라!" 하며 그냥 지나쳐 간다. "옛! 알았습니다! 계속 근무 중! 이상 무~!!!"

✉ 연이의 35번째 편지

이 일병님이셔요?
전 연이예요. 매우 오래간만에 글을 올리게 됐죠? 용서 있으시기 바랍니다. 연달아 보내 주신 편지 잘 받았어요. 지금도 화내고 계셔요? 성난 얼굴 하시지 마셔요. 성난 사람을 좋아하는 사람은 없어요. 무어 때문에 화내시는지는 모르지만 원인이 저였을 거라고 생각하니 슬프기도 하군요. 저의 큰 실수였나 봐요. 이제 친구 간에 농담도 할 수 없게 되었군요.
이 일병님의 편지는 읽는 대로 비밀 장소에 넣고 입 밖에도 내지 않을 것을 약속합니다. 자랑거리 한 가지가 줄어 버리고 말았군요.
심심해서 어쩌나? 하지만 원하지 않으시는 일이니 시종일관 입을 닫는 수밖에 없군요.
지난 금요일 이곳의 날씨는 정말 발광적이었어요.
잿빛 구름이 결정적인 순간에 가서 대답이 나온다는 것이 비도 소나기도 아닌 우박이었다는 것에는 이 일병님도 놀라실 거예요. 역시 그곳에서는 흔히 볼 수 있는 광경이겠죠? 언젠가 이 일병님의 편지 일부분 지면을 차지했던 기사와 같은 광경이 아니었나 생각되는군요.

지금 햇보리가 한창이고 농가에선 매우 바쁜 철이군요. 모내기가 거의 끝나 가는 듯하군요.

보리가 대풍년이라서 국가적으로 수입이 크나 보리농사에 전력을 기울이던 농업에 종사하는 사람들의 실망은 클 거예요. 값이 폭락했을 테니까요. 하지만 정부 대책이 좋은 형편이어서 가격엔 얼마 차이가 없는가 봐요.

이 일병님! 날씨가 점점 더워 가고 있겠죠?

역시 이곳도 마찬가지예요. 푸르기만 한 하늘이 갑자기 잿빛으로 변하여 소나기가 쏟아지는 날이면 우리 여학생들은 골탕을 먹고 말아요. 날씨와 기온도 점차 월남을 닮아 가는 듯 청량리 정신병원에 입원할 존재라면 안심이나 하겠는데 이거 어디 마음을 놓을 수가 있어야죠. 어제같이 갑자기 소나기가 오는 날은 공부는커녕 교복과 운동화 빨기에 하루를 아깝게 흘려 버리고 말죠. 어제와 달리 맑은 날씨예요. 서산에 약간의 노을이 지고 난 슬픈 여운을 감싸 주고 있어요.

비둘기부대 한 장병님은 월남 아가씨를 아내로 맞는다죠? 어제 신문에 크게 보도된 사실이랍니다.

제대를 하시게 되지만 재복무하시겠다나요? 미자라는 예쁜 딸도 보셨답니다. 의외로운 일에 놀람과 동시에 행복을 기원합니다.

재미있는 일이에요. 그럼 또 내일 "Adieo".

연.

연이의 36번째 편지

(오늘 저녁때 온 편지다.)

이 상병님 보셔요.

백합이 봉우리 진 지가 오래되었건만 아직도 피려 하지 않고 있어요. 코를 가까이 갖다 대면 도취되어 빨려 들어갈 것 같기도 한데 무엇 때문에 피기를 꺼려 하는지 모르겠군요.

그간 안녕하셨어요? 오늘은 제가 싫어하는 수요일이기는 하지만 비교적 즐거워요. 내일은 학교에서 단체로 송충이 소멸 작전에 나섭니다. 공부를 안 하게 되어 한편 손해지만 그런대로 기뻐요.

가끔 이런 날이 있어야만 공부에 싫증이 안 나거든요? 한 반에 3바께스를 잡아야만 보내 준다는데 큰일이에요.

송충이가 저를 잡으려 달려들 텐데 어쩌면 좋죠? 우리 나무를 갉아 먹는 생각을 하면 밟아 죽여야 시원할 것 같지만 징그러운 송충이란 벌레가 나타나기만 하면 비명을 지르고 말아 임무를 못다 할까 봐 오늘부터 걱정이 되는군요. 아이, 무서운 이야기는 그만하기로 하죠.

보내 주신 호랑이 마크 감사합니다. 그런 마크를 팔에 단 맹호 용사를 서울 장안에서도 가끔 볼 수 있어요. 이제 제가 소유하게 되다니 신기하게 기쁘군요. 무척이나 자랑스러운 마크니까요.

신 상병님이 병장님이 되시고 일병님들은 상병님이 되시고 경사가 아닐 수 없군요. 오늘 그런데 새로운 것을 알았어요. 편지는 저한테밖에 안 오나 봐요. 친구들의 편지가 왔다는 반가워하고 기뻐하는 그 말을 들은 지가 매우 오래되어 버렸으니까요. 재미없게 되었지 뭐예요.

> 소식도 못 듣게 되었고 또 제 편지 이야기도 하지 못하게 되었으니 말이에요. 저 혼자만 편지 왔다고 떠들어 댈 수 없는 일 아니에요? 아무튼, 이상하게 되었어요. 편지를 제일 늦게 해서 미안해서 어쩔 줄 몰랐던 제가 이젠 한 가지 잘못을 벗을 수 있게 되지 않았어요? 또 화내지 마셔요. 몸조심하시구요. 그럼 내일을 위해 이만 청해야겠어요. 안녕히.
> 연.

1966년 6월 26일 일요일 맑음

어제 온 연이와 희순이의 편지에 각각 회답을 부쳤다. 연이한테는 신병장에 대한 일 때문에 좀 꼬집어서 몇 자 적어서 보냈는데 어떻게 생각할지 모르겠다. 연이한테는 선인장 배경이 있는 사진을, 희순이한테는 오빠 모습이 담긴 사진 한 장씩 동봉해 보냈다.

오늘 밤에 영화 상영이 있다고 했는데 무슨 일인지 중대에 상영되지 않았다. 어린애 같은 심정으로 영화를 기다렸는데 허탕이라니 마음이 허전해지는 것 같다.

오늘이 음력 며칠인지 달빛이 어둡지 않게 비친다. 보초 근무를 서면서 전선이 조용하니 옛날에 품었던 꿈들이 하나둘 떠오른다.

어릴 적 그 아름답고 천진난만했던 꿈과 추억들이 생각난다.

모두가 아쉽고 후회되기도 한다. 그러나 지금은 그 아름다운 꿈조차도 가질 수가 없다. 여기는 그럴 여유도 가질 수 없는 곳이기 때문이다.

생과 죽음과의 갈림길이 정해지는 상황이 늘 이어지는 것이 이곳 현실이기 때문이다. 아름다운 꿈, 아련한 추억, 다 소용없는 허망함뿐이다. 같은 인간끼리 처참한 증오와 갈등이 계속되는 이 비열한 현실이 있을 뿐이고 그래서 오직 살아야 한다는 것, 그것이 중요할 뿐이다.

1966년 6월 27일 월요일 맑음

한국에서 주월 한국군을 위해서 위문 쇼단이 왔는데 각 분대에서 한 사람씩 남아 경계 근무를 하기로 해서 내가 남기로 하고 모두 구경을 갔다. 대원들 모두 떠난 오후에 혼자 막사를 지키며 경계 근무를 섰다.

아무도 없는 침침한 벙커에 혼자 있자니 마치 내 세상 같아서 편안한 느낌이 든다. 해가 지고 저녁노을이 질 무렵이 돼서야 대원들이 무사히 돌아왔다. 그러고는 쇼 이야기로 시끌벅적하다. 그런데 이웅이가 난데없이 봉투를 내민다. 연이한테서 편지가 또 오고 사촌 형님과 대구의 경아한테서 편지가 온 것이다

모두 반가운 편지들이다. 경아한테서는 어느 소녀를 소개해 주겠다는 내용이다. 쇼 보고 왔다고 너희들만 즐거운 날이 아니라고~ 쇼 구경 안 가도 편지가 세 통이나 왔으니 이보다 더 좋은 일이 어디 있단 말인가!

오늘 온 편지 내용을 생각하며 초병의 임무에 열중했다.

연이의 37번째 편지

이 일병님께!

어머! 큰 실수를 했군요. 일병님이라니 어엿한 상병님이 되셨는데~ 일 계급 승진되셨군요. 축하드립니다. 하지만 저에겐 낯선 단어가 아닐 수 없어요. 어째 쑥스러운 것 같기도 하고…….

무더운 날씨에 온몸의 신경 세포들은 고무줄같이 늘어져 있는데 이 일병님의 편지를 받고 너무도 기쁜 마음에 쇼크를 받았는지 원상태로 돌아와 온 기능을 움직여 주고 있어요.

두 장의 편지 잘 받았어요. 오늘은 유월의 둘째 화요일입니다. 맹호 5호 작전의 하루 수기를 읽을 땐 소설 속에서 볼 수 있었던 전쟁 수기완 약간 다르군요. 보다 구체적으로 이 일병님의 심적 상태가 뚜렷이 반사되어 있었어요. 제가 생각했던 것과 마찬가지로 매우 처참한 그림 같은 실제의 광경이었을 거예요. 아니 실제로 제가 그 모양을 보았다면 무서움에 어쩔 줄을 몰라 엄마 아빠 송두리째 부르며 울부짖을지도 모르겠군요. 무서움엔 원래 약한 저이니까요.

제가 여자란 걸 증명하는 일부분인지도 모르겠어요.

지금의 하늘은 파란 코발트빛을 점점 잃어만 가는 오후랍니다. 학교에서 돌아온 바로 직후니까요. 가지런히 자라고 있는 화단의 봉숭아는 벌써 빠알간 꽃봉오리의 끝이 조금 아주 조금 내밀고 있어 더욱 귀여워요. 날씨가 더워서인지 씨를 일찍 뿌린 원인에서였는지 예년보다 훨씬 일찍 피게 되었군요.

한창인 글라디오스 또 뒤질세라 피고 지곤 합니다. 저번에 식물원에서 채집한 꽃을 한 장 동봉합니다. 아마 열대화인 것 같아요. 이름도 생물 도감에 기재되어 있지 않은 알지 못하는 무명 꽃이에요. 꽃잎 위에 세포질 줄기가 늘어서고 씨까지 붙어 있는 모양이 이색적이었어요.

엿장수의 가위 소리가 매우 신경질적으로 들리는군요. 꼬마들이 엿은 사 먹지 않고 있거나 또 아니면 엿이 강렬한 태양의 열에 녹아 버린 것이 아닌가 생각되어요.

엊그젠 장면 박사의 장례식이 있었어요. 우리 집 앞을 긴 행렬 대가 지나갔답니다. 매우 많은 조객들이 슬피 울고 우리들도 마음의 눈물을 영구차에 뿌렸답니다.

깨끗한 지면을 슬픈 이야기로 메꾸게 되다니 죄송하군요. 아참, 미란이가 오빠에게 오래간만에 편지가 왔다고 매우 기쁜 표정이더군요. 미란이의 기뻐하는 표정을 보니 저도 덩달아 즐거웠답니다.

이렇게 더운 날 V.C나 모기 또 악질에 주의하셔요. 해로운 것들이니까요.

그럼 또다시- Adieo-.

연.

1966년 6월 28일 화요일 맑고 비

어제 온 편지들에 회답을 써 놓고 대구의 경아한테는 오늘 부치고 연이한테는 내일 보내기로 했다. 전번에 들어온다던 영화반이 오늘 저녁에 들어왔다. 그런데 상연 도중에 갑자기 비가 쏟아지는 바람에 이번 영화 감상도 허탕을 치고 말았다. 이번 영화를 무척 기다렸는데 대원들의 실망이 아주 컸다. 무척 아쉬운 하루였다.

야간 보초 2번을 서는데 비구름이 걷히고 밝은 달빛이 촉촉이 젖은 나뭇잎들을 비춰 주어 잎새들이 달빛에 반사돼 아름답게 반짝이며 바람결에 하늘거린다. 모기들도 비가 와 그런지 얌전하다.

하지만 내일 아침부터 교통호에 흘러내린 흙과 고인 물을 풀 생각을 하니 지금부터 걱정이다. 비는 그쳤지만 지붕 위의 빗물이 흘러내려 머리 위로 한 방울씩 떨어져 차가움을 느끼게 한다.

얼마나 밤 시간이 흘렀을까, 갑자기 4.2인치 박격포와 50 에꼐끼 기관포가 불을 토해 댄다.

매일 밤 계속되는 적에 대한 위협과 기선 제압 포격을 해 대는 것이다. 적막하던 전선의 밤이 포격으로 인한 힘찬 포성이 '푸캇' 산 죽음의 골짜기 끝까지 퍼져 나갔다가 산울림으로 되돌아오면서 긴장된 마음을 달래 주는 듯 사라진다.

1966년 6월 29일 수요일 비

아침 식사 중에 소대 본부에 불려 가니 수일 내로 제11중대와 진지를 교체하니 준비하라는 지시를 한다.

연대장님이 우리 10중대원들은 최전방에 오래 있다 보니 모두 대담해져서 무서움을 모르고 적지에 마구 들어간다는 이유로 후방에 배치된 11중대와 교체를 명했다는 것이다.

식후에 이웅이와 정문 보초를 나갔다. 월남 소녀들이 쓰레기장을 뒤지는데 하도 불쌍한 생각이 들어 총 2분대에 가서 먹다 남은 레이션을 가져다주니까 얼마나 좋아하는지 모른다. '켄켄'이라는 계집애는 동생처럼 생겨서 문득 고향의 동생들이 보고 싶어진다.

요즘은 우기로 접어들었는지 저녁이면 비가 쏟아진다.

오늘쯤 형님 편지가 올 줄 알았는데 허탕이다. 내일은 오겠지.

어제와 같은 하루가 지나고, 조용하고 환한 전선 위 밤이 흐른다.

머리 위 하늘 높이 떠 있는 달은 점점 기울어 가고, 몇 번이나 저 달이 머리 위에 떴다가 사라지면 그만큼 고국에 갈 날이 가까워지는 것이겠지~

고국이 그리워진다. 아! 고국이여~ 돌아가는 그날까지…….

1966년 6월 30일 목요일 맑음

어느새 6월의 마지막 날이다. 이곳 '푸캇' 산 근처에 주둔한 지도 어느새 3개월이 되었다. 제11중대와 교대할 날짜가 7월 3일로 결정됐다. 언제 할지 매일 수군대다가 교대 날짜가 결정되니 한결 마음이 편해진다는 대원들의 말이다. 57mm 포탄과 수류탄, 탄약을 모두 정리해 반납했다. 11중대 선발대는 벌써부터 이곳 지형을 살피느라 중대장까지 오고 긴장된 모습들이다. 이곳이 그 유명한 죽음의 골짜기가 있는 '푸캇' 산 입구니 안 그럴 수도 없지. 사단 최전방이라 벌써 마음들이 매우 긴장되고 무거워지는가 보다.

오늘 막냇동생한테 사진 두 장을 편지와 함께 부쳤다.

밤에는 〈신금단 부녀〉란 영화 상영이 있었다.

엷은 구름이 전선의 맑은 밤하늘을 가리며 지나간다. 희미한 달빛은 엷은 달빛을 헤집고 전방 철조망 근처를 밝혀 주고 초병 앞에 있는 시계는 일 초 일 초 째깍 소리를 내며 밤 시간을 알려 주고 있다.

자정이 거의 다 돼 갈 무렵 어디선가 라디오의 헝클어진 소리가 어둠 속을 흔들며 들려온다. 아니! 아직 안 자는 전우가 있었구나, 대체 누굴까? 이 밤이 깊도록 안 자는 사람이….

1966년 7월 1일 금요일 맑음

6월이 지나고 7월이다. 고국에선 본격적인 여름이 시작되는 계절이다. 이동 준비를 대강 끝내 놨다. 교체 이동이기 때문에 그다지 어려운 일은 아니다.

백과사전을 사기 위해 '학원사'로 서신으로 예약을 했다. 월남 전선에서 하는 예약이라 들어줄지 의문이다.

오늘도 형님 편지는 허탕이다. 매야한테서도 소식 있기를 기다렸는데 거기도 아무런 소식이 없다.

1966년 7월 2일 토요일 맑음

진지 이동이 내일로 다가왔다. 한참 준비를 하는데 포반장이 6후송 병원에 가자고 급히 연락을 해 와서 하던 일을 중단하고 떠나는 보급차에 올라탔다. 가는 중에 들판을 보니 한편에서는 추수하고 있고 한편에선 모내기가 한창이다. 길가의 옥수수는 보기에도 좋다. 멋지게 달리는 군용 차량들, 1번 국도엔 민간인 차량이라고는 한 대도 보이지 않는다. 연대 본부에 잠시 들렀다가 사단 의무 중대를 거쳐 6후송 병원에서 분대장을 면회했다. 오랫동안 입원을 해서 그런지 중대 내 사항을 이것저것 물어본다.

내일 11중대와 교대한다고 했더니, 걱정되는지 빈틈없이 잘하라고 당부한다. 여기 온 김에 포병 사령부 형님을 만나 보려고 계획했지만 포반장이 시간이 없다고 마다하는 바람에 아쉽지만 포사령부를 옆에 두고 그냥 지나쳐 왔다.

대대 C.P에 도착해 우리 중대로 가는 우편물을 살피다 그 속에서 연이 편지를 발견하고 얼마나 반가웠는지 모른다. 내 손으로 대대 C.P에서 연이 편지를 찾아내다니! 변함없는 연이의 편지, 정말 고마운 소녀다.

✉ 연이의 38번째 편지

'눈을 감지 마시고 보셔요. 이 상병님!'
오늘은 유월 십팔 일, 토요일이에요. 푸르기만 하고 잠잠하던 하늘은 어느새 짙은 회색으로 변하고 얼마나 지났을까? 주룩주룩 비 오는 소리가 규칙적으로 들려오는군요. 갑자기 창문이 밝아지곤 하는 것을 보니 아마 가끔 번갯불이 이나 봐요. 어머! 정말 천둥소리도 아주 멀리서 들리는 듯 울리는군요. 반듯이 모내기를 성공적으로 끝낸 농촌의 주민들은 논이 말라 버릴까 봐 매우 걱정이었을 텐데…. 그들에겐 아주 귀하고 중한 한 방울 한 방울이건만 저에겐 슬픔의 서곡같이만 들려요.
내일 친구와 약속을 했거든요? 활짝 갠다면 모르지만~ 또 그리 쉽게
그칠 소나기 정도는 아닌 듯싶군요. 하지만 농부를 위해서라면 달게
참아야겠죠?
편지 받았다는 인사가 늦었군요. 매일같이 보내 주시니 바쁘신 속에서
한 시간 일 분을 아깝게 생각하고 계실 게 아녜요? 오늘의 편지는 꼭
삼십 신이에요. 엄청난 번호가 아닐 수 없군요.
저도 놀랐어요. 벌써 그렇게 경과했다는 것엔….
빗발이 점점 세어지는 듯해 창문을 열어 본 전 놀라지 않을 수가 없었
어요. 뜰 안에 겨우 핀 붉은 '글라디올러스'의 줄기가 부러지고 말았지
뭐예요? 봉우리였던 것이 오늘 아침 겨우 피었는데….
칙칙한 어둠 속에 물방울까지 머금고 수그러진 모습은 정말 애처롭게
보이는군요. 무상함까지 느끼게 하는군요. 채 못다 피어지고 쓰러지게
되었으니 말이에요.
이 상병님! 전번 오 월 이십칠 일 부친 소포를 아직 못 받으신 모양이군
요. 소식 듣기로 했는데~~

아마 지금쯤은 아쉬움을 면하셨을지도 모르겠군요. 바늘 생각을 하니
자연히 바느질 생각도 하기 마련이군요. 당연한 것 같기도 하고 우스
운 것 같기도 하고.
'이 상병님!' 바느질로 인해 사귄 어느 월남 처녀의 마음에 끌리어 다
시 월남을 찾아가고야 만 어느 비둘기부대의 한 장병이 생각나는군요.
(신문에 기재된 사실의 일부분이지만…….)

'이 상병님'이 보내 주신 수기(어느 하루)를 읽으면서 저도 전쟁이란 것을 이 상병님으로부터 배우고 간접적으로나마 체험해 본 듯 해요. 특히도 전쟁 수기, 소설이라든가 영화를 좋아하는 저로서는 큰 획득이 아닐 수 없어요. 작전이라는 것도 매력 있는 일 중의 하나죠. 역시 실제로 전쟁에 출전한 장병들의 정신, 신체적인 문제가 결정적이겠지만요. 전번 주엔 6.25 당시 우리 장병과 생사를 같이한 어느 서양의 간호원이 쓴 수기를 읽고 밤새 내가 그녀가 된 공상에도 싸여 있었죠. 자기가 다른 어느 한 사람을 구할 수 있는 것처럼 보람된 일은 없다고 생각한다는 그녀의(간호원) 말엔 저도 동감이 가거든요. 더구나 이 상병님은 한 사람뿐만이 아니라 한 나라 한 민족을 구하시고 계신 것이 아니에요. 넓은 의미에서 멸하는 자가 있어야 승리하는 자가 있는 것만은 누구나 알 수 있는 자연 법칙이지만 역시 선은 악보다는 값진 것이며 앞서야 하는 것이니까요.

'이 상병님!' 보람을 느끼는 속에서의 하루는 정말 값진 것이겠지요?! 흐르는 땀에는 결실의 자유와 평화가 있길 빌며 이만 안녕.

연.

1966년 7월 3일 일요일 맑음

아침에 제11중대와 맞교대로 이동을 해 진지를 인수인계했다.

잠잘 막사는 전보다는 못하지만 그런대로 지내기에는 괜찮아 보인다. 간단한 청소와 정리 작업을 하고 진지를 보완한 다음 취침. 이동해 오자마자 우리 분대가 철조망 밖으로 첨병초(적의 침투를 조기에 발견하기 위한 초소) 임무를 맡게 됐다. 오늘이 음력 보름쯤 되는지 달이 밝아 보초 서기에 많은 도움이 됐다. 큰 고목 아래에 첨병 초소를 설치하고 임무에 들어갔다.

철조망에 달아 놓은 빈 깡통들이 달빛에 반사돼 나만의 고독감이 느껴진다. 가끔 비둘기만 한 박쥐들과 도마뱀이 "끼득~ 끼득~" 소리를 내 깜짝 놀라게 만든다. 이 외진 곳 첨병 초소에 나 혼자 숨죽이며 적방을 감시하자니 자꾸만 으스스한 느낌이 긴장을 최고조로 만든다. 두 시간 첨병 임무를 끝내고 교대해 막사로 들어오니 긴장과 피로가 한순간에 풀리면서 안도의 긴 숨이 나온다.

너무 긴장되고 힘들었나, 잠이 오지 않는다. 어제 온 연이의 우정 있는 편지에 회답을 썼다.

이곳만 해도 후방이라 그런지 고요한 밤이 밝은 달과 함께 전선과 어울리지 않게 마음에 든다. 그래선지 한적하고 아름다운 시골 마을에 온 느낌이 들기도 한다. 저 환한 달빛에 우리 모든 인류가 행복하게 살아가야 하는데 왜 이런 무서운 전쟁을 해야 할까?

1966년 7월 4일 월요일 맑음

아, 이렇게 조용한 전선의 밤이 또 있을까? 벙커 진지 안에서 실탄이 장전된 총을 잡고 있지만 그래도 몇 미터까지는 적인지 다른 물첸지 구분할 정도는 보인다. 많은 박쥐가 큰 고목 가지에 매달려 "끼륵끼륵" 소리를 내며 날아다니고 도마뱀이 부스럭거리며 기어다니는 소리에 신경이 더욱 날카로워진다.

시간이 얼마나 지났을까? 희미하게 창백해 보이는 달이 동녘 하늘에 비쳐 오자 새삼 안도의 숨이 새어 나온다. 마치 캄캄한 지옥에서 한 줄기 광명의 불빛을 보는 듯 반가운 마음이 온몸을 감싸 오는 듯한 기분이다.

연아! 지금 이 시간 나는 초병의 임무를 맡고 있는 중이란다. 창백하게 비춰 주는 달빛이 어둡던 전선을 희미하게 밝혀 주고 있어. 두렵기도 하면서 고독한 전선에서 지금 연이를 생각하면서 이렇게 밤을 지키고 있지. 연이는 이 시간에 무엇을 하고 있을까?

1966년 7월 5일 화요일 맑음

즐거운 하루였다. 편지가 세 통이나 왔으니 말이다. 큰형님한테서는 두 달 만에, 그리고 국분이와 준화한테서 왔다. 형님한테 즉시 회답을 써 보냈다.

또 밤이 돌아오고 달도 점점 높이 뜨기 시작한다. 초저녁에는 달빛이 없어 캄캄하더니 시간이 지날수록 환해져 전방에 설치한 철조망까지 잘 보인다. 이곳은 먼젓번 진지보다 모기가 적어서 야간 근무 서기가 한결 수월해서 좋다.

오늘은 하루 종일 모기한테 한방도 물리지 않았다. 몇 발의 아군 포탄이 '푸캇' 산 계곡으로 떨어져 우렁찬 폭음이 밤공기를 타고 귓전을 울린다. 멀리 해안가 쪽에서 '50 에께끼' 기관포가 사격하는지 예광탄이 하늘 높이 날며 불꽃처럼 수놓는다. 밤하늘로 치솟는 진홍빛 예광탄 불빛은 월남 전선에서만 볼 수 있는 진풍경이다. 참 멋지다.

1966년 7월 6일 수요일 맑음

 이동해 온 진지에서 새로 진지 편성이 이루어져 57mm 진지와 탄약호 작업을 오전 중에 끝냈다. 총 2분대가 사용하려던 진지가 우연찮게 우리 분대로 배정되는 바람에 힘들이지 않고 약간 보수만 해서 편해지고 대신 총 2분대는 새로 진지를 만드느라 꽤 힘들게 됐다. 듣자 하니 곧 1차 귀국자들의 신체 검사를 한다는 말이 들린다.
 이제부터는 본격적으로 귀국 붐이 대원들 사이에 일어날 것 같다.
 제1차는 이달 말경에 이루어질 것 같고 내 차례는 까마득하다.
 김포 석정국민학교 교장 선생님으로부터 《자유의 벗》 한 권이 왔다.
 고향이지만 새로 생긴 학교인지 내가 모르는 학교에서 왔지만 선생님 부탁도 있고 해서 감사한 마음으로 회답을 보냈다.
 모처럼 영화가 들어왔는데 하필이면 내가 초번 보초를 맡게 돼 못 봤다. 진지 안에서 보초를 서는데 힘찬 발전기 돌아가는 소리에 마음이 공연히 들떠진다. 그래선지 영화 돌아가는 소리가 크게 들리고 그 소리를 들으면서 초병의 임무에 신경을 집중한다.

1966년 7월 7일 목요일 맑음

 며칠 전 고국에서 온 신문 뭉치를 중대본부에서 가져왔다. 다른 대원들은 신문 보는 것에 별로 관심이 없지만 내게는 제일 신나는 일이다. 비록 날짜는 지났지만 고국의 소식을 접한다는 것이 기쁘다. 읽어 보니 고국에서는 테러 사건으로 말들이 많은 모양이다.

한국 젊은이들은 이국의 전선에서 피 터지고 죽음의 문턱에서 격전을 벌이고 있는 우리 장병들이 보이지 않는 모양이다. 저렇게 집안싸움만 하고 있으니 참으로 한심하다는 생각이 난다.

그런 모습이 바로 건설의 망치 소리란 말인가? 월남에선 총포 소리, 고국의 국회에선 싸우는 입소리! 욕 소리! 난무하다.

하루 종일 신문 보느라 정신없이 시간을 보냈다.

매일 전선 생활이 이랬으면 좋겠다.

1966년 7월 8일 금요일 맑음

"바스락!" 하는 소리에 놀라 전방을 뚫어져라 응시한다. 전방 7~8m 앞에서 뭔가 시커먼 물체가 움직이는 것이 보인다. 순간 소름이 온몸에 끼쳐 오며 움직이는 물체를 초긴장된 눈으로 주시했다. 점점 다가오는 물체, 나는 순간적으로 총 방아쇠에 손가락을 넣었다. 내 앞 3m 지점까지 접근! 발사할까? 그런데 사람 같지가 않다? 다가오던 물체가 우방향으로 방향을 틀고 잠시 머뭇거리며 살피더니 다시 오던 길로 뒤돌아간다. 들짐승이었다.

휴~ 십년감수를 하는 순간이었다. 짐승의 예민한 코가 내 존재를 알아차린 모양이다. 손에 진땀이 나도록 긴장했는데 맥없이 풀렸다.

얼마 후 보초 교대를 끝내고 막 잠들려 하는데 갑자기 총성이 들리며 신호탄이 하늘로 오른다. 동시에 "비상! 전원 전투 배치!!" 명령이 하달되고 총성과 포탄이 교차하는 가운데 전 분대원들은 벙커에서 뛰어나와 전지 안으로 투입했다. 하늘 위로는 조명탄이 오르고 머리 위로는 총탄이 매서운 소리를 내면서 공기를 가르며 스쳐 간다. 수류탄이 터지는지 아니면 유탄 발사기가 사격하는지 폭발음이 계속해 들려온다. 그런데 우리와 교전이 벌어진 것이 아니고 중대 전술 진지밖에 주둔한 민병대와 교전이 벌어진 것이었다.

적들은 우리보다 방어력이 약한 민병대 진지를 노린 듯하다.

중대 진지에서는 민병대 진지 위로 조명탄과 박격포로 엄호를 해 준다. 한참 동안 총격전으로 교전이 벌어지더니 우리가 엄호 포격을 해 주자 잠잠해졌다. 잠시 후 상황이 끝나자 "비상 해제! 전투 준비 유지한 채 취침에 들어갈 것!" 명령이 하달되자 대원들은 아무 일 없었다는 듯 다시 잠자리에 들었다. '아이구! 오늘 밤은 되게 재수 없는 밤이네~! 두 번씩이나 놀라게 하다니……!'

1966년 7월 9일 토요일 맑음

어젯밤은 이곳에 오고 첫 교전이 벌어졌다. 우리와는 아니지만 민병대들도 피해 없이 상황이 끝났다고 해 다행이다.

연대장님이 시찰차 대대장님을 대동하고 우리 중대를 방문했다.

그런데 하필 이때 포반 벙커 안에서 총기 오발 사고를 내 중대장님 체면을 구겼다. 다행히 다친 사람이 발생하지 않아서 그만이지 하마터면 연대장님 앞에서 중대 망신을 당할 뻔했다.

오후에 전방 작전 관측 임무를 맡고 높은 나무 망루에 올라가 쌍안경으로 적방고지를 감시했다. 나무 위 따가운 햇볕이 푸른 나뭇잎 사이로 살짝 비춰 오지만 시원한 바람이 불어와 졸음이 온다.

오후에 임무를 교대하고 내려오니 재일교포 단체에서 위문품이 와 있다. 같은 핏줄이라고 위문품까지 보내 주다니, 고마운 마음이다. 가족이나 연이한테서는 오늘도 편지는 허탕이다.

편지가 올 때는 두세 통씩 오고 안 올 때는 계속 안 오고…. 그 대신 학생들의 위문편지가 인천과 수원에서 많이 왔다. 중대본부에서 나눠 주면서 답장을 하라는데 아무거나 받아서 편지를 써 볼까, 편지도 안 오는데~

1966년 7월 10일 일요일 맑음

비가 올 듯한데도 덥기만 하고 오지는 않는다. 한국에서는 지금 장마철인데 수해가 심해서 강원도 지역에서는 피해가 적지 않게 발생한 모양이다. 어제는 편지가 안 온다고 실망했는데 오늘은 세 통이나 왔다. 연이한테서 두통이 오고 대구 방송국에 근무한다는 경아가 소개해 준 청송의 문현숙이라는 학생한테서 첫 편지가 왔다. 연이도 첫 번째 편지할 때는 깍쟁이처럼 편지하더니 요놈도 똑같은 투로 편지를 보내왔다.

나하고는 그런 학생들과 인연이 닿는가 보다. 연이한테는 회답을 보류, 재순이한테는 회답, 그리고 수원 위문편지에도 회답을 보냈다. 앞으로는 매일 편지를 써야 할까 보다.

 연이의 39번째 편지

오늘은 6월 25일 토요일이랍니다.

16년 전의 슬픔을 말해 주는 듯 줄기차게 흐르는 굵은 빗줄기의 소음은 애처롭게만 들립니다. 줄기줄기 굴곡진 할머니의 주름엔 지난 사변의 슬픔도 숨겨져 있는 듯도 합니다. 이렇게 슬픈 날 속에 지난 젊은 영웅들의 명복을 빌 뿐입니다.

하지만 이 상병님, 이렇게 슬픈 일보다는 아주 깜짝 놀랄 기쁜 소식이 있답니다. 그것은 우리 김기수 선수가 이태리의 세계 미들급 복싱 챔피언인 벤베누티 선수를 판정으로 물리쳐 세계 챔피언이 된 것이랍니다. TV를 보다 너무 감격하여 우리 식구는 울음 비슷한 웃음을 터트리고야 말았어요.

대통령 각하를 비롯하여 우리 모든 국민들은 슬픈 날을 기쁜 마음으로 보내게 된 것입니다. 이 외에도 레슬링인 장창선 선수가 세계 아마추어 챔피언으로 되는 등 우리나라 체육계도 세계 기준을 향해서 달음질치고 있다는 것을 보여 주고 있어요. 얼마나 기쁜 일인지 몰라요.

이 상병님, 편지 반가웠어요. 좀 오랜 공백을 두고 도착한 것이어서 더욱 기뻤나 봐요. 6월도 꼬리만 남고 모두 떠나가 버렸군요.

잿빛으로 가득한 하늘 위에선 아직도 슬픈 액체를 끝 모르고 내리고 있어요. 빗속에서도 계절이 가져다주는 더위는 감출 길이 없군요.

며칠 동안 30℃의 한계를 넘을 듯도 하더니 이 비가 갠 뒤엔 본격적인 더위가 가해질 것 같군요. 우리 모두들 잘 있답니다.

이 상병님, 이보다 더한 더위 속에서 전 장병과 함께 건강함과 함께하시길 빌어요. 그럼 또다시.

연.

연이의 40번째 편지

잠시 그친 비 뒤에 살며시 해가 마중 나와 방금까지도 젖어 있던 나뭇잎을 비추니 무슨 색이라고 표현할지, 잎 속에 이상하게 멋진 색이 반사되어 빛이 나고 있어요. 온 주위가 깨끗해진 것 같군요.

며칠 동안 계속된 비 덕에 탄소 동화 작용을 못 했는지 퇴색한 화초가 키는 저보다 더 커 버리고 말았어요.

이 상병님, 그간 소식이 없어 또 적어 봅니다.

오늘은 6월 29일 내일이면 이달도 마지막 고비에 서게 됩니다.

7월은 학년말 고사가 눈을 부릅뜨고 우리를 기다리고 있고, 그 뒤에 또 즐겁다고 할 수 있을지 모를 여름방학이 또 고개를 길게 빼고 있는 듯하군요.

정말 즐거운 방학이 될 수 있을지 모르겠군요.

요사이 장충체육관에서 저의 학교 농구선수들이 시합하고 있을 거예요. 지난 주일엔 호수텐여고를 100:75로 크게 이겨 여자 농구 사상 처음으로 100선을 통과 인기의 대상이 되더니 어젠 진명여고에 1Point 차이로 졌지 뭐예요.

이번 게임에서 승리하면 일본으로 원정 가게 되는데 안타까워서 어쩔 줄을 모르고 있어요.

아마도 토정비결이 나빴던 때문인가 봐요.

이 상병님, 오늘도 다 가려고 하는군요.

밝은 내일이 찾아 주길 빌며 안녕히…….

연.

'푸캇' 기지 57mm 무반동총 전술 진지 안에서

1966년 7월 11일 월요일 맑음

 내일 우리 소대가 주간 잠복을 나가니 철저한 준비를 하라는 명령이 하달돼 우선 대강 준비를 했다. 준비를 끝내고 보초 초번 차례가 돌아와 임무에 들어갔다. 후더분한 날씨 때문인지 모기들의 공격이 극심하다. 근무를 교대하고 벙커로 들어오니 남춘학 병장이 놀러 와 이런저런 이야기보따리를 풀어놓는 바람에 한바탕 웃음꽃을 피웠다. 그는 제대를 앞두고 파월돼 와서 현재 제대 날짜를 초과해 근무하는 실정이다. 나이도 많고 사회 경험도 많아 재미있는 이야기를 하기 시작하면 끝이 없는 사람이다. 군대에서 사고를 치지 않았으면 벌써 제대해 결혼하고도 남았을 사람이다.

물론 그랬으면 월남은 구경도 못 했겠지만~ 사고 치는 바람에 월남 구경했으니 후회는 없다고 하니 배포가 대단한 군인이다.

1966년 7월 12일 화요일 맑음

아침 5시에 기상해 잠복 근무 겸 전투 정찰에 나섰다. 목적지는 중대 전술 진지와 그리 멀지 않은 782고지 밑으로 정하고 적에게 노출되지 않고 은밀히 이동해 도착하니 적의 흔적은 보이지 않았다.

잠복 자리를 잡고 보니 주위에 바나나 나무들이 유난히 많다.

집들은 듬성듬성 있는데 모두 빈집들이고 대다수가 파괴돼 있어서 마치 유령이라도 나타날 것 같은 그런 모습들이다. 수색을 하던 중 수상한 민간인들을 발견해 포로 해당자로 판단해 부대로 호송조치를 했다.

요즘 귀국 이야기로 분대원들 간에 이간돼 가는 느낌이 현저하게 보인다. 분대장이 없어서 그런지 생각들은 다른 데 있는 듯 협동심이 예전 같지가 않아서 걱정이다.

무사히 주간 잠복과 전투 정찰을 마치고 중대 기지로 귀대했다. 주간 정찰이라 긴장되긴 했지만 수월하게 끝냈다.

수원과 정읍에 있는 학생한테 편지를 쓰고 고향에서는 오늘도 편지는 허탕이다. 분대원들은 귀국 이야기로 마음들이 들떠 있는 상태다. 나는 아직 차례가 까마득하지만 가만히 기다려 보는 것도 그다지 나쁘지만은 않은 듯하다. 귀국이라~ 이런저런 생각과 공상을 해 본다. 언제쯤 떠나게 될지…….

1966년 7월 13일 수요일 맑음

어제 저녁때 앉아 있던 자리에 오늘 밤도 초병의 임무를 안고 점점 어두워 가는 전선의 밤을 지킨다. 멀리 하늘 끝에서는 비구름이 몰려오는지 번갯불이 번쩍이며 검은 그름이 점점 다가온다. 얼마 전까지는 외곽 초소인 첨병초 근무가 두렵고 긴장됐는데 이젠 경험을 많이 해 그런지 매우 안정된 마음으로 근무하게 됐다.

긴장도 덜되고 박쥐나 도마뱀하고도 친해진 느낌이 들기도 한다. 구름 사이로 보이는 별빛은 한 시간을 알리는 듯 머리 위로 비스듬히 솟아오른다. 먼 하늘 끝 별들을 바라보며 허전한 마음을 달래 보려고 하지만 왠지 마음은 더 울적해지는 것 같다. 월남 전선으로 온 지가 벌써 얼마인가? 그동안 온갖 괴로움과 고통도 수없이 맛보며 지나갔다. 이젠, 고국에 대한 그리움과 향수를 느낄 뿐이다. 그리운 고국이여~! 향수여! 언제까지 언제까지나 이토록 맘속에만 담아야 하는가!

1966년 7월 14일 목요일 맑음

또 전선의 하루가 서쪽 초원 너머로 서서히 사그라진다. 하루 종일 뜨겁던 저 태양이 아무 미련 없이 사라져 갈 때 정글 전선 구석구석은 말없는 두려움과 어둠이 찾아든다. 해가 진 뒤 저녁 땅 위를 맨발로 걸어 본다. 아직도 낮 동안 달궈진 열기가 그대로 남아 있어 뜨겁게 전해 온다. 그리고 몸에선 땀이 줄줄 흐른다. 붉은 노을이 마지막으로 사라지고 그 위로 긴장과 어둠이 한데 어울려 캄캄한 장막을 치며 다가온다.

묵직한 철모와 수류탄이 주렁주렁 매달린, 마치 감나무에 감이 매달린 듯 탄띠를 허리에 차고 그리고 한 자루의 총을 벗 삼아 어제 섰던 그 자리에 앉아서 캄캄한 전방을 감시한다. 어두워 보이지는 않지만 들려오는 수많은 풀벌레 소리들~.

연아! 벌레들이 무슨 소리를 내는지는 모르지만 고향 생각이 절로 나는구나. 그리움 때문이겠지……

밝은 별이 나뭇가지에 걸리듯 할 때쯤 초병 임무를 교대하고 흙 내음과 땀 냄새가 물씬 풍기는 벙커 안으로 들어온다. 그래도 전선에서 가장 편안한 안식처다.

누워서 잠시 생각에 잠겨 본다. 그래, 오늘도 무사히 보냈구나! 안도의 긴 숨을 쉬면서 잠을 청한다.

1966년 7월 15일 금요일 맑음

어제 주간지 《새나라》에 실린 파월 장병 위문편지에 시선이 가길래 그 주소로 두 사람한테 편지를 보냈다. 모두 아가씨 같은데, 남해가 고향인 한복순, 충북인 최영숙이다. 연결이 잘되고 소식이 이어지면 누가 아나? 이담에 남해 구경이라도 하게 될지…….

오늘도 편지는 허탕이다. 어떻게 된 일인지 궁금해진다.

대원들은 모이기만 하면 귀국 이야기들뿐이다. 이제는 어느 정도 귀국 날짜가 정해지는 모양이다. 대원들 모두 마음들이 들떠 있다.

멀리서 비행기가 반짝이며 상공을 선회하고 있다. 비행기 소리에 긴장이 풀리는 듯 전방을 응시한다.

어젯밤처럼 큰 별이 나뭇가지에 걸리듯 아른거리면 교대 시간이 돼 간다는 뜻이다. 교대를 위해서 가만히 일어났는데도 박쥐들은 알아차리고 소리를 내며 야단이고 도마뱀도 놀라서 날뛴다.

재후 상병이 아프다고 하더니 임무 교대를 안 나온다. 할 수 없이 연장 근무를 했다. 하루빨리 나아야 할 텐데 걱정이 된다. 내가 아팠을 때 나 대신 연장 근무들을 했을 텐데 얼마나 고단들 했을까?

1966년 7월 16일 토요일 맑음

오전에 망루에 올라가 관측 임무를 맡고 전방을 살핀다. 쌍안경으로 먼 정글을 살펴보니 산골짜기까지 관측이 잘 된다. 하지만 정글 속까지 적의 움직임까지는 포착이 안 된다.

점심때 교대차 망루에서 내려오니 사단 방송팀이 와서 한국으로 녹음해 보내는데 서울·경기 출신 병사들은 모이라고 해 중대 본부로 불려 갔다. 여기서 가족 앞으로 녹음을 하면 한국의 방송국에서 방송한다는 것이다. 그래서 부모님과 왕십리 조카들 그리고 농산물 검사소 지원들 앞으로 보내는 녹음을 했는데 중대장이 참 잘했다고 칭찬한다. 한국에서 방송하면 누군가 청취를 할지 모르겠다. 방송이 끝난 뒤 연이한테서 편지가 왔다.

원화는 고국의 흙을 조금 담아서 편지에 동봉해 보냈다. 얼마나 기특한 놈인가 싶다. 밤에 영화가 들어와 감상하고 첨병초 근무를 서는데 왠지 겁이 나고 떨린다. 이런 경우는 없었는데…….

긴장을 떨쳐 버리려고 연이 편지를 생각해 본다. 그래, 변함없는 편지다. 그녀는 나한테 무엇을 바라고 있을까?

그렇지, 아직은 애송이 여학생이니 순수함 그 자체겠지…….

✉ 연이의 41번째 편지

이 상병님!

아주 무더운 날씨입니다. 이렇게 더운데도 잊지 않고 이 상병님의 편지는 저를 찾아 주는군요.

희고 붉은 봉숭아꽃이 한창 한여름 속에 피어지고 있어요. 성급한 꼬마는 벌써 양 손톱에 붉게 봉숭아물을 들였군요. 지금 우린 한창 학기 말 시험 준비에 여념 없답니다. 예전보단 더 중요한 시험이니 열심히 해야 할 수밖에 없지만요. 시험일은 25일이랍니다. 매우 기다려지는 날이기도 합니다.

이렇게 더운 날은 수영이라도 했으면 좋으련만 수영은 맥주병 비슷한 사이다병이니 어디 자신이 있어야지요? 이번은 어떻게 해서라도 배워야 할까 봐요. 이 상병님은 수영 잘하셔요?

오늘은 저의 학교에선 성장음악회를 열었답니다. 다섯 번째로 열게 된 음악 잔치는 매우 멋진 것이었어요. 이 상병님께 한번 자랑삼아 보이고 싶은 광경이기도 했어요.

며칠 전만 해도 방학하는 것이 과히 반갑지 않았는데 이제 완전한 때가 눈앞에 나타나게 되니 설레게 기다려져요. 하기 방학 동안 시골을 여행하게 되었어요. 재미있는 일은 틈틈이 소식 전해 드리겠어요.

예상대로 일이 진행되었으면 또 소식 드리겠어요. 그럼 모기와 Viet Cong에 주의하셔요. 해로울 테니까요. 안녕히.

연.

1966년 7월 17일 일요일 맑음

연아, 고맙구나. 편지를 또 보내왔으니 말이야. 고국과 먼 이곳 전선에서 연이의 편지를 받아 본다는 것은 얼마나 즐거운 일인지 모르지. 한 통의 편지가 이 병사의 마음을 기쁘게 해 주고 고국의 향수를 달랠 수 있다는 것이 얼마나 흐뭇하고 만족감을 느끼는지 모른단다. 연아, 지금 고국의 높은 하늘에는 하루해가 지나가고 있겠지? 여기도 전선의 하루해가 지나고 있어. 저 뜨거운 태양과 무더운 전선의 기온이 병사를 괴롭히고 고통을 주지만 연이의 편지 한 장에는 이 더위도 못 당해 낼 거야. 이렇게 즐거운 마음으로 편지를 읽었으니 말이야.

연아, 지금 이곳 전선에서는 한 가지 즐거운 비명이 일어나고 있단다. 연이는 모르겠지? 사실은 말이지, 얼마 안 있으면 귀국 1차 병사들이 고국 땅을 밟게 된다는 사실이란다. 아마도 언젠가는 나도 그들처럼 귀국선을 타는 날이 오겠지?

1966년 7월 18일 월요일 맑음

출동 준비 5분 전! 출동 명령이 내렸다. 갑작스러운 출동이라니? 웬일일까? 각자 빠른 동작으로 무장을 갖추느라 바쁘게 움직였다.

우리 분대는 보급차 편으로 탑승해 급수장을 향해 달려갔다. 도착해 보니 조금 전에 베트콩이 침입해 민간인을 사살했다는 것이다.

우리는 즉시 수색조를 편성해 적을 추적했지만 적들은 아군이 도착하기 전에 이미 도주를 해 적의 흔적을 찾을 수가 없었다.

더운 대낮이라 땀만 잔뜩 흘리고 베트콩은 잡지 못하고 중대로 돌아왔다. 얼마나 더운지 들어오는 대로 냇가로 나가 몸을 씻고 검게 탄 몸뚱이를 살펴봤다.

온몸은 골고루 타서 마치 검둥이 같다는 생각이 들었다.

막사로 들어와 낮잠을 자려고 누웠지만 잠이 안 온다.

저녁때 희순이와 정화한테 편지를 보냈다.

1966년 7월 19일 화요일 맑음

분대에서 1차로 귀국하는 대원이 연대 본부로 떠날 날이 이틀로 다가왔다. 매일 언제, 언제 하더니 눈앞으로 떠날 날이 온 것이다.

분대에서 두 명이 귀국하는데 손에 쥐여 줄 물건 하나 사 주지 못해서 미안한 생각이다.

오후에 자고 있는데 편지가 왔다는 소리에 벌떡 일어났다.

연이한테서 편지가 왔다. 전번 편지에 신 병장에 관해 이야기를 했더니 그 편지를 받아 보고 곧바로 편지를 보낸 것이다. 몹시 흥분한 듯 그런 투의 편지 내용이다.

그동안 나는 사진 4장을 보낸 거로 아는데 5장을 받았다니 참 이상한데? 내가 잘못 아는 건가?

편지를 받고 보니 다음에는 뭐라고 편지를 해 줄지 난감해진다.

오늘도 귀국 이야기로 한나절 시끌벅적 이야기로 시간을 보냈다.

세월아~ 어서 가라! 그래야 나도 귀국 차례가 오지…….

📧 연이의 42번째 편지

편지를 주신 분께….

어제는 7월 3일, 주신 편지를 받고 마음의 착잡함을 느끼며 즉시 글을 또 보내고 말았는데……. 오늘은 전에 보내신 6월 25일 자 편지를 늦게 받고 또 편지를 써야만 하겠다는 충동에 글을 올립니다. 귀국에 대한 말에 모두 꽃을 피운다니 우리의 방학 설보다는 너무도 감격적인 도수가 높은 말이 아닐 수 없어요. 하루빨리 오셨으면~ 하는 기대가 저희들을 심란하게 한답니다.

어머, 인사가 빠졌군요. 미란이도 숙희(연희)도… 모두 잘 있답니다.

아니, 시험공부에 잠도 못 잘 거예요. 제 편지가 41회 이 상병님을 찾았다구요? 이 상병님보단 약간 높은 수로군요. 다행한 일이에요. 성의껏 보내 주신 이 상병님의 편지에 제대로 성실한 답변이 되었을지 의문이군요.

앞서 생각하면 그때의 편지를 몽땅 보고 싶은 마음을 느끼곤 곧 부끄러워 얼굴을 붉히고 말아요. 절 보고 편지 모으지 말라면서 제 편지는 가지고 계시네요? 이제 보니 이 상병님 깍쟁이셔! 매일 밤 시험공부 하다 지루하면 배낭 훔치러 월남에 가겠어요. 주의하시기 바라면서….

작전 계획에 들어갑니다. 사진이 한 장 동봉되었군요. 제5호로 선정된 사진이기도 합니다. 한 장 한 장 찍혀 나오는 배경의 풍경은 정말 멋있어요. 언제나 총은 꼭 드셨군요.

어머! 누굴 향해서 겨누고 계셔요?

군인에게는 총은 제2의 애인이라죠? 병기 손질 안 했다고 기합받진 않으셔요? 제 이종사촌 오빠가(이모 아들) 육군사관학교에 다녀요. 일요일에 가끔 다녀와서 이야기할 땐 모두 한 방에 모이고 이야기에 귀를 기울인답니다. 언젠가 훈련 때는 병기 손질을 안 했다고 "나는 애인을 사랑하지 않았습니다."를 30번 외친 다음 총을 일주일 동안이나 안고 잤대요. 얼마나 웃었는지…….
우스갯소리를 말로 하니 웃어넘기지만 실은 그때그때 정말 말 못 할 고충이 숨어 있군요.

이 상병님, 놀라운 사실을 발견하셨군요? 정말 놀라운 일이 아닐 수 없군요. 저에게도~ 거기에 대해서 확실한 해명이 필요하겠지만 지면 관계로 어떻게 이해하실 수 있을지 모르겠군요.
숙희는(연희) 저의 친구인 것은 틀림없어요. 아주 다정하답니다. 중학교 때부터 싸움이 한 번도 없었으니까요? 그럼 어떻게 해서 숙희와 연희를 같은 인간으로 만들었나 말씀드리겠어요. 연희는 저희들이 그곳에 편지하는 것을 무척 부러워하는 애랍니다. 제가 이 상병님과 편지하는 것을 알고 소개받기를 요청했던 거예요. 당시 이 상병님에게서 편지가 오지 않기에 저의 반 친구 오빠 친구?인가를 소개받게 된 동시 신 상병님을 소개받았던 애예요.
그것은 숙희 자신이 원하던 주소였으니 의당 편지를 써야만 했죠.
정말 이상한 인연입니다. 김기석 상병님이었던 것 같군요.
모두 저기압들이시라니 어찌할 바를 모르겠어요~ 성인군자는 남의 사정을 이해하실 수 있다니까 숙희의 심중을 알아주셨으면 하는 친구로서의 부탁이랍니다.

이 상병님, 제 편지 내용과 연희의 편지 내용이 흡사하다고 놀라셨군요. 글쎄요, 그것은 저도 새로운 소식이군요. 머리를 맞대고 편지를 쓰고 있지는 않으냐고요? 글쎄 그런 일은 없는데 이상하군요.

저도 편지를 쓴 다음 연희에게 약간의 핵심은 말하곤 하지만 이상한 착각으로 오해하시면 곤란해요. 한편 그렇게도 연이를 믿지 못했다니 서운하군요. 전에도 한번 말씀드린 적이 있는데~ 아무튼 김○연과 한연희는(숙희) 다른 아이라는 것은 꼭 명심하셔요. 숙희도 지금 어떻게 할까? 망설이고 있더군요.

김, 신 상병들께는 정말 곤란하게 되었군요. 숙희와 의논해 보기로 하지요. 너무 기분 나쁘게만 생각하지 말았으면 좋겠어요. 괜히 쓸데없이 시간 보내지 말도록 해요. 약속하셔요. 그런 생각은 안 하시겠다고요. 하지만 화는 내지 않겠어요. 그렇게 생각할 수도 있는 처지였으니까요. 제대로 제 생각을 표현했는지…. 담담하군요. 괜히 사연이 길어졌지 뭐예요. 내일의 시험을 위해서 총연습에 들어가야 할까 봐요. 조급함에 글씨가 흐려지는군요. 시험 끝나는 대로 곧 글 올리겠어요. 보람 있는 내일을 맞이하시길….

연.

1966년 7월 20일 수요일 맑음

내일이면 귀국 1차가 떠나는 날이다. 주머니에 돈은 없고 우리가 먹는 레이션에서 과일 통조림과 담배 등이 들어 있는 봉지를 꺼내서 네 개씩 백에 넣어 주었다. 저녁 식사를 끝내고 간단한 맥주 파티를 소대원 모두가 해 줬다.

서운함과 울적한 마음이 한 뒤엉켜 말도 제대로 못 하고 있는데 편지가 왔다고 내게도 두 통을 준다. 대구 방송국 경아와 사촌 복영이가 보낸 편지다. 복영이한테서는 처음으로 온 편지다. 대구 경아도 전번에 보낸 편지에 어느 정도 관심을 갖는 듯한 태도다.

맥주 파티를 끝내고 막사에 들어와 내일 도로 경계 임무라 일찍 잠을 청해 보지만 잠이 안 온다. 귀국자들의 이런저런 이야기가 맘을 심란하게 만든다. 그래도 내일을 위해서 잠은 자야지~

1966년 7월 21일 목요일 맑음

일찍 도로 경계 임무에 나가 있는데 1차 귀국자를 태운 보급차가 우리 경계 지점에서 차를 세운다. 한 사람 한 사람 얼굴을 쳐다보며 말 없는 악수를 굳게 했다. 전투의 두려움과 고통을 함께 나눈 그들과 막상 헤어지는 순간이 돌아오고 보니 정말 서운하고 그래선지 말이 안 나왔다. 드디어 귀국자들이 대대 C.P를 향해서 떠나며 남은 대원들의 안녕을 빌어주는 두 손을 흔들며 뽀얀 먼지 속으로 사라진다. 남은 대원들도 무사귀국을 환송하는 마음으로 그들이 보이지 않을 때까지 손을 흔들어 줬다.

우리 총반에서 두 명이나 한꺼번에 귀국해서 분대가 텅 빈 듯하다.

임무를 끝내고 막사로 들어오니 그들이 사용하던 총 두 자루가 덩그러니 총대에 걸쳐 있다. 한국에서 같이 훈련을 받고 생사와 고락을 같이 하던 전우가 이젠 세 명만 남게 됐다. 내일, 내일 하던 귀국이 어느새 일 년이 다되어 1차 귀국자를 냈으니 세월은 참 빠르게 흘러간다.

  저녁이 되자 날씨도 섭섭한지 바람 없는 비가 바스락 소리를 내며 마른 땅을 적셔 준다. 먼저 귀국하는 전우들의 앞날에 행운과 성공이 있기를 마음속으로 간절히 빌어 본다.

  우리 분대 1차 귀국자는 사수 김성경 병장, 전북 고창 출신이다.

1966년 7월 22일 금요일 맑음

  이틀째 도로 경계와 수색 정찰을 나갔다. 어제처럼 좋은 날씨다.

  아침에 첫 번째로 보초를 섰다. 이렇게 중대 진지에서 나오면 방어하기에 약간 취약하지만 마음은 편해서 레이션 먹는 맛은 최고다. 마을 아이들이 소 풀을 먹이기 위해 소떼를 몰고 우리 경계 지역을 통과한다. 목동들 어깨 위에는 점심 꾸러미를 메고 가는데 아이들의 일과는 소에게 많은 풀을 먹이는 일이겠지?

  저녁때 도로 경계 임무를 야간 매복조에게 넘기고 중대 진지로 들어와 간단한 식사를 끝내고 취침에 들어갔지만 잠이 안 온다.

  다른 대원들은 이미 꿈나라행이다. 나는 희미한 전등 불빛에 의지해 어머님과 복영이한테 편지를 썼다. 한 자 한 자 써 내려가는 동안 옛날 추억들이 자꾸만 떠오른다. 그럴수록 마냥 그립기만 하다. 1차 귀국자가 떠나니 더욱 그런 생각이 나는가 보다.

  편지 정리를 모두 끝내고 잠자리에 든다. 내일이 오면 또 새로운 임무가 부여되겠지.

  전선의 밤은 깊어만 가는데 떠난 전우들 얼굴 모습이 생각난다.

1966년 7월 23일 토요일 비

잔뜩 흐린 하늘에서 빗방울이 떨어지기 시작한다.

다른 날보다 일찍 도로 경계 정찰을 나갔다. 날씨 때문에 그런지 어디선가 적의 저격이 있지 않을까 신경이 날카로워진다. 오후에 전방에서 총소리가 들려와 대원 모두가 잔뜩 긴장했다.

어제는 중대 월남인 통역관이 읍내로 외출했다가 V.C에 사살당하는 일이 벌어지고 제9중대에서는 적이 매설한 '부비트랩'에 걸려서 부상자가 발생했고 11중대에서는 도로 경계 중에 적이 매설한 'T.N.T' 폭약을 발견했다고 하는데 요즘 정세가 더욱 악화되어 가는 듯하다. 소대장이 포반병력을 인솔하고 경계 중인 우리한테 왔다.

총성이 들려서 혹시나 해서 나왔다는 것이다.

비는 왜 이렇게 쏟아지는지 정말 오래간만에 퍼붓는 장대비다.

장사하는 사람들과 목동들이 비를 피해 빈집으로 들어가는데 비를 맞아서 그런지 추한 모습들이다. 모두 불쌍한 아이들이다.

그래도 다 큰 여자아이들이나 여인들을 보면 한국보다는 아주 개방적이다. 배꼽이 나오는 옷이나 허벅지를 드러내고 걸어 다니니까 우리나라 여자보다 개방적이 아닌가? 아니면 더운 나라에서 살아서 그런가?

1966년 7월 24일 일요일 비

우기철로 접어들었는지 하루 종일 부슬비가 내린다. 간단한 보급품 정리를 하고 재후 상병 편지를 써 줬다. 오후에는 춘천 국민학교에서 온 위문편지에 답장을 보내라고 해 편지를 또 썼다. 특히 거기서 온 편지는 소대장이 주선해서 보내온 편지라 꼭 회신하라는 것이다. 이름은 강미향 어린이다.

어머님과 복영이 편지를 오늘 부쳤다. 파월 기술자들이 중대를 방문 와서 한바탕 전투 이야기를 들려줬다. 한국 민간인들이 이렇게 반갑고 좋은 줄은 미처 몰랐다.

보급차 편으로 편지가 많이 왔지만 내게 온 편지는 없다.

분대에 분대장도 없고 대원들이 몇 명 되지 않으니 마음들이 잘 맞지 않는다. 계급도 거의 같으니 이거 해라, 저거 해라 할 수도 없고 어떻게 해 나가야 분대 운영을 잘해 나갈지 궁리를 해 본다. 뭐니 뭐니 해도 대원들이 솔선수범하는 것이 제일 좋은데 말이다.

연대장님이 중대를 방문차 오셨다. 우기에 접어들자 시찰을 다니시는 모양이다.

1966년 7월 25일 월요일 비

세찬 바람과 함께 빗방울이 떨어지기 시작했다. 아침부터 총 2분대원과 말다툼을 했다. 사소한 일 때문에 벌어진 일이라 누가 더 잘했다고 할 수는 없다. 내 편지를 받아 본 연이가 회답을 보냈다.

전번에 보낸 편지를 받아 보고 한 대 얻어맞은 기분이란다. 그러니까 내가 보낸 편지에 슬그머니 반발하는 듯 그리고 비웃는 듯 그런 투의 편지다. 연이 편지를 읽고 나니 마음이 편치가 않지만 어쩔 수가 없지 않은가~ 그런 기분을 느끼며 초번 보초를 섰다.

바람이 세게 불어와 진지 옆 대나무 숲이 바람에 이리저리 흔들리고 서로 부딪치며 요란하게 소리를 낸다.

비는 그치고 뿌연 하늘엔 별들은 보이지 않고 구름에 가려진 달빛만 겨우 어둠을 덜어 주고 있다. 비바람 때문인지 모기들이 덤벼들지 않아서 그나마 다행이다.

연이의 편지 내용을 생각해 본다. "당신이 전쟁을 인식할 때 당신은 승리 속에 있을 것이오." 어느 전쟁 수기에 있다는 내용을 적어서 보내 왔다. 당연한 말 같은데, 그러나 전부 그런 것만은 아니다.

그런데 내 편지와 그 내용이 무슨 상관이 있기에~? 아무리 생각해 봐도 이해가 되지 않는다.

비행기가 요란한 소리를 내면서 적막한 밤공기를 가르며 머리 위로 날아간다. 이 어두운 밤 어디를 가는 건지……

> ✉ 연이의 43번째 편지
>
> 오늘은 7월 11일 월요일이에요.
> 오늘부터 학기말 시험이 시작되었답니다. 무척이나 어려운 시험일 것 같아 어젯밤 눈을 붙이지도 못하고 가득히 인쇄된 책과 싸우다 보니 부족한 수면 때문인지 눈이 붉게 충혈되어 이렇게 한창 밝은 낮에 자리에 눕고 말았어요. 열심히 하고서도 큰 성과를 거두지 못한 오늘 고사에~ 어떤 것에 패배한 것 같기도 한 허전함과 안타까움을 버리지 못한 채 제가 눈을 떴을 때는 비가 짓궂게 내리고 있었고 잠이 채 깨지 않아 희미하게 보이는 물체 중에서도 제 눈은 Mail Box로 향해 있었어요.

검은색의 Box에 무엇인가 있는 것 같이 보였기 때문입니다. 하지만 실망을 잠시 하고 말았어요. 그것은 푸른 봉투였기 때문이죠. 보통 때였다면 용수철같이 손이 튀어 나갔겠지만~ 오늘 그러한 반작용은 결코 순조로운 것은 아니었어요. 그래도 혹시? 하는 의문이 마음속에 스며든 것을 의식하면서 무거운 머리를 일으켰어요.

지금은 해가 채 솟지 않은 희미한 아침에 일어난 것 같은 상쾌함이에요. 어제도 편지를 쓰려고 몇 번이나 긁적였으나 마음이 초조해서인지 편지가 시들어 버린 것 같아 혹시 이 상병님께 괜히 사고의 시간을 잠시라도 드릴까? 두려워 우표를 붙이지 않았어요.

그동안 이 상병님을 찾는 편지도 드물었지요? 아니 조금만 더 용서를 베푸셔야겠어요. 시험이 15일에 끝이 납니다. 그동안 시간이 없어서 편지를 못 쓰는 것은 아닙니다. 단지 그 편지는 거의 죽어 가는 피가 없는 편지이기 때문이에요.

영양 실조된 강아지와 같이 아주 늘어진 사상이 이 상병님을 찾아가서야 되겠어요? 이것도 한 갓 변명으로 여기실지 모르나 아무튼 근래의 저의 무성의 아닌 무성의를 꼭 방학 동안 갚겠어요.

이 상병님의 긴 편지는 현재의 심리 상태를 선연히 느끼게 하는군요. 더욱이 사회의 대상을 앞에 두고 논하신 말씀은 저에게 또 한 번 전쟁과 인간을 거울에 비출 기회를 주신 것 같군요. 생각하기도 전에 매라도 얻어 맞은 것 같은 허탈함이 들기도 합니다. 저는 많은 사람들의 죽음을 보아왔어요……. 얼굴도 몰랐던 사람의 죽음을 보고 아빠 옆에서 곧잘 눈물을 흘렸었으니까요. 그때는 제가 인간의 죽음이란 것 등을 그저 슬프게만 생각할 때였으니까 문제가 될 수 없었답니다. 각자의 죽음 앞에서 비명의 소리를 내며 고통스러워하던 그 모습이 지금도 슬픔의 경지에 빠트리고 말지만 말입니다. 얼마 전 전 정말 슬픈 죽음을 목격했습니다. 그 모습을 봄으로써 저의 생각도 점점 각도가 넓어져 가고 있다고 볼 수 있을 거예요. 그 슬픔은 아직도 머리를 떠나지 않습니다. 괴롭게 죽어 가는 그들은 왜 영광스럽게 가지 못하고 고통 속에서 궂은 병으로 말미암아 죽어야만 했을까 안타깝게 여기기도 합니다. 전쟁이란 단어와 같이 죽음이란 것도 타자에게는 객관적인 것밖에 되지 못하지만……. 또 한 대 얻어맞겠군요. 죽임을 당하지 않고 논하지 말라고요? 하지만 그때는 이미 행동의 자유가 부여되지 않는데 느낀 점을 무엇으로 기록하죠? 이 상병님, 이 말 좀 들어 보셔요. "당신이 전쟁을 인식할 때 당신은 승리 속에 있을 것이요." 어느 전쟁 수기 첫 줄에서 본 것 같아요. 승리한 다음 전쟁이라는 것을 생각하라는 말인가 봅니다.

해가 지려 하는군요. 무척이나 길었던 해이기도 하군요. 어머, 창문 사이로 주황색 노을이 익어 가고 있어요. 월남의 노을보다는 흐린 색일 것 같군요. 하지만 그런대로 황홀감을 느끼게 하는군요.

밥 먹으라는 벨이 울립니다. 잠자느라 점심을 못 먹었더니 배가 고파졌어요. 잠이 채 깨지 않아 글씨가 엉망입니다. 용서하셔요.

이 상병님, 전쟁이란 것을 구태여 생각하지 마셔요. 나중에 귀국하신 다음에 더듬어 가며 천천히 생각하셔요. 멋진 추억이 될 거예요. 생각한다는 것은 즐겁지 못할 때도 많으니까요.

이만 안녕히.

연.

1966년 7월 26일 화요일 맑음

포반에서 도로 순찰 중 적이 매설한 지뢰를 발견했다는 무전 보고가 중대 C.P에 들어왔다. 모두 긴장해 결과를 기다리는데 한참 후에 큰 배낭만 한 T.N.T 덩어리를 발굴해 C.P로 가져왔다.

천만다행이 아닐 수 없다. 만약 저것이 폭발됐다면 보급차량과 몇 명의 전우들이 다쳤을 것이다. 그러고 보니 월남에 온 지 얼마 안 돼 '남탕' 기지에서 일어났던 차량 폭파 사건이 생각난다.

이런 일은 보통 심각한 일이 아니다. 심리적으로 위축되는 일이라 긴장을 늦출 수가 없다. 오늘 지뢰 발견이 매우 중요한 전과라고 생각됐는지 연대장님과 대대장님이 급히 중대를 방문해 살펴보고 갔다. 앞으로 도로 경계를 철저히 살펴야 되겠다.

햇볕이 쨍쨍해 담요와 옷 등을 내다 널었다. 땀내와 남자들만의 특유한 냄새가 뜨거운 햇살에 마르며 풍겨 난다. 남자들만의 집단 생활에서 흔히 나는 냄새다. 월남은 더우니까 더 심한 것 같다.

1966년 7월 27일 수요일 맑음

점점 흐려지는 초저녁 밤하늘, 달빛이 희미하게 구름 사이로 비친다. 1번초와 교대해 2번초 근무에 들어갔다. 여느 때와 마찬가지로 야간 근무가 이어지는가 싶은데 갑자기 인근에서 총성이 들려와 잠자던 대원들이 전투진지로 뛰어나와 정위치 배치했다.

어떤 상황인가 했는데 어제 지뢰 매설한 지역에서 적이 또다시 그 지점에 지뢰를 매설하려다 아군 매복조에 걸려 교전 중이라는 무전이 중대 상황실에 들어왔다는 것이다. 언젠가는 아군 매복에 걸릴 거라 예상은 했는데 드디어 걸려들고 말았다.

박격포반에서 조명탄을 계속해 발사하고 총격 소리도 들리더니 잠잠해졌다. 얼마 후 적 2명 사살, 소총 2정 노획 그리고 지뢰 매설 장비를 노획했다는 무전이 추가로 들어왔다. 우리를 죽이려던 그들의 계획은 완전히 수포로 들어가고 오히려 아군한테 당한 것이다. 우리 소대는 출동 준비에서 해제하고 야간근무에 다시 들어갔다. 저녁 늦게 온 연이의 편지에는 또 뭐라고 썼을까? 궁금하다.

> **연이의 44번째 편지**
>
> 번쩍! 하고 번개가 갑자기 컴컴한 밤을 밝힙니다. 또 뒤이어 집이라도 꺼질 듯한 천둥의 세례를 받았어요. 억수같이 쏟아지는 폭우는 나의 목소리조차도 잊게 하는군요.
> 시험이 끝나는 날입니다. 아침부터 쏟아진 비는 지금 11시가 훨씬 넘도록 그칠 줄을 모르고 있어요. 장마가 시작되는 첫날이기도 한 오늘, 바라는 것은 마음의 공포를 던져 주고 말았어요.
> 시내 중심의 도로에는 물이 넘쳐서 차들은 반 이상이 묻히는 길을 전속력으로 질주했어요. 어린이, 어른, 학생 할 것 없이 수영하는 듯한 기분으로 길을 다녀야 하는 희한한 광경을 보게 됐군요. 이러한 것은 예전엔 보지 못하던 일이에요. 연이도 학교에서 돌아올 적엔 차가 없어서 걸어왔어요. 숙희와 함께…. 우산을 썼어도 보람도 없이 물에 빠진

두 마리의 생쥐 격이었답니다. 저 앞 동네는 물이 방을 넘어 세간을 들고 이리로 피난을 오고 있어요.

다행히도 저희 집은 약간 높은 곳에 있어서 소동은 안 피워도 되었어요. 물이 누런 흙탕물이 대문 앞을 찰랑거려 마음을 두드리고 있어요. 어머, 이제 빗줄기의 소리가 조금 약해진 것 같군요.

여태껏 연이는 잠만 잤었지 뭐예요. 학교에서 돌아온 그 모습을 보고 엄마는 억지로 이불을 덮어 뉘었답니다. 감기나 폐렴에 걸리면 어떻게 하냐면서~ 한동안은 빗소리 때문인지 천둥소리 때문인지 잠을 이룰 수가 없었는데~ 이렇게 일어날 수 있었으니 확실히 자긴 잔 모양이에요. 아마 시험 동안 부족한 수면이 잠을 잘 수 있게 했나 봐요. 확실히 시험이 끝나서 약간 마음의 부담이 없어진 듯해요. 편안한 마음으로 이렇게 Pen을 돌리고 있으니 말이에요.

이 상병님, 월남에선 반갑기만 할 비가 이렇게 우리 국민을 울려 주고 있어요. 벌써 실종된 어린이가 넷이나 된다는 방송 보도예요. 사망자도 많을 것으로 추측하고 있군요. 한강 수위가 8m 73cm라는군요. 10m가 좀 넘으면 위험하다는데 아직도 비가 계속 내리고 있으니 어쩌면 좋죠? 지금 월남에도 비가 내리고 있을까요?

그럼 모두가 좋을 게 아녀요.

좀 더 원인이 커져서 농작물에 피해를 입게 되면 어쩌죠? 모내기한 것이 무럭무럭 변화 있게 자라고 있는데…… 몽땅 비에 쓸려 버릴 수는 없지 않겠어요.

제 고향에도 농사를 많이 짓는답니다. (저희 집은 아니었어요.) 어렸을 적

친구와 함께 모내기하는 것 등 구경하던 생각이 나요. 논 옆 개울가에서 붕어를 잡다가 종아리에 거머리가 붙어 놀랐던 생각을 하니 지금은 모두 좋아 보여요 지난 일들이……. 시골에도 제 친구들이 많답니다. 친척들도 그곳에 많이 있어요. 병원은 그곳에도 하고 있으니까 이제 여름방학 때는 놀러 갈 수 있답니다. 지금부터 꿈꾸고 있는걸요? 이 상병님! 지금 저희 학교엔 무슨 꽃이 한창인지 아세요? 흰색과 분홍색으로 되어 있답니다. 하지만 우리나라의 상징은 보통 분홍색이죠. 참꽃이 깨끗해요. 시들지도 않고 그저 오므린 채 떨어지고 마는군요. 제 책상 바로 옆 창가에 큰 나무가 있답니다. 지금 한창 피어 있어요. 무궁화 꽃은 수수하게 예쁘죠? 어머, 천둥번개가 마구 치는군요. 아참 번개는 천둥보다 먼저죠. 번개천둥이 집을 흔드는군요. 마음이 흔들리기 전에 Pen을 놓아야겠어요. 그럼 또 내일 이 상병님을 찾아가죠. 안녕.
연.

1966년 7월 28일 목요일 맑음

어제 온 연이의 편지에 답장을 써 놓는다. 다음이 방학이라니 이 편지는 받아 보겠지. 아침에 어젯밤에 노획한 전리품을 살펴보니 모두 우리 장비와 똑같다. M1, 카빈총 각 한 정씩 그리고 T.N.T 장치 일부다. 중대 보급차 편으로 대대 C.P에 갔다. 1차 귀국자들이 아직 떠나지 않아서 만나 보고 고향 사람 홍 상병을 만나 봤다. 오랜만이라고 맥주를 사준다. 한동안 기분 좋게 마시고 나니 취기가 오른다. 오래간만에 마셔서 그런지 꽤 취한다. 이런 긴장된 전선에서 잠시나마 취해 보는 것도 그다지 나쁘지는 않은 것 같다.

1차 귀국자들과 다시 한번 악수를 하며 석별의 정을 나누고 다시 중대로 돌아오니 어느새 저녁때가 다 됐다.

1966년 7월 29일 금요일 맑음

또 무더운 하루가 지난다. 점심을 먹고 나니 견디기 힘들 정도로 땀이 흐른다. 어젯밤 꿈이 이상하다 했는데 조카 화숙이와 다른 세 통의 편지가 왔다. 화숙이한테는 파월 이래 두 번째 편지를 받아 보는가 보다. 저한테는 당숙이 되는데 어떻게 생각하고 편지를 보내는 건지 모르겠다. 월남에는 남들이 가 있는 듯 그런 생각을 하는 건 아닌지. 남들은 동네 분들도 위문편지를 보내 주는데 말이다. 아무튼 늦게나마 편지를 보내 줘 고맙긴 한데 좀 그렇다.

1차 귀국으로 분대원이 줄었는데 2명의 보충병이 우리 분대로 충원돼 왔다. 분대장도 곧 퇴원한다니 이제 정상적으로 분대를 운영하게 됐다.

1966년 7월 30일 토요일 맑음

달빛이 참 밝다. 조용한 전선의 밤을 환한 달빛이 구석구석 또렷하게 비춰 주고 있다. 그러다 이따금 들리는 포성이 환하게 비춰 주던 달빛을 흩트려 주는 듯 그런 느낌을 준다. 오늘도 하루가 다 지나가나 보다 생각하니 저점 기울어지는 달이 아쉽게만 느껴진다.

수많은 풀벌레들 소리를 들으며 초병의 임무 속에 환한 전방을 졸린 눈을 껌벅이며 응시한다. 혹시나 적이 철조망을 넘어올지 모른다는 생각이 들 때면 졸음도 순식간에 사라진다. 모기들 수십 마리가 나를 먹잇감으로 아는지 계속해 달려드는데 물리기만 하면 따갑고 가려워 참아내기가 고통스럽다. 지금쯤 고향집에선 뭘 하실까? 임무를 끝내고 벙커로 들어온다. 땀내와 더위로 범벅이 된 벙커 안이지만 그 안은 잠자는 안식처요 생명의 대피처다. 희미한 전등 빛에 의지해 화숙이한테 보낼 편지 초안을 잡아 본다.

1966년 7월 31일 일요일 맑음

어느새 7월의 마지막 날이다. 새로운 진지로 이동해 온 지도 벌써 한 달이 지났다. 월남 중부 '퀴논' 항에 상륙한 지도 일 년이란 세월이 지나고 또 1차 귀국자까지 떠나갔다.

역시 전선의 세월은 빨리도 지나간다.

화숙이 편지와 수원 학생 위문편지에 회답을 써 놓았다.

1966년 8월 1일 월요일 비

아침식사를 끝내고 곧바로 사격장으로 나갔다. 앞으로 사단 사격대회를 앞두고 보충해 온 대원들 훈련 겸해서 맹렬한 사격 훈련을 했다. 엊그제 사격은 잘 맞지 않았는데 오늘은 잘 맞는다.

사격 끝나고 벙커로 들어오니 수원에서 편지가 들어왔다. 이름은 김명숙, 위문편지에 회답했더니 다시 답이 온 것이다.

오후에 정문 위병 보초를 나갔다. 비가 오는데 어찌나 지루한지….

어두워지고 나서야 벙커로 들어오니 또 편지가 와 있다. 영등포 한홍이와 수원의 문현숙 학생 편지다. 문현숙 학생한테서는 네잎 클로버가 동봉돼 왔다. 전쟁에서 행운을 빈다는 뜻이다.

오늘 지루하고 고단한 하루였으나 세 통의 편지를 받고 보니 즐거운 하루가 된 셈이다.

1966년 8월 2일 화요일 비

비가 뜸한 틈을 타 또 사격 훈련을 실시했다. 오늘은 다른 소대원들보다 사격 점수가 최고로 나왔다. 분대장이 없으니 내가 분대장 대리 역할을 하는 셈이다. 대원들한테 잔소리도 해야 하고 매복이나 잠복도 이끌어 나가야 돼 책임이 어느 때보다 막중해졌다.

특히 새로 온 보충병 훈련에 신경이 쓰인다. 하루빨리 실전에 임할 수 있게 사격 훈련이 숙달되도록 해야 하는데 걱정이 된다. 비가 오다가다 하니까 베트콩보다는 모기들 쫓기에 바빠졌다.

1966년 8월 3일 수요일 맑음

한홍이와 수원에서 온 학생들 편지에 회답 쓰는 데 하루를 보냈다.

오랫동안 기다리던 영화가 들어와 상영되려고 하는데 이번에는 이웅이가 초번을 설 차례가 됐는데도 딴짓을 하려고 해 한바탕 말다툼을 했다. 영화 상영이 끝나 벙커로 들어오니 누군가 남숙이 조카 편지를 가져다 놨다. 환하게 떠오른 달빛에 편지를 읽어 본다.

서울에 있을 때는 나하고 잘 놀아 주던 조카다. 그래선지 아저씨가 월남에 갔다고 수시로 편지해 주는 남숙이가 고맙다.

흐뭇한 고국 내음을 느끼며 벙커 안으로 들어와 잠자리에 든다.

아~ 오늘도 무사히 하루가 지났구나!

1966년 8월 4일 목요일 맑음

남숙이와 강원도 영월에서 온 위문편지에 회답을 썼다.

매일 계속되는 사격 훈련에 좀처럼 시간 내기가 쉽지가 않다.

연이한테서 여러 날 편지가 없다. 방학하면 자주 한다더니 아예 잊어버린 모양이다. 전에 써 논 편지를 안 보내기 잘했다. 그래도 여러 날 편지가 없으니 섭섭한 생각도 든다. 안 해 주려고 하는 건지?

오늘도 뜨거운 태양은 검게 그을린 살을 더욱 태우려 하는지 이글대고 비 온 뒤라 그런지 후더분하고 더욱 덥게 느껴진다.

그래선지 땀 냄새와 흙먼지로 범벅이 돼 퀴퀴한 냄새가 코를 찌른다.

오랫동안 생각하다 오늘 월남 복무 연장 신청을 했다. 참! 이상도 하지, 이렇게 고통과 괴로움이 따르고 죽음의 두려움과 무서움을 느끼면서도 이 전쟁터에 더 복무하고 싶다니, 내가 간이 부었나?

아니면 전투하는 데 자신감이 넘쳤나? 아무리 생각해 봐도 나도 나 자신을 모르겠다.

가족들이 이 사실을 안다면 얼마나 걱정을 하실까?

1966년 8월 5일 금요일 맑음

보급 물차가 도착하자 신문과 편지가 한 아름 왔다. 대원들은 자기한테 왔을까? 싶어서 모두들 와! 하며 모여든다. 나도 혹시 연이한테서 왔을까 하고 뛰어가 우리 소대 편지를 받아들었다.

하지만 아무리 뒤져 봐도 연이한테서 온 편지는 없다. 이런! 제기랄……! 생각은 일그러졌지만 수원 학생 위문편지에 답장한 것이 생각지도 않게 회답이 왔다. 그 학생은 자기는 편지한 생각도 안 나는데 나한테서 편지를 반갑게 받았다며 꼭 다시 편지해 달라고 끝을 맺었다. 아무튼 이렇게라도 편지를 받아서 섭섭함은 면했다. 그 학생은 월남에서 온 편지가 맘에 들었나 보다.

1966년 8월 6일 토요일 맑음

어두워 가는 초저녁에 야간 사격을 끝내고 진지로 들어와 초번 보초를 섰다. 우리 다음으로 2소대가 나가서 야간 사격 훈련을 실시한다. 캄캄한 밤이라 반짝이는 섬광과 총성이 요란하다.

얼마 후 사격이 다 끝났는지 전선이 조용하고 밤 시간이 흐르며 차츰 구름이 하늘을 가리자 별들은 희미하게 보일락 말락 하는데 갑자기 바람이 휘익~! 소리를 내며 불어 댄다.

그래, 바람아! 마구 불어 대라! 작은 전투 진지 안에서 몸을 도사리고 앉아서 앞에다 총과 수류탄을 올려놓고 적 방향을 응시한다.

진지 옆 대나무 숲에선 바람에 흔들리는 대나무들 비벼 대는 소리가 음산하게 들려오면 조마조마한 병사의 긴장감은 더욱 높아 가며 경계심은 더 굳건해진다.

저 멀리 하늘 위엔 비행기가 오늘도 빨간불을 깜빡이며 전선의 밤 적막을 깨면서 사라진다. 어디로 가는 건지……

1966년 8월 7일 일요일 맑음

저녁 점검시간에 1차 귀국자들이 무사히 부산항에 도착했다고 사단 맹호 방송국에서 보도했다고 알려 준다. 처음으로 귀국하는 파월 용사들이라 환영 행사가 대단했던 모양이다. 내가 귀국할 때는 어떨지? 먼저 귀국한 김성경과 두 번째 《자유세계》 책을 보내 준 김포 석정초등학교 교장 선생님께 편지를 쓴다.

내일 중대 사격대회를 앞두고 일제히 사격 훈련을 했다.

1966년 8월 8일 월요일 맑음

 중대 사격대회를 실시했다. 나는 93점 좋은 성적을 내 기분이 좋았다. 저녁때 야간 사격을 앞두고 연이한테서 봉합 엽서 2장이 왔다. 57mm 사격이 시작돼 얼른 보고 싶었지만 못 보고 있다가 기다리던 차에 우리 분대는 내일로 연기한다는 말에 엽서를 읽어 보고 나는 깜짝 놀라고 말았다. 연이에게는 아버지가 안 계신다는 것이다. 아니! 이럴 수가~! 그동안 왜 편지가 없었나 했더니 그녀에게 그런 슬픈 사연이 있었다니 도저히 믿기지 않는다.
 아무튼 늦게나마 소식을 들어서 좋기는 한데 왠지 나도 마음이 좋지가 않다. 편지한 날이 아버지 제삿날이라니 마음이 얼마나 아플까? 아버지가 '의사'라고 했는데 어쩌다 그리 일찍 돌아가셨는지? 지난 일 년이 다 되도록 그런 내색 한 번도 안 하고 편지를 잘해 줬는데 아버지가 안 계시다니? 연이는 얼마나 심적으로 부담을 가지고 있었을까?
 연이에게는 슬픈 일이지만 내게도 허전한 마음이 든다.
 내일 한다던 사격을 다시 하게 돼 겨우 합격을 했다.
 연이에게 자꾸만 불쌍한 생각과 미안한 생각이 난다. 어떻게 위로를 해 줘야 할까?

✉ 연이의 45번째 편지(엽서)

산딸기가 붉게 익어 버렸습니다. 이제 곧 제가 가장 저주스럽게 싫어하는 날이 돌아옵니다.

이 생각을 하면 이 상병님에 대한 죄의식이 떠나질 않습니다.

이곳은 충남 대천의 조금 위인 광천이란 곳입니다. 저의 고향이기도 한데죠. 자세한 것은 다음에 말씀드리기로 하죠. 하지만 연이는 불쌍하게도 아빠를 잃었답니다. 가히 반가운 일은 아니죠! 걱정하실 것까진 없어요. 이렇게 슬픔 속의 하루에 있으면서도 이 상병님께 Pen을 들 수 있는 마음의 여유가 있는 것이 얼마나 다행하고 자랑스러운지 모르겠어요. 편지를 받을 수가 없으니 답답합니다. 하지만 어딜 가나 건강만을 기도드리겠어요. 그럼 또 이따가.

연.

 연이의 46번째 편지(엽서)

서울에 있는 언니에게 급작스러운 비보를 전화로 받고 놀람 속에 아픈 가슴을 형언할 수가 없어요.

꿈에도 상상할 수 없던 일이어서인지 거짓말 같기도 합니다. 연희가 알면 얼마나 슬퍼할지 차마 알릴 수가 없군요. 편지건 으로 무척이나 걱정하고 있던 연희에게 그런 소식은 참혹한 것이니까요. 신 상병님을 지켜 주지 않으신 운명의 신에게 야속함을 말해야 할지……. 저희보다는 전우를 잃으신 여러 대원과 부하를 잃으시고 깊은 슬픔에 싸여 있을 대장님들께 위로를 드려야 할지 말 못 할 착잡한 심정이에요. 아빠 잃은 슬픔이 한창 커져 가는 연이에게 차마 그런 소식이 전해질 줄은….

글을 쓰고 싶은 마음은 있으나 손이 떨리는군요. 밤새도록 눈물을 흘리니 충혈된 눈 때문에 글이 보이지도 않아요.
오늘 아빠가 가신 지 일 년이 되는 날입니다. 이상하다고 생각하시겠죠? 깊은 통곡 소리가 귓전에서 떠날 줄을 모릅니다.
건강을 빌며 내일도…….
연.
(제45번째 서신을 쓰고 난 후 언니 전화를 받고 즉시 또 쓴 서신이다.)

1966년 8월 9일 화요일 맑음

아침 일찍 57mm 사격을 했다. 사격 소리가 왜 그렇게 크게 들리는지…. 양쪽 귀에 카빈 소총탄으로 막고 사격을 하는데도 귀가 먹먹하다. 사수 김성경이 귀국해 이젠 내가 사수가 됐다.

아침 식사 전에 사격을 완료하고 병기 수입을 깨끗이 해 놨다.

이번 사격대회도 우리 소대가 또다시 우승해 중대장님으로부터 상으로 맥주를 받아 파티를 했다. 저녁에는 중대장님도 2차로 귀국하게 되어 기념으로 맥주를 사 주는 바람에 맥주 파티를 또 했다.

어제 온 연이의 엽서에 회답을 써 놓았다. 지금은 방학 중이라 며칠 더 있다가 부쳐야겠다. 내일 2차 귀국자들이 '퀴논' 시내로 외출 나가는데 '트럼프' 카드를 사다 달라고 포 3분대 윤혁이한테 부탁했다.

1966년 8월 10일 수요일 비

 오늘은 2차 귀국자들이 '퀴논' 시내로 외출을 나가는 날이다. 1차가 귀국한 지 엊그제 같은데 벌써 2차가 귀국하게 되다니 날짜가 참 빠르게 지나간다. 외출 나가는 대원한테 과자를 사 오라고 부탁을 했다.
 이른 아침부터 헬기들이 요란하게 움직이더니 어젯밤에 기갑연대 제9중대가 캄보디아 국경 근처에서 이동해 간 지 얼마 안 돼 월맹 정규군 1개 대대와 밤새도록 치열한 접전을 벌였다는 것이다.
 적 1개 대대가 9중대를 공격했다면 굉장한 전투가 벌어진 건데 결과는 아직까지 자세히 모른다고 한다. 그래도 중대 전술 진지는 무사히 방어했다니 다행이다.
 이제부터는 전투 형태도 조금씩 달라져 가는 양상이다.
 비가 꽤 많이 오기 시작한다. 외출한 사람들 기분이 안 좋을 듯하다. 오늘은 편지가 안 오는 날인가 보다.

1966년 8월 11일 목요일 맑음

 보급차 편으로 신문과 편지들이 한 아름 왔다. 나한테도 왔겠지? 기대했지만 또 허탕! 소대장이 부탁한 한양 여중생 위문편지에 답장을 써 보냈다. 오늘은 바람도 불지 않고 무척 더운 날이다.
 달빛도 없는 진지 앞이 너무 캄캄하다. 모기들은 아무리 약을 뿌려도 그때뿐, 파상 공격이 만만치가 않다.
 희미하게 보이던 별들이 구름이 걷히자 맑게 반짝인다. 소대에서 내일 귀국하는 대원들을 위해서 간단한 맥주 파티를 준비해서 떠들썩하다. 교대 시간이 거의 다 돼 중대부관이 순찰을 돈다.

"57mm 분대 근무 중 이상 무!!"

나지막하게 보고를 한다.

"좋아!"

1966년 8월 12일 금요일 맑음

고국에서 맹호사단으로 R.O.T.C 학군단 생도들이 왔는데 우리 중대로 견학 온다고 청소하랴, 장비 점검하랴, 벙커 정돈하랴 한바탕 난리를 쳤다. 항상 그렇게 하고 있는데 꼭 이렇게 해야만 하는 것인지 모르겠다. 가식보다는 있는 그대로 보여 주는 것이 어떨까 싶다. 후송 간지 여러 날 만에 분대장이 퇴원해 귀대했다.

그런데 분대장이 왔는데도 그다지 반가워하는 기분들이 아니다.

또다시 분대원들한테 잔소리를 해 댈 테니까~?

제2차 귀국자들이 중대 진지를 떠났다. 섭섭함과 반가움이 교차한다. 오늘 밤 여기로 온 후 처음으로 야간 매복에 나갔다. 중대를 방문한 R.O.T.C 생도들과 같이 매복에 나설 예정이었는데 그들이 늦게 도착하는 바람에 우리 분대원들만 매복에 나섰다.

안개가 엷게 낀 초저녁, 매복지로 출발하는 대원들의 입술이 유난히 굳게 다문 듯 발걸음도 무거워 보인다.

1966년 8월 13일 토요일 맑음

(12일 밤 20시부터 13일 6시까지 상황이다.)

우리 분대는 어둠이 완전히 덮인 잠복지에 도착해 잠복에 필요한 크레모아 지뢰와 수류탄을 설치하고 3개 조로 나눠 야간 잠복에 들어갔다. 오늘 밤은 유난스럽게 바람이 세게 불어 댄다. "솨~아" 하는 소리가 귓전을 불어 댈 때마다 온 신경은 긴장으로 감싸며 전방을 응시하게 만든다. 지루하고 두렵기도 한 긴 시간이 말없이 흘렀다. 게다가 심심치 않게 달려드는 모기들로 인해서 더 신경이 예민해진다. 멀리 캄캄한 밤하늘 위엔 제트기 편대가 빨갛고 파란 불빛을 깜박이며 사라져 간다.

얼마나 시간이 지났는지 갑자기 중대 진지 상공에서 주황색 신호탄이 오르더니 총성이 요란하게 나더니 곧 그친다. 웬일이지? 본능적으로 땅바닥에 바싹 엎드려 상황을 기다리니 또 총성이 나고 요란하다 그친다. 아마 R.O.T.C 생도들이 와서 전투 시범 사격을 했나 보다 싶다. 다시 긴장이 흐른다.

무섭고 두렵고 고독한 길기도 긴 시간이 흐른 뒤 동쪽 하늘이 점점 뿌옇게 변하더니 드디어 밝아지기 시작한다. 그제야 굳게 다물고 밤새 뜬 눈으로 지새우던 분대원들이 긴 안도의 숨을 내쉰다.

1966년 8월 14일 일요일 맑음

어제 매복으로 오전에는 푹 쉬고 어제 온 원화 엽서에 회신을 썼다. 소식을 보내올 때마다 매번 편지해 준다고는 하지만 한 달에 두 번 해 주기도 힘들다. 하도 심심해 모아 둔 편지들을 꺼내서 읽어 본다. 연이 편지가 가장 많고 재미도 있다. 수원 학생 문현숙 학생한테 편지를 썼다. 오늘도 집에서는 편지가 없다.

1966년 8월 15일 월요일 맑음

정성교 중대장님이 제2차로 귀국하게 돼 간단한 작별 인사를 중대원들에게 했다. 참 좋은 분인데 중대원들을 놔두고 먼저 귀국하게 돼서 섭섭하고 미안하게 생각한다는 뜻으로 말을 했다.

후임으로는 누가 올지 좋은 분이 또 왔으면 하고 생각해 본다.

몇 달을 벼르다 대원들과 개울가로 카메라를 들고 사진을 찍으러 나갔다. 아가씨들도 있다고 하더니 우리가 갔을 때는 모두 쫓겨나고 한 사람도 보이지 않았다. 여기저기 배경을 잡고 사진을 찍었다.

연이 편지 온 지가 여러 날이 됐는데도 아직 소식이 없다. 혹시 무슨 일이라도 생긴 건 아닌지 궁금해진다. 연아! 오랫동안 소식이 없구나? 왜 그렇게 오래 침묵을 하는지 모르겠구나. 내가 미워서? 아니면 싫어져서? 그것도 아니라면 뭐 때문에 소식을 안 주는 거니? 너의 편지를 보고 싶어 하는 병사가 이 먼~ 월남 전선에 있다는 것을 항상 기억해 주렴.

1966년 8월 16일 화요일 맑음

오전에 개인화기 사격을 하고 오후에는 57mm 사격을 했다. 사격에는 언제든 자신이 있어서 이번에도 보통 이상 점수는 나왔다.

공군 사촌 형과 고향 하성면 지서장으로부터 사진이 동봉된 위문편지를 받았다. 파월 가족 위문차원에서 우리 집을 방문해 가족사진을 찍어서 보냈다. 사진에서 본 부모님은 몹시 늙어 보이고 동생들은 많이 커 보인다. 집에서 기르는 바둑이도 가족들 앞에서 자랑스럽게 쳐다보며 찍혔다. 두 장의 회신을 곧바로 써 놓았다.

저녁때 소대장한테 사단사령부에 면회를 가겠다고 신청하니 쾌히 승낙해 준다. 내일 일찍 다녀와야겠다.

1966년 8월 17일 수요일 맑음

사단사령부 가는 도중에 사진도 찾고 우표와 풍경 카드를 몇 장 구입했다. 사단 포병사령부로 형님을 면회하니 아주 반갑게 맞아 준다. 점심을 같이 먹으면서 형님 동료들과 전투 이야기로 시간 가는 줄 모르게 이야기를 했다. 귀대 시간이 되어 돌아오는 길에 사단 G2로 장홍재 선배를 찾으니 뜻밖에 만나게 되어 어찌나 반가운지 눈물이 나올 지경이다. 몇 년 만의 만남인지 모른다.

여기는 사령부라 그런지 모든 막사가 콘센트 건물이다. 우리는 최전방이라 24시간 벙커에서 지내며 야간 매복과 주간 잠복을 밥 먹듯 한다니까 선배와 동료들은 오히려 그런 진중 생활을 해 봤으면 좋겠다고 오히려 나를 부러워하면서 대단하다고 칭찬해 준다.

월남에 왔으면 적과 총격전을 하면서 전투를 해 봐야 하는데 여기서 근무하다 보니 그런 기회가 없어 갑갑하단다. 이런! 정신 나간 군인들 같으니라고! 전투는 아무나 하는 줄 아나? 목숨을 내놓고 싸우는 건데 내가 부럽다고? 이곳 사령부에서 생명의 위험 없이 근무하다 보니 별 한가한 생각을 다 한다고 생각했다.

시간이 없어 간다고 하니까 여기선 줄 것이 없다며 편지할 때 쓰라며 종이와 봉투를 잔뜩 줘서 가지고 왔다. 대대 C.P에 도착해 고향 홍병장을 만났더니 이번 2차로 귀국을 하게 됐다고 말해 준다.

그에게 귀국을 축하해 주고 중대로 오면서 홍병장이 무사히 귀국하도록 마음속에서 빌었다.

중대에 들어와서 오늘 있었던 사단사령부 형님과 동료들의 이야기를 했더니 얼마나 편하게 근무하면 그런 소리를 하냐며 당장에라도 바꿔서 근무해 보잔다. 그들이 하루나 버틸까?

1966년 8월 18일 목요일 맑음

손톱 같은 초승달이 희미하게 보이더니 어느새 사라지고 보이지 않는다. 요란한 벌레 소리와 수많은 별이 반짝일 뿐, 대대 C.P에서는 계속해서 포격을 해 댄다. 오늘 1차 귀국자들의 모습이 실린 신문 보도를 읽었다. 나도 얼른 가고 싶은 생각이 문득 든다. 내가 왜 월남 연장 근무 신청을 했지? 하지만 후회는 하지 않는다.

위험이 따르긴 하지만 월남 진중 생활도 이젠 숙달되고 몸에 배서 더할 만하고 귀국하면 남은 군 생활도 부담스럽다.

어렵고 위험해도 더욱 조심해 이 순간을 버텨 나가자. 이런저런 생각하는 사이에 순찰이 몇 번인가 돌아간다.

귀국을 생각하면 마음이 설레고, 앞으로 더 한국에서 근무하게 된다고 생각하면 여기가 괴롭고 두려워도 참아야 한다. 지금 내 생각은 어디에 와 있는 걸까?

수원의 위문편지에 회답을 쓰고 7월 26일 써 논 연이 편지를 그동안 모은 우표를 동봉해 부쳤다.

1966년 8월 19일 금요일 맑음

우리 분대가 야간 잠복 나가는 날이다. 왠지 연이한테 편지를 써 놓고 싶어 한 장 적어 놓았다. 저녁 식사를 하는데 왕십리 조카 남숙이한테서 편지가 왔다. 참 기특한 녀석, 그래도 조카들 중에서 그놈이 제일 잘하는 것 같다.

묵직한 군장을 꾸리고 날이 어둡자 예정된 매복지로 출발했다.

아주 조심스럽게 이동해 어둠이 완전히 깔릴 때쯤 목적지에 도착했다. 긴장한 탓인지 흠뻑 젖은 옷에서는 땀 냄새가 물씬 풍긴다.

모기는 한두 마리씩 달려들긴 하지만 참을 만하다. 매복 장소가 사방이 확 트인 개활지라 적의 접근을 관측하기 좋아서 마음이 놓인다. 크레모아 지뢰를 설치하고 원형으로 진을 형성해 잠복에 들어갔다. 하늘엔 손톱 같은 달이 자라서 맑은 밤하늘을 예쁘게 장식해 보인다. 하나둘 보이던 별들이 이젠 셀 수 없이 반짝이고, 포성이 들려올 때마다 긴장감은 더욱 무겁게 느껴온다.

제12중대 근처인 78고지에 사격이 시작된다. 잠복 시작한 지 얼마 안 돼 보충 온 지 얼마 안 된 김복동 일병이 벌써 졸기 시작한다.

그럴 테지……. 하지만 온 지 얼마 안 된 놈인데 매복지에서 겁도 없이 졸다니! 안 되겠다 싶어서 발길로 걷어찼더니 깜짝 놀란다.
"너 여기서 죽을래!!?"
김 일병은 내 말에 손발을 부들부들 떨며 자세를 바로잡는다.
아~ 지루한 밤! 경험 많은 나도 그런데 저놈은 더하겠지? 그래도 적진 한가운데 매복 와서 졸면 절대 안 되지! 목숨이 달린 문젠데 매복지에서 졸다니 이건 더는 말할 것도 없이 분대원 전원의 생명이 직결되는 일이다. 내일 단단히 교육을 다시 시켜야 하겠다. 긴장되고 긴 밤이 지루해서 그런지 연이와 밤새도록 이야기하고 싶은 생각을 해 본다.

1966년 8월 20일 토요일 맑음

남숙이한테 회답을 보냈다. 먼저 편지에 1원짜리 우표를 붙여서 보낸 이유를 이제야 알 것 같다.
지난 26일 쓴 편지에 우표 6장을 동봉해 오늘 부치고 새로 쓴 편지에는 나중에 보내려고 우표를 새로 사서 넣어 놨다. 연이 편지가 오기를 기원하면서…….

1966년 8월 21일 일요일 맑고 비

하루 만에 또 매복을 나가란다. 잔뜩 흐린 하늘에선 번개가 치더니 궂은비가 내리기 시작한다. 퀴퀴한 냄새가 풍기는 군복에 빗물이 스며드니 따뜻했던 살갗에 차가움이 느껴진다. 하필이면 이런 날 매복에 나가라니! 혼자 원망을 해 보지만 누굴 탓하랴! 다 내 팔자소관이지……?!

쏟아지는 비 때문에 금세 하의가 젖어 올라 이젠 춥기까지 하다. 아군의 포격은 비가 와도 계속된다.

제11중대 근처에선 전투상황이 있는지 에께끼 기관포 사격이 계속되고 있다.

쏟아지는 빗속에 그제 같은 긴장과 지루한 시간이 흐르는 밤, 빗줄기가 뜸해 하늘을 쳐다본다. 별은 보이지 않고 희뿌연 달빛이 구름 사이로 내밀려고 한다.

이 밤이 다 가도록 비가 오지 말아야 할 텐데…….

1966년 8월 22일 월요일 맑음

소나기가 한차례 줄기차게 쏟아진다. 그런데 "야~! 이 개새끼들아! 찌개 안 끓이고 뭘 하는 거야!" 분대장이 신경질을 내며 소리를 지른다. 찌개를 끓이려고 하는데 갑자기 소나기가 쏟아지는 바람에 좀 있다가 하려던 참인데 그걸 못 참고 욕을 해 댄 것이다.

분대장은 욕을 하고도 기분이 덜 풀렸는지 "이놈의 새끼들! 나, 이 찌개 안 묵어!" 하더니 준비한 찌개 통을 발로 차 박살을 냈다. 그런데 하필이면 걷어찬 찌개 통이 이 병장 등어리에 떨어지는 바람에 그의 몸이 엉망이 되고 말았다. 분한 마음이 들었지만 군대라는 특수 관계라 참을 수밖에, 졸병들이 어쩔 수 없이 당하는 꼴이 되고 말았다. 대원들 모두 겉으로는 말 못 하고 속으로 "에이 더러운 놈! 좆같은 개새끼!"라고 욕을 했다.

아무리 화가 나도 그렇지 사람이 먹는 밥통을 발길로 차다니 개보다도 못한 더러운 놈이다. 부대원들은 찌개 대신 레이션으로 저녁을 대신했다.

밤에 실시한 야간 사격대회에서 이웅이와 내가 선착순으로 합격을 했다. 밤에는 영화가 상영됐다. 제목은 〈망향〉이다.

1966년 8월 23일 화요일 비

갑자기 출동 명령이 내렸다. 대대 C.P 근처에 적이 출현해 그로 인해 매복 작전을 나간다는 중대장의 작전 브리핑을 한다.

매복 준비를 단단히 하고 부슬부슬 내리는 빗속에 밤에 출발했다.

하필이면 이런 날 적이 나타나서 매복을 나가게 되다니! 젠장~ 재수도 더럽게 없는 우리 중대다.

비가 오는 추위 속에 한잠도 못 자고 야간 매복에 들어갔다.

비가 오는데도 모기들의 공격이 아주 결사적이다. 이번에 못 빨아 먹으면 언제 다시 기회가 올지 모르니 잔뜩 빨아 먹겠다는 기세다.

1966년 8월 24일 수요일 맑음

맹호사단 각 중대 대항 사격대회가 실시됐다. 나는 잘 쐈다고 생각했는데 86점을 받았다. 오늘 사격은 생각보다 적게 나왔다.

20발 사격에 19발아 명중해야 좋은 점수로 기록된다. 그래도 오늘 사격은 보통은 받은 셈이다.

오늘 하루 종일 바쁘게 보낸 셈이다.

연이와 현숙이 그리고 희순이한테 편지를 부쳤다.

1966년 8월 25일 목요일 맑음

20시경 요란한 총소리와 함께 비상이 걸린다. 대원들 모두 용수철처럼 반응하며 재빨리 벙커 안에서 뛰어나와 전투 준비를 완료했다. 곧이어 전술 진지에서 사격이 시작됐다. 우리 분대도 진지 내 포대에서 57mm 무반동총으로 철조망 너머로 사격을 해 댔다.

오늘 비상은 실제 상황이 아니고 만약의 상황에 대비해 실시한 전투 훈련이다.

훈련이 끝나고 곧바로 초병의 임무에 임했다.

보초 선 지 얼마 안 돼 갑자기 전방 근처에서 예광탄이 오르고 총성이 울리면서 크레모아 터지는 소리가 들려왔다.

중대는 다시 비상이 걸리고 중대 상황실에서는 우리 소대에 출동 명령이 하달됐다.

화기 2분대 매복 지점에 적이 출몰해 접전이 벌어졌다는 무전이 상황실로 들어왔다는 것이다. 박격포반에서는 연속 조명탄을 발사해 준다. 우리 분대도 출동 태세를 갖추고 대기했지만, 출동 명령은 내려지지 않는다.

심각한 상황은 아니라서 얼마 후 비상은 해제됐다. 적을 격퇴했는지 총소리도 잠잠해졌다.

나는 다시 야간 보초로 돌아갔다.

오늘 밤에만 두 번이나 비상이 걸린 셈이다.

1966년 8월 26일 금요일 맑음

얼마 전 기갑연대 제11중대와 월맹 정규군 간의 전투 상황이 알려져 우리 중대도 진지 보강과 철조망을 추가로 설치하기 시작했다.

월맹군 1개 대대 병력과 11중대 간 교전은 밤새도록 격렬하게 벌어져 수백 명의 적을 사살하는 전과를 올린 전투였다.

튼튼한 전술 진지 구축은 적의 공격을 물리친 데 결정적 역할을 할 만큼 중요하다는 게 이번 전투에서 확인되자 우리 중대도 만약의 전투에 대비해 진지를 보강하고 철조망도 3중으로 설치하고 나니 한결 안심이 된다.

작업을 끝내고 들어오니 집에서 편지가 와 있다. 작은형과 희순이, 사촌 국분이, 수원의 명숙이 모두 네 통의 편지가 왔다.

연이한테서는 언제 올지~ 이젠 편지를 안 할 참인지……. 내가 잘못해서 그러는 건지 아니면 자기가 싫어서 안 하는 건지 도무지 내 상상이 빗나가고 있다. 그래도 그동안 참 잘해 줬는데~ 깜깜무소식이니 섭섭한 생각이 다 든다.

1966년 8월 27일 토요일 맑음

오늘도 어제와 같이 진지 외각 철조망 보강을 설치했다. 그렇게 힘든 일은 아니지만 뙤약볕 아래서 작업하기란 쉬운 일이 아니다.

오늘 밤에는 우리 분대가 야간 매복을 나가라는 명령이 하달돼 오전 작업만 끝내고 오후에는 전 분대원이 잠을 잤다.

저녁때 일어나 매복 준비를 끝내고 대기 상태로 있는데 오늘 매복 취소한다는 지시가 내려왔다. 분대원들은 잘됐다고 좋아들 한다.

저녁 늦게 도착한 보급차 편에 귀국한 성경이로부터 편지가 왔다. 전번에 편지했더니 회답을 보내온 것이다.

연이 편지는 오늘도 허탕. 가만히 생각해 봐도 참 이상하다.

그래, 애타게 기다릴 것이 아니라 앞으론 아예 기다리지를 말자.

1966년 8월 28일 일요일 맑음

어제 온 성경이와 전번 국분이 편지에 회답을 써 부쳤다.

아침부터 분대장은 인상을 쓰며 분대원들한테 욕지거리를 해 대며 야단이다. 매일같이 분대원들이 뭘 잘못한다고 저 야단인지 모를 일이다.

오후에 경북 청송에 산다는 학생한테서 편지가 왔다. 편지한 지가 하도 오래되어 포기한 줄 알았는데 이제야 회신이 온 것이다. 어제 취소된 매복이 오늘 밤에 나가게 되어 저녁 식사를 일찍 끝내고 매복 준비에 만전을 기했다.

밤새 베트콩보다 모기한테 시달릴 생각을 하니 걱정이 앞선다. 매복 나가며 적보다는 모기한테 물릴 걱정을 하다니 참말로 내 정신이 아니지?

1966년 8월 29일 월요일 맑음

어젯밤, 어두워지기를 기다렸다가 잠복할 장소로 은밀히 이동해 갔다. 이동 중에 적에게 발각되지 않고 목적지로 가는 것이 최고의 전술이고 적을 제압하는 첫 번째 조건이다. 그래서 이동 중에는 가장 두렵고 가장 긴장되는 순간이기도 하다.

매번 느끼는 것이지만 고참들이 귀국하고 보충병들을 이끌고 매복이나 잠복을 나갈 때면 더욱 신경이 날카로워진다. 매복지에 도착해 크레모아 지뢰를 설치하고 흐르는 땀을 씻으며 달려 드는 모기들을 쫓아내며 매복에 들어갔다. 시원한 바람이 불어와 모기들을 쫓아 줘서 좋다.

밝은 달이 점차 떠오르자 어둠에 의지하던 우리 위치가 노출돼 위험을 느껴 다른 곳으로 약간 이동해 매복을 이어 갔다.

꽤 조용한 밤, 가끔 포성이 귓전을 울려 줄 뿐이다. 몇 시나 됐을까? 밝던 달이 서산 자락으로 숨어들더니 매복지는 다시 캄캄한 밤 속으로 빠져든다.

지금까지 아무 상황 없이 잘 지나가고 있는데 앞으로 남은 시간 무사히 지나가길 마음속으로 빌어 본다.

수많은 벌레는 밤이 가는 줄도 모르는지 계속 울어 댄다.

벌레들도 우리가 여기서 이렇게 매복하고 있다는 걸 모르겠지?

꽤 서늘한 느낌을 주는 밤이다. 월남도 이렇게 서늘할 수가 있나~ 싶을 정도로 촉촉이 내리는 이슬이 옷을 차갑게 적셔 온다.

계속되는 긴장감은 끝이 없고…. 아~! 지루한 밤이여~

1966년 8월 30일 화요일 맑음

사단장님이 우리 중대를 시찰 온다고 해 청소하랴, 정돈하랴, 진지 보강하랴, 한바탕 바쁘게 움직였다.

우리 분대원들도 잠복에서 돌아와 피곤하지만 가만히 있을 수 없어 다른 분대와 마찬가지로 바쁘게 준비를 하다 보니 어느새 점심때가 됐다.

높은 분들이 오면 잠시 동안 있다가 가는데도 병사들은 몇 시간 전부터 어떤 때는 며칠 전부터 고달플 정도로 야단법석을 떠니 꼭 그렇게 해야만 되는 건지 모르겠다.

아마 이것도 군기요 군율이겠지? 내가 하기 싫어도 명령이면 따라야 하고, 하고 싶어도 못 하는 것이 군대가 아닌가 싶다.

오전 중에 사단장님이 오셔서 시찰하고 점심식사까지 하시고 떠나셨다. 사단장님이 오셔서 중대장님 얼마나 긴장이 됐을까?

1966년 8월 31일 수요일 비

어제는 벙커를 다시 만들고 오늘은 총 2분대 막사를 헐고 다시 지었다. 연일 계속되는 작업에도 불구하고 오늘 밤에도 또 야간 매복을 나가야 하다니 정말 고단해 죽을 맛이다.

시커먼 구름이 몰려오더니 소나기가 한줄기 시원하게 쏟아진다. 발가벗은 몸에 빗방울을 맞으니 차가운 촉감이 기분을 좋게 한다.

비는 끊일 줄 모르게 내리고 어둠이 깔리자 차가운 비를 맞으며 적진 속 깊숙이 매복지를 향해서 무거운 발걸음을 옮긴다.

조심조심 비 오는 밤에 매복지를 찾아가는 분대원들의 심정을 누가 알아주랴! 적당한 자리에 도착해 비를 맞으며 매복에 들어갔다.

쏟아지는 빗속에 어떻게 밤새도록 긴 시간을 보내야 하나?

온몸이 젖어들어 추위에 몸이 떨려오기 시작한다. 온 지 얼마 안 된 신병들이 걱정된다.

1966년 9월 1일 목요일 비

8월 한 달이 어느덧 잠깐 사이에 지나갔다. 오늘이 벌써 9월이라니~
어젯밤 매복으로 낮잠을 자도 된다는 허락을 받았다. 비가 쏟아져 매복이 아니라도 다른 소대들도 모두 벙커 안에서 낮잠이다.
포반 김하웅 상병이 사진을 찾아왔는데 모두 23장이다.
이젠 우기로 접어들었는지 계속해 비가 내린다.
수시로 비가 오니 앞으로 작전이 어떻게 돼 갈지 걱정이다.
오후에 연이한테서 22일 만에 편지가 왔다. 엽서 2장에 편지 두 통, 이렇게 4통이 한꺼번에 왔다.
오랫동안 소식 주지 못해서 미안하다는 것과 그래서 엽서에 편지 두 통까지 한꺼번에 네 통을 보냈다.
한꺼번에 네 통의 편지가 연이로부터 오기는 처음이다.
그동안 쌓였던 궁금증이 한꺼번에 풀렸다. 아무래도 그녀 자신에게 부담감을 느끼는 것은 아닌지, 아니면 내가 모르는 사연이 있는 건지, 모르겠다.
김포 군수한테서 위문편지가 왔다. 군수 편지는 파월 이래 처음으로 받아 본다.

✉️ 연이의 47번째, 48번째 카드엽서

카드 NO.47

석류가 몹시 커졌습니다. 곱게 피었던 꽃의 열매는 더욱 큰 아름다움을 자랑하고 있어요. 벼 이삭도 나오기 시작한 지가 여러 날, 모든 생물의 열매를 맺는 시기군요. 바람이 시원함을 주는 것을 선연히 느끼면서…. 연.

카드 NO.48

박꽃이 소복이 피어나니 시작하였습니다. 오래도록 편지 없었음을 죄송한 한편 궁금한 마음 그지없습니다.
7월 7석이 지나고 제법 시원한 바람이 불기 시작합니다. 마음은 조급했으나 모든 것은 뜻대로 되지 않는군요.
건강하심을…….
연.

 연이의 49번째 편지

형용할 수 없는 날입니다. 밖에선 소리 없는 빗줄기가 씨 맺은 봉숭아의 윤택한 잎 사이로 떨어지고 있어요. 오래간만에 이렇게 편지를 받고 보니 기쁜 마음뿐이에요. 그동안의 여행에서 많은 것을 배웠다고 혼자 생각하며 서울에 도착한 날이 바로 어제 23일이에요. 충남 원산도에서 대천으로 또 수덕사로 방학 전부를 여행이란 낱말에 빼앗기고 보니 무어라고 말할지…….

덧없는 나날은 아니었으나 덕분에 편지를 못 드려 죄송하군요. 구릿빛으로 익어 버렸던 피부는 한 겹씩 벗겨지기 시작하는 고통을 이미 맛본 지 오래, 개학을 약 일주일간 앞두고 학과 정리에 여념 없습니다. 이 상병님, 방학하고 벌써 4번째 편지였어요. 전보단 적은 수지만 소식을 전해 주셔서 감사해요. 더욱이 선물까지 주시니……. 저의 불성의함이 낯 뜨겁도록 부끄러워집니다. 제 마음은 방학 동안 지난날의 고마움을 성의 있게 보답하려 했는데……. 예기치 않던 일이 저를 초조하게 해 버렸군요. 벌써 9월이 고개 들며 다가오고 있어요. 8월 29일이 개학이랍니다. 또 새로운 생활이죠. 역시 친구들과 교실에서 공부하는 것이 가장 즐거워요. 날씨가 선선해지기 시작합니다. 월남은 어때요? V.C들의 광증은 수그러졌어요? 정말 주소가 약간 변경되었군요.

연대장님이 오셨다구요? 저희도 9월 10일 이사를 하게 됩니다. 주소는 이사하는 대로 알려 드리겠어요. 저녁이 되어 오고 있어요. 저녁 식사 시간쯤에 피어나는 분꽃이 막 터지려는 순간이에요. 우리의 화단 구석에 붉은색과 흰색의 분꽃나무가 씨도 뿌리지 않았는데 우연히 피어나 아름다워요. 요즘 때쯤이면~ 시골에서는 시계 대신 분꽃이 터질 때쯤 밥을 짓는다잖아요? 왜 저녁에만 피는지 모르겠어요. 이제 조금 더 있으면 노오란 달맞이꽃이 필 거예요. 모두 피었다 지고 이제 단 몇 송이의 봉우리가 차례를 기다리고 있을 뿐이랍니다. 이 상병님, 아무래도 이 상병님은 저를 미워하시나 봐요. 왜 편지 쓰는 이야기마다 못마땅해 하셔요? 자꾸만 반대로만 생각하시고…….
그러지 마시구 건강하셔요. 서울엔 뇌염이 유행이랍니다.
안녕.
연.

 연이의 50번째 편지

이 상병님, 갑자기 '번데기' 장수가 나타나 큰 소리로 아름답지 못한 오페라를 부르고 있어요. 어제까지 덮였던 잿빛 구름은 찾아 볼 수가 없고 꿈을 연상케 하는 큰 뭉게구름이 곳곳에 퍼져 있어요.
오늘도 다 지나가려 하는데 임무 수행하시기에 흐르는 땀을 모른 체 방관하셨겠죠? 저는 이제 며칠 앞둔 개학을 기다릴 뿐입니다. 이 상병님, 저의 예상대로 곧 이사하게 됩니다. 주소는 영등포구 ○○○ ○○호 이렇게 바뀌게 되겠어요. 교통이 불편하겠다구요? 고생을 각오하고 있긴 하지만 큰일이에요. 언니 오빠 동생은 모두 좋은데 저만 잘못 걸렸지 뭐겠어요. 이사는 개학 후에 하게 되겠지만…. 월남은 서신이 늦기 때문에 오늘 일부러 주소를 알려 갔었답니다. 요사이 포도가 한창입니다. 수박이나 참외는 찾아 보기 힘들군요. 저는 과일 중에서 포도를 제일 좋아한답니다. 이 상병님은 뭐가 제일 좋으셔요? 바람이 제법 세어졌어요. 31℃라 해도 더운 것 같지 않으니 아마도 시원한 바람 덕분인가 보죠? 서울엔 전염병이 유행하고 있어요. 더위가 물러가기 시작하니 병들의 발광증이 시작되는군요.
항상 건강함을 빌면서 안녕.
연.

1966년 9월 2일 금요일 맑고 비

막사 작업은 완전히 끝나고 이제부터는 정리 작업에 들어갔다. 어제 온 연이의 편지를 다시 한번 읽어 보며 생각에 잠겨 본다.
편지 쓰는 내용이 점점 변해 가는 것이 눈에 띄게 느껴진다.
엊그제 온 청송 재순이와 희순이한테 회답을 써 놓았다.

1966년 9월 3일 토요일 맑음

소대 매복 작전 계획이 변경되어 우리 분대가 단독으로 매복 작전에 투입됐다. 달 없는 캄캄한 밤을 이용해 분대원들을 매복지까지 인도하는 것이 그렇게 간단치가 않다. 실탄을 장진하고 어떤 상황이 발생하면 즉각 발사할 수 있는 태세를 갖추고 매복조 선두에서 분대원들을 이끌었다. 캄캄한 어둠 속에 빈 마을을 지날 때마다 적이 나타날 것만 같다. 너무 긴장한 탓일까! 등에서는 식은땀이 줄줄 흐른다. 전투복에서도 땀내와 퀴퀴한 냄새가 코를 찌른다.

매우 조심스럽게 이동해 매복지에 무사히 도착했다. 도착 즉시 M18 크레모아 지뢰를 설치하고 나니 그제야 안도의 긴 숨을 내쉬었다. 어둠 속에서 보충병에게 하나하나 가르쳐 주기가 쉽지가 않다. 준비를 끝내고 한숨 돌리자니 이번에는 모기들이 기다렸다는 듯 일제히 달려들어 물어 대기 시작한다.

얼마간의 시간이 흐르고 환한 달이 뜨기 시작하는가 싶더니 비가 쏟아지기 시작한다. 어찌 된 일인지 우리 분대가 매복을 나오면 비가 오니 그것도 죽을 맛이다.

빗방울이 옷을 차갑게 적셔 오기 시작한다. 옷이 젖건 말건 간에 이 밤이 무사히 지나가기만 빌어 본다.

1966년 9월 4일 일요일 맑음

무사히 매복 임무를 끝내고 중대 진지로 들어오니 연이 편지 2통과 정화와 수원에서 각 한 통의 편지가 와 있다.

편지가 안 올 때는 한 통도 안 오고 올 때는 이렇게 무더기로 온다.

연이의 편지를 읽어 보며 하나하나 생각해 본다. 그간에 내가 못마땅하게 생각했던 것을 이젠 어느 정도 알아챘는지 아주 조심스럽게 그리고 유쾌하게 편지를 써 보냈다. 그리고 한편으론 내가 자주 편지를 보내서 내 스스로 많은 약점을 보여 준 것이 아닌가 하는 생각도 들기도 한다. 당분간은 편지를 보내지 말까 보다.

이번 편지에는 새로 이사한 상도동 새 주소로 편지를 보냈다.

📧 연이의 51번째 편지

(8월 27일 쓴 편지다.)

이 상병님.

지금은 8월 27일 오전 10시, 오늘 월남으로 떠나는 백마부대 용사들의 환송식과 퍼레이드가 막 시작되었습니다. 우렁차게 울려 퍼지는 애국가 속에는 오직 장병들의 무운을 비는 작은 기원의 속삭임만이 담긴 듯해요. 이 상병님이 떠나실 때도 이러했을 생각을 하니 정말 무어라 형언할 수 없는 감동이 엄습합니다.

이 상병님! 저번에 보내 주신 우표 잘 받았습니다. 감사드리고픈 마음이에요. 지금 제 책상엔 새 손님이 등장하셨답니다. 움직이지 않는 사슴이에요. 나무로 만든 것이랍니다. 언제나 저를 쳐다보고 있으니 부끄러워서 뭘 할 수가 있어야지요.

월남으로 보내 버릴까 봐요. 이 상병님, 아침부터 편지를 모두 꺼내어 읽어 보았답니다. 그런데 의문이 한 가지 있어요. 옛날에 제 사진(소형 Camera) 보내 드렸는데 안 받으신 것 같아요. 정말 안 받으셨나요? 그렇다면 다시 한번 생각해 볼······.

오늘 갑자기 오빠가 왔지 뭐겠어요. 한일자의 누런 계급장이 붙어 버린 오빠를 보니 대견스럽기까지도 했어요. 지금 육군 군의학교에서 훈련 중에 있답니다. 논산 훈련소에서 소장에게 표창장을 받았다나요? 엄마는 우송된 그 상장을 얼마나 소중하게 하시는지 몰라요. 특등 사수증을 보여 주며 은근히 자랑하지 뭐겠어요. 아마 사냥을 하러 다닌 덕분인가 봐요.

요사이 전 《디데이의 병촌》이란 책을 읽고 있어요. 홍성원 씨가 쓴 것인데 군 생활을 아주 멋지고 재미있게 표현했고 뒷골목의 이해할 수 없는 에피소드를 적어 놓았어요.

이 상병님 지금쯤 무얼 하고 계신지 맞혀 볼까요? 점심식사를 기다리고 계실 것 같군요. 그야 지금은 제 편지를 거의 다 읽고 계실 거구요. 건강과 함께하시길.

연.

 연이의 52번째 편지

(8월 28일 쓴 편지다.)

개학을 내일로 앞둔 날입니다. 다른 학교보단 개학이 며칠 빠르죠? 오늘도 빠짐없이 편지가 찾아왔어요. 동봉된 사진 우표 모두 감사합니다. 이 상병님이 보내 주신 우표는 자의 우표 수집에 큰 도움이 되어 오고 있어요. 필요한 것이 많이 생겼을 텐데…….

제가 할 수 있는 일이라면 무엇이든지 하고 싶어요. 기쁜 일이니까요. 곧 알려 주시기 바랍니다.

이 상병님 얼굴빛이 구릿빛으로 변했겠죠? 제 동생은 완전 흑인이 되어 버렸답니다. 등엔 살 껍질이 완전히 벗겨졌어요. 데리고 다니면 다른 사람들이 다 한 번씩 쳐다본다나요? 크게 영광이라고 생각하나 봐요. 한 달 내내 해수욕장에 갔다 오더니 이젠 누나한테 수영 이길 자신 있다고 시합을 갖자고 성화랍니다. 맥주병이었던 것이 제법 큰소리예요. 하지만 저도 사이다 병이었거든요? 요번에 배우긴 했지만 그래도 자신은 없어요.

둥근 보름달이 솟았습니다. 귀뚜라미 소리도 들리고 흔히 있는 소설의 한 모퉁이의 소재 같군요. 이 상병님이 계신 곳에도 저 달빛이 비출 거예요. 별들도 수없이 나타난 것을 보니 아마도 내일의 날씨는 무척 덥고도 맑겠어요.

개학이 닥치고 보니 빨리 이사를 했으면 좋겠어요. 그러면 새로운 마음의 각오가 생기고 새로운 생활이 시작될 것 같애요.

내일을 위하여 일찍 자야겠어요. 이 밤도 안녕히.

연.

1966년 9월 5일 월요일 맑음

곧 대대적인 공격 작전이 전개되리라는 말들을 한다. 하긴 오랫동안 휴식을 가졌으니 큰 작전을 할 때도 됐다.

맹호 5호 작전을 한 지 5개월이 지났으니 큰 작전할 때도 됐다.

연대장님도 새로 부임했으니 조만간 큰 전투가 벌어질 듯하다.

꼬마 막냇동생한테 편지를 부쳤다. 오래 떨어져 있다 보니 그립고 보고 싶다. 동생들도 오빠가 보고 싶어 밤이면 내 생각을 하겠지~

저녁때 6월에 보낸 정읍에 사는 여고생한테서 회신이 왔다. 편지를 재미있게 못 쓰니 앞으로는 편지 안 할 테니 그리 알라는 편지 내용이다.

그런데 이 편지는 왜 했지? 먼저 귀국한 성경이한테서도 두 통의 편지가 오고~ 또 회신해야지.

1966년 9월 6일 화요일 맑음

매일 계속해 소나기가 내리더니 오늘은 하루 종일 맑다.

어제 온 편지에 회답을 써 보냈다. 정읍 학생한테도 보냈는데 정말 안 해 줄까? 작은형과 성경이한테는 사진 한 장씩 동봉했다.

오늘 밤 매복은 우리 분대 차례다. 간단한 준비를 해 놓고 휴식에 들어갔다. 누구 말대로 가난한 집 제사 돌아오듯 매복 차례가 자주 돌아온다. 아무튼 매복은 자주 돌아오더라도 제발 아무 일이나 일어나지 않았으면 좋겠다.

날이 어두워 가자 분대원들을 이끌고 매복지로 떠났다.

1966년 9월 7일 수요일 맑음

그렇게 긴긴밤 매복 임무를 끝내고 무사히 중대 전술 진지로 귀대했다. 이번에는 어찌나 매복 시간이 길게 느껴지는지 모르겠다.

중대에 들어오니 작전이 모레쯤 시작될 거라는 소문이 들린다.

나는 이발을 끝내고 분대마다 작전 준비에 분주해 우리도 점검에 들어갔다. 오후 내내 포탄과 탄약 등을 정리하고 장비도 다시 점검했다. 모든 전투 장비는 생각대로 이상 없다.

앞으로 작전 기간이 얼마나 길어지지 몰라 여태껏 써 놓은 편지들을 모두 중대로 가져가 부쳤다.

1966년 9월 8일 목요일 비

대한뉴스에서 촬영을 나왔다고 우리 소대가 재구촌으로 엑스트라로 역할을 위해서 출동을 했다. 막상 현장에 가 보니 우리 분대 역할이 모두 쇼가 아닐 수 없었다. 미친놈들 같으니라고, 할 일이 없으면 낮잠이나 잘 일이지 여기까지 와서 우릴 힘들게 할 것이 뭐람! D-Day를 하루 앞둔 날인데도 이렇다 할 작전 명령이 내리지 않는걸 보니 내일은 아닌 모양이다. 하여간 모든 준비는 해 놨으니 아무 때고 출동 명령만 내려오면 된다. 늦게 보내려던 연이 편지를 부쳤다. 수원 학생 현숙이한테도 부쳤다. 초저녁이 됐는데 바람과 함께 무서운 비가 쏟아진다. 벙커 안으로 빗물이 들어오는데도 누구 하나 눈 하나 까닥하지 않는다. 팬티 차림으로 밖으로 나가 비를 맞으며 물막이를 끝내고 들어오니 몸이 춥고 떨린다.

1966년 9월 9일 금요일 맑음

오늘이 작전 예정일 날인데 월남 국회의원 총선거 날을 앞두고 작전이 연기됐다는 것이다. 작전 계획을 앞두고 모두 마음이 어수선하고 불안해 오늘을 기다렸는데 오히려 잘됐구나, 하는 생각이 든다.

그러니 언제 다시 작전이 실시될지 몰라 꾸려 놓은 군장은 대강 정리를 해 놨다. 중대에 물어봐도 언제 할지 모른다는 대답이다.

1966년 9월 10일 토요일 맑음

어머님과 사촌한테 편지를 쓰고 있는데 갑자기 출동 준비하라는 명령이 내린다. 어제까지만 해도 무기한 연장이라더니 어떻게 된 일인가 하고 완전군장을 꾸리고 집합했다.

내일이 월남국회 의원 선거 날이라 V.C의 선거 테러가 예상돼 거기에 대한 예방 차원에서 중대 진지를 중심으로 수색 정찰을 시작한다는 중대장의 브리핑이다. 오늘따라 굉장히 더운 날인데 도로를 따라서 철저한 수색을 실시하면서 선거사무소가 있는 근처까지 샅샅이 수색하며 갔다.

그 지역은 우리 중대로 인해서 수복된 지역이라 피난 갔던 민간인들이 다시 돌아와서 정착한 모습이 눈에 띈다. 시장 안까지 들어가 보니 선거사무소에는 국기를 달아 놓고 투표 준비에 바쁜 듯 사람들이 바쁘게 움직이고 있었다.

저녁때까지 이상 없이 수색 정찰을 끝내고 중대 C.P로 들어왔다.

밤에는 〈월남전선 이상없다〉라는 영화 상영이 있었다.

1966년 9월 11일 일요일 흐림

해가 뜨기 전 이른 새벽에 식사를 하고 출동했다. 오늘이 월남국회의원 선거 날이라 이에 대비해 도로 경계 임무를 우리 분대가 맡아서 출동해 적의 출몰 예상 지역에 잠복하다가 저녁때 돌아왔다.

밤이 되자 비가 내리기 시작한다. 2시경 갑자기 총소리가 요란하게 들리고 박격포반에 포격 명령이 내려졌다. 포반에선 "방위각 75! 고폭탄! 준비됐으면 보고!" 계속해 명령이 하달되고 이어 포격이 시작됐다. 전투 비상이 걸릴 듯해 만반의 준비를 하고 벙커에서 대기했지만 전투 배치 명령은 내리지 않았다. 아군 박격포는 계속해 포격이 이어지고 대대 C.P에 배치된 105mm 포대에서도 지원 포격이 시작되었다.

비가 오는 야음을 타고 수 미상의 적이 중대 진지 근처까지 침투하려다 아군 초병에 발각돼 선제 공격을 가하자 적들은 접전도 시도해 보지 못하고 도주해 중대원들한테 신경만 날카롭게 만들고 상황이 끝났다. 전투 장비를 원상태로 정리하고 잠자리에 들었다.

다시 전선은 조용한 적막에 싸인다. 부슬부슬 내리는 빗속에 모기들이 덤벼들지만 심하지는 않다.

1966년 9월 12일 월요일 맑음

갑자기 비상 대기 명령이 하달됐다. 웬일인가 했더니 포반에서는 이미 포격 준비를 하고 있었다. 19시경이 됐을까? 갑자기 총성이 들리고 박격포반에는 포격 명령이 내려졌다. 중대 C.P를 벗어나 매복하던 야간 매복조가 접근하는 적을 발견하고 가까이 다가오자 사격을 가해 접전이 벌어졌다는 무전이 상황실로 왔다는 것이다. 60mm 박격포와 81mm 박격포 반에서는 계속해 조명탄과 포탄을 발사해 주고 있다. 접전 장소 상공에는 대낮같이 환한 조명탄 불빛으로 매복조를 지원했다. 접전 장소와 상황이 중대 진지를 위협하는 것이 아니라서 전원 전투 배치는 하지 않았지만 만약의 상황에 대비해 전투 출동 준비를 하며 대기했다.

요즘 들어 어찌 된 일인지 사방에서 적과 조우하는 일이 자주 일어나고 있다. 그만큼 월남 사태가 심각해지고 있다는 뜻인데 앞으로 어떻게 돼 가는 건지 모르겠다.

20시 반경, 비상 대기에서 해제돼 벙커로 들어와 장비를 정리하고 나는 곧바로 초병의 임무에 들어갔다. 그런데 잠시 후 내일 아침에 중대가 전투 출동하니 만반의 준비를 하라는 지시가 내려왔다.

오늘 공수부대에서 잠복근무 중에 한 명이 실종됐다는 것이다.

하이구나! 내일 또 땀깨나 흐르게 생겼구나~!

1966년 9월 13일 화요일 맑음

아침에 일어나니 중대 출동은 중지됐다. 그런데 소대장이 부르더니 나더러 총 2분대로 가라는 것이다. 내가 월남전 고참이 됐으니 총 2분대로가 분대를 맡으라는 것이다. 여태껏 같이 지내던 전우들과 헤어져 다른 분대로 가라니 좀 섭섭한 생각이 들었지만 헤어진다고 해야 한 울타리 안에서 분대만 바꾸는 것이니 괜찮다.

내 짐을 챙겨서 총 2분대로 갔다. 분대원들에게 매일 귀찮게 굴어 대는 조 하사를 안 보게 돼 한편으론 시원했다.

오후에 춘천의 미향이와 국분이한테서 편지가 왔다. 꼬마의 편지 내용이 제법이다. 왕십리 조카 화숙이와 한홍이한테 편지를 써 놓았다. 오래간만에 조용히 하루를 보냈다.

총 2분대에 와서 첫 밤을 자게 돼 기분도 새롭다. 다 같은 화기 소대 57mm 분대원들이라 낯설지는 않다.

1966년 9월 14일 수요일 맑음

오후에 성경이한테서 편지가 왔다. 벙커 위를 레이션 박스로 덮어서 비가 와도 빗물이 새지 않게 작업을 했다.
총 2분대로 와 벙커와 진지를 내 생각대로 완전히 수리하고 정리했다.
오늘 밤 야간 보초를 맨 마지막으로 서게 됐다.
비는 오지 않는데 잔뜩 흐리고 무척이나 덥다.
여기도 모기들의 공격은 총 1분대와 다름없이 대단하다.

1966년 9월 15일 목요일 맑음

사단 사격대회를 앞두고 조총 훈련에 들어갔다. 제1단계로 57mm 무반동총에 대해서 총의 성능과 제원을 복습하고 사격자세와 사격 훈련을 반복해 훈련을 실시했다. 보충병들이 많다 보니 실전을 하기에는 부족함이 많아 보였다. 수시로 실시해야 되겠다.
오후에는 휴식하며 국분이와 대구 경아한테 그리고 성경이한테도 편지를 썼다. 오늘 밤 야간 근무는 초반이다. 총 1분대는 오늘 밤 매복 차례라 준비하느라 야단이다. 잘하고 와야 할 텐데~

1966년 9월 16일 금요일 흐림

오후 늦게 작전 날짜가 19일로 결정됐으니 모든 준비를 해 두라는 지시가 내렸다. 우리는 벌써 대강 준비를 해 둬서 간단한 정리로 끝내고 매복 준비도 완료했다.

이른 저녁을 먹고 손톱 같은 초승달을 벗 삼아 희미하게 비춰 주는 밤길을 따라 매복조 선두에서 전방을 조심스럽게 살피면서 목적지에 접근해 갔다. 매복지 양쪽이 논바닥으로 돼 있어서 그런지 모기들이 들끓는다. 약을 잔뜩 뿌려도 악착같이 달려드는 데는 속수무책이다.

4시경 3소대가 야간 훈련차 우리 잠복조 앞을 지나간다. 3소대 병력은 우리 분대가 여기에 매복하고 있는지를 모르는 듯 조용히 통과한다. 그나마 희미하게 비치던 초승달 빛도 사라져 사방은 다시 캄캄하고 아무것도 보이지가 않는다. 이 밤이 너무 지루하다.

1966년 9월 17일 토요일 흐림

오래간만에 희순이와 수원 명숙이한테서 편지가 왔다. 연이한테서도 편지 올 때가 지났는데 아무 소식이 없다. 오후에 들리는 말로는 모레로 예정된 D-day가 또 연기됐다는 것이다.

아무래도 우리한테는 마음만 조급하게 만드는 것 같다.

오늘 밤 영화가 들어와 상영됐다. 여기 월남 진중에서 영화를 본다는 것은 참 즐겁고 위안이 된다. 잠시나마 고국에 있는 기분이다.

그래서 영화 상영이 있는 날에 보초 차례가 해당되면 야단이다. 비라도 올 듯 잔뜩 흐린 밤, 보초를 선다.

너무 더워서 비라도 한바탕 쏟아졌으면~ 하고 생각했는데 아니나 다를까 시원하게 쏟아지기 시작한다. 빗방울 떨어지는 소리와 비행기 소리에 포격 소리까지 한데 어우러져 캄캄한 밤을 더욱 깊어지게 한다.

1966년 9월 18일 일요일 맑음

매일 계속되는 포격! 뽀얀 폭연과 흙먼지가 동시에 적지에서 일어나는 것이 시야에 들어온다. 예정대로라면 오늘이 D-day 전날이다. 작전이 언제 다시 시작될 것인지 우리로서는 모르는 일이다.

벌써 4차 귀국자들이 떠날 날도 머지않았다. 그러고 보니 어느새 10월도 거의 다가오고 있다.

또 지루한 시간이 포성과 함께 흐르고 나는 초병의 임무를 띠고 진지로 들어가 전방을 응시하며 초병의 임무에 들어갔다.

1966년 9월 19일 월요일 맑음

오늘은 우리 분대가 잠복을 위해 어둠을 이용해 잠복지로 떠났다.

손톱보다 조금 큰 초승달 빛이 캄캄한 밤을 희미하게 비춰 주니 잠복지로 떠나는 대원들 모습이 처량하게 보이고 측은하게 느껴진다. 모기들은 먹을 것이 생겼다고 악착같이 따라오며 찔러 댄다.

오늘처럼 죽어라 달려드는 모기떼는 여기 와 처음이다. 모기약을 그렇게 바르고 왔는데도 별 소용이 없다. 일 초, 일 분, 한 시간, 이 길고도 긴~ 밤이여~!

연이에게 보낸 편지를 생각하며 지루한 순간을 잊으려 애써 본다.

1966년 9월 20일 화요일 맑음

완전군장에 전원 집합! 명령이 내렸다. 앞으로 있을 작전에 대비해 행군 훈련이 시작됐다. 어젯밤 야간 잠복으로 피곤한데 행군 훈련까지 하게 되니 고단하기가 이루 말할 수가 없다. 무거운 탄약과 장비를 걸머지고 행군하자니 숨이 확확 막히고 흐르는 땀은 말이 아니다. 그래도 전투에서 살아남으려면 이렇게 훈련해야만 하기에 말없이 이를 악물고 따라갔다. 땀이 어찌나 흐르는지 눈으로 들어가 눈알이 쓰려려 온다. 내가 언제까지 이런 월남 생활을 해야 하는지.

잠시 쉬는 틈에 여러 가지 잡념이 머릿속을 떠돈다. 고향 생각도 간절하다. 연이 생각도 난다. 그녀는 왜 편지를 보내오지 않을까? 거의 열흘이 지났는데. 기다리지 말자고 생각하면서도 기다려지는 것은 웬일이지? 정말 이제부터는 나도 편지를 하지 말까 보다!

잡념도 잠깐, 다시 행군이 시작되고 무거운 발걸음을 움직인다.

뜨겁게 내리쬐는 햇빛이 원망스럽기 짝이 없다.

들판에서 일하던 월남 민간인들이 행군하는 우릴 쳐다보며 손을 흔들어 준다. 뜨거운 태양 아래 들판에서 일하는 여인들, 그리고 행군하는 병사들, 그래 여긴 분명 월남 전선이다.

1966년 9월 21일 수요일 맑음

드디어 기다리던 작전 명령이 하달됐다. 내일 모레로 작전이 개시된다는 것이다. 우리 중대는 4시에 전 중대원들이 D-day를 앞두고 수색 정찰 겸 훈련차 어둠을 이용해 적지 깊숙이 들어갔다. 무거운 탄약과 장비를 짊어지고 비 오듯 쏟아지는 땀 속에 행군을 시작한 지 2시간, 예정지에 도착해서 날이 밝아 오자 즉시 공격으로 전환해 전투 수색에 들어갔다. 모레 작전을 앞두고 예비 수색 작전이라 별로 적정은 없이 221고지를 돌아서 수색하던 중 베트콩 1명을 생포하고 총 1정을 노획하는 전과를 올렸다.

해가 중천에 떠오르자 더위는 말할 수 없게 뜨거워져 병사들 몸에 불을 지른다.

몇 개의 냇가를 건너가자 수십 년 묵은 열대림들이 강가에 뿌리를 늘어뜨린 모습은 실로 장관을 이루며 펼쳐져 있다. 모두가 자연이 빚어낸 아름답고 오묘하고 인간에게 위압감을 주는 풍경들이다. 더위와 흐르는 땀을 강을 건너면서 식히며 수색과 정찰을 계속해 나가면서 또 강과 늪을 수색했다.

1966년 9월 22일 목요일 맑음

D-day를 하루 앞둔 오늘, 중대 전술 기지에는 쉴 새 없이 우리를 지원할 아군 포대들이 들어오고 즉시 포격할 태세를 갖춘다. 우리 중대도 완전무장 상태로 출동 태세를 갖추고 대기하다가 오후 17시경 제11중

대가 주둔한 전술 기지를 향해서 이동했다.

어느새 날은 어두워지고 맑은 밤하늘엔 반달이 떠 행군해 가는 데 한결 도움을 준다. 20시가 넘어서 무사히 11중대 전술 진지에 도착했다. 내일 새벽 전투 출격에 대비해서 취침하라는 지시를 한다. 나는 커다란 나무판자를 깔고 까만 하늘의 반짝이는 별들을 바라보며 벌렁 누웠다. 하얗고 창백한 달빛 사이로 수없이 보이는 별들, 내일의 작전을 아는지 바람 한 점 없는 고요하고 적막한 최전선의 밤이다. 하지만 모기들은 우리를 상대로 작전을 시작한 지 몇 시간째 쉬지 않고 달려들어 피를 빨아 대고 있다.

머릿속에선 '내일 새벽 적지로 출발, 곧이어 날이 밝으면 공격!' 그런 생각이 아른거리고 눈을 감아도 잠은 오지 않는다.

중대 진지 여기저기에서는 내일의 긴장을 풀려는 듯 담배를 피우며 전투 이야기가 끊이지 않는다.

나 역시 점점 긴장이 높아만 가는데 고향 생각이 나고 부모님과 가족들 생각이 계속 떠오른다.

아! 내일이여~ 디데이여! 어서 오라! 내 당당히 너를 맞이하리라!

1966년 9월 23일 금요일 맑음

맹호 6호 작전이 시작되다.

드디어 작전 개시 디데이가 밝아 왔다.

4시에 일어난 우리 중대는 제1소대를 선두로 캄캄한 야음을 이용해 적진 야간 침투가 감행됐다. 이동 도중 적이 어디서 나타나 우리를 기습

할지 모른다는 생각에 긴장과 두려움이 온몸을 압박해 왔지만, 그 긴 공포의 시간을 용케도 넘기고 우리 중대는 무사히 공격 대기 지점인 L.D선에 도착했다.

무거운 탄약과 장비 그리고 긴장 때문인지 다리가 떨려 왔다. 얼마간 숨을 고르며 긴장된 마음을 다스리고 있으니 날이 밝기 시작했다. 어둠이 걷히고 전방의 물체가 점점 뚜렷하게 보이기 시작하자 긴장된 무전 교신이 지휘소와 시작되고 정확한 중대 위치가 좌표로 불러진다. 나는 분대장과 앞 논둑으로 이동해 우리가 공격할 지점을 확인하고 사격할 태세를 갖추고 대기했다. 그리고 잠시 후 기다리던 공격 시간이 되자 후방에서 침묵을 지키고 있던 아군 포대는 맹렬한 기세로 엄호 포격을 시작한다.

전방 목표 지점에 날아와 터지는 포탄들, 귀를 찢는 듯한 폭음과 눈부신 섬광들~! 순식간에 전방은 초연으로 가려져 시야를 흐리게 한다. 계속해 날아드는 아군의 포탄, 공기를 가르며 매서운 소리를 내면서 머리 위로 낮게 스치며 적지에 떨어진다. 날카로운 포탄과 공기와의 마찰음은 내 몸을 마치 자라가 놀라 머리를 움츠리듯 땅에 납작 엎드리게 만든다. 그러나 적지에서 작열하는 포탄의 화염과 폭음을 볼 때는 시원한 통쾌감마저 느끼게 한다.

아군의 맹렬한 포격이 멈추자 그사이 중대는 이미 L.D선을 통과해 적지를 향해서 진출하기 시작했다. 나는 분대장과 함께 재빠른 동작으로 대기하고 있던 논둑을 넘어 앞 전방에 있는 은폐물을 찾아서 엎드려가며 한 발 한 발 400고지 밑으로 전진해 갔다.

다시 아군 포대에선 간격을 두고 중대가 진출할 전방 지점에 정확하게 포격을 해 준다. 아~! 실로 장엄한 한순간이 아닐 수가 없다. 간간이 총격을 가하면서 400고지에 진출한 우리 중대는 적의 동굴 수색에 들어갔다. 커다란 바위 동굴에 구축된 수많은 동굴과 지하 통로는 적들의 활동을 말해주는 듯 시커멓게 입을 벌리고 우리 수색대를 기다리고 있었다. 이곳은 천연 동굴을 이용한 적의 근거지라 폭격과 포격에도 끄떡없이 버틸 수 있는 천연 요새나 다름없었다. 적들은 아군이 그들의 근거지까지 공격하자 깊은 밀림 속으로 퇴각해 아군과는 큰 교전은 벌어지지 않았다. 우리 중대는 동굴을 하나하나 수색해 그들이 남긴 장비와 거처들을 소각하거나 수류탄으로 파괴를 했다. 모든 동굴을 발견하는 즉시 수색하라는 명령에 따라 우리 소대는 화약 내음이 짙게 풍기는 골짜기로 내려와 동굴을 이동해 가며 주위에 보이는 근거지들을 전부 수색하고 파괴하며 소각을 했다.

열대 밀림을 수색하는 데는 큰 장애가 많았지만 그래도 우리 분대원들은 수색을 멈추지 않았다.

오후 늦게까지 수색을 마친 소대는 다시 중대와 합류해 야간 작전으로 전환해 적진 한가운데서 야영에 들어갔다. 하늘도 잘 보이지 않는 정글 속에서 숙영해야 하다니 이건 처음으로 경험해 보는 숙영 작전이다.

1966년 9월 24일 토요일 맑음

격전지에서 숙영이 시작됐다. 조용한 밤, 반달이 하늘 높이 떠올라서 깊은 산골짜기는 희미한 안개 속에 싸여서 음산하게 보인다.

마치 우리가 죽음의 골짜기에 온 듯한 느낌마저 든다. 우리 중대가 숙영하는 좌측 깊은 골짜기가 바로 죽음의 골짜기다. 간간이 아군의 위협 포격이 이어지고 조명탄도 머리 위로 띄워져 밤의 불꽃을 피운다. 오늘 하루 종일 더위와 땀으로 시달린 몸이라 피로감이 파도처럼 밀려온다. 아직도 화약 내음이 풍기는 야전의 취침~ 바닥은 돌들이 많이 박혀 있어 등허리가 아프다. 산골짜기에서 올려다보는 까만 밤하늘 속 별들을 바라보며 잠을 청해 본다. 이따금 들려오는 아군의 포격 소리가 음산하고 공포스러운 긴장된 이 순간을 잠시나마 풀어 주는 듯 긴 여운을 산골짜기 끝까지 울려 주곤 다시 되돌아와 귓전을 울린다.

이 깊은 산골짝 야전 숙영지, 어디서 언제 어떤 일이 벌어질지 모르는 한 순간순간에 옷에서는 땀내와 화약 내음 그리고 밀림의 낙엽 썩는 냄새가 옷에 배어 코를 자극한다.

오늘 일어났던 일들을 하나하나 생각하며 대원들, 긴 숨을 내쉰다.

그러면서도 마음은 어느새 고향에 가 있다. 맹호 5호 작전 때보다는 힘은 덜 드는 듯한데 밀림 속이라 그런지 긴장과 두려움은 오히려 더한 것 같다. 열악한 야전 숙영에 잠은 안 오고 오늘 받은 청송의 재숙이 편지를 머릿속에서 다시 한번 읽어 본다. 그런데 연이는 왜 편지를 안 하는 걸까?

1966년 9월 25일 일요일 맑음

계속적으로 동굴 수색 작전이 오늘도 이어졌다. 우리 분대는 중대 후방에서 경계 임무를 부여받고 새벽을 이용해서 골짜기를 내려와 개활지가 보이는 지점에서 빈집을 이용해 적들의 침투를 감시하며 잠복 겸 경계에 들어갔다. 아침에는 가랑비가 내리더니 해가 뜨자 곧 갠다. 우리가 내려온 골짜기와 고지 위에서는 요란한 총소리가 요란하고 연막탄이 피어오른다. 이곳은 개활지라 사방을 경계하기가 용이해 대원 몇 명은 경계하고 나머지 대원들은 교대로 휴식을 취했다.

우리 분대가 잠복하고 있는 곳은 허름한 빈집이지만 야전에서 휴식하기에는 호텔 방 못지않다. 오후에는 중대 임시 C.P에서 탄약 등 보급품을 수령하고 잠복지 근처에서 돌아다니는 소를 잡아 와서 한바탕 불고기를 해 먹으며 피로를 풀었다.

전쟁터에서 소를 잡아먹다니! 아마도 이런 일은 우리 병사들에게는 전쟁터에서만 주어지는 특권이 아닐까 싶다.

전투하다 보니 이런 일도 다 있구나~ 하며 대원들은 웃으면서 전투로부터 잠시 벗어나는 기분을 맛봤다.

다른 소대와 분대는 동굴 수색에 죽을 맛일 텐데 우리 분대는 쇠고기로 느긋하게 파티를 하다니 그들에게 미안한 생각이 들었다.

그러나 중대장이나 소대장이 이 사실을 안다면 우리 분대는 어떻게 되는 거지? 아마도 명령 위반으로 군법 회부감이 되겠지?

1966년 9월 26일 월요일 맑음

환하게 밝아 오면 야전 숙영에서 기상, 간단한 야전식인 레이션으로 아침을 먹고 몇 시간의 주간 잠복에서 동굴 수색으로 임무가 전환됐다. 정글을 헤치고 계속 수색하면서 고지 위로 올라갔다.

수천 년 동안 자연이 만들어 준 동굴과 동굴 사이를 잇는 통로가 V.C

들의 활동처가 되고 은신처가 되어 있었다. 정글 속에 숨겨진 어마어마한 자연동굴과 그 속을 이어 뚫은 무수한 통로는 실로 놀라지 않을 수가 없다. 동굴마다 쌀과 벼 등 식량과 보급품들이 가득히 쌓여 있었다. 우리 분대는 모든 보급품을 소각하거나 다시는 못 쓰게 파괴했다. 자연동굴은 샅샅이 수색은 하지만 파괴하기는 불가능했다.

그리고 밀림 속 정글의 그 모습들은 자연의 신비함과 장엄함을 느끼기에 충분했다. 자연이 만든 그 모습에 감탄이 절로 나왔다.

구슬땀을 흘리면서 수색 또 수색, 적들은 아군이 그들의 요새 같은 천연동굴까지 수색하자 정글의 이점을 살려 식량 등은 둔 채 몸만 빠져나가서 치열한 전투 없이 수색과 소탕이 계속됐다.

죽음과 산다는 것이 우리 인간들에게는 둘 중 하나는 당해야 하는 어쩔 수 없는 숙명적인 운명이 아닌가 하는 생각이 든다. 하지만 쫓기는 자의 운명은 어떻게 결정되는지는 그야말로 그것은 아무도 모를 일이다.

1966년 9월 27일 화요일 맑음

오늘은 파월 이래로 또 하나의 잊을 수 없는 날이다. 우리 10중대에서 파월 전투에서 최대의 전과를 올린 날이기 때문이다.

오전에 포로를 대대 C.P에 호송하고 돌아오니 제3소대가 총 18정을 노획하여 중대는 완전히 승리의 기쁨을 만끽하고 모두 들뜬 기분에 있었다. 잠시 후 대대장님이 오시고 좀 더 있으니 연대장님까지 헬기 편에 왔는데 또다시 제1소대에서 26정의 총을 노획했다는 무전 보고가 들어오자 중대지휘소는 그야말로 흥분 속에 휩싸이고 말았다. 아군의 피해는 한 사람도 없어 이렇게 전과를 올린다는 것은 정말 기적과 같은 일이 아닐 수가 없다.

오후에는 유병현 사단장님이 직접 전투 전선까지 헬기 편으로 오셔서 전과를 일일이 확인하고 살피면서 전과를 치하하고 병사들과 악수를 해 주시고 떠나셨다. 오늘 하루 사이에 총 43정을 노획하여 월남전 사상 그 예를 찾아 볼 수 없는 전과란다.

며칠간 피땀 흘린 재구대대 작전, 그중에서 우리 재구중대의 위상을 확고히 각인시켜 준 오늘이다. 아! 영광스러운 오늘이여~! 영원하라!

1966년 9월 28일 수요일 맑음

어제 올린 전과를 토대로 동굴 수색 작전이 더욱 급피치를 올렸다. 우리 소대도 전 대원이 각 분대별로 조를 이루어 밀림 속 정글을 헤쳐 가며 한 발 한 발 조심스럽게 적의 은신처를 찾아 동굴 하나하나 수색을 하면서 고지를 향해 올라갔다. 동굴을 발견할 때마다 동굴과 동굴로 연결되는 통로는 그야말로 자연이 만들어 준 요새라고 해도 과언이 아니다. 전지로 불을 밝히며 동굴 깊숙이 수색하기란 정말 소름 끼치는 작전이다. 동굴 속 바위 구석구석을 살피며 발을 옮기며 깊이 내려갈수록 서늘한 냉기가 몸을 움츠러들게 한다. 깊이 들어갈수록 적들의 흔적은 있는데 이미 다른 데로 도주했는지 아니면 또 다른 곳에 숨어 있는지 적은 보이지 않는다.

만약 암흑같이 캄캄한 동굴 속에서 적이 수류탄이라도 터트린다면 수색조는 모두 죽는 수밖에 없다. 계속되는 동굴 수색에 긴장이 많이 돼 그런지 신경이 날카로워지고 긴박감과 피로가 몰려온다.

 그래도 국영이와 한 조를 이뤄 침착하게 마음을 다잡고 구석구석을 살핀다. 적들의 흔적은 많이 보이는데도 적정은 없다. 밑에까지 내려갔다가 다시 올라오는 일도 만만치가 않다.

 미끄러운 바위에 부딪쳐 손과 무릎에서 피가 흘러도 아픈 줄 모르고 희미한 동굴 밖 햇빛이 보이자 그제야 긴 안도의 긴 숨을 내쉰다. 이렇게 햇볕이 반가운 것인 줄을 처음 느껴 본다.

1966년 9월 29일 목요일 맑음

 오늘은 팔월 한가위 날이다. 나에겐 또 하나의 잊을 수 없는 추억을 만들어 주는 날이기도 하다. 오늘도 우리 분대는 가시덤불을 헤치고 다니느라 몸에는 상처투성이고 나무 위에 사는 개미들한테 얼마나 물렸는지 팔뚝과 목덜미가 말이 아니다. 한국에서 파월을 위해서 훈련을 받을 때가 오늘인데, 어느새 일 년을 맞이한 셈이다.

 홍천에서 어느 산골짜기에서 훈련받던 생각이 난다. 그러나 오늘은 진짜로 전쟁터인 월남에서 화약 내음을 맡으며 폭음의 진동 속에서 추석을 맞다니! 이것도 얼마나 뜻있고 멋있는 일인지…….

 여기저기에서 고기를 굽느라고 야단이다. 중대에서 소 몇 마리를 잡은 것이다. 임자도 없는 소들이니 먼저 잡는 사람이 임자다.

 둥근달이 고지 위로 떠오르자 전선은 평화로운 마을같이 조용하고 한가롭게 느껴진다. 그러나 전선은 명절이라고 한가롭게 놔두지 않는다. 공포와 긴장이 한시도 총을 손에서 놓게 놔두질 않는다.

그래서 휴식 없는 격전지라고 했던가? 저 밝은 달이 지고 나서 내일이 오면 우리는 또다시 정글과 가시덤불 속을 헤치고 다녀야 한다. 그것이 밀림 전선에 있는 나에게 주어진 임무다.

누군가 그랬다, 사람은 환경의 지배를 받고 살아간다고.

1966년 9월 30일 금요일 맑음

V.C의 총과 장비 은신처를 찾기 위한 동굴 수색은 계속됐다.

국영이와 같이 한 조를 이뤘고 동굴이 발견되면 둘이서 들어가 수색을 했다. 동굴이 얼마나 큰지 들어갔다 나올 때면 엉뚱하게도 다른 출구로 나오게 된다. 우리 수색대는 이번 작전에서 두 번째로 적을 죽여야 하는 임무를 맡고 말았다.

동굴 속에서 투항을 거부하고 저항하는 V.C를 수류탄을 투척하여 폭살하거나 사살하라는 명령을 받은 것이다. 그들은 죽는 순간까지도 전쟁을 저주하고 우리를 증오할 테지!? 이곳 정글 상황이 포로들을 후송할 수 없다는 것이 안타깝다.

나는 또 하나의 전쟁을 알았다. 그것은 바로 내가 한 그 행위다. 전쟁이란 그 어떤 사정도 없다. 인정이라고는 눈곱만큼이라도 없는 것이 이 전쟁이다. 서로 죽이고 죽고 내가 살기 위해서는 저들을 죽여야 하다니, 거기에 인간적인 그 어떤 이유나 사정이 없다. 죽음과 삶이 결정지어지는 순간들이 그것이 전쟁이란 이름 아래 행해지고 있는 것이다.

상대편이 적이면 무조건 저주하고 죽여야만 한다. 하지만 그것으로 끝나는 것은 아니다. 사람이 산다는 것이 이렇게 간단하고, 또 한편으론 어렵고 허무하단 말인가.

무더운 더위와 흐르는 땀이 온몸이 늘어지도록 휘감는다. 마지막 수통에 든 물을 마셔 버린다. 얼마 안 되는 물이지만 한 방울의 물이 목을 축이는 그 순간은 정말 말 못 할 행복감을 맛보는 순간이다.

아~! 전쟁이여~! 그리고 저 머~언 보이지 않는 희망이여~! 언제 우리 앞에 그것을 가질 수 있단 말인가~

맹호 6호 작전을 앞두고 수색 정찰 후(앞줄 좌 두 번째가 이범영)

1966년 10월 1일 토요일 맑음

오늘은 국군의 날이다. 그러나 우리는 군인으로서 해야 할 전투를 이곳 월남 전선에서 하고 있지 않은가. 보람 있는 날이라고나 할까? 군 생일날 전투를 하고 있으니 말이다. 그저 마음속으로 위로를 하면서 오늘도 맡은 임무를 수행한다.

오늘따라 무진히 덥다. 공수돼 와 그런대로 기분 좋은 날이다.

적진 속 밤, 우리 분대는 야간 매복에 들어갔다. 하늘은 잔뜩 흐리고 산 모기들은 결사적으로 달려든다. 가끔씩 아군의 포격이 아직 수색하지 못한 적지에 작열하며 우렁찬 폭음을 내며 터진다. 폭음은 산골짜기를 따라 울려 퍼지고 다시 산울림으로 되돌아와 사그라지면 조용한 침묵이 죽음의 계곡으로 잠긴다. 얼마간의 시간이 흐르자 환한 달이 어둠과 구름이 걷히며 고지 위로부터 골짜기까지 선명하게 윤곽이 드러나 보이기 시작한다. 깊은 골짜기마다 죽음과 같은 침묵이 감돌고 외로운 병사의 고독과 긴장이 가슴속을 파고든다. 아! 고향이 그립구나~ 내 고향 모두가 보고 싶고, 내가 없던 그사이 얼마나 변했을까?

엊그제는 추석이었고 고향에선 지금쯤 뭣들을 하고 계실까?

아~ 아름다움이여! 젊은 날의 추억이여~ 고요가 깃드는 진중에서, 포성이 진동하는 적지에서, 고국의 아름다움과 그리움을 생각할 수 있다는 건 정말 난, 신께 감사를 드린다. 내가 살아 있다는 사실이 이렇게 중요하다는 것을 느끼니 말이다.

1966년 10월 2일 일요일 맑음

어젯밤 비 오는 중에 매복을 끝내고 야전 중대 C.P에 돌아오니 맹호 6호 작전 제1단계 작전이 끝났다고 즉시 철수 준비 하라는 명령이 내렸다. 우리 중대는 명령에 따라 '푸캇' 밀림 산악 지대에서 철수 준비를 하고 뜨겁게 달궈진 야전 텐트에서 잠깐 눈을 붙였다가 날이 어둡자 고지에서 철수를 시작했다.

10일간 밀림 속 정글에서 동굴을 수색하고 작전하며 숙영하던 '록켄' 고지와 죽음의 골짜기들, 고생도 많이 했고 때로는 긴장과 공포와 스릴도 있었고 재미도 있었다. 한때는 두려움 속에서도 승리의 환호성을 지르던 야전 숙영지를 뒤로하고 철수를 했다.

밤이 되자 비가 내리며 철모와 얼굴을 세차게 비를 뿌려 댄다.

흐르는 빗물과 땀 그리고 흙과 모래알이 범벅된 구정물이 입속으로 들어와 입안이 찝찝하고 지근거린다. 큰 도로까지 내려오자 철수하는 중대원들을 태우려고 차량들이 기다리고 있었다. 중대원들은 서둘러 피로한 몸을 트럭에 실었다. 20여 년간 적들의 근거지였던 '록켄' 고지 일대가 우리 맹호부대 작전으로 소탕되고 나니 공병 부대는 그사이 넓은 도로를 만들어 놨다.

우리 중대원들을 태운 트럭이 속력을 내자 빗방울은 더욱 얼굴을 쳐 댄다. 점점 멀어지는 '록켄' 고지와 죽음의 계곡, 저곳에서 우리 중대는 고생도 많이 했고 괴로운 순간들을 맞이했지만, 또 많은 전과도 올렸다.

중대 전술 기지에 도착하자 내일부터는 새로운 작전을 위해서 즉시 휴식에 들어갔다. 그러나 말이 휴식이지 중대 진지에 배치된 포대에서는 계속해 포격을 해 대고 숨 가쁜 무선 교신 소리에 긴장감은 더해 가는 것 같다. 비에 젖은 옷 그대로 서로서로 몸을 맞대고 잠을 청하니 지난 10여 일간이 영화 필름같이 머릿속에서 그려졌다 사라진다. 아! 정말 괴로운 하루하루였구나! 긴 안도의 숨을 내쉬었다.

1966년 10월 3일 월요일 맑음

우리 중대 기지와 가까운 곳에 적의 근거지가 있다는 정보가 들어와서 100고지 밑으로 전투 수색을 나갔다. 밤을 이용해서 은밀히 침투해서 날이 밝자 근거지를 완전히 포위한 상태로 수색을 시작해 9시경에 우리 소대가 또다시 전과를 올렸다.

적의 동굴을 발견하고 나는 국영이와 한 조를 이루어 동굴로 들어가 수색하고 다른 대원들도 두 사람씩 조를 짜 조별로 동굴로 들어가 수색을 하던 중 김이웅 조가 수색을 마치고 나오던 중에 바위틈에 숨어 있던 적에게 순간적으로 총을 빼앗기는 사태가 발생했다.

이웅이는 일단 다른 소대가 수색하던 출구로 나온 뒤 수류탄만 소지한 채 죽을 각오로 총을 빼앗긴 지점까지 단독으로 들어갔다. 총을 뺏은 적을 찾던 중 적을 발견하고 대항해 오던 적을 수류탄을 터트려 죽이고 자기 총을 다시 회수하고 적이 소지하고 있던 총까지 노획하는 믿지 못할 전공을 세웠다.

정말 소설 같은 전투를 이웅이가 해낸 것이다. 제2소대에서도 총 1정을 노획해 성공적으로 적을 소탕했다.

자기 총을 캄캄한 동굴 속에서 적에게 빼앗기고 그 총을 찾겠다고 다시 동굴로 들어가 적을 폭사시키고 자기 총을 되찾아온 김이웅 상병의 용감함은 실로 대담하고 용맹한 일이 아닐 수가 없다.

작전을 끝내고 고지에서 내려와 잠시 쉬고 있는데 연대장님과 대대장님이 오시더니 격찬을 해 주며 이번 중대 소탕 작전을 치하하고 가신다.

내일부터는 맹호 6호 작전 제2단계로 우리 중대가 새로운 작전지로 헬기 편으로 공수돼 가는 날이라 중대 기지가 아님 대대 C.P로 가서 휴식에 들어갔다.

　새로운 작전이 시작되는 것이기에 전투 장비를 다시 점검하고 탄약과 실탄을 보충하며 각오를 단단히 다졌다.

　대대 C.P에서 휴식을 하던 중 춘천 미향이 학생한테서 편지가 왔다. 얼마나 반가운지 몰랐다. 하지만 작전 중이라 회답을 못 해 미안한 생각이 들었다.

　밤늦게까지 맥주를 마시며 지난 일들을 생각하며 잠을 청하지만 얼른 잠이 오지 않는다.

　밤이 깊어 가도록 요란한 헬기 소리와 포대의 포격 소리로 긴장은 더 높아만 간다.

　내일 공수되는 지역이 어떨지 지금부터 걱정이 되고 어떤 전투를 하게 될지도 긴장이 고조돼 잠은 멀리 사라진 지 오래다.

1966년 10월 4일 화요일 비

　억수로 쏟아지는 폭우 속에 우리 중대 공수 작전이 시작됐다.

　각 소대별로, 소대는 분대별로 헬기가 착륙할 지점에 대기하다가 헬기가 와 착륙하면 1개 분대씩 탑승 완료하면 요란한 엔진 소리를 내며 긴장된 병사들의 모습 속에 헬기 편대는 이륙해 동북쪽으로 사라져 간다. 그런데 마지막으로 우리 분대 차례가 왔는데 어떻게 된 일인지 헬기가 오지를 않는다. '제기랄! 어떻게 된 일이지?'

　결국, 헬기 두 대가 비행 작전 착오로 오지 않아서 우리 분대와 다른 소대 1개 분대는 공수되지 못하고 다시 대대 C.P로 돌아왔다.

이렇게 쏟아지는 빗속에 공수되지 못한 것이 다행스럽기도 하고 한편으론 소대원과 같이 못 간 것이 안타깝기도 하다. 오후에 다른 헬기 편으로 공수될 예정이었으나 그것도 기상 악화로 연기되었다. 우리 분대는 하루 휴식을 더 하게 돼 잘됐다 싶다.

공연히 공수 계획이 오락가락해 비만 잔뜩 맞고 고생만 하고 말았다.

저녁은 밥을 해서 오래간만에 따뜻한 식사를 했다.

대대 C.P 포대에서는 쏟아지는 빗속에서도 계속해 포격해 댄다. 이렇게 쏟아지는 빗속에 공수된 중대원들은 야지에서 얼마나 고생들이 많을까? 걱정되고 반면에 우리 분대원들은 공수 안 된 것이 얼마나 다행인지 모른다. 그러고 보니 우리가 행운아지?

1966년 10월 5일 수요일 흐림

오늘 아침이 돼서야 어제 중대가 공수된 지점으로 가게 됐다.

대대에서 해 주는 밥을 먹고 대형 헬기인 '시누크' 헬기 편으로 어제 못 간 다른 분대원들과 함께 헬기에 탑승해 이륙했다.

처음 타 보는 대형 헬기 '시누크'는 큰 프로펠러를 두 개나 달린 육중한 기체로 요란한 소리를 내면서 서서히 가뿐히 떠오른다.

무거운 '엣끼엣끼' 중기관포와 탄약 등을 잔뜩 싣고 점점 상승고도를 높이더니 곧바로 목적지를 향해 날아간다.

대대 C.P가 눈 아래서 멀어지자 어느새 월남 농촌의 아름다운 풍경들이 펼쳐 보인다. 눈 아래 보이는 농촌 풍경은 마치 전쟁과는 동떨어진 하나의 아름다운 풍경화를 보는 듯한 느낌이다. 단지 푸른 들판 위에 무수히 파인 포탄의 탄흔들이 이곳이 전쟁터라는 것을 실감 나게 해 줄 뿐이다.

좁다란 농노로 보이는 길가에는 적이 파 놓은 것으로 보이는 교통호들이 뚜렷이 보인다. 그러고 보니 지난번 있었던 맹호 5호 작전 때와 비슷함을 모습을 보는 것 같다. 갑자기 헬기 밑으로 그늘이 가려져 시야가 흐려졌다. 얼마간 비행하던 헬기가 방향을 틀더니 기체는 바다 쪽으로 돌아서 고지 위로 다가간다. 그리고 고지 위를 크게 한 바퀴를 돌더니 천천히 하강하는데 온몸에 긴장이 흐르며 뒷문이 열리고 내리려고 하는데 이런! 세상에~! 이럴 수가!? 고지 위가 급경사라 착륙이 어렵자 헬기 조종사는 앞바퀴만 땅에 대고 뒤는 그대로 떠 있는 상태로 헬기를 착륙시키고 떠 있다. 탑승자들은 할 수 없이 헬기 뒤가 떠 있는 상태로 기체에서 뛰어내려야 했다.

장비를 챙기고 주위를 살피니 어제 온 병력이 경계를 삼엄하게 하고 있다. '시누크' 헬기는 고지 경사지에 우리를 팽개치듯 내려놓고 난 몰라 하듯 사라져 버린다. 우리가 어디로 가야 할지 물어보니 계곡을 내려가다 앞에 보이는 고지로 올라가라며 아주 조심스럽게 살피면서 가라고 일러 준다.

어제 착륙 지점 근처에서 제1소대 병력이 적이 설치한 지뢰에 걸려서 4명이 부상을 당했는데 그중에 한 명이 전사했다는 슬픈 소식을 전해 준다.

그 소식을 듣고 보니 건너편 고지까지 가는데 얼마나 긴장되는지 신경이 날카로워지고 등에서는 식은땀이 줄줄 흐른다.

고지에 도착해 먼저 온 소대원들의 어제 있었던 이야기를 들었다.

앞으로 이 고지 위에서 얼마나 작전이 길어질지 걱정이 앞선다.

1966년 10월 6일 목요일 맑음

어젯밤, 모진 바람과 빗줄기 속에 진중의 밤을 보냈는데 또다시 이틀째 밤을 고지 위에서 맞이했다. 바다와 접한 고지라 바람이 세게 불어 대고 밤이면 비도 많이 내렸는데 오늘 밤은 얌전한 편이다.

날이 어두워지자 무장 헬기들이 나타나 적지에 공중공격을 시작한다. 어둠이 깔린 호수 위를 나르며 V.C들이 활동하는 정크선들을(작은 배) 기관총과 로켓탄으로 공격하는 모습은 보기만 해도 장관이다. 한참 동안 무장 헬기들의 파상 공격이 전선의 밤 호수 위를 멋지게 예광탄으로 수놓는다.

공격을 끝낸 헬기들이 떠나자 소나기성 폭우가 쏟아지기 시작한다. 바람이 얼마나 심하게 불어 대는지 고지 위에 설치한 야전 텐트가 소리를 내며 펄럭인다.

헬기 공격이 끝나고 잠시 후에 아군의 포격과 해상에서 미 해군의 함포 포격이 해안가를 맹렬히 강타한다. 포탄이 해안가에 떨어질 때마다. 눈부신 섬광이 호수 위를 번쩍이고 무서운 폭음과 진동이 고지 위까지 전달돼 귀를 따갑게 한다.

때로는 조명탄도 날아와 터지면 고지와 호수 위를 환하게 비춰 준다. 와~! 이것이야말로 전선에서만 볼 수 있는 아름다움이구나!

이 순간만큼은 두려움도, 공포도, 작전 중 온몸을 감싸던 긴장감도 느낄 수가 없다. 오직 눈앞에 보이는 작열하는 포탄의 섬광과 폭발음 그리고 하늘 높이서 밝혀 주는 조명탄의 불빛이 통쾌하고 멋지게 보이고 느껴질 뿐이다.

조명탄 불빛이 꺼지자 맹렬하던 포격도 침묵으로 돌아섰다. 그리고 고지 위는 또다시 캄캄한 암흑으로 변해 버렸다. 그러자 갑자기 두려움과 공포가 나를 사로잡는다. 아~! 그래 이것이 전쟁이구나! 사람이 살기 위해 사람을 죽여야 하는, 방금 본 그 모든 모습이 다 그런 것이다.

나도 그런 모습 중 하나라는 것을 생각하니 갑자기 온몸에 소름이 쫙~ 끼쳐 온다. 하지만 난 아니야! 나 자신이 그런 일을 하고 있다는 것에 의구심을 가져 보려 애써 보지만 그것은 엄연한 사실이 아닌가?

고지 위에서 내려다보이는 저 넓은 호수 위는 평화로운 항구처럼 낭만이 넘치는, 호롱 빛을 밝히며 고기 잡던 작은 배들은 적들의 선박들과 함께 헬기의 공습과 포격으로 폐허의 항구같이 죽음의 호수가 되고 말았다.

전쟁! 이것이 전쟁이야! 이런 것이 바로 전쟁이라고!! 이 빌어먹을 전쟁 같으니라고!!!

또다시 세찬 바람과 빗방울이 고지 위 조그만 내 텐트를 흔들며 후려갈긴다. 혹시나 바람에 날아갈까 봐 두 손으로 잡아 본다.

마치 바다 한가운데 떠 있는 작은 보트에 타고 있는 그런 느낌이라고나 할까?

1966년 10월 7일 금요일 맑음

작전 중에 전투지에서 석별이 이뤄졌다. 고국의 홍천훈련장에서부터 여기까지 생사와 고락을 같이했던 김웅준 소대장과 총 2분대장이 제4차 귀국자로 선정돼 이곳 전투지인 고지 위에서 전장을 떠나게 된 것이다. 같이 싸우던 부하를 전투지에 남기고 떠나는 소대장이나 여기 남아서 전투를 더 해야 하는 우리들이나 모두 섭섭하고 아쉬운 마음은 매한가지여서 잡은 손을 놓을 줄을 몰랐다.

소나기가 내리는 고지 위에서 석별의 굳은 악수를 나누고 소대장과 분대장이 헬기에 몸을 싣고 격전지 고지위를 떠나갔다.

짙은 고지에서 안개 속으로 사라지는 헬기가 보이지 않을 때까지 손을 흔들어 줬다. 그리고 부디 무사히 귀국하여 영광스러운 환국이 되기를 마음속으로 빌었다. 섭섭한 마음으로 보낸 오늘, 또다시 비가 오고 추운 전선의 밤이 고지 위로 찾아온다.

이제 우기로 접어드는지 밤이면 비를 뿌려서 발이 진흙탕에 미끄러지고 빠지고 말이 아니다. 그래도 우의로 만든 야전 텐트는 대원들의 따뜻한 보금자리 역할을 톡톡히 해 준다.

나는 바위 밑에서 계속되는 포격과 포방을 살핀다. 얼마간의 포격이 끝나면 다시 밝은 조명탄이 고지 위를 밝혀 준다. 그리고 이어서 해상에서 함포 포격이 시작되면 어둠 속에 작열하는 함포탄의 섬광은 눈을 부시게 한다. 그때마다 검붉은 화염 속에 야자수 숲과 마을 모습들이 어렴풋이 보이기도 한다.

이 무서운 포격 속에서도 자연의 아름다움과 신비함을 느낄 수 있다는 것이 다행이라고나 할까? 이 고지 위에서도 수많은 풀벌레의 울음소리는 폭음소리 사이사이로 들려올 때 병사의 마음은 꿈속으로 인도하는 듯 자연의 순수한 감정을 느끼게도 한다.

1966년 10월 8일 토요일 비

연이야, 오늘도 이름 모를 이 고지 위에는 또 비가 오고 있구나. 포탄의 폭음과 전쟁의 횡포 속에서 이렇게 글을 쓸 수 있다는 것이 얼마나 다행스러운 일인지 모른단다. 연아, 오늘로 벌써 맹호 6호 작전이 시작된 지도 16일째 되는 날이야. 포성의 진동 속에서도 초연과 화약 내음이 풍기는 격전지에서 너의 편지를 기다렸지만 끝내 오지 않는구나. 전투의 고달픔 속에서 연이의 편지가 얼마나 기다려지는지 그건 아마 연이는 모를 거야. 때로는 춥고 비가 내리는 이 고지 위에서 나는 외로움과 공포 속에 전선의 밤을 지새우는 때가 한두 번이 아니란다. 귀를 때리는 포성과 맹렬한 전투기의 폭격이 때로는 외로움과 괴로움을 잊게 해 주기도 하지만, 그러나 자연의 아름다움과 벌레들의 울음소리를 들을 때면 내가 전쟁터에 있는 것이 아니라 고국에 있는 연이 앞에 있다는 착각이 들기도 한단다.

하지만 순간순간을 보내야 하는 이 병사에게 연이의 편지를 기다리는 건 내 마음속에 있는 그리운 감정이 아닐까? 하는 생각이 들기도 해. 보급 헬기가 올 때마다 전우들은 한 장의 편지봉투를 들고 환호성을 지르며 야단들이지만 난 그때마다 먼 하늘을 쳐다보며 모두를 원망해 보기도 한단다. 그러나 나에게 돌아오는 건 세찬 빗방울이 내 얼굴을 후려치는 것뿐이구나. 연아 또다시 무서운 포격이 시작되고 있어. 저기 고지 아래 내려다보이는 들판에는 이 순간에도 진군의 나팔 소리에 전우들이 전진을 계속할 거야.

월남 전선으로 이 병사에게 즐거운 편지를 보내 주던 소녀야~! 이름 모를 이 고지에서 이 글을 쓰는 병사에게 제발 욕은 하지 마렴. 이 열대 전선에서 포성과 총성이 끝날 때는, 그래서 초연과 화약 내음이 가실 때쯤 글을 보내 주던 너, 소녀에게…. 내 마음속 깊이 회포를 풀어서 보내련다.

맹호 6호 작전 중 어느 밀림 고지 위에서.

1966년 10월 9일 일요일 비

연아, 전선의 어젯밤이 지나고 새로운 전선의 하루가 시작되는구나. 찌는 듯한 더위가 한동안 계속되더니 지금은 비가 쏟아지며 고지 위에 쳐 놓은 내 야전 텐트를 마구 흔들어 대고 있어. 연아, 더위와 쏟아지는 빗속에서 지내야 하는 오늘은 정말 지루하고 견디기 힘든 시간이야. 이렇게 변덕이 심한 전선에서 견뎌 내야 하는 병사에겐 연이가 있는 고국의 가을 하늘이 얼마나 그리운지 모른단다.

연아, 얼마 전 추석이 지났지? 물론 연이는 즐겁고 재미있게 추석을 보냈겠지? 얼마나 기쁜 하루였을까? 한가위 날 이 병사는 맹호 6호 작전의 치열한 격전지에서 추석을 맞이했단다.

고국 땅이 아닌 이역만리 월남 전선에서 추석을 맞는 기분이란 정말 이상하리만치 감격스러운 뭔가를 느끼게 했단다. 그날 우리 분대는 정글 속을 헤매면서 V.C를 찾아온 고지와 계곡을 수색하느라 땀을 흘렸지. 오늘도 포격 속에서 지내는 하루지만 무사히 보낸다는 것이 다행스럽고 고마울 따름이지.

하지만 너의 편지는 오늘 늦게까지도 이 고지 위를 찾아오지 않는구나. 비 오는 이 고지 위가 너무나 험하고 두려워서일까? 그래도 이 병사는 끝까지 기다려 볼 거야. 왜냐고? 난, 너를 믿으니까.

1966년 10월 10일 월요일 맑음

전선의 무더운 날씨가 계속되는 가운데 수색 작전도 시작됐다.

한 발 한 발 조심스럽게 능선을 따라 내려갔다가 다시 올라가기를 반복하면서 수색을 이어졌다. 하지만 어느 지역 어떤 곳에 적이 매설한 지뢰나 부비트랩에 걸려서 죽거니 부상당할지 모르는 상황이라 신경이 곤두서 긴장은 최고조에 달해진다.

가시넝쿨과 바위틈을 조심스럽게 살피고 수색하며 내려갔다. 계속된 장맛비로 바위는 미끄럽고 수풀들이 무성하게 자라서 앞을 내다보기가 여간 어렵지 않다. 골짜기와 능선을 따라 다시 고지 위로 올라가자 뜨거운 태양이 온몸을 달구기 시작한다. 물이 자꾸만 먹힌다. 아껴서 마셔야 하지만 더위에 어쩔 도리가 없다.

허리에 찬 수통이 둘이나 있지만 줄어드는 물이 내 몸 안에 피가 줄어드는 것처럼 느껴진다. 내 키보다 큰 수풀을 헤쳐 가고 거기다 더위까지 대원들을 괴롭히니 정말 죽을 지경이다.

고지에서 다시 능선 아래로 내려와 흐르는 계곡물에 수통에 가득 물을 채우고 몸도 식히고 야전 식사를 끝낼 때쯤 갑자기 총성과 함께 총탄이 매서운 소리를 내면서 머리 위로 스치듯 지나간다.

우리 분대는 본능적으로 바위 밑에 엎드려 상황을 살폈다. 총격 지점은 산 아래 들판 쪽에서 나고 있다. 이상하다, 그곳은 적진이 아닌데? 아니나 다를까, 미군들이 우리를 적으로 오인하고 사격을 해 대고 있는 것이었다. 즉시 무전 연락을 하고 연막탄을 터트려 위기일발 상황을 모면하고 중대는 다시 달콤한 휴식을 취하며 흐르는 계곡물에 몸도 씻으니 기분이 날아갈 것 같다.

충분한 휴식을 하고 다시 수색 작전에 들어갔다. 여기서 작전을 끝냈으면~ 하는 생각이 간절하다. 하지만 우리 중대는 또다시 우거진 정글과 밀림을 헤집으며 수색을 계속해 나갔다.

1966년 10월 11일 화요일 비

제9중대의 갑작스러운 전투 상황으로 우리 중대도 또다시 새로운 임무를 부여받고 출동을 했다. 우리 분대는 3소대 배속으로 대대 C.P로 귀대해서 간단한 식사를 끝내고 600고지로 이동해 수색 작전에 들어갔다. 600고지는 날카로운 가시나무와 큰 동굴이 산재해 있어서 한 발 한 발 조심성 있게 살피면서 고지 아래로 수색해 내려갔다. 뜨거운 태양과 무더위는 시간이 지날수록 괴로움을 더해 준다. 계곡과 능선에는 포격과 폭격으로 처참한 흔적들을 남기고 시체 썩는 냄새가 코를 찌르게 한다.

V.C의 흔적을 발견한 소대는 일제히 공격하며 동굴을 포위했다. 그러나 적들은 이미 도주하고 흔적만 남기고 없었다. 그들이 보유했던 장비와 탄약들이 여기저기 흩어져 있었고 그들이 은신했던 천연 동굴과 그 주변은 정말 자연의 아름다움과 신비함을 한꺼번에 보여 주는 듯 장엄함마저 느끼게 하는 모습을 드러내고 있었다.

정말 자연의 힘은 인간들의 인위적 힘보다 위대함을 느끼게 한다.

연아, 오늘도 이름 모를 고지 위에서 숙영이 시작되었단다. 우의로 만든 조그만 텐트에서 4명의 대원이 비집고 누웠지만 왠지 잠은 오지 않는구나. 자갈투성이 땅바닥에 수풀을 깔고 잠자리를 만들었지만 그래도 등허리에는 돌에 받쳐서 아픔이 꽤 느껴지는구나. 캄캄한 이 고지 위에서 오늘도 하루를 보내는 마지막 순간을 긴장 속에 보내지만 그래도 피로를 풀 수 있는 이 작은 야전 텐트가 있다는 것이 얼마나 다행스럽고 위안이 되는지 모른단다.

연아, 지금도 이 고지 위에는 밝은 조명탄과 포성이 끝이지 않고 들려오고 있지만 이 순간만큼은 내가 적지 한가운데 있다고 느껴지지 않는구나. 하늘은 잔뜩 흐리고 비라도 쏟아질 듯 캄캄하지만 탄약상자를 벗 삼아 그리운 고국을 생각하노라면 아늑한 초가집 안에서 행복한 꿈을 꾸는 듯 그런 느낌마저 들기도 하지.

연아, 고국의 푸른 하늘 아래서 즐겁게 지낼 연이를 생각하며 그리고 언젠가 너의 소식이 전해 올 때를 기다리며 이 글을 쓰고 있단다. 하지만 이 글이 언제 너에게 전해질지…….

맹호 6호 작전 중 이름 모를 고지에서.

1966년 10월 12일 수요일 흐림

주황빛 저녁노을이 밀림 전선의 고지 위를 물들이며 푸른 정글 너머로 떨어지듯 물들인다. 오늘은 하루 종일 중대 예비소대로 남아서 충분한 휴식을 취했다. 어두워지는 전선은 아직도 총성과 포성이 끝이지 않고 마을마다 피어오르는 연기는 넓은 초원을 뿌옇게 흐리며 시야를 가린다.

오늘로 맹호 6호 작전을 시작한 지 19일째, 내일이면 꼭 20일이 된다. 20여 일간 전투에서 우리 중대는 찌는 듯한 더위와 목 타는 갈증 속에서, 또 쏟아지는 폭우에 야전 텐트 속에서, 밤이면 추위 속에 지낸 것을 생각하면 그것은 참기 어려운 고통이었다. 그리고 전투에 대한 공포와 죽음에 대한 두려움을 끝까지 이겨 내며 오늘까지 견디며 버텨 왔다. 그러니 이것이 끝이 아니다. 이 밤이 가고 내일이 오면 또다시 새로운 임무가 내게 주어지겠지? 그건 내가 싫어도 해야 한다. 난, 군인이기에 또 여기에 온 이상 살기 위해서라도 지금까지 해 온 것처럼 참고 또 참고 견뎌 내야만 한다. 반드시 그렇게 해야만 한다. 그것은 내 임무고 명령을 받았으니까…….

점점 어두워지는 밀림 전선의 고지 위, 포병 관측장교의 무전 교신이 숨 가쁘게 이어지고 곧이어 포격이 시작됐다. 바람에 펄럭이는 작은 야전 텐트 속에서 박스종이를 찢어서 연이에게 보낼 편지 초안을 적어 본다. 연아, 또다시 무서운 전선의 하루가 지나가고 있구나. 우리 분대는 오늘 하루 동안 편안한 휴식을 가졌지. 정말 꿀 같은 하루였어. 하지만 연아, 오늘도 저물어 가는 전선에는 고국의 고요한 편안함과는 달리 요란한 총성과 포성이 그칠 줄을 모르는구나. 지금쯤 고국은 귀뚜라미 울음소리가 들리는 초저녁이 저물어 가겠지? 하지만 이곳 전선 고지 위에는 헬기들의 요란한 엔진 소리와 포격 소리에 정신이 없을 정도야. 그래서 격전지라고 하나 봐. 연아, 오늘은 뭘 했는지 아직까지 소식이 없는 너의 가슴속에 물어보고 싶구나.
아~ 전선의 이 밤이여! 어서 가라! 글을 주던 소녀여~! 내일이면 너의 소식이 이곳 전선에 오겠느뇨?

1966년 10월 13일 목요일 맑음

뜨거운 태양이 머리 위에서 어지간히 이글거린다. "화기 소대는 즉시 640고지로 수색과 지형 정찰을 실시하라!" 중대장의 명령이 떨어지자 우리는 수통에 물을 가득 채우고 실탄과 식량을 배낭에 챙겨 넣었다. 숨을 헐떡이며 640고지에 도착하니 제11중대 1개 분대가 고지 위에서 경계를 하고 있어 다소 경계심이 풀렸다.

각 분대별로 숲속에 은폐하고 현 위치에서 별도 명령이 있을 때까지 경계를 철저히 하라는 지시를 내린다. 하늘이 보이지 않을 정도로 어둡게 그늘진 정글 속이라 시원하고 숨기도 좋아서 쉬는 데는 그만이다. 적진 속 고지 위 주간 잠복인 셈이다. 우리 분대원들은 아무도 눈치채지 않게 둘씩 교대로 한잠씩 잤다. 저녁때까지 재수 좋게 우리 분대는 하루를 푹 휴식을 취한 것이다. 어제도 그렇고 오늘도 편안한 하루였다. 앞으로도 오늘 같았으면 얼마나 좋을까 하는 생각이 굴뚝같았다. 적지 한가운데서 대낮에 잠까지 자다니, 하늘에서 별 따는 것보다 좋았다고나 할까? 여기저기 V.C에게 자수하라는 '삐라'가 뿌려져 있다. 분대는 어둡기 전에 철수했다.

1966년 10월 14일 금요일 맑음

아침에 출동해 V.C 4명을 생포하는 전과를 올리며 계속 수색 작전을 하는 중에 나는 낙오되어 더 이상 후송이 불가능한 포로를 사살하라는 명령을 받았다. 나는 어떻게든지 데리고 가려고 아끼던 물까지 먹여 주며 계속 걷기를 재촉했지만 포로는 덥석 주저앉으며 걷기를 거부한다. 작전 중에는 몇 분을 다투는 처지에 이 지경이 되고 보니 선임 하사관과 분대장은 나와 조진재 상병에게 적당히 처리하라는 명령을 내린 것이다. 사람이 죽고 사는 것이 전쟁이긴 하지만 현재 적대 행위를 하지 않는 사람을 죽이라고 하는데 나는 손이 멈칫! 하지 않을 수 없었다. 내가 내 눈앞에서 한 인간을 죽여야 한다니! 나는 눈을 감았다. 앞서가던 분대장은 뒤돌아보며 "뭘 해!" 하고 눈을 크게 부라리며 달려들듯 소리친다. 그 소리에 놀란 듯 조 상병이 한순간 총을 쏘자 나는 내 정신이 아닌 듯 방아쇠를 당기고 말았다. 요란한 총성이 정글 계곡을 길게 울려 퍼져 나갔다. 눈을 떴다. 그는 꿈틀거리고 있었다. 나의 전우에게 총을 쏘고 죽이고 피를 흘리게 한 적, 그것을 생각하면 몇 번을 죽여도 시원치 않은 적이다. 그러나 막상 눈앞에서 그에게 총을 쏘고 난 후 내 마음은 통쾌한 느낌이기에는 너무나 큰 무거움만이 남는 것만 같았다. 아! 이 전쟁~! 그리고 한 인간의 죽음, 나는 승리자다! 그리고 너는 패배자다! 그렇기에 너는 나에게 죽지 않으면 안 되는 것이다. 만약 내가 패배자였다면 나는 너에게 죽었을 것이 틀림없을 것이다. 적이여~! 눈을 감으라, 그러나 나를 원망하거나 욕하지 말라! 하지만 증오할 수 있다면 이 전쟁과 너의 패배를 증오하고 난 다음 나를 욕하고 증오하라!

그의 죽음에, 나는 승리자의 위치에서 그 죽음을 정당화하는 내 마음이 야속하기만 하다. 그런데 그에 대한 슬픈 생각이 나지 않는 건 왜일까?

어둠이 덮쳐 오는 계곡을 조명탄의 밝은 빛을 이용해 우리 분대는 고지 위에 위치한 야전 중대 C.P로 조심스럽게 무사히 도착했다.

휴~! 아무리 전투하는 군인이지만 오늘 하루가 나에게는 악몽 같은 하루였다.

1966년 10월 15일 토요일 맑음

고단한 하룻밤, 세상모르게 하룻밤을 자고 나니 또 출동 명령이 내렸다. 정말 눈코 뜨기 바쁜 하루의 시작이다. 화기 소대 전원이 야간매복 작전 임무를 맡고서 전방에 위치한 높은 고지로 이동했다.

바로 이 고지는 제1대대가 적으로부터 무기 27정을 노획한 고지다. 땀으로 흠뻑 젖은 군복에 바람까지 불어오니 차가운 감촉이 속살 깊이 스며들어 기분이 참 좋다.

저녁때가 되자 바람이 세게 불어오고 뭉게뭉게 비가 올 듯 구름이 덮쳐 온다. 고지 아래 멀리에는 조명탄이 오르고, 나는 큰 바위 아래에 우의를 깔고 매복 임무에 들어갔다.

비 올 듯한 구름은 걷히고 까만 하늘엔 수많은 별이 반짝이고 풀벌레 소리는 고지 위에서 매복하고 있는 병사의 긴장감을 한결 부드럽게 풀어 준다.

그것도 잠시, 또 조명탄이 오르고 포성이 울려온다.

머리 위에서는 헬기들의 엔진 소리가 요란하다. 이 밤중에 어디를 가는 건지…….

지루하고 긴장된 밤, 이 싸움터에 내가 왜 왔는지를 자꾸만 나 자신에게 또 묻고 물어본다.

왜 왔지? 포연과 포성이 난무하는 격전지에 도대체 왜 왔는가? 고향 생각도 나고 모두를 만나 보고 싶다.

1966년 10월 16일 일요일

또 새로운 전선의 아침이 돌아왔다. 무더위와 뜨거운 태양 아래 정글을 누비며 동굴을 수색하는 위험한 임무가 부여됐지만 이렇게 날이 밝아 오면 마음은 비록 긴장되지만 기분은 새롭고 가벼워진다. V.C의 도주한 흔적을 찾아서 우리 분대는 추적을 시작했다.

수많은 동굴과 천년 태곳적 신비가 깃든 정글 속을 한 발 한 발 조심성 있게 수색해 가면서 적정을 살펴 갔다. 가시덤불과 바위 사이를 헤치고 빠져나가는 일, 때론 절벽을 내려가는 일은 정말 아찔한 순간이기도 했다. 땀이 비 오듯 흐르면 소매 끝으로 닦으면서 우거진 수풀을 헤쳐 갔다. 그래야만 적을 찾아서 섬멸하고 그래야 내가 살고 전우가 살 수 있다.

또 다른 동굴을 수색하다 V.C 한 명을 생포했다. 가지고 있던 총을 내놓으라고 했더니 그는 모른다고 머리를 절레절레 흔든다.

전쟁 중에 사람의 목숨은 파리 목숨 같은 그런 존재다. 아군이 아니면 사살해야 했고 승리가 아니면 죽어야 했다. 그는 적이다. 그리고 패배자다. 그래서 그는 전쟁의 희생양이 되어 갔다.

정글 계곡에서 흐르는 계곡물을 수통에 가득 채웠다. 그 물이라도 마셔야 앞으로 걸어갈 수가 있다. 물론 수통 안에 소독약을 넣긴 하지만 가득 담긴 수통을 흔들어 보니 마음이 풍족해진다.

월남 전선에선 물 한 모금이 꿀보다 더 달고 피보다 더 귀하게 느껴질 때가 한두 번이 아니다. 탄약 다음으로 챙겨야 한다.

얼마나 절박했으면 수통에 가득 담긴 물로 대원들의 얼굴빛이 달라 보인다. 여기선 생명수나 다름없다.

1966년 10월 17일 월요일 맑음

　분대장이 자기만 잘난 체하는 바람에 또다시 분대원이 부상을 당하고 말았다. 어제는 이웅이가, 오늘은 포반에서 전 병장이 팔에 부상을 당했다. 자기 전공만 생각하는지 뭐 때문에 잘난 체하며 나서는지 모르겠다. 그렇게 할수록 분대원들은 피와 땀을 흘리는지를 모르는 모양이다. 말마다 욕설이고 일마다 신경질이니 그는 그렇게 하는 것이 열성적이라고 생각하는지 모르지만 분대원들은 미련한 놈이라서 저런다고 수군댄다.

　오늘 수색 작전에서는 총 1정을 노획하는 전과를 올렸지만 아군은 5명이나 부상을 당했다. 하루 종일 정글을 헤치며 수색하던 대원들은 지칠 대로 지쳐서 기진맥진 상태다. 그래도 분대장은 자신의 욕심과 잘난 체하는 과신으로 대원들을 또 다른 곳으로 출동시킨다. 아이구, 저 곰탱이 같으니라고! 대원들을 아낄 줄 모르는 놈 같으니라고! 저런 놈을 분대장이라고 따르는 대원들이 불쌍하다.

　벌써 작전이 시작된 지 거의 한 달이 돼 가는데 앞으로 얼마를 더 해야 할지 모르겠다. 그동안의 작전으로 우리는 피로할 때로 피로해져 있지만 임무는 계속해 하달된다.

　벌써 이번 전투 중에 귀국자가 4차에서 5차까지 있었고 이제 6차가 눈앞으로 다가왔다.

　그렇지만 난, 아직 멀었으니 작전도 더 많이 하게 되겠지……?

1966년 10월 18일 화요일 비

연아, 또다시 전선의 밤이 돌아왔구나. 포성은 그치고 타오르는 초연은 계속해 피어오르는 격전지, 곧 비라도 올 것 같은 초저녁이야. 연아, 오늘도 너의 편지를 기다렸지만 이곳 전선으론 오지 않는구나. 뜨거운 태양이 검붉게 그을린 살갗을 태울 때 나는 구석진 바위 그늘 밑에서 연이의 편지를 기다렸지.

이렇듯 너의 소식을 안타까운 마음으로 기다릴 때 연이의 편지가 병사의 손에 왔다면 얼마나 좋았겠어? 아마 날아갈 듯이 기뻤겠지.

연아, 오늘 밤에는 포성마저 잠들었는지 조용하고 초병이 노려보는 전방은 칠흑 같은 밤이란다. 얼마 전에는 초승달이 있었지만 그마저 잔뜩 흐린 구름으로 빛이라곤 찾아보기 힘들어.

이렇게 어두운 밤에 바람까지 세차게 불어오지만 풀벌레 소리는 초병의 긴장된 마음을 위로해 주는 듯 들려오는구나. 이렇게 긴장된 순간이지만 자연의 오묘함 속에 살아가는 조그만 벌레들의 울음소리는 어쩌면 저렇게 아름답게 들려오는지~ 자연의 신비함이 새삼 느껴지기도 해. 우리 인간들도 그중 일부분이겠지…….

시커먼 구름이 머리 위로 지나가더니 번개가 치고 소나기가 쏟아지기 시작한다. 이젠 앞도 보이지 않는 암흑천지가 되어 버린 밤이다. 굵은 빗방울이 얼굴을 사정없이 쳐 댄다. 이곳 월남 날씨마저 오늘 밤 따라 사납게 굴어 댄다. 차가운 빗물이 옷 속으로 스며들어 와 차가운 감촉이 온몸에 전해진다. 한바탕 쏟아지던 폭우가 지나가자 구름 사이로 별들이 촘촘히 보이더니 이내 사라지고 다시 빗줄기가 쏟아지기 시작한다.

아~! 괴로운 밤이구나~! 전선의 고지 위에 무서움이 가슴을 짓눌러 온다. 정신을 바짝 차리고 마음을 안정시켜 보지만 온몸이 떨려 온다. 모진 비바람은 눈도 뜨지 못하게 만든다. 나는 눈 감은 상태에서 마음속에서 먼 고국의 하늘을 찾아 본다. 아! 고국이여~! 글을 보내 주던 소녀여! 그립고 보고 싶구나…….

1966년 10월 19일 수요일 비

또 비가 내린다. 오전 내내 앞이 안 보이는 안개와 굵은 비가 줄기차게 쏟아져 비좁은 텐트 안에서 분대원들이 모여앉아 웃음꽃을 피운다. 매일 하는 이야기가 그 이야기다. 점심을 먹는데 "출동 준비 5분 전!" 하고 누군가 외친다. 또 출동이다. 비가 잦아지자 수색 작전이 시작되는 것이다. 비를 맞으며 목적지에 도착하니 다른 소대와 중대는 벌써 와 휴식을 하고 있다.

본격적인 수색은 그만하고 중대 병력은 고지 밑을 돌아서 마음을 향해서 서서히 내려왔다.

마을로 내려오니 이미 제1대대 1개 소대가 경계를 서면서 일부는 저수지에서 물고기를 잡느라 야단이다. 우리 분대원들도 휴식하는 중에 막간을 이용해 물에 들어가 물고기를 잡는다고 수선을 피웠지만 결과는 옷만 버리고 몇 마리 잡지 못했다.

휴식을 끝내고 중대는 다시 고지 위를 향해서 수색하며 올라가는데 여기저기 아군에 피살된 V.C의 시체 썩는 냄새가 코를 찌른다. 고지 위 중대 야전 C.P에 도착하니 대구의 경아와 한홍이한테서 편지가 와 있다. 정말 오래간만에 전투 중인 진중에서 편지를 받고 보니 반가운 마음 이루 말할 수가 없었다. 이렇게 반가울 수가….

1966년 10월 20일 목요일 비

   D-day가 시작되고 얼마간은 날씨가 좋았는데 이제부터는 우기로 접어드는지 계속해 비가 내린다. 밤이면 영락없이 비를 뿌린다.
   비 때문에 수색도 중지되어 한가한 틈을 타 좁은 텐트 안에서 그간 밀려 있던 편지에 회답을 보내기 위해서 편지 초안을 썼다. 편지래야 박스 종이를 찢어서 임시로 초안을 잡아 보는 수준이다.
   포반에서는 비가 오는데도 수색을 나가 어제 수색한 지역에서 적 2명을 발견해 사살하고 돌아왔다고 한다. 월남은 전선 없는 전선이라고 했는데 그 말이 맞나 보다. 소탕한 지역에서 또 적을 발견하니 말이다. 수색을 해도 아무 곳에서 나타나 괴롭힌다.
   줄기차게 내리는 빗줄기는 작은 야전 텐트를 마구 흔들어 댄다.
   야전의 진중 텐트, 오늘은 명령이 없어 대원들은 잠을 자고 나는 편지 초안 쓰기에 바쁘고 또 다른 대원들은 옛날 호랑이 잡던 이야기로 좁은 야전 텐트 안이 시끄럽고 담배 연기로 마치 시장바닥 같다. 비가 오면서도 안개가 잔뜩 끼어 시야는 제로다. 하루 종일 빗속에 전선의 밤이 찾아온다. 오늘도 밀림 고지위에서 무사히 하루를 보내고 마지막 일손을 부지런히 놀리며 정리했다.

1966년 10월 21일 금요일 비

새벽에 눈을 떴는데 일어나기가 싫다. 비는 계속해 쏟아지고, 우중이라 그런지 다른 분대에서도 꼼짝하지 않고 텐트 안에 틀어박혀 있어 나올 줄을 모른다. 작전이 끝난다는 소식은 오늘도 없다.

우리 대원들은 그저 하루빨리 그때가 오기를 마음속에서 기다리며 이 괴로움을 참고 또 참고 견디는 수밖에 없다.

좁은 텐트 안에 뿜어 대는 담배 연기로 공기가 탁하지만 누구 하나 불평하는 대원은 없다. 나는 흡연을 하지 않으니 죽을 맛이지만 수시로 텐트 입구를 열었다 닫았다 하는 일은 내 몫이 되고 말았다.

그래도 대원들과 떠들고 이 순간을 지내는 것이 나는 즐겁다.

대원들의 비좁은 틈에 끼어 이 생각, 저 생각, 앞으로 귀국할 날도 몇 달이 안 남은 것 같다. 5차는 갔고 며칠 지나면 6차가 간다.

그다음이 내 차례가 되는지…. 그리고 보니 월남에 도착한 지도 1년이 돼 간다. 그리고 보니 내일이 '퀴논' 항에 도착한 날이다.

비 오는 진중의 하루를 고지 위에서 허무한 생각으로 그냥 보내나 보다.

1966년 10월 22일 토요일 비

10월 22일, 오늘이 월남에 도착한 지 일 년이 된 날이다. 벌써 월남 온 지 일 년이라! 월남 땅에 발을 디딘 지가 엊그제 같건만 시간은 일 년이란 기간을 벌려 놓았다. 일 년 전 상륙하던 그날도 오늘처럼 폭우가 쏟아지고 무거운 W백과 배낭을 걸머지고 붉은 모래사장에서 트럭을 타고 한동안 달리다 기차로 갈아탔던 생각이 난다.

그리고 일 년이 지난 오늘도 그때처럼 비가 쏟아지고 우리 부대는 맹호 6호 작전의 소용돌이 속에 야전의 밀림 고지 위에서 일 년을 맞이했다. 지난 일 년간의 일들을 생각하면 실로 감개무량하다.

일 년 12달 명절을 이국의 하늘 아래에서 한차례씩 맞이했고 이젠 귀국의 희망을 안고 하루하루를 조바심과 긴장 속에서 지내는 신세가 되었다. 추석도 엊그제 포연 속에서 보냈다. 참으로 내 인생에 위대한 추억이 될 지난 일 년이라 생각된다.

일 년 전 붉은 모래밭 월남 해안에 첫발을 내디뎠을 때의 그 짜릿한 감정, 쏟아지는 빗속에 첫 밤을 지새우던 생각이, 날이 새자 뜨거운 태양 아래 호를 파던 일들이 생생하게 떠오른다.

그리고 일 년이 흐르는 동안 포탄의 작열과 맹렬한 총탄 세례 속에서 작전하던 생각들을 머릿속에 떠올리며 지난 일 년을 회상해 본다. 힘들고 괴롭고 무섭고 때로는 공포스러운 날들이 계속돼 지금까지 이어져 오고 있지만 한편으론 새삼 생각해 보면 내 일생에 두 번 다시 경험해 보지 못할 전투 경험은 내 일생 내내 중요한 경험이자 추억이 될 것이다. 또한, 여러 분대원들과 생사를 같이했던 일들도, 펜팔로 알게 된 여러 사람들과 편지를 주고받던 일들도, 특히 무학여고생인 김○연 학생과의 서신 내왕은 나에게 아름다운 상상을 남겨 주는 멋진 추억이 될 것이다.

이제 내 마음 영상 속에서만 남아 있고 꿈속에서만 찾아 볼 수 있는 추억이 되었고 연이와는 그 인연이 계속 이어지고 있다.

지난 일 년간의 이런 추억들이 나의 인생에 한순간을 장식했다고 생각했다면 나는 내 인생에 크나큰 경험과 보람을 맛보았다고 자부하고 싶다. 그리고 그 무엇보다도 영광스러운 일이었다고 생각한다.

세찬 바람이 야전 텐트를 흔들어 대는 바람에 한순간 상념에서 정신이 번쩍 든다. 빗방울이 쳐 대는 바람에 모포가 젖어서 축축해져 온다. 비좁은 텐트 안은 오늘같이 뜻있는 날인데도 전우들은 까맣게 잊은 듯 상스러운 잡담으로 이야기꽃이 한창이다.

나는 가만히 생각해 본다. 지난 일 년이 내가 태어난 지난 21년보다도 더 많이 배우고 깨닫고 경험했다고 느껴졌다.

나는 전쟁이 무엇이고 전쟁이 인간들을 어떻게 만드는지도 느끼며 보았다고 생각한다. 월남 도착 생일날이지만 전선의 고지 위에는 여전히 포성이 울려온다.

아~ 전쟁이여! 그 속에서 느껴야 하는 고통이여! 포격과 총격 속에서 죽음의 공포를 감내해야 하는 두려움이여~! 생사의 순간순간도 모두 거두어서 이제 내 인생의 위대한 추억 속으로 깊이깊이 영원히 묻어 다오!!! 영원히~ 영원히…….

1966년 10월 23일 일요일 비

비는 여전히 계속해서 내리고, 수색 정찰 임무를 안고 비를 맞으며 출동해 전방 고지 위로 올라가 흐르는 땀을 식히며 휴식을 하고 있는데 갑자기 철수하라는 명령이 무전으로 전해진다.

우리 소대는 급히 야전에 설치된 중대 C.P로 내려오니 중대 본부는 이미 철수를 하고 이번 작전이 오늘부로 끝났다고 알려 준다.

그 소식을 들으니 숨 막히는 더위와 피로 속에 얼마나 반가운 소식인지 말할 수 없이 기분이 좋았다.

그동안 하루빨리 작전이 끝나 철수를 해서 쌓이고 쌓인 피로를 풀고 싶었는데 이제야 이뤄지게 된 것이다.

작전 기간 대원들을 품어 줬던 야전 텐트를 정리하고 간단한 장비만 남기고 무거운 장비들은 헬기로 공수시키기 위해서 준비를 끝내 놨다.

오후에는 철수 직전에 적에 대한 위협으로 박격포와 L.M.G 기관총으로 사격을 했다.

20여 일을 숙영했던 고지, 내일이면 이 고지도 마지막이다. 고생도 많이 했고 숙영지 여기저기 솟아 있는 바위들도 정이 들었던 격전의 밀림 진중 고지, 괴로움도 승리의 흥분도 내일이면 또 하나의 추억으로 남게 되는 고지의 하루해가 저물어 갔다.

1966년 10월 24일 월요일 맑음

고지 위 야전 텐트에서 철수를 시작했다. 1번 국도에서 이곳 간선도로까지 좁은 길을 따라서 조심스럽게 이동을 했다. 옆에는 정글로 덮여 있고 논에는 땅이 비옥한지 벼들이 한국처럼 잘 자라고 있다. 구름 한 점 없는 파란 하늘, 이글대는 태양이 말할 수 없을 정도로 뜨겁고 비 오듯 땀이 난다.

한 방울 물이라도 아껴서 마시려고 하지만 소용이 없다. 갈증은 더해

가고 입에선 단내가 나도록 몸엔 열이 났다.

우리 중대는 이번 맹호 6호 작전을 끝내면서 이곳을 소탕했다. 피난 갔던 민간인들은 이삿짐을 나르느라 야단법석들이다.

민간인들은 피난 생활이 고달팠는지 얼굴은 핏기가 없고 바싹 마른 몸에다 허약한 모습을 보자니 불쌍하고 측은한 생각이 든다.

우리나라도 6.25 때 저들처럼 똑같은 모습이었을 거라 생각하니 부모님 생각이 머릿속에 스쳐 간다.

무거운 장비를 걸머지고 다시 이동하니 더위에 머리가 아파 오고 다리가 후들후들 떨리지만 이를 악물고 악착같이 선두를 뒤쫓아 가며 걸었다.

땀이 눈 속까지 들어가 눈알이 쓰리고 아프지만 주둔지에 도착하면 푹 쉴 수 있다는 생각으로 걷고 또 걸었다. 이 와중에 어디선가 시체가 썩는 냄새가 코를 찌른다. 정말 미칠 지경이다.

저 멀리 중대 진지가 보이기 시작했다. 누군가가 "야! 다 왔다! 조금만 힘내자~!" 소리치자 마지막 힘이 솟아났다.

반가움과 지친 몸이 한꺼번에 겹쳐지는 순간이다. 드디어 작전을 무사히 끝내고 우리가 쉴 수 있는 안전한 중대 진지에 돌아왔다.

우리는 해냈다! 아~! 이제야 왔구나! 그동안 고통도, 아픔도, 두려움도, 공포와 긴장도, 작전 내내 우리를 괴롭히던 그 지긋지긋한 더위까지도 한순간에 잊어버리는 순간이었다.

1966년 10월 25일 화요일 맑음

오늘자 일기 내용은 없고 작전 도표가 그려져 있다.
왜 안 썼는지는 모르겠다.

1966년 10월 26일 수요일 맑음

새로운 중대 베이스가 정해지자 본격적인 진지 구축 작업이 시작됐다. 한 달여 작전과 행군으로 몸은 피로하지만 막사 작업이 급선무라 분대원들은 비어 있는 민간인 집으로 막사 지을 재료를 구하러 갔다. 막상 마을로 내려가니 재료를 구하기엔 마땅치 않아 집을 헐어서 쓸 만한 재료를 가지고 들어왔다. 그런데 철수할 때 헬기 편에 후송했던 장비들을 싣고 오던 트럭이 빠져서 우리 장비를 찾아오느라 고생을 많이 했다.

자정이 넘도록 장비와 탄약 등을 등으로 져 나르느라 구슬땀을 흘려야만 했다. 전쟁 속에 고달픔은 병사들에게는 말할 수 없는 괴로운 일이다.

하지만 전쟁은 그런 것을 요구하고 동반하기에 내 스스로 그것을 감내해야 하고 참고 견디는 수밖에 없다.

피곤하고 외로운 한밤중, 조그만 야전 텐트에 빗방울이 떨어진다. 밤에 또 비가 오려나 보다. 저녁 늦게 정말 오래간만에 연이한테서 소식이 왔다. 그런데 반가움보다는 의외라는 생각이 들었다.

달랑 엽서 한 장을 보냈으니 말이다.

> ✉ 연이의 53번째 편지
>
> (엽서 한 장을 보내왔다.)
>
> 여행의 첫머리에 섰습니다. 너무나 오랫동안 침묵인 것 같군요. 무언가 달라져야 했던 생활입니다. 임무 수행에 열중이세요? 너무 오래 계속된 편지 구절 중의 하나지만 항상 이 상병님의 무운을 잊지 않고 빌었답니다. 알아주지 않으셔도 되지만 좀 바쁜 생활이군요. 이 상병님, 욕하지 마셔요. 할 수 없었는걸요? 그럼 안녕을…….

1966년 10월 27일 목요일 맑음

어느 정도 자재가 준비되자 본격적인 막사와 진지 구축 작업이 시작됐다. 온 중대가 새로 짓는 막사와 진지 구축으로 야단법석이다.

분대장이 오늘은 웬일인지 나를 막사에 남겨 놓고 잔잔한 일만 하라며 힘든 일은 시키지 않는다. 7차로 귀국하게 되니 마음이 갑자기 변했나?

오늘도 무더운 날이지만 하루 종일 대원들이 일한 대가로 저녁때까지 완전하지는 않지만 어수선한 모습의 벙커 막사가 만들어졌다. 분대원 모두가 달라붙어 만든 결과다.

하지만 대원들은 몸 상태가 천근만근 무거운 지친 상태다. 그래도 저녁이 되고, 또 밤이 오면 희미한 달이 머리 위에 떠오르며 고개를 내민다. 하늘은 맑았다 흐리기를 반복하며 희미한 구름 사이로 달빛은 이

내 사라진다.

어제 온 연이의 엽서를 다시 한번 읽어 보며 흐릿한 전짓불에 종이를 꺼내 몇 자 적어 본다. 거의 두 달 만에 받아 본 소식이 달랑 엽서 한 장이라니? 반가운 마음이긴 하지만 은근히 화도 난다.

반가움과 노여움이 한꺼번에 겹치며 혼란스러워진다. 작전 중 내 감정을 담은 편지 초안도 보내야 하는데 어떡하면 좋을까?

어떻게 생각해 보면 내가 모욕이라도 당하고 있는 것 같기도 하고, 내가 그녀가 느끼기에 만만하게 보였나……?

다시 초병의 임무에 나선다. 전선의 밤하늘에 높이 뜬 달은 더욱 높아지고 전방에 설치한 철조망까지 보일 정도로 환하게 밝혀 주고 있어 주위에 있는 관목들을 보면 오싹한 느낌을 준다. 그리고 포성 없는 고요한 적막감이 흐르고~ 아! 고요함이여~! 고독한 병사의 마음을 그대는 아는가…….

1966년 10월 28일 금요일 맑음

제 1·2소대는 막사 작업을 중단하고 잠복 겸 수색 정찰을 나갔다. 우리 분대는 어느 정도 막사와 진지를 구축하고 정리 작업에 들어갔다. 그동안 비가 자주 와 그런지 흙을 파내는 데 한결 쉬워서 작업 능률이 높아 작업 속도가 빨랐다.

오늘은 급수차가 오지 않아서 개울물을 길어다 마셨다. 그래도 고지 위가 아니라 이런 물이라도 마실 수 있어서 다행이다.

1966년 10월 29일 토요일 흐리고 비

막사 공사는 완전히 끝나서 야전 텐트에서 이사했다. 앞으로 남은 공사는 진지를 더 보강하고 마지막 정리 작업만 하면 끝난다.

57mm 2분대는 중대 C.P 뒤에 있는 고지로 올라가서 O.P 관측 임무를 맡게 됐다. 우리 총 1분대는 중대 C.P에 남아 다른 소대와 같이 진지 근무를 하게 됐다.

내일은 우리 소대가 수색 정찰을 나가게 되니 전원 철저한 준비를 하라는 지시가 내려온다. 그런데 내일 수색에 중구 상병과 나는 중대에 남아 있으라는 분대장의 지시다. 요즘 분대장이 나에게 은근히 봐주는 듯 인심을 쓰는데……?

그동안 시간이 없어서 못 쓰던 편지를 내일은 모두 정리해 보내게 될지 내일이 기대된다.

1966년 10월 30일 일요일 맑음

아침 일찍 전 소대원들은 주간 잠복 겸 수색 정찰을 나가고 중대 진지에 남은 우리 둘은 철조망 근처를 사계 청소 하느라 있는 힘을 다해서 손을 놀렸다. 오후에는 소대장 막사를 정리하고 나니 수색 나간 대원들보다 더 힘들게 일한 셈이다. 차라리 매복 작전에 나가니 못한 하루였다. 낮에 편지는커녕 밤에 편지나 쓸까 했는데 그것도 여의치 않아서 못 썼다. 너무 피곤해 일찍 잠자리에 들었다.

1966년 10월 31일 월요일 맑음

오늘 일기는 기록하지 못했다. 너무 바쁜 나머지 잊었나 보다.

1966년 11월 1일 화요일 맑음

어느새 10월도 지나고 고국에서는 겨울의 문턱이 시작되는 11월로 접어들었다. 맹호 6호 작전하느라 한 달이라는 시간이 어느새 지나갔는지 무섭게 터지는 포탄처럼 10월이 순식간에 사라져 갔다.

앞으로 새로운 임무와 각오를 좀 더 충실히 하고 닥쳐올 위험을 최소화할 수 있게 주의를 더 해야 되겠다고 마음먹는다.

1966년 11월 2일 수요일 맑음

오래간만에 연예 쇼가 연대에 들어와 관람했다. 월남에 온 후 처음으로 한국 연예인들이 하는 노래와 춤을 보며 잠시나마 즐거운 마음으로 고국의 향수를 달래 본다.

오늘 제6후송 병원에 면회 간 분대장이 저녁때가 다 되도록 귀대를 하지 않는다. 분대원들이 걱정 속에 밤이 깊도록 소식이 없어 모두 걱정이 깊어진다. 무슨 사고는 없는 건지…. 분대원들에게 못살게 굴던 분대장이지만 막상 미귀대가 되자 걱정이 앞선다.

1966년 11월 3일 목요일 맑음

오늘 또다시 귀국자들이 떠나는 날이다. 우리 분대에서는 일 년 동안 생사고락을 같이하던 이재후가 귀국하게 됐다. 나는 7차로 내정되었다가 연기 신청이 받아들여져 내년 봄에나 귀국하게 됐다.

오후에 재후 상병과 마지막으로 진중 식사를 함께 나누며 석별의 정을 나눴다. 지난 일 년 동안 고생도 많이 했고 생사를 같이했던 그가 막상 이렇게 귀국을 하게 되니 섭섭한 마음 이루 말할 수가 없었다. 또 한편으론 귀국하는 그가 부럽고 기쁘기도 했다.

그의 영광스러운 귀국에 건강과 행운이 같이하길 빌어 줬다.

나는 고향이 파주인 그에게 김포에 계시는 부모님께 담배와 초콜릿 과자 등 작은 선물을 전해 달라고 부탁했다. 그리고 그에게도 내가 모아 두었던 담배와 과자를 귀국 짐 속에 넣어 주었다. 귀국하는 재후 상병에게 그것밖에 줄 것이 없다는 것이 아쉬웠다.

1966년 11월 4일 금요일 맑음

사단 사격대회를 위해 사격선수 선발 대회에서 내가 선수로 선발됐다. 완전군장을 하고 분대원들과 헤어져 대대 C.P에 도착했다.

내일부터는 본격적으로 사격 훈련을 해야 한다고 먼저와 기다리고 있던 박승일이 말해 준다. 대대에서 정해 준 텐트에서 군장을 정리하고 편하게 밤을 보냈다.

1966년 11월 5일 토요일 맑음

　우리 재구대대에서 선발된 18명의 사격선수가 오전부터 본격적으로 사격 훈련에 들어갔다. 각 대대 대항 사격대회라 다른 대대에서도 상당한 관심과 경쟁이 예상된다.
　재구대대 부대대장님 지휘하에 영점 사격을 하고 방어 사격 훈련을 실시했다. 오늘은 첫날 사격인데도 좋은 성적들이 나왔다.

1966년 11월 6일 일요일 맑음

　오늘도 하루 종일 사격 훈련으로 보냈다. 어제보다 일찍 사격장에서 철수해 대대 C.P에서 식사를 했다. 여기서는 B-레이션이라고 주는데 중대에서 먹는 C-레이션보다는 맛이 별로다.
　어두워진 대대에서 보는 밤하늘은 참 맑고 밝다. 최전방 중대 전술 기지에서 보는 밤하늘과는 차이가 나는 것 같다. 중대 진지에서는 보초를 서며 긴장된 마음으로 봐서 그런가 보다.
　100고지 밑에 주둔한 미군 야전 비행장은 마치 작은 도시처럼 불빛이 불야성을 이루고 있다. 우리 재구대대가 이곳에 처음 왔을 때는 함부로 다니지도 못했던 월남 국도였는데 이제는 한밤중에도 차들이 라이트를 비추며 마음대로 달리고 있다. 우리 맹호사단이 실시한 맹호 6호 작전이 성공했다는 증거다.

1966년 11월 7일 월요일 맑음

예비사수 자격으로 사격을 하게 됐다. 오후에 사격장으로 재후가 찾아왔다. 오늘 귀국 대기 중에 심심해서 내가 사격선수로 여기 있다는 소식을 듣고 찾아왔다는 것이다. 재후와 점심을 같이 먹고 혹시 6후송 병원에 가게 되면 입원해 있는 이웅이에게 콜라라도 사 주라고 4불을 주었다. 재후에게 파주와 김포는 가까우니 귀국하면 꼭 우리 부모님께 찾아가 달라고 다시 부탁을 했다. 재후는 가능하면 꼭 김포에 가 보겠다고 다짐을 해 줘 고마웠다.

그는 며칠 있으면 귀국선을 타고 나는 내년 봄에야 귀국하게 되니 같이 못 가는 것이 못내 아쉬움이 남았다.

재후와 먼 훗날 만날 것을 굳게 약속하며 악수를 하고 헤어졌다.

1966년 11월 8일 화요일 흐림

오늘도 맹렬한 사격 훈련을 했다. 오늘 훈련은 장소를 이동해 훈련을 실시했다. 선임 하사 통제 없이 마음대로 하고 싶은 대로 사격 훈련을 했다.

총 쏘는 재미는 하는 사람만 알 수 있는 재미 중 하나다.

1966년 11월 9일 수요일 흐림

오늘이 각 대대 사격대회 날이다. 아침 일찍 기갑연대 주둔지로 차를 타고 이동했다. 사단 사격대회가 그곳으로 정해진 탓이다.

기갑연대로 가는 길은 월남에서도 유명한 19번 도로다. 월남 중부해안 지역에서 서쪽 내륙으로 들어가는 중요한 도로다.

19번 도로는 중요한 만큼 잘 정비되고 깨끗하게 포장돼 있었다. 길가의 집들은 한국의 농촌 같은 느낌을 준다. 달려도 달려도 계속 이어지는 넓은 들판, 야~! 너무나 아름다운 베트남의 농촌 풍경이다. 이 아름다운 농촌 풍경에 내가 지금 월남 전선에 와 있다는 것을 깜박 잊고 있다니! 전쟁만 없다면 월남은 정말 아름답고 멋진 나라다. 월남 농촌 풍경에 정신없이 달려오다 보니 어느새 기갑연대 사격장에 도착했다.

여기서 하룻밤을 자고 사격대회는 내일 시작한다고 한다.

사격장에서 한참 동안 사격 훈련을 하고 임시 숙소로 와서 내일을 위해서 휴식에 들어갔다.

1966년 11월 10일 목요일 맑음

기다리던 사격대회가 실시됐다. 그동안 맹훈련한 결과가 결산되는 날이다. 그러나 우리 대대 선수들은 모든 힘을 다해 사격에 임했지만 막판에 실수하는 바람에 기대했던 성적을 내지 못했다.

각 대대별 성적으로 3등은 했지만 그래도 재구대대 부대대장님 보기에 미안한 생각이 들었다. 부대대장님도 말은 안 하지만 실망이 크리라 생각된다.

사격대회를 마치고 대대 C.P에 도착해 해산식을 하고 나니 날이 어두워지고 중대로 가는 차편도 끊어져 중대 본부에 내일 들어간다고 연락하고 대대 C.P에서 하룻밤을 더 자게 됐다.

1966년 11월 11일 금요일 맑음

중대로 들어가는 차편에 연락을 대신 전해 줄 것을 부탁하고 나온 김에 나는 제6후송 병원으로 떠났다. '퀴논' 방향으로 가는 미군 트럭을 얻어 타고 가다 보니 오전이 훌쩍 넘어서야 후송 병원에 도착했다. 중대에서 후송된 대원들을 면회하고 이웅이도 만나니 반가운 마음 이루 말할 수 없이 반가웠다. 그동안 못다 한 이야기를 나누고 오후에는 포 사령부 인사과에 근무하는 지영 형님을 찾아갔다. 형님도 오래간만에 만나니 무척이나 반가워한다.

오늘 밤은 여기서 자고 내일 귀대하라고 권해서 나는 중대 귀대를 포기하고 내일 가기로 했다. 저녁때는 이곳 선임 하사가 귀국한다고 성대한 송별회가 벌어지고, 나는 그간 경험했던 전투 이야기를 해 주느라 시간 가는 줄 모르게 보냈다. 이곳에서 그간 고생했던 이야기를 하는데 왜 그렇게 신나는지 모르겠다. 그들도 내 이야기를 흥미진진하게 들어 줘서 나는 더욱 신나게 말이 나온다.

그러나 한편으론 중대에 들어가지 않아서 걱정돼 불안한 마음이 떠나질 않는다. 하지만 이곳 형님 동료들과 이야기하며 맥주를 얼마나 마셨는지 꽤 취했다. 그들은 내 전투 이야기를 더 해 달라며 자꾸만 맥주를 권한다. 내 이야기를 들으며 자기들은 월남에 와서 전투는커녕 총도 제대로 못 쏴 봤다며 너무나 편하게 지낸다며 최전방에서 전투하느라 얼마나 고생했냐며 나를 놓아줄 생각을 안 한다. 나는 취한 김에 '에라! 모르겠다. 내일은 내일이고 될 대로 되리!' 하는 생각에 그들이 주는 대로 마셔 댔다.

어떤 전우는 내 이야기가 재밌고 신난다며 내일도 여기서 자고 가란다.

1966년 11월 12일 토요일 맑음

어젯밤에 얼마나 마셨는지 형님이 아침 먹자며 깨워서야 일어났다. 형님한테서 편지지와 봉투 등을 얻어 가지고 사단에서 '푸캇' 방향으로 가는 미군 트럭을 얻어 타고 가다 다시 대대로 가는 아군 차량을 바꿔 타고 오후에 중대 C.P에 들어왔다. 늦게 들어왔다고 야단칠 줄 알았는데 의외로 조용하고 오히려 대우가 좋다. 나중에 알고 보니 중대에서는 내가 어제 사단 6후송 병원에 간 것을 모른다는 것이다. 아이고! 천만 다행이구나~! 공연한 걱정을 했다고 생각하니 절로 웃음이 나왔다.

중대에 들어와 보니 그동안 말라리아 증상으로 '캄란' 미군병원까지 후송돼 치료받던 정 병장이 중대로 원대 복귀해 분위기가 한결 좋아 보인다. 장비를 풀고 간단한 내 물건과 주위 환경을 정리했다.

1966년 11월 13일 일요일 맑음

화기소대 57mm 무반동총 2개 분대 중 제2분대가 O.P로 올라가고 우리 총 1분대는 중대 진지에 남아서 경계 근무를 하게 됐다.

오래간만에 시간이 나서 작은형님과 연이, 혜숙이, 남숙이, 미향이한테 그간 시간이 없어 밀려 있던 편지를 모두 정리해 부쳤다.

동생 희순이한테도 보냈다. 얼마 만에 편지를 써 보는지 모르겠다. 맹호 6호 작전을 한 달이나 했으니 한 달 넘게 편지를 못 한 셈이다.

1966년 11월 14일 월요일 맑음

그제 온 재숙이 와 허 하사 편지에 회답을 썼다. 오늘은 희순이한테서 편지가 왔다. 맹호 6호 작전 기간에는 뜸하더니 이제야 편지들이 오기 시작한다. 재숙이는 이제 상당한 관심을 가지고 접근하려는 눈치다. 나중에 어떻게 하려고 그러는지…….

1966년 11월 15일 화요일 비

오늘은 사촌 형님과 효순이한테 편지를 썼다. 오후에는 작은형님과 먼저 귀국한 선경이한테서 편지가 왔다. 그런데 펜팔 하는 가시내한테서 자꾸만 접근해 오는데 어떻게 한담? 전투를 하는 데도 신중히 해야 되는데 여기서는 연애도 가능성이 있어야 되는 건데….

1966년 11월 16일 수요일 비

재숙이와 명숙이한테서 편지가 왔다. 나보고 오빠가 돼 달라고, 그러면 자기는 착실한 동생이 되겠다고 하는데, 하이고! 요것들 봐라~! 모두가 말대로 될지는 모르지만 아무튼 착한 소녀들이 돼 주길 바라는 마음뿐이다.

1966년 11월 17일 목요일 비

어제 온 편지에 모두 회답을 써 놓았다. 재숙이 마음먹은 대로 되기를 빌면서……. 그런데 연이한테서는 왜 편지가 안 올까?

1966년 11월 18일 금요일 비

비 오는 중에 야간 매복을 위해 출동했다. 도로 옆에 매복 장소를 정하고 준비하는 중에 아차! 그만 내가 다루던 L.M.G 기관총에서 오발 사고를 내고 말았다. 어두운 밤 속에서 순식간에 십여 발의 기관총 소리에 전 매복조는 그야말로 긴장 속으로 빠져들고 말았다. 오발 후 즉시 중대 C.P 상황실에서 무전교신이 왔지만 우리 매복조는 "현 위치 땅거미 이상 무!" 하고 허위 보고를 했다.

천만다행으로 총구가 중대 C.P 반대 방향이라 실탄은 다른 데로 나가고 대원들도 다치지 않아서 다행이지 하마터면 큰일 날 뻔한 기관총 오발 사고였다. 무전 교신 후 중대 상황실에서도 별다른 문의가 없어 약간 안심은 됐지만 귀대하면 문책이 있지 않을까 걱정이 든다. 오발 사고로 매복 위치가 노출돼 다른 데로 이동해 매복을 계속했다. 가만히 살펴보니 기관총 손잡이와 어깨끈이 매복 준비 과정에서 느슨해져 끈이 방아쇠에 걸리고 기관총을 움직이는 과정에서 방아쇠가 당겨져 오발이 발생한 것이다.

이번 매복에서 또 하나의 중요한 경험을 얻게 되었다.

1966년 11월 19일 토요일 비

아침까지 비가 쏟아진다. 매복지에서 하룻밤, 정말 어젯밤은 오발 사건으로 다른 때보다도 긴장된 밤을 보냈다.

야간 매복을 끝내고 중대 진지로 들어오니 다행스럽게도 아무런 추궁도 없다. 어제 상황 보고 때 "이상 무" 한 것이 통한 것 같았다.

휴식을 끝내고 한홍리와 윤병일 씨 그리고 국분이한테 편지를 쓰고 있는데 연이한테서 편지가 왔다. 와!! 얼마 만에 받아 보는 편지인지, 반가운 마음과 노여움이 한데 겹쳐져 정신이 혼란스러워지는 것 같았다. 이 편지가 연이로부터 얼마 만에 받아 본 편지지?

 연이의 54번째 편지

이 상병님께.

비가 내리고 있어요. 가을비는 참 침울한 와중 궁금합니다.

보내진 편지는 모두 묵살해 버리시구……. 항상 바쁘신 줄 알고 있습니다만~

소식이 없으니 좀 심심한 것 같애요. 미란이도 편지가 통 없다고 짜증이더군요. 동지가 생겼으니 만나기만 하면 매일 푸념이에요. 이제는 계획적으로 입시 공부에 나서야 할 때가 되었나 봐요.

하루하루 변하여 가는 생활입니다.

이 상병님, 침묵이란 것은 정말 어렵고 답답한 것이군요. 하지만 침묵을 안 지키는 것과 못 지키는 것이 다른 것과 마찬가지로 말을 못 하는 것과 안 하는 것은 정말 다른 사실이에요.

'존슨' 대통령의 방한으로 한창 들떠 있던 서울의 공기가 차분히 가라앉은 것같이 인식됩니다.

내리는 비에 못 이겨 하나둘 낙엽이 흩어지고 잔디는 누런빛으로 퇴색되어 가고 있습니다.

이 상병님, 고등학생으로서의 지식과 교양을 지니기엔 꽤 힘든 노력이 필요하군요. 모든 사물의 흑백을 판단할 줄 알아야 하는 짙고 바른 이성이 침투되어야 하네요. 하긴 시간의 흐름이 필요했는지도 모르죠.

이 상병님, 그동안 많은 변화가 있으셨겠죠. 많은 공간이 비어 있었으니까요. 소식 기다리겠어요. 안녕.

연이가.

1966년 11월 20일 일요일 비

비가 계속해 내린다. 오늘 밤에도 또 매복을 나갔다.

정글 고지 밑, 저녁 땅거미가 깔리기 시작하자 두 명의 대원과 함께 오늘의 운명을 하늘에 맡기고 적이 나타나기 좋은 길목에 매복했다. 구름에 가린 달빛, 그래도 희미한 빛이 구름을 뚫고 전방을 비춰 주니 어느 정도 시야는 확보된다. 그것도 잠시, 비는 계속 내리고 차가운 빗방울이 옷 속을 조금씩 적셔 온다.

멀리서 들려오는 은은한 포성이 여기가 전쟁터라는 걸 알려 주고 있다. 한시도 늦출 수 없는 긴장되고 지루한 순간순간이 비가 뿌리는 매복지서 흘러갔다.

1966년 11월 21일 월요일 비

어젯밤 매복으로 피로한 몸을 오후가 되도록 늦잠으로 풀었다.

제7차 귀국자가 곧 떠날 모양이다. 나도 연장 근무를 하지 않았더라면 이번에 귀국한다고 바쁘게 야단이겠지?

정읍에 사는 김부순이라는 학생한테 편지를 보냈다. 회답이 올지? 기다려 보자…….

1966년 11월 22일 화요일 비

내일부터 대대작전이 실시된다는 말이 나돌더니 오후가 되자 완전군장을 갖추라는 명령이 하달됐다. 서둘러 준비를 완료하고 중대장님으로부터 군장 검열을 받았다.

O.P에 근무하던 총 57mm 2분대도 이번 작전에 참가하려고 고지에서 내려왔다. 작전 준비에 분주한데 연이한테서 편지가 왔다.

지난번에 보낸 편지를 받아 보고 편지했나 보다. 그토록 오랫동안 가만히 있다가 이제부터는 자주 편지를 해 줄 모양이다.

출동 준비를 끝내 놓고 별로 할 일도 없어 긴장도 풀 겸 곧바로 회답을 써 놓았다.

오늘 밤에는 내일 작전을 위해서 매복이 없으니 일찍 취침하라는 지시가 내렸다. 내일의 작전을 앞두고 중대 전술 진지 안이 고요한 침묵 속으로 빠져드는 듯 고요가 찾아든다.

 연이의 55번째 편지

이 상병님 보셔요.

오늘은 11월 9일 밤이 되어 가는 시간, 붉게 익었던 노을도 밤과는 친할 수 없는지 빛이 점점 식어만 갑니다. 보내 주신 편지 얼마나 반가웠는지 몰라요. 우체부 아저씨가 "꽤 오래간만이군요?" 하지 않겠어요. 요사이는 낮이 짧아진 탓인지~ 아무리 부지런을 피워도 집에 오면 캄캄하거든요? 행복하게도 한강과 큰 인연을 가졌는지~ 아침엔

등굣길에 해가 붉게 솟아나고 집에 오는 길엔 서쪽에 지는 아름다운 노을을 맘껏 감상할 수가 있답니다. 자연! 아니 우주의 아름다움에 또 신비함에 하루하루 새로운 감탄을 하곤 한답니다.

이 상병님, 요번 편지가 몇 번째인지 아셔요? 꽤 많아요. 48번째랍니다. 저는 47번에서 끊어질까 봐 무척 걱정했어요. 하지만 이젠 그러한 걱정을 안 하게 되었으니 다행이랍니다.

우리나라에선 47자를 고비로 삼고 있지 않아요? 바쁘신 줄 알지만 틈틈이 보내 주셔요. 편지가 오는 날은 즐겁거든요! 피로도 완전히 잊고 말아요. 저도 부지런히 하겠어요. 하지만 예전과는 좀 달라요. 그만큼 시간의 여유를 빼앗기고 말거든요? 역시 우리의 본업은 공부인 만큼~ 공부를 안 하곤 성장할 수도 생활할 수도 없나 봅니다. 이제 최고 학년이 되니 더욱 노력해야 해요. 고3 때 고생을 안 하려면~ 매우 부지런해야 한다나요? 대학에 목적을 두고 나니 갈 길이 더욱 바쁜 것 같군요. 이 상병님! 하지만 1:1의 비율로 할 자신은 있어요. 요번엔 정말이에요. 가을 속에서 꿈의 시체~ 낙엽들이 거리를 쓸며 갑니다.

정적을 내뿜고 있어요. 월남과는 아주 다른 기온이겠죠. 한데 이상하게도 우리 학교 A공원에는 개나리가 피어나 때아닌 아름다움을 발산하고 있답니다. 참 괴이한 일이에요. 개나리에겐 눈과 귀가 없나 봐요. 낙엽이 떨어진 것도 소리도 못 들어서 봄인 줄 알았는가 보죠?

그럼 오늘은 이만 조용히 안녕을.

연.

1966년 11월 23일 수요일 흐림

새벽 4시에 기상, 간단한 식사를 끝내고 전 중대 병력은 목적지를 향해서 은밀하게 출동을 시작했다.

습기 찬 새벽 공기, 날이 환하게 밝을 무렵 중대는 작은 강을 도하했다. 적과 별로 접전 없이 강을 건너자 간간이 총성이 들려오더니 아군 포대에서 맹렬한 엄호 포격이 시작됐다. 곧이어 무장 헬기들의 엄호를 받으며 우리 중대는 계속해 마을을 수색하며 전진해 나갔다. 얼마간의 시간이 흐른 뒤 제2소대에서 1명 부상에, 3소대에서 1명이 도하 중에 실종됐다는 무전 교신이 오간다.

어떻게 된 일인지 적은 한 놈도 잡지 못하고 아군 피해만 2명이나 났다. 중대는 계속해서 124고지로 이동 도중에 제11중대 병력과 만났다. 많은 민간인과 집들이 그대로 있는데 남자들은 하나도 보이지 않았다. 남자들은 모두 베트콩이 되어 사라졌는지 모르겠다. 작전은 오후에 끝났지만 3소대 실종자의 시체 인양 때문에 우리 소대는 현장에서 주간 잠복에 들어갔다.

1966년 11월 24일 목요일 흐림

정오가 될 무렵 어제 작전 중 강에서 실종된 아군 전사자의 시체를 찾아서 인양하는 데 성공해 6후송 병원으로 이송했다. 그러나 총은 발견되지 않아서 3소대가 계속해 수색하고 우리 소대는 철수했다.

중대 진지로 들어와서 찌개를 끓여서 맛있게 먹으며 어제의 피로를 풀었지만 어제 작전으로 1명 전사에 1명 부상이라는 피해를 보고도 전과를 올리지 못해 마음이 무거웠다.

저녁때 중앙경리단과 영종이 선배한테서 편지가 왔다. 그런데 경리단에서 온 편지에는 남숙이한테 보낸 돈이 주소 불명으로 되돌아왔다는 내용이다. 여태껏 편지가 잘 들어갔는데 어떻게 된 일이지?

1966년 11월 25일 금요일 비

갑작스럽게 수색 정찰 명령이 내렸다. O.P 병력과 함께 468고지로 올라가서 우리는 수색 대형을 유지하면서 정글을 헤치며 고지 아래로 수색해 나갔다. 하늘을 뒤덮은 가시덤불과 앞을 가로막는 잡목으로 얼굴과 손등에 상처가 났지만 그래도 수색을 하며 내려갔다. 이런 수색도 전투의 한 부분이라 생각하니 괴롭고 공포감이 역습해 왔다.

고지 5부 능선에서 제11중대 일부 병력과 만나서 같이 휴식을 취하며 점심을 먹었다. 오후가 되자 폭풍으로 변한 날씨 때문에 수색 작전을 중지하고 즉시 중대 진지로 철수하라는 무전이 왔다.

벌써 좁은 밀림 골짜기에는 붉은 황토물이 무릎까지 차올라 무서운 소리를 내면서 흘러내리고 있고 계곡을 건너가는 대원들의 모습은 마치 영화의 한 장면을 보는 듯하다. 빗물에 흠뻑 젖은 분대원들의 모습이 처량하게 보이기도 하지만 모두 굳게 다문 입가는 긴장이 흐른다. 무사히 중대 C.P에 도착해 젖은 옷을 벗고 마른 옷을 찾으니 없다. 이런! 아~! 이 괴로움이여~~!!

1966년 11월 26일 토요일 비

　계속해 폭우가 쏟아진다. 파월 이래 이렇게 쏟아지는 폭우는 처음 보는 것 같다. 보급로도 완전히 차단됐다.
　쏟아지는 비로 막사 안으로 한 방울 한 방울 빗물이 떨어지지만 그래도 벙커 막사 보금자리는 즐겁기만 하다.
　중앙경리단과 남숙이한테 써 놓은 편지는 보급로가 막히는 바람에 부치지 못했다. O.P 분대원들과 점심을 같이 먹고 그들은 C-레이션을 걸머지고 쏟아지는 폭우 속을 마다하고 다시 고지 위로 올라갔다.
　전쟁, 이 전쟁의 고통과 괴로움을 스스로 체험하고 또 그것을 극복하는 것이 얼마나 힘들고 중요한 일인지 이제야 비로소 조금이나마 느끼고 알 것 같다. 그렇기에 오늘도 어제도 이런 빗속에서도 전투를 해야 하고 또 그렇게 할 수밖에 없다.
　폭우는 그칠 줄 모르고 계속해 쏟아진다.

1966년 11월 27일 일요일 비

　밤새 내리는 비가 쉬지도 않고 내린다. 이젠 매일 이렇게 쏟아질 모양이다. 보급로가 끊겨 헬기 편으로 보급품이 공수됐다.
　O.P 분대에도 보급품을 헬기 편에 올려 주고 나니 별로 할 일이 없어 형님과 동생들 그리고 영준이한테 편지를 쓰고 연이한테도 긴 회답을 썼다.

1966년 11월 28일 월요일 비

어제 헬기 편에 연이에게 편지를 보냈는데 오늘 연이한테서 편지가 헬기 편에 왔다. 며칠 사이에 두 번째 편지다.

그렇게 안 하더니 요즘은 시간이 나는 모양이다.

비가 와 하는 일도 없는데 바쁘기만 하다. 비는 오늘도 줄기차게 내린다. 언제까지 이렇게 쏟아질지 이젠 지루한 느낌이 든다.

 연이의 56번째 편지

이 상병님 보셔요.

목이 들어갔는지 어깨가 올라갔는지 모르게 추위를 의식합니다. 낙엽들의 밀어가 이젠 뿌리 속까지 추위가 스며든 채 큰 가로수의 추위에 떠는 밀어로 바뀐 듯합니다. 추위가 또 찾아오고~

눈을 생각하고 또 크리스마스를 생각하니 연이가 처음 이 상병님 아니 이 일병님에게 편지를 하던 생각이 드는군요. 일 년이 접어들게 되었나 봐요. 일념 연이에게 주어진 변화는 적지 않은 것 같습니다. 그것이 모든 것은 성장하고 또 늙어 가고 쇠퇴해 가고 있는 것을 여실히 드러내 놓고 있나 봅니다.

이 상병님, 이 세상 사람들은 모두 만족할 수 없는가 봅니다. 가정에서나, 사회에서나, 심지어는 자기 자신까지도. 하지만 그것은 당연한 일이라는 것을 의식하고 맙니다. 모두는 모두의 희망을 바라는 초점이 끝이 없기 때문입니다.

이 상병님, 사람은 왜 위만 보고 살아가는지 모르겠어요. 아니 그렇기 때문에 인간은 하루하루 발전해 가는지 모르죠. 하지만 자아를 망각하고 쓸데없이 허영에 젖어 이성을 잃고 마는 사람들이 제조되니 걱정이죠. 그렇게 값없이 되지 않기 위해서~ 노력이 필요하고 또 지식을 필요로 하는지도 모르겠어요.

이 상병님, 바람이 붑니다. 싸늘한 소음을 내면서, 그들도 그들끼리의 말이 있을까? 하고 엉뚱한 의문을 가져 보기도 합니다. 이지러진 달과는 아름다운 밀어를~, 발가벗은 나무와는 거친 대화를 주고받을 것 같군요. 게을러지는 계절, 온돌방은 우리의 마음을 따스하고 포근하게 해 주지만 대체로 게으른 국민성은 그곳에서 오지 않았나? 생각합니다. 하지만 우리 국군은 세계의 어느 군인 못지않게 활동적이라니 자랑스러운 일이 아닐 수 없어요.

이제 연이대로의 사회의 한구석 목표를 세워 봅니다.

그곳을 향한 길은 험한 것 같습니다. 많은 뇌와의 싸움에서 이겨야 하고~ 누구보다도 떳떳이 생활해야 하기 때문입니다.

이 상병님, 쓸데없는 소리만, 저만의 소리만 자꾸 지껄이는군요. 확실히 많이 달라졌죠? 단순히 즐거워하기만 하던 것이.

이 상병님, 그곳은 아주 더운가요? 또 거짓말 같게만 느껴집니다.

일 년 동안 참 많은 즐거움과 괴로움이 있었던 듯합니다. 추억으로서 빼놓지 못할 해였어요.

이 상병님의 월남에서의 일 하나하나는 값진 일생의 추억이 되겠죠. 모쪼록 자랑스러운 추억을 만들어 보셔요. 언젠가는 재미있게 들을 수

> 있게 말이에요.
>
> 오늘도 깊어만 갑니다. 안녕~
>
> 연이가.

1966년 11월 29일 화요일 맑음

전 중대가 전투 수색 정찰을 위해 출동했다. 57mm 총 2분대가 있는 O.P를 거쳐서 462고지를 넘어 우거진 정글 속을 수색해 나갔다.

정글 밀림 속은 천년 태곳적 신비한 모습을 그대로 간직하고 우리 중대 병력을 기다리고 있었다는 듯 장엄한 모습을 보여 주고 있다.

천년 자연의 모습은 보는 이의 마음에 경외심마저 느끼게 하고 감탄이 절로 나오게 했다. 월남 와서 전투하며 이런 자연의 아름답고 웅장하고 신비스러운 모습을 볼 수 있다니 이건 정말 행운이다.

불어난 계곡물로 사납게 흘러내리는 물줄기를 타고 수색이 계속됐다. 이곳저곳 맹호 6호 작전 때의 처참했던 모습들이 아직도 그 흔적들을 드러내 놓고 있었다. 여기저기 흩어져 있는 유골들이 치열했던 그때의 상황을 말해 주는 듯하다.

계곡을 건너갈 때는 수십 년 된 나무줄기나 뿌리를 잡고 한 발씩 정글을 헤치며 내려왔다. 어떤 곳은 거대한 자연의 신비로움과 아름다움, 웅장함이 인간의 미약함을 억누르고 압도하려는 듯 우리 앞을 가로막고 있었다.

이 자연의 두려움과 위대한 힘 앞에 도전하는 우리 인간이 과연 승리

할 수 있을까? 의구심이 절로 든다.

  오후 늦게 수색 작전을 끝내고 무사히 중대 진지로 들어오니 연이와 공군에 있는 사촌 형님한테서 편지가 와 있다.

  오늘부터는 중대 C.P 근무자와 O.P 근무자 간 임무 교대를 했다. 분대장은 말라리아 재발로 다시 후송을 가고 중대 C.P에는 나까지 겨우 3명뿐이다. 그러다 보니 야간 근무가 길어져 걱정이다.

 연이의 57번째 편지

이 상병님 보셔요.

하늘은 제법 푸르지만 바람은 몹시 차갑게 느껴집니다. 오늘은 금요일, 벌써 일주일이 지나가 버린 것 같군요. 가까스로 피어난 장미꽃이 아직 서리에 점점 미워져 가고 있습니다. 내일쯤이면 스러져 버리고 말 것 같군요. 낙엽도 서리에 축축이 젖어 있어요.

이 상병님, 무거워진 듯한 사람들의 옷차림이 겨울을 알리기도 전에 살얼음이 이미 얼어 버리고 때아닌 웅장한 고드름도 신문에 기재된 지 오래입니다. 연탄 소동으로 엄마들의 주름이 늘고 있지만 좀 안정된 기분도 없지 않군요. 지금 곳곳에선 대학 입시로 지도가 한창입니다. 집에서나 학교에서나 사회에서까지 입학시험으로 웅성거리고 있으니 곧 노이로제가 걸려 버리고 말겠어요.

이 상병님, 날씨가 너무 다르죠? 아직은 못 견딜 정도가 아닙니다. 추위가 우리를 생활에서 느리게 만들어 버리고 맙니다. 우리 한국인의 국민성은 게으르다고 말한 어느 외국인을 미워할 수는 없는 것 같아요.

정말 그러한 국민성은 하루속히 개정하는 것이 우리 젊은이들이 할 일이라고 느꼈습니다.

이 상병님, 오늘 학교의 생물 선생님 환갑잔치로 흥겨웠어요. 일생을 교단 위에서 보내신 선생님은 커다란 보람을 느끼고 계셨어요.

더욱 우리의 깊은 감사하는 마음 앞에서~ 많이 늙으셨지만 보통 실력자가 아닙니다. 모두들 존경하고 있으니까요. 그 선생님은 가끔 보람된 삶을 가질 수 있는 길은 임무에 자기에게 주어진 생활에 충실하는 것이라고 말씀하셨습니다. 즉 자기 자신에게 충실하는 것이지요.

이 상병님, 모두가 부러워하는 젊은이의 특권이 우리 세대의 모두에게 부여된 만큼 보답하기 위해 노력을 해야겠어요.

말이 길어졌군요. 안녕을, 항상 무운을 빌겠어요.

연이.

1966년 11월 30일 수요일 비

며칠 만에 우리 분대의 잠복 차례가 돌아왔다. C.P에 근무자가 3명뿐이라 적적한 느낌이지만 다른 분대원들과 함께 학교 근처로 이동해 주간 잠복에 들어갔다.

잠복조 가운데 2명만 고참이고 나머지는 새로 온 보충병들이라 내가 간다니까 신참들이 안도하는 눈치들이다.

초저녁, 어둠 속에 매복으로 전환해 몇 시간이 흐르자 환하게 달이 뜬다. 전방 시계가 좋아서 긴장감은 덜한 듯싶은데 다시 몇 줄기 억센 비가 쏟아진다. 그리고 잠시 후, 다시 환하게 구름이 걷히자 전방이 잘 관측된다.

매복조 대부분이 신참들이라 걱정이 되긴 하지만 그래도 잘 따라 주니 조금은 안심이다. 긴장된 시간은 흐르고 오늘 밤 이 시간이 지나면 내일은 12월 초하루가 되는데…….

1966년 12월 1일 목요일 비

어젯밤 잠복의 피로를 잠으로 풀고 그제 온 연이의 편지에 회답을 써 보냈다. 어쩌면 한꺼번에 두통의 내 편지를 받게 되겠지? 중대장님의 지시가 있었는지 저녁때가 되자 태권도 훈련을 하라고 잔소리가 연발이다. 중대장이 바뀌고 소대장도 교체되더니 분위기가 달라져 그런지 일을 해도 그렇고 임무 수행에도 도무지 일이 손에 잡히지 않는다.

오후에 이웅이가 갑자기 열이 나고 앓은 소리를 낸다. O.P 근무 때부터 몸이 불편하다고 하더니 C.P에 내려온 직후부터 열이 났다고 한다. 남은 대원이 모두 3명인데 큰일이 아닐 수 없다.

선임 하사한테 보고했더니 또 큰소리다. 아픈 사람 나보고 어떻게 하라는 것이냐고! 보고해도 짜증, 안 하면 안 한다고 큰소리. 졸병이라 어쩔 도리는 없지만 이런 폐단은 한국 군대에서 언제나 없어질지 모르겠다.

중대 위생병에게 이야기했더니 와 보고는 체온을 재 본다. 그러고는 며칠 더 두고 보자고 한다.

1966년 12월 2일 금요일 비

폭우로 쏟아지던 빗줄기가 가랑비로 변하고 바람이 심하게 불어 댄다. 내일이 7차 귀국자가 떠나는 날인데 포 사령부 형님은 한 번 오지도 못하고 떠나는 모양이다. 이국 전선에서 동생한테 한 번쯤 다녀가도 좋으련만 이제 틀린 것 같다.

열이 나 누워 있던 이웅이가 결국에 대대 의무대로 후송됐다. 이제 우리 분대에 2명만 남은 셈이다. 보충병이 언제 올지~

오늘은 편지가 오길 기대했지만 오지 않는다.

1966년 12월 3일 토요일 비

가랑비와 소나기가 교대로 내리는 하루다. 요즘은 하루도 좋을 날이 없다. 좋은 날이라야 비 오지 않는 날이다. 오늘은 우리가 잠복을 나가는 차롄데 내일 수색 정찰이 있다는 예정이어서 그만두기로 했다. 그 대신 비가 뜸한 틈을 타서 도강 훈련을 했다.

앞으로 또 어떤 작전이 있을지 모르니 그에 대비해서 훈련하는 것이다. 흠뻑 젖은 몸으로 중대 진지에 들어오니 오늘 2소대와 3소대가 수색정찰을 나가서 V.C 1명을 사살하고 C.R.A 2정을 노획했다는 것이다. 오래간만의 전과 기록이다.

1966년 12월 4일 일요일 맑음

우리 소대는 예정했던 수색 정찰은 제외되고 대신 간단한 훈련을 했다. 훈련을 끝내고 돌아오니 우리 중대가 얼마 안 있으면 다른 지역으로 이동한다는 것이다.

내 귀국 날짜는 언제가 될지 아직 결정이 확인되지 않고 있다

이번 달에 병장 진급이 될 줄 알았는데 아직 특명이 내리지 않았단다. 오늘도 보급차 편에 편지가 많이 왔지만 내 편지는 없었다.

쓸쓸한 미소를 머금고 반가워하는 전우들의 모습을 보며 내일을 기다려 본다.

1966년 12월 5일 월요일 비

밤 보초를 선다. 음력 보름이 지난 지도 오래돼 초저녁은 물론 자정이 넘어도 캄캄한 칠흑의 밤이다. 계속되는 비로 개울물 넘쳐흐르는 물소리가 요란하게 들려와 긴장된 마음을 풀어 주는 듯하다.

가끔 후드득하는 소리를 내면서 소나기가 쏟아지고 나면 한참 후면 반짝이는 별들이 하나둘 까만 하늘에 보이다가 이내 사라진다. 먼 고국 하늘엔 지금쯤 쌀쌀한 한풍이 눈과 함께 내리고 있겠지? 이 생각 저 생각 하면서 밤을 새우는 동안 뜸하던 모기들이 얼굴을 마구 공격해 댄다. 아이고, 이런 지독한 모기들 같으니라고…

1966년 12월 6일 화요일 비

하루 종일 뭔가 기다려도 아무것도 오지를 않는다. 기다리는 내가 바보인가? 안 보내 주는 편지를 기다리다니~ 현숙이와 재숙이 그리고 춘천의 미향이에게 편지 한 통씩 보냈다. 한 가닥 희망을 가지면서…….

1966년 12월 7일 수요일 흐림

긴장되는 전선의 하루가 또 흘러간다. 오늘도 저무는 해가 어두워지는 밤을 시기라도 하듯 서쪽 지평선을 붉은 노을로 물들이며 넘어가니 긴장이 덮쳐 온다.

다시 어제와 똑같은 조용한 밤이 시작되고 전방 철조망은 희미한 물체만 가늠할 뿐 아무것도 보이지 않는다. 그러나 수많은 풀벌레의 울음소리는 이 밤이 반갑다는 듯 갖가지 다른 소리들을 내고 있는데 공허한 긴장 속에 있는 병사한테 뭔가 한 통 가득 담아 주는 듯 그런 느낌을 주는 듯하다.

이 밤 자연의 신비함 속에서 나와 전우들은 혹시 적이라도 나타나지 않을까 감시를 하고 또 전투를 해야 하다니….

과연 내가 누구를 위한 전투를 하고 있는 건가? 하지만 그건 내가 택한 일이기에 지금은 내 임무에 최선을 택하고 또 그렇게 해야만 한다.

병사들이여~! 전쟁과 그리고 전투 그것은 우리에겐 피할 수 없는 숙명이다!!!

1966년 12월 8일 목요일 비

김치가 제법 먹기 좋게 익었다. 조수호와 함께 밭으로 야생 파를 뽑으러 갔다. 부슬비가 내리는 가운데 부지런히 손을 놀려 파를 뽑았다. 혹시 적이라도 나타나 기습이라도 할까 봐 얼른 뽑아서 진지로 들어왔다.

막사로 들어와 얼마 전에 사다 놓은 인형을 새로 만든 박스에 포장을 해 놨다. 동생한테 하나, 춘천의 미향이한테 보내 주기 위해서다. 인형을 받아들고 기뻐할 동생과 미향이 모습이 벌써 눈에 아롱거린다. 아! 이 즐거움! 오늘은 보람찬 하루였다. 하루 종일 즐거운 영상 속에 부지런하게 움직였던 하루다.

'봉타우'로 휴가 갔던 소대장이 돌아왔다. 즐거운 휴가였는지 기분이 좋아 보인다.

1966년 12월 9일 금요일 맑고 비

오래간만에 햇볕이 났다. 정말 오래간만에 뜨거운 태양을 보는 것 같다. 볕이 나자 모든 장비와 모포와 눅눅한 옷들을 나뭇가지나 철조망에 내다 널었다. 또 하나 반가운 일은 입원했던 이웅이가 퇴원해 중대로 돌아와서 얼마나 반가운지 모른다. 이국의 전선에서는 뭐니 뭐니 해도 같이 지내는 정든 전우가 최고다. 이렇게 기쁘고 좋은 날 우악스러운 소대장의 꾸지람이 머리를 흔들게 한다.

뭘 어떻게 잘해야 할지 아무리 생각해 봐도 뾰족한 방법이 생각나지 않는다.

오늘이 9일, 8차 귀국자는 송금하라고 중대 서무계가 소리치며 각 벙커를 돌며 다닌다. 벌써 8차가 귀국할 날이 머지않았다니 참으로 시간 하나는 잘 간다. 아차! 그러고 보니 아버지 회갑 날이구나! 깜빡 잊을 뻔했다. 부모님~! 만수무강하옵소서!

1966년 12월 10일 토요일 흐림

전 중대 수색 정찰 출동이다. 새벽이 일어나 중대는 275고지로 수색 작전을 나갔다. 하늘은 구름에 가려져 때때로 가랑비까지 내려서 수색 작전 하는 데는 더할 나위 없이 좋은 날이다.

자연의 아름다운 모습과 멋진 폭포를 눈여겨보면서 수색을 하던 중 나는 순간적으로 깜짝 놀라 앞으로 뛰어내렸다.

바로 바위 밑에 검은 구렁이가 도사리고 있는 게 아닌가! 하마터면 그 큰 구렁이를 밟을 뻔했다. 정말 처음 보는 큰 구렁이다. 정글이 얼마나 우거졌는지 낙엽과 식물들이 썩어서 냄새가 코를 찌른다.

한나절 동안 밀림을 헤치며 내려오느라 배가 고파서 바위 밑에서 간단한 야전식을 먹었다. 식사 후 계곡으로 건너면서 옷에 묻은 흙과 오물을 씻으며 땀까지 식히는 목욕을 자연스럽게 했다. 4부 능선에서 2소대와 만나 중대로 무사히 귀대했다.

오늘 수색은 전과는 없었지만 지형 정찰을 했다고 생각했다.

계곡을 건너며 씻기는 했지만 그래도 몸에서 냄새가 심하게 나 다시 비누칠하며 깨끗이 씻었다.

몸은 힘들었지만 연이 편지가 기다리고 있어서 피로가 싹~ 가시는 느낌이다.

연이의 58번째 편지

이 상병님 꼭 보셔요.

1966년 11월 25일 금요일입니다. 밖은 찬 겨울바람이 세게 불고 있는데도 우체부 아저씨는 어김없이 소식을 던져 주는군요.

오래간만의 편지 정말 반가웠어요. 동봉된 우표와 멋진 나뭇잎 정말 감사합니다. 불행인지 일주일 전에 보내셨다는 편지는 못 받았어요. 그런 일이 도무지 없었는데 이상하군요. 요사이는 이상한 일만 겹치는군요. 상도동으로 이사한 후 편지 보낸 것을 한 번도 못 받으셨다니 정말 안타까워요. 수학여행 중에도 틈틈이 소식을 전했는데 어디로 사라졌는지? 정말은 약간 주소가 틀리긴 했더군요.

너무 기억을 하고 있으려니 1연대를 5202부대로 착각했지 뭐겠어요. 그러면 안 들어가나 보죠? 아이! 속상해 죽겠어요. 하지만 이미 엎질러진 일이니 하는 수가 없군요.

이 상병님! 지난 일요일은 함박눈이 내렸답니다. 아참! 저번 편지에 썼던가요? 정말 멋있었답니다. 올해는 겨울이 꽤 일찍 다가온 셈이에요. 눈이 그렇게 많이 쏟아지리라고는 예상하지 못했는데~

내일이면 또 주말이군요. 한창 주부들은 김장 준비에 바쁘답니다. 우린 벌써 끝마쳤어요. 그곳은 이제 추수로 한창이라고요? 못 견딜 정도로 덥진 않겠군요. 다행한 일이 아닐 수 없어요.

하늘은 푸른색에서 점점 퇴색되어 완전 회색으로 변하고 말았어요. 찬란 황홀했던 노을의 붉은 빛도 하루하루 약해만 가더니 이젠 종적조차도 감추고 말았어요.

"바람과 함께 사라지다"란 식으로 말이에요.
아침마다 하이얀 서릿발이 내려앉아 마지막으로 곱게 피어나던 정원의 한 송이 장미가 그대로 피지도 못하고 쓰러져 버렸어요.

이 상병님! 이렇게 가벼운 마음으로 pen을 굴리고 있으니 마치 1년 전의 연이로 돌아간 것 같아요(그때만 해도 어렸다고 생각됩니다~ 건방지죠?!).
우리 주위의 환경은 사람을 너무나 급속도로 변화시키고 있으니까요. 그것이 흔히 말하는 성장인지도 모릅니다. 확실히 성장이라는 단어는 노쇠라는 단어보다도 힘이 차군요.
우리의 가장 큰 무기는 젊음이 아니겠어요? 그렇기에 우린 좀 더 나은 사회를 설계하고 완성하여야 하는 권리와 의무를 부여하고 있는지도 모릅니다.
이 상병님! 이미 퇴색하여 낙조된 낙엽 위 소복이 쌓인 눈이 아직 녹지 않은 것은 기온이 영하보다 더 아래로 존재한다는 증거인 것 같습니다. 우리를 게으르게 하는 겨울과~ 우리의 국민성을 느리게 만든 온돌방, 한편 밉기조차 하지만 구수한 민족성이 깃들인 듯 모두는 아랫목 서방님이 되어 버리고 맙니다.
하지만 추위는 견딜 순 있어요. 연이는 눈을 무척이나 좋아하니까요. 꿈 많은 소녀들은 신비하고 아름다운 자연을 동경합니다.
모두 비나 눈을 좋아하죠. 화원에 가냘픈 색의 국화가 연한 미소를 보내는 듯 가득히 피어납니다. 꽃이 귀한 계절이기도 하군요.
날이 어두워졌군요. 오늘은 여기서 안녕!

> 동생이 안부 전해 달라는군요. 남자앤데 참 귀여운 데가 있거든요? 편지가 올 때마다 부러워한답니다. 서울 중학교 2학년인데 키가 저만 해요.
> 팔씨름해서 한 번 졌더니 자꾸만 하자고 조르잖아요?

1966년 12월 11일 일요일 비

O.P 분대원들과 함께 사격했다. 분대 대항 사격을 해서 2등을 했다. 오늘은 하루 종일 사격으로 보냈다.

오후에 비가 뜸하자 태권도 훈련, 춘천의 미향이와 정화한테서 편지가 오고 화숙이한테서는 카드가 왔다. X-마스 카드를 제일 먼저 보내왔다.

저녁식사가 끝나자 느긋한 생각이 가슴을 파고든다. 어느새 11일, 보름도 4일 남았다. 그날은 또 8차 귀국자가 떠나는 날이다.

1966년 12월 12일 월요일 맑음

오래간만의 맑은 날이다. 따가운 햇볕을 받으며 수색 정찰을 나갔다. 무릎까지 빠지는 논 위를 뛰어가자니 힘이 들고 지쳐서 끝까지 뛸 수가 없었다. 보충병들과 훈련 겸해서 나온 수색이라 그다지 긴장되지는 않았다. 점심을 먹고 곧바로 중대 진지로 귀대했다.

요즘은 큰 작전이 없어서 그런지 틈만 나면 태권도 훈련이다.

오는 17일 날 태권도 심사가 있단다. 사단에서 실시하는 태권도 심사니 중대에서도 관심을 안 가질 수 없는 모양이다.

밤에는 본부에서 상황실 근무를 서면서 현숙이와 미향이한테 편지를 쓰고 희순이한테도 편지를 썼다. 누구 하나 말 없는 밤, 지루한 긴장된 시간이 흐르고 또 비가 오려는지 시커먼 구름이 하늘 위를 덮는다.

1966년 12월 13일 화요일 맑음

오늘도 별 탈 없이 하루가 지났다. 앞으론 점차 날씨가 좋아지려는지 약간의 가랑비가 마른 대지 위를 뿌리며 지나간다.

어제 쓴 편지를 대대 C.P로 가는 보급차 편에 붙였다. 저녁때 다시 태권도 훈련을 대원들과 실시했다. 나를 위해 하는 훈련인데 왜 이렇게 하기가 싫은지 모르겠다. 내가 가장 싫은 것이 태권도 훈련이다.

1966년 12월 14일 수요일 흐림

아침 일찍 중대 앞 들판으로 수색 정찰을 나갔다. 신병들이 많이 보충돼 와 이들의 전투력을 높이기 위해서 훈련이 반복되는데 고참인 나는 힘이 들었다. 논바닥에서 뛰자니 힘이 들고 몸이 따라 주지를 않았지만 그래도 신병 보충병들에게 고참의 위엄을 보여 줘야 되니 힘들어도 열심히 임했다.

잠시 휴식 시간에 가까운 주위를 살펴보니 아직까지도 민간인들이 피난을 가는지 간단한 짐 보따리를 걸머지고 지나간다.
어린이와 노인들 가족 단위로 물건을 들고 따라 나오는데 모두 영양실조가 됐는지 얼굴엔 가죽만 입힌 듯 바싹 마른 모습들이다.
이 모든 상황이 다 이 전쟁 탓이겠지…….

1966년 12월 15일 목요일 비

날씨가 좋아질 듯하더니 또 비가 온다. 어젯밤은 야간 잠복근무를 했다. 중대 C.P에 들어오니 눈꺼풀이 저절로 감겨 온다. 마른 옷으로 갈아입고 곧바로 휴식에 들어갔다.
앞으로 계속해 교체병들이 오면 정말 전투력이 약해질 것만 같다. 신병들의 행동 하나하나가 말이 아니다 싶을 정도로 걱정이 된다. 이래가지고 앞으로 월남에서 제대로 전투를 하겠다는 건지 아무리 생각해 봐도 이상할 정도다. 아무래도 보충 신병들 훈련에 신경을 써야 되겠다.
요즘은 매일 달걀이 보급되는데 앞으로 또다시 큰 작전이 있을 것 같은 예상이 된다. 그리고 다른 곳으로 이동을 한다고 하더니 이동은 하긴 할 모양이다.
오늘은 보름이다. 그러고 보니 제8차 귀국 날도 얼마 남지 않았다.
성탄절도 보름 앞으로 다가왔는데, 이번에도 칠면조 고기가 나올까? 작년에는 칠면조 고기가 배급돼 어떻게 조리할지 몰라서 먹지도 못하고 버린 생각이 불현듯 난다.
연이한테 편지를 쓴다. 고학년이 됐다고 보내오는 편지 내용이 이젠 숙녀 티가 나고 처녀로서 깊이 있는 생각과 고뇌도 하는 듯 어른스럽다. 이제는 소녀다운 여학생이라고만 하기엔 너무 커 버렸다. 1년 사이에 이렇게 변하다니…….

1966년 12월 16일 금요일 맑음

매일같이 바쁜 임무가 계속되고 있다. 오늘은 우리가 수복한 지역으로 새로 입주하는 민간인들에 대한 대민 지원을 나갔다. 불쌍하고 가난한 그들을 위해서 무엇부터 해 줘야 할지 난감했다.

우선 그들의 가재도구부터 옮겨 주고 주위 환경을 정리해 줬다. 저녁때 오늘 사 온 X-카드를 고국으로 부쳤다. 요즘 소식이 뜸한 매야한테도 한 장 보냈다.

맹호 6호 작전으로 수복된 민간인 정착촌으로 대민 지원 중

1966년 12월 17일 토요일 맑음

어제처럼 또 대민 지원을 나갔다. 평탄 작업과 집 주위 작업 등 환경 정리를 해 줬다. 구름 한 점 없는 날이라 몹시 더웠다. 우리는 일하느라 땀 흘리는데 월남 민병대는 가만히 보고만 있다. 그래선지 일할 맛이 안 난다. 일 끝내고 C.P에 들어오니 성경이와 준화한테서 편지가 와 있다. 왕십리 조카 녀석들~

오랜간만에 보내온 편지다.

1966년 12월 18일 일요일 맑음

이제 우기가 지났는지 며칠째 청명한 날씨가 이어졌다. 그 대신 더위가 심해지니 참아 내기가 쉽지 않다.

주간 잠복을 나갔다. 고지 3부 능선쯤에서 잠복하다가 하도 더워서 근처에 비어 있는 절 밑으로 내려와 야자수 나무 그늘 아래서 잠복을 하다가 무사히 중대 진지로 돌아왔다.

오후 늦게 시간이나 사진 몇 장을 찍었다. 내일은 8차 귀국자들이 떠나는 날이다. 그러고 보니 이달도 반이 넘게 지나갔다.

1966년 12월 19일 월요일 맑음

매일 고된 일과가 계속됐다. 분대장과 이웅이가 훈장 수여식에 참석

하느라 사단사령부에 가는 바람에 몇 명만 남아서 오늘 밤 매복에 대비해서 휴식에 들어갔다. 남은 대원들이 땅거미가 가려지자 야간 매복지로 출발해 매복에 들어갔다.

분대원 수가 적어서 걱정되기도 했지만 달빛이 밝아서 그나마 한결 안심이 됐다. 잠복지에서 대원 배치를 안전하게 끝내고 나니 그제야 사단사령부 갔던 대원들이 보급차 편으로 중대로 들어간다. 그들은 우리 분대가 이곳에 매복한 줄도 모르고 그대로 지나갔다. 조용한 정글 야전에서 어둠과 침묵이 흐르는 매복 시간이 긴장과 함께 깊어만 간다. 분대장과 이웅이는 중대 진지에서 이 시간을 보내겠지? 우리가 없어 둘이서 야간 보초 서느라 힘들겠지?

1966년 12월 20일 화요일 맑음

월남 와서 처음으로 공식적으로 외출 허락을 받고 읍내로 나갔다. 중대에서 고참 순으로 5명이 함께 외출한 것이다. '푸캇' 읍내로 보급차 편으로 타고 가다 내렸는데 달리는 군용차량으로 거리가 온통 먼지투성이다.

여러 상점을 다니며 물건을 사고 찍어 뒀던 필름도 맡기고 오후에는 생전 처음 월남 붕붕 아가씨와 잠깐씩 사랑도 나눴다. 생각했던 그것보다 너무나 싱겁고 허망스럽기 짝이 없었다.

처음이라 긴장하고 기대를 너무 많이 해서 그랬을까? 아니면 여자의 존재를 신비하게 생각만 해서 그랬을까? 아무튼 경험이 있어야만 한다는 것을 자각해 본다.

내가 그토록 혐오하고 외면하던 성관계를 월남 여자와 하다니 나도 놀랄 일이다. 하기야 전쟁터에서 무슨 일이든 못 할까? 월남 온 경험 삼아, 친구 따라 강남 간다고 밍밍한 일을 치르고 말았다. 그런데 이건 남녀 사이의 진솔한 사랑은 정말 아니다.

1966년 12월 21일 수요일 맑음

오늘도 어제처럼 대민 지원을 나갔다. 어제 일 때문인지 몸이 노곤하고 움직이기가 싫다. 피곤할 만한 일은 아닌데 말이다.

오후 늦게까지 대강 일을 해 주고 중대 C.P에 들어오니 남숙이한테서 편지가 와 있다. 내가 보낸 돈을 받게 됐다니 다행이다.

너무 적은 돈이지만 그동안 내게 잘해 준 보답으로 보낸 돈이니 잘했다고 생각이 든다.

1966년 12월 22일 목요일 비

며칠간 날씨가 좋아 건기가 왔다고 했는데 오늘은 비가 억수같이 쏟아진다. 오후가 되자 진지 안이 온통 물바다가 되다시피 됐다.

그동안 대민 지원을 한 것이 허사가 되지는 않았는지 모르겠다. 막사에 틀어박혀 대원들은 귀국 이야기로 시끄럽다.

1966년 12월 23일 금요일 비

연일 비가 내린다. 건기가 돌아온 것이 아니라 계속해 비가 올 모양이다. 막사 안으로 비가 새 W백이 젖어 버려 안에 든 물건들이 형편없이 돼 버렸다. 어떻게 해야 할지 모르겠다.

오늘이 우리가 매복을 나갈 차례지만 하도 비가 많이 내리는 바람에 취소가 됐다.

그런데 머지않아 큰 작전이 있을 거라는 말들이 나돈다.

1966년 12월 24일 토요일 비

내일은 크리스마스 날이다. 이달도 그러고 보니 다 갔다.

비가 와 심심했는데 반갑게도 정읍 부순 양과 대구 경아 그리고 동생한테서 편지와 카드가 한꺼번에 세 통이 왔다.

크리스마스 전날에 이렇게 편지와 카드를 오래간만에 받으니 기쁘고 반갑기 그지없다.

연이한테 또 편지를 보냈다. 전번에 오고부터는 여러 날 편지가 없다.

1966년 12월 25일 일요일 흐림

오늘은 즐거운 크리스마스, 파월 이래 두 번째로 맞이하는 성탄절이다. 열대의 우기가 계속되는 전선에서 맞이하는 성탄절은 어느 때보다도 그 느낌이 남다르게 느껴진다. 하지만 전선에서 맞이한 성탄절이라 즐거움이 무엇인지, 특별히 느낌은 없다.

어제 하루 종일 내린 폭우로 도로가 유실돼 크리스마스에 나오는 맥주와 칠면조 고기 등 보급품을 대원들이 날라야만 했다. 아무튼 성탄절이라고 칠면조 고기와 사과, 맥주, 김치까지 보급돼 대원들은 저녁 늦게까지 시끌벅적하게 시간을 즐겁게 보냈다.

하지만 내일은 연대 수색 작전이 개시되는 날이다.

저녁 늦게 만반의 준비를 하고 군장 검열을 받았다.

성탄절이라 칠면조 고기 먹으랴, 작전 준비하랴, 아무튼 오늘 하루 종일 분주한 날이었다.

1966년 12월 26일 월요일 비

조용한 D-day 이른 아침, 총성 한 방 들리지 않게 은밀히 중대가 움직였다. 우거진 정글을 한 발 한 발 오르며 사방을 살피며 오른다. 정글 주위는 수백 수천 년을 간직해 온 자연의 신비함이 웅장한 모습으로 우리 수색대를 압도하고 있었다. 사방은 온통 가시나무와 넝쿨로 덮여 있어 앞을 볼 수가 없고 계곡을 흐르는 물소리와 이름 모를 새소리가 끊임없이 들려온다.

한줄기 소나기가 쏟아지고 철모를 적시며 흐르는 빗물은 옷 속을 적시며 차가운 감촉을 더해 준다. 차갑고 시원한 감촉을 느끼며 수색은 계속된다.

1966년 12월 27일 화요일 비

날이 밝자 아침을 먹기 무섭게 정글을 헤치며 수색 작전이 시작됐다. 어젯밤에는 어찌나 추웠는지 잠도 설치고 그래서 그런지 몸이 무겁고 한 발 한 발 내딛기가 힘들지만 그래도 우거진 숲속을 헤쳐 가며 전진을 계속해 나갔다.

가시넝쿨에 걸려서 넘어지기를 수십 번, 수색을 계속되고 있지만 아직까지 적정은 포착되지 않고 있다. 적의 흔적은 보이지 않고 물소가 지나간 흔적을 따라 추적했지만 그것도 발견하지 못했다. 가끔 산양으로 추정되는 배설물이 보이고 포탄의 탄흔과 포격으로 인한 추한 모습들이 우리 수색대를 맞는다.

가랑비는 여전히 정글 밀림 위를 뿌리면서 지나간다.

5부 능선쯤 천연 동굴을 발견하고 긴장하고 수색했지만 적은 이미 도주했는지 아니면 이번 작전에서 사살되거나 생포됐는지 흔적이 보이지 않는다.

중대 수색대는 예정대로 목표를 향해서 수색을 해 나가다가 숙영지에 도착해 야간 매복 겸 밀림 속 취침 준비에 들어갔다.

1966년 12월 28일 수요일 흐림

추운 하룻밤을 밀림 속 숙영지에서 또 보냈다.

'푸캇 산맥' 초고봉인 874고지를 바라보며 우리 중대 수색부대는 능선을 따라 수색해 나갔다.

이곳도 수천 년 자연의 모습들이 아군의 포격과 공군기의 폭격으로 그 웅장했던 자태를 못 지키고 포탄의 탄흔들로 인해 무참하게 정글을 찍어 놓았다.

골짜기마다 온통 찍히고 상처를 입어 그 추한 모습들이 흉하게 보였다. 이런 곳마다 적들의 근거지가 되었다는 것이 아이러니하다.

그리고 영락없이 천연 동굴과 충분한 물과 수려한 장소들이고 보니 아군의 집중 공격 목표가 된 듯하다.

헬기의 비행 사정으로 우리 중대는 보급을 받지 못해 점심을 굶어야 했다.

한참을 내려오니 불행하게도 추락한 헬기 잔해를 발견했는데 잔해들이 사방으로 흩어져 있었다. 헬기는 처참하게 불타 있었는데 조종사는 어떻게 됐는지 흔적조차 없다.

1966년 12월 29일 목요일 흐림

마지막 수색 정찰을 끝내고 밀림 고지에서 철수를 시작했다.

태곳적 자연의 웅장한 모습을 바라보며 싱싱한 맑은 공기를 맘껏 마시면서 긴장과 안도의 마음을 간직하고 철수를 했다.

천근만근 무거운 몸을 이끌고 중대 C.P에 무사히 도착하니 이제야 살 것 같다는 생각이 든다.

막사에 들어오니 그동안 많은 편지와 카드가 와 나와 대원들을 반겨준다. 이국 전선에서 맞이한 성탄절이 지났지만 이렇게 좋을 수가 없다.

1966년 12월 30일 금요일 맑음

갑자기 소대장이 호출해 갔더니 후송 병원에 가 안과 진료를 받고 오라는 것이다. 언젠가 적의 박격포 공격을 받을 때 포탄의 폭발로 왼쪽 눈에 모래 먼지가 들어간 적이 있었는데 그 후 가끔 거북하다고 느껴지다 얼마 전부터 왼쪽 눈에 이상이 생겨서 소대장에게 말했더니 잊지 않고 있다가 부대가 한가한 틈을 타 다녀오라는 것이다. 내일 가겠다고 했더니 언제 또 수색 작전을 나갈지 모르니 오늘 다녀오라는 것이다. 할 수 없이 부랴부랴 준비하고 보급차 편으로 대대까지 가서 사단 가는 앰뷸런스를 타고 6후송 병원에 도착했다. 나는 완전무장을 해서 실탄 120여 발에 수류탄도 두 발이나 달고 나타났더니 정문 보초가 깜짝 놀라면서 여기다 맡기고 들어가란다. 나는 보병은 이렇게 하고 다니는 것이 기본이라고 했더니 정문 보초는 전방에서 온 전우들은 역시 다르다며 그래도 무장은 두고 들어가라고 해 맡기고 들어갈 수밖에 없었다. 후송 병원 안과에서 진료를 받았는데 이리저리 눈을 까고 보더니 심각하지는 않다고 하며 약을 주고 4시간마다 한 번씩 바르라고 하면서 가란다!

멀리 최전방에서 왔는데 진료라고 몇 분 만에 끝나니 그냥 건성으로 하는 것 같았다.

진료가 끝나고 중대에서 입원 온 창수와 전준환을 면회하고 연대를 거쳐 대대 C.P에 도착하니 날이 저물었다.

중대로 들어가는 차편도 끊겨서 대대에서 잠을 잤다.

1966년 12월 31일 토요일 비

1966년 마지막 날이다. 지나간 일 년이 왠지 고달프고 힘들게만 생각된다. 궂은비가 내리는데 점심까지 굶었다. 대대 C.P에 아는 사람도 보이지 않아서 참고 있다가 오후 늦게 중대 C.P에 들어와서야 점심을 먹었다.

그전에는 고향 홍 병장이 있어서 신세를 지곤 했는데 그가 귀국하니 이럴 때는 고스란히 낭패다.

밤이 되어 보초를 서면서 지난 일 년을 회상해 보니 너무나 허무한 생각도 들지만 한편으론 나에게 큰 변화와 경험도 가져다주기도 한 해였다.

파월돼 처음으로 '남탕'에서부터 다시 '푸캇'으로 이동하며 수많은 수색 작전과 매복과 잠복을 밥 먹듯 하고 특히 맹호 5호 작전과 맹호 6호 작전 같은 큰 전투를 경험하며 생사를 넘나들고 공포와 고통을 맛보며 진중 생활을 했지만 이렇게 큰 작전에 참가했던 것을 생각하면 자랑스럽고 자부심도 느낀다.

이제 앞으로 얼마나 더 큰 변화와 작전이 다가올지? 기다려지기도 하고 한편으론 걱정되기도 한다.

1966년 병오년이여~! 영원히 안녕~

1967년 1월 1일 일요일 비

대망의 신년 초하루, 전선의 하루는 어제나 오늘이나 마찬가지다.

변함없이 다가온 전선의 하루다.

올해는 나에게 무엇을 보여 줄까? 일 년 운수는 오늘 하루에 이뤄진다고 했는데 그렇다면 앞으로 나에게 어떤 일이 다가오고 또 일어날까? 올해는 행운과 승리가 있기를 마음속으로 간절히 빌어 본다.

1967년 1월 2일 월요일 비

어느새 양력 초하루가 지나 초이틀, 작은형님과 정창술, 재숙이한테 새해 첫 편지를 보냈다. 오늘은 바람이 세차게 불어 대고 비까지 쏟아 댄다. 오늘 날씨도 한국의 가을 날씨처럼 서늘하고 밤에는 춥기까지 하다.

오후가 되자 곧 이동한다는 소문이 들려온다. 사단 참모 장교가 방문하더니 여러 이야기를 하는데 귀국 연기할 사람들은 얼마든지 연기가 되니 연장 신청을 해도 된다고 한다.

사단사령부 차원에서 연장 근무를 권유하는 느낌이 들었다.

나는 벌써 했으니 해당 사유가 없다.

1967년 1월 3일 화요일 비

오늘은 야간 잠복 차례다. 오래간만의 잠복 작전이다. 그간 비가 많이 와서 새해 정초라 여태껏 연기했던 차에 오늘부터 시작된 것이다. 밤 10시, 낮에 한잠씩 푹 자고 난 우리 분대는 세차게 뿌리는 빗속에 캄캄한 밤길에 대원들을 이끌고 목적지를 향해서 조심스럽게 침투해 갔다.

무거운 무전기에서는 "쏴~" 하는 호흡 소리로 침투하는 대원들이 무사히 침투해 간다는 것을 소리 신호로 중대 상황실과 교신을 한다. "여기는 본부~! 서귀포 넷, 이상 없이 침투하고 있는가?" 수화기에서는 모기 소리 같은 소리가 들려온다.

"이상 없으면 한 번 불어라~ 이상!" 그러면 나는 입으로 바람 소리로 침투 중 이상 없다는 뜻으로 "후~!" 하고 불어 준다. 본부에서는 이어서 다른 잠복조를 호출한다. "여기는 본부~! 서귀포 하나 나와라! 이상 없으면 두 번 불어라! 이상~!" 곧이어 다른 잠복조도 응답이 간다. "후, 후~!" 다른 잠복조도 이상 없이 침투하고 있다는 뜻이다.

차가운 빗물이 가슴 속 옷까지 스며들어 몸이 떨려 온다. 아~ 춥다. "여기는 본부~! 서귀포 넷! 잠복지에 도착하면 네 번 불어라~ 이상!" 잠복지에 도착한 나는 길게 입 숨소리로 본부를 호출한다.

"후~~~~~" 본부 호출 신호다. 이어서 "후! 후! 후! 후!" 짧게 무사히 목적지에 도착했음을 보고했다. 잠시 후에는 다른 잠복조들도 도착했다는 무전 신호들이 오고 간다.

이렇게 비 오는 잠복지와 본부 상황실과 무선 신호가 이어지며 괴롭고 긴장된 잠복이 계속돼 갔다.

1967년 1월 4일 수요일 비

날이 밝는다. 철수 준비를 끝내고 잠복했던 자리를 한번 살펴본다. 아무 이상 없다. "여기는 서귀포 넷~! 여기는 서귀포 넷~! 본부 나와라~! 이상!" "여기는 본부~! 말하라~ 이상!" "여기는 서귀포 넷! 지금부터 땅거미(철수) 한다~ 이상!" "여기는 본부~ O.K! 땅거미 해도 좋다! 이상~!"

교신을 끝내고 우리 분대는 중대 C.P를 향해서 철수를 시작했다.

철수하자 기다렸다는 듯 아침 비가 쏟아지기 시작한다. 제기랄~! 매일 이렇게 구질구질하게 비가 오다니! 무전기에 물이라도 들어가지 않을까 다시 한번 살펴보며 조심스런 발걸음을 재촉했다.

1967년 1월 5일 목요일 비

평범하게 오늘을 보냈다. 비는 계속 내리고, 오래전에 발행된 신문을 보니 맹호부대가 월맹 정규군과 맞서는 부위 17° 근처로 이동할 수 있다는 기사가 실렸다. 정말로 그곳으로 이동해 갈까?

매일 같이 적의 포격이 날아든다는 17°선 한번 가 보고 싶은 충동이 느껴진다.

군인이라면 한 번쯤 월맹 정규군과 한판 전투를 해 볼 수 있는 기회를 얻는 것도 문제가 없다.

1967년 1월 6일 금요일 비

오늘도 어제처럼 별다른 일과 없이 보냈다. 앞으로 어떤 일이 생길지 하나하나 생각해 본다. 또 있을 전투? 앞으로의 내 삶? 그리고 내일을 바라보는 마음가짐을 짚어 본다. 그래, 지금은 월남 생활에서 전쟁과 전투는 필연적일 거야! 오늘도 한 순간 한 순간 전쟁이 이어지고 있으니 말이다. 이 순간도 멀리서는 포연이 피어오르고 포성과 폭음이 들려오고 있지를 않은가!

전쟁, 아직도 왜 이런 것이 일어나고, 일어나야만 하는지를 완전히 인식하지 못하겠다. 그러기에 여기서 일어나는 일들이 전쟁이라고 말하기가 좀 그렇다. 전쟁과 전투를 경험해 보고 싶었다는 것이 내 젊은 욕망이었지만 그렇게 해서 내가 얻은 것이 뭐가 있지?

오후에 운동한다고 밖에서 뛰어다니다 주머니 속에 있던 물건들을 몽땅 잃어버렸다. 에잇! 오늘은 꽤 재수 없는 날이다!

1967년 1월 7일 토요일 비

전에도 그런 말이 돌았는데 또 57mm 총반이 소총소대로 편입된다는 말이 떠돈다. 나야 귀국 말년이라 될 대로 되라는 심정이지만 군대에서는 계급이 최우선을 장악하니까 시키는 대로 하면 그만이다. 그러나 아무리 전쟁터라고 해도 너무 무의미하게 죽는 건 싫다. 그건 나뿐이 아니라 모든 인간의 본능이 아니겠는가.

점심식사를 하려는데 출동 명령이 내린다. 웬? 갑자기 출동이지?

중대 앞 강가에서 수색 작전을 하다가 뭘 잘못했는지 단체 기합을 실시한다는 것이다.

질퍽한 논바닥에서 "제1 포복 실시!" 중대장이 소리친다.

에라~! 이 더러운 것 같으니라고! 퉤!

교체병들이 들어오고부터 이런 일들이 일어나고 보니 알 만하다. 나는 그래도 고참병인데, 이것도 졸병이니 어쩔 수 없는 일이겠지.

1967년 1월 8일 일요일 비

자꾸만 소총소대로 편입된다고 하더니 정말 그렇게 되려나 보다.

57mm 총 2개 분대는 2개 소대에 각각 1개 분대씩 편입될 듯하다.

비가 하루 종일 내려 심심한 하루다. 소대에서는 시간이 무료하다고 태권도와 씨름으로 시간을 보내라고 한다. 하지만 그것도 비가 쏟아져 그만뒀다.

재숙이와 신영준한테서 편지가 와 회답을 보냈다. 먼저 귀국한 신영준은 지금도 월남을 생각하며 편지를 한다고…….

1967년 1월 9일 월요일 비

또 비가 내리고, 별다른 상황이 없으니 무료하게 하루가 흐른다. 그런데 고국에서 대학생 대표들이 중대 전술 진지까지 위문차 찾아와서 하룻밤을 같이 보내게 됐다. 서로 간에 오가는 대화들, 동포애가 잔잔히 흐르며 깊어지는 듯했다. 비 때문에 별로 할 일은 없었지만 대학생들이 오는 바람에 그들과 전투 이야기로 밤늦도록 시간 가는 줄 모르게 재미있게 보냈다.

오래간만에 수원 현숙이한테서 편지와 연하장이 왔다.

1967년 1월 10일 화요일 비

오늘부터 화기소대와 인연을 끊게 됐다. 총 2개 분대는 2개 소대로 각 1개 분대씩 배속됐다. 나와 조수호 일병은 제1소대로 배치되어 W백을 싸 들고 1소대로 가 보니 모두 새로 온 보충병들이다. 그나마 연상이가 남아 있어서 조금은 위안이 됐다. 내일부터는 새로 온 신참들에게 교육 훈련을 시켜야 되겠다. 이젠 내가 57mm 분대 왕초가 됐으니 신병들에게 철저한 훈련을 시켜서 다음 작전에서 문제가 발생하지 않도록 해야 한다. 그것이 내가 제일 먼저 해야 할 임무다. 1소대에 와서 첫 밤을 새우면서 내일을 생각하니 걱정돼 잠이 오지를 않는다.

1967년 1월 11일 수요일 비

오래간만에 카드 한 장이 왔다. 누구지? 모르는 이름이다.

내용을 읽어 보니 형님이 계시는 기관에서 보내 준 것 같다. 아무튼 모르는 분이지만 고마운 일이라서 감사한 마음이다.

한가한 오후, 미향이한테 회답을 쓰고 현숙이한테도 편지를 썼다.

편지를 받을 때마다 회답을 모두 해 줄 수는 없지만 그래도 성의를 봐서도 가능한 한 회답을 해 줘야 좋겠다는 생각이 든다.

밤이 됐는데 내일 출동 준비를 하라는 명령이 내려와 준비하느라 한바탕 수선을 피웠다. 이 밤중에 어떤 작전 명령이 내려온 거지?

1967년 1월 12일 목요일 흐림

어젯밤에 내려온 대규모 작전 명령은 취소되고 대신 중대 수색 정찰을 나가게 됐다. 중대 O.P를 거쳐서 500고지로 올라갔다.

우리 분대는 중대 좌측에서 대형을 이루고 수색 작전에 들어갔다. 이곳에 주둔해서 벌써 여러 차례 실시하는 수색 작전이다. 이곳도 가시덤불과 우거진 정글을 헤치며 나는 첨병 임무를 수행하며 선두에서 대원들을 유도하며 목표까지 무사히 수색하고 정글 속 그늘아래서 야전식을 먹었다. 계곡을 흐르는 세찬 물소리와 바람 소리만 들리는 정글 속, 사방을 둘러봐도 정말 신비한 장관뿐이다.

이곳은 전투를 안 해도 무시무시한 느낌을 주는 밀림 속이다.

오후 늦게까지 수색 작전을 끝내고 중대 C.P에 무사히 귀대했다.

1967년 1월 13일 금요일 흐림

제1소대로 편입되면서 두 번째로 57mm 무반동총 사격 훈련을 실시했다. 대원이 얼마 안 돼 생각보다 쉽게 훈련했지만 결과는 수준 미달이어서 앞으로 걱정이 앞선다. 보충병들이라 더욱 실사격 훈련을 시켜야 되겠다. 사격을 끝내고 오후에는 대원들을 데리고 나가 진지 앞 정글과 잡목들을 쳐냈다.

오늘은 편지가 오겠지~ 하고 기대했지만 허탕!

오늘 안 오면 내일은 오겠지. 뭐……

1967년 1월 14일 토요일 흐림

지루하고 긴장되는 밤이 지나고 새로운 아침 해를 맞이한다. 지난밤은 밤새도록 포격과 조명탄이 끊이지 않고 이어져 폭음의 여운이 사방으로 퍼져 나가 귀가 아팠다.

오전과 오후에 사격 훈련을 하고 있는데 영화 촬영반이 나와서 사진을 찍는다고 해 한바탕 쇼 아닌 쇼를 벌이고 갔다.

오늘 일과를 끝내고 아침에 쓰다만 연이와 부순이 편지를 정리해 부쳤다. 저녁 늦게 도착한 보급차 편에 수원 명숙이와 먼저 귀국한 장창술한테서 연하장과 편지가 왔다. 흐릿한 전등불에 의지해 읽어 봤다. 먼저 귀국한 그들이 나한테만 편지를 꾸준히 보내 주는 걸 보면 내가 그들에게 인심은 안 잃은 것 같다.

또 전선의 하루해가 저물고 포대에서는 포격이 계속된다.

1967년 1월 15일 일요일 비

일본인 작가가 쓴 《양 치는 언덕》이라는 책을 읽기 시작했다.

박 일병한테 온 책인데 하지만 임자 없이 돌아다니는 걸 보니 그냥 잃어버린 것인지, 그냥 놔두기도 무엇해서 나라도 읽어야지~ 하고 소포를 풀어서 읽게 된 책이다. 읽어 보니 처음부터 재미가 붙는다. 밤이 되자 바람도 심하게 불어 대고 비도 쏟아진다. 전투복 소매로 스며드는 비바람은 차갑기만 하다. 전방에선 간간이 포성이 들려오고 조명탄이 밤하늘을 환하게 밝힌다.

갑자기 지난 작전 때가 생각난다. 전투 포격이 시작되고 포탄은 매서운 소리를 내면서 머리 위를 낮게 스치며, 그리고 눈부신 섬광과 함께 폭음이 터지면 적은 쓰러져 죽고, 아! 이런 전쟁이, 전투가 시작되고 작전이 계속될 때마다 수많은 인간은 다치거나 죽어 가고……. 우리에게, 아니 나는 왜 이렇게 가혹한 전쟁과 전투의 시련을 맛봐야 되는 걸까?

1967년 1월 16일 월요일 비

편지를 썼다. 동생 효순이한테, 국분이한테, 현숙이한테도 편지를 써 부쳤다. 요즘은 영 편지들이 없다. 귀국 말년이 다가와서 그런가? 특히나 연이한테서는 그렇게 잘 보내던 편지가 거의 한 달이 되도록 감감무소식이다. 더 기다려 보면 언젠가는 오겠지….

분대가 잠복에 나갔다. 우의를 입었지만 빗물이 조금씩 스며들어 옷이 젖은 지는 이미 오래됐다. 밤이 깊어지자 추위가 온몸을 역습해 온다. 비가 가끔씩 뿌리는 중에도 조명탄이 연상 하늘 위로 발사돼 어둡던 밤하늘을 밝혀 준다.

벌레들은 비가 오거나, 조명탄이 터져서 밤이 환해지거나 울음소리를 내느라 여념들이 없다.

오늘 밤따라 저 벌레들 울음소리가 처량하게 들려온다. 그래서일까, 지난 옛일들이 추억 속에서 떠오른다. 서울에서 매야와 수줍고 야릇했던 일도 이젠 모두 추억 속에 묻혀 버린 지난 일들인데 긴장된 잠복지에서 지금 생각해 봐야 무슨 소용이 있단 말인가? 추억은 그냥 추억일 뿐이다.

1967년 1월 17일 화요일 비

하늘이 개는가 했더니 비가 온다. 작년 맹호 5호 작전 때쯤은 날씨도 좋고 더웠는데 앞으로 두 달 정도는 건조기로 접어들 듯하다. 오후에 O.P에 근무하는 이웅이한테서 전화가 왔다. 내 집 주소를 알려 달라고. 그런데 뭘 잘못했는지 기합받는 신세가 됐단다. 요즘은 신병들이 교체되어 와 그런지 단결이 잘되지 않는다며 개인 행동이 심하다고 소대장님이 화를 낸다.

그리고 '워터 포인트'까지 구보를 시킨다. 일종의 단체 기합을 주는 것이다.

1967년 1월 18일 수요일 비

어젯밤 매복에 아랑곳하지 않고 또 수색 정찰에 출동했다.

어젯밤 매복에서 조명탄이 많이 오르더니 월남 민병대가 적의 기습을 받았다는 것이다. 불쌍한 그들, 피해가 얼마나 났는지 모르지만 전쟁이란 이렇게도 매정하고 비열한 것이다. 같은 민족, 동포, 이웃끼리 죽기 살기로 싸워야 하다니!!

우거진 정글 속에 물소 한 마리가 죽어서 백골을 드러내고 흩어져 있다. 저 짐승도 전쟁의 횡포에 희생물이 되어서 지금은 전쟁터의 역사의 주인공이 되어 백골을 남겼거늘 그 어느 누가 원통하다고 말해 주랴! 하물며 사람도 아닌 저것들을 누가 거두어 줄 것인가!

연이의 59번째 편지

(오늘자로 두 통의 편지가 왔다.)

이 상병님께.

하이얗게 소복이 쌓였던 눈이 엷게 내려쬐는 태양의 열에 살며시 녹아 버립니다. 겨울의 하늘이라고 하기엔 너무나 푸른빛입니다. 연이가 오래간만에 또 글을 띄우고 있군요. 구질구질한 변명도 이젠 필요로 하지 않는 것 같습니다. 아무 말도 하지 않겠어요.

결코 필요로 하지 않기 때문입니다. 조용합니다. 모든 것이 끝난 종말 같이. 전쟁이 지난 후의 맛이 이럴까? 하고 생각합니다.

이 상병님! 보내 주신 카드와(몇 장씩 계속 보내 주신 우표 모두 잘 받았습니다.) 감사한 마음과 미안한 마음을 같이 느끼고 맙니다.

동생에게까지 보내 주셔서…. (얼마나 기뻐했는지 몰라요.)

이 상병님도 연이가 많이 변해 버렸다고 생각하셔요? 아니 성장했다는 말이 더 적합하겠어요. 하지만 조금도 변한 것이 없답니다. 있다면 나이가 하나 더 많아졌다는 것하구……. 다음엔 꼽을 것이 없답니다. 정말 달리 생각한다면 저 자신이 의식되기까지 변한 것이 있는 것 같기도 합니다.

이 상병님한테 보내야 할 편지, 연이는 그것을 못 하고 말았으니까요. 그만큼 마음의 감정과 정서가 말라 버렸는지도 모릅니다. 아니 그만큼 현실을 직면하고 있었는지도 모릅니다. 의식하지도 못하고 지나가 버린 지난날이 안타까워요. 끊임없이 흘러나오던 감정과 글이 다 어느 곳으로 사라져 버리고 말았는지 지금은 아주 졸필이 되어 버렸죠?

잘 썼던 것은 아니지만 퍽 재미가 없어요. (그전에 비하면요.) 생활에는 조금의 가식도 필요하지 않다고 느꼈습니다. 글은 글이고 노래나 모든 예술은 아름다워야 했습니다. 그것조차도 이젠 과거가 되어 버리고 말았지만요. 요즈음은 모든 것이 다 괴이한 것으로 유행해 가고 있습니다.

이 상병님, 인간의 윤리와 도덕을 배반해 버리곤 존재할 수 없다고 느꼈습니다. 누구에게나 이성이 있는 곳엔 양심이 있는 법이니까요. 굳은 양심은 신앙조차도 필요로 하지 않으니까요.

이 상병님, 여기서 고만 안녕.

연이가.

 연이의 60번째 편지

(같은 날 59번과 같이 온 편지)

갑자기 날씨가 추워졌어요. 그래도 한국의 따스한 아랫목의 맛을 은근히 느끼고 있답니다. 좋으면서도 원망스럽기조차 한 온돌방의 지난 역사가 아름다운 향수가 되어 이 상병님께 그리움의 대상이 될 것을 생각하면 안타까운 마음뿐입니다.

방금 12시를 알리는 종이 울렸습니다. 밖에서 무슨 소리가 들리는 것 같습니다. 혹시 하이얗게 뭉쳐진 눈이 연이를 부르는 소리인지도 모릅니다. 많은 사람들의 옷깃을 스친 바람소리인지도 모릅니다. 이렇게 추위를 의식하게 될 때마다 연이는 가난한 사람들을 생각하고 맙니다. 추위가 아닌 눈 속의 아름다운 겨울이 원망스럽게 느껴질 그들의 처지를 생각하면 월남의 기온이 나은 것 같기도 한데……. 역시 계절마다 바뀌는 맛이란 인간에게 새로운 삶을 의식하게 하니 한편 행복한 한국이라고 그리고 우리들이라고 믿고 싶어요.

이 상병님, 요즘은 생활은 어떠세요? 이젠 그곳의 풍토에 익숙해지셨겠죠? 이 상병님, 벌써 방학이 많이 지나갔어요. 반 이상이나 말예요. 1월 23일이 개학날이랍니다. 어젠 피아노 연습에 하루를 모조리 보내 버리고 말았어요. 친척의 결혼식이 있다기에……. 아마 이 상병님이 결혼하실 때까지 잊어버리지 않겠죠? 원하신다면 행진곡 하나쯤은……. (실례인가요?)

이 상병님, 신문엔 월남 소식이 한창이랍니다. TV에서나 뉴스에서도 그곳의 생활을 그대로 볼 수 있으니 확실히 우리는 편한 세대에 살고 있나 봅니다. 발전이 없는 말인지는 몰라도 더 발전을 원하진 않습니다. 인간의 감정이 완전히 없어지게 되면 살맛이 없지 않을까요? 역시 기계란 것은 인간을 괴롭게 그리고 고독하게 만드는 원인이 되어 버리는 결과가 될지도 모릅니다.

이 상병님의 발소리가 항상 건강의 소음이길 비는 연이가.

안녕을…….

1967년 1월 19일 목요일 비

또 잠복이다. 깊어 가는 밤, 달이 뜨기는 했지만 날씨가 흐려서 그다지 밝지는 않다. 연이틀 V.C의 공격이 있고 나서 작전 임무는 두 배나 증가돼 갈수록 진중 생활이 고단해지는 것 같다. 지난번 작전으로 적들을 완전히 소탕됐다고 생각했는데 다시금 적들의 활동이 시작되니 우리 군도 행동이 조심스러워지고 긴장감도 더해지는 느낌이다. 다시 조명탄이 하늘 높이 터지고 어둡던 밤하늘은 환해진다.

서늘한 바람이 불어와 한기를 느끼며 웅크리고 앉아서 사방을 경계한다. 풀벌레 소리는 사방에서 요란하게 들려오고 때론 그쳤다 다시 조용히 울어 대기도 한다. 몇 시나 됐을까? 제트기 편대가 요란한 비행음을 내며 머리 위를 빠르게 지나 어디론가 사라진다. 지루한 시간이 흘러 동쪽 하늘이 밝아 온다. 오~ 지루한 밤 무사했구나!

1967년 1월 20일 금요일 흐림

어젯밤 피로를 푹 쉬면서 하루를 즐긴다. 즐긴다고 해 봐야 막사 안에서 이리저리 누워서 잠자는 것이 전부다.

어제 희순이 친구들이 보내온 카드에 회답을 보내기로 하고 대강 몇 자씩 적어 본다. 비가 안 와서 오후에는 핸드볼 경기를 했다.

항상 긴장하며 지내야 하는 우리들이기에 잠시나마 운동으로 긴장을 풀어 본다. 요즘 새로 온 보충병들의 태도나 행동이 아주 흐리멍덩해 보기에 한심하기 짝이 없다. 앞으로 저들을 데리고 큰 작전이 있을 때 어떻게 전투를 치를지 걱정이 태산이다. 나 혼자 잘한다고 전투를 잘하는 것이 아니기 때문이다.

1967년 1월 21일 토요일 흐림

오늘 주간정찰과 잠복을 나갔다. 계속되는 V.C의 기습으로 민간인과 월남 민병대의 피해가 늘어나자 우리 중대도 계속해 수색과 잠복을 더욱 강화해 나가고 있다. 적들은 전력이 강한 한국군은 피해서 만만한 민간인과 민병대만 기습하고 도망가기를 반복하고 있다. 적들이 다시금 전열을 정비했다는 뜻이다. 그렇다면 언제든지 우리한테도 기습할지도 모른다. 연이틀간 기습으로 민병대와 민간인들이 11명이 죽고 12명이 부상을 당했다고 중대장이 말했다. 강까지 수색 정찰을 하고 잠복을 하다가 오후 늦게 중대 기지로 귀대했다.

1967년 1월 22일 일요일 비

비가 내리는 바람에 어제 피로를 푸는 날이다. 며칠간 뜸하던 비가 다시 쏟아지기 시작한다. 바람이 불지 않을 때는 열대성 폭우와는 달리 메마른 대지 위에 봄비 오듯 조용히 내린다. 먼저 귀국한 정창술 병장과 재숙이한테 편지를 했더니 회답이 왔다. 사촌 형님한테서도 편지가 왔다.
모두 오래간만의 편지들이다. 진실한 동생이 되겠다는 재숙이의 편지 내용, 정말 내가 바라는 동생이 될 수 있을까?

1967년 1월 23일 월요일 비

어제 하루를 쉬고 또 수색 정찰을 나갔다. 오늘 수색 정찰은 그제 수색한 지점과 정반대로 실시했다. 아침부터 비가 내리니 전투복은 다 젖어서 걷기가 불편하지만 그래도 마을 곳곳을 수색해 나갔다. 이리 뛰고 저리 뛰고 때론 물웅덩이에 빠지면서 구석구석을 수색했다. 오후 늦게까지 수색 작전을 끝내고 중대 진지로 들어오니 연이한테서 편지 한 통이 와 있다. 항상 하는 말이지만 편지를 받는다는 것은 언제나 반가운 일이다. 연이 편지는 기다렸던 차라 더욱 반가웠다.

글쎄, 나도 편지를 많이 해 준 편인데……. 그러나 앞으로 봐라! 앞으로 얼마간 내 편지가 갈는지~

> ✉ 연이의 61번째 편지
>
> 이 상병님 보셔요.
> 총총한 별과 가느다란 초승달이 오늘의 밤을 조용히 장식하고 있습니다. 아마도 그 아래 부는 바람조차도 길을 잃은 듯이~ 마구 휘몰아치고 있어요.
> 이 상병님, 오늘은 1월 13일 금요일입니다. 서양에서는 매우 기분 나쁜 전설이 꼬리를 무는 듯 어리석은 듯한 미신이 따르는 날이기도 합니다. 그런 줄도 모르고 오늘 이렇게 실례를 범하는지도 몰라요. 하지만 내일은 그러지 않을 테니 한번 용서해 주셔요. 오늘 맹호 8호 작전의 성과를 신문을 통해서 볼 수 있었답니다. 오랜 전쟁에 시달린 V.C의

눈동자는 아주 말할 수 없이 흩어지고 방황하는 듯했어요. 모습을 간추릴 수 없는 어느 여자의 모습이 매우 안타깝게 느껴지는 반면 우리의 환경이 얼마나 행복한가를 다시 한번 느끼고 만 결과가 되어 버렸답니다.

이 상병님, 개학이 곧 열흘 뒤로 다가왔습니다. 이젠 개학 준비에 열중해야겠어요. 방학이라고 멀리 망각해 버리고 말았습니다.

이 상병님의 생활을 생각해 보면 너무나 부끄러워 뺨조차 붉어 오는 듯합니다. 책하진 마셔요. 이젠 안 그럴 테니까요. 대학 준비에도 열심히 해야 하고 엄마의 말씀도 어김없이 지켜야 하니까요.

이 상병님, 임무를 마치고 돌아오실 날이 점점 다가오고 있습니다. 이젠 하루의 지남이 즐거움으로 변해 버리겠어요. 저도 그러한 마음을 간직하고 싶어요. 하지만 대학 입시를 앞에 두어서인지 연이는 그렇지가 못하답니다. 그동안 잘못이 있었던 것 죄송하기 짝이 없어요. 글쎄요, 삶의 일이란 순탄하지 못한 것이라 믿고 용서 바랍니다.

오늘은 여기서 이만 안녕!

연.

1967년 1월 24일 화요일 비

쾌청하지 않은 날씨에 가랑비가 간간이 뿌리는 잔뜩 흐린 날씨다. 개일 듯하기도 하지만, 무척 덥다.

오후에 소대 본부에 많은 편지가 왔다. 그 많은 편지 중에 나한테도 연이한테서 한 통이 왔다. 고국의 추운 날씨와 대학입시 등 나와는 상관없는 내용들이지만 시험 준비로 바쁠 텐데도 이렇게 생각하고 편지를 보내 주기도 쉽지만은 않을 텐데 편지를 보내 주니 아무튼 고마운 생각이 든다.

이렇게 편지를 보내 주다가도 한동안 침묵으로 이어지고 이젠 아가씨 티를 내려는지……. 내가 바라는 건 그런 것이 아닌데…….

1967년 1월 25일 수요일 비

또 출동이다. 수색 정찰인데 오늘은 들판에 있는 마을이 아니고 다른 데로 이동하더니 강을 건너 고지로 올라간다.

고지에 오르자 안개가 서서히 걷히고 오래간만에 햇살이 눈부시게 비친다. 반가움과 따사로움이 한꺼번에 느껴지며 땀방울이 이마에 맺힌다. 정글 계곡에서 들려오는 물소리는 얼마나 크게 들리는지 옆 사람과 말소리도 잘 들리지 않을 정도다.

보충병으로 온 지 얼마 안 된 조수호 일병이 장난삼아 풀잎으로 물레방아를 만들어 흐르는 물가에 걸어 두니 보기 좋게 잘 돌아간다.

나한테 교육받느라 욕도 많이 먹고 기합도 받던 수호가 보라는 듯 나를 쳐다보며 싱긋 웃는다. 오늘은 그런 그가 믿음직스럽고 신뢰가 간다. 앞으로 조금만 잘 가르치면 완벽한 전투원으로 성장할 것 같다.

1967년 1월 26일 목요일 맑음

이제부터는 건조기로 접어들려는지 햇살이 뜨겁게 느껴진다.

오전 중에 신병 교체 병들한테 57mm 사격 훈련을 시켰더니 처음인데도 잘 따라 한다. 앞으로도 계속해 훈련을 시킬 예정인데 잘 따라 했으면 좋겠다.

오늘 밤엔 첫 번째로 야간 보초를 섰다. 오래간만에 보는 달이라 무척 밝아 보인다. 오늘 오후 늦게 온 연이 편지를 읽어 보려고 진지까지 가지고 나왔지만 잘 보이지 않아 읽지를 못했다.

나와 같은 고참인 영선이가 초소까지 놀러 와 이런저런 이야기를 하는 바람에 지루한 줄 모르게 시간이 흘러갔다.

고요한 전선의 밤하늘, 달이 점점 높이 떠오른다. 멀리 하늘 위에서는 헬기들이 꼬리에 신호등을 켜고 여러 대가 어디론가 날아간다. 야간 작전을 하는지 꼬리에 꼬리를 물고 날아간다. 우리 부대도 언젠가는 저런 작전이 있을 텐데~

 연이의 62번째 편지

(오늘 받은 연이 편지는 어디로 갔는지 아무리 찾아 봐도 없다. 아쉽게도 분실된 듯싶다.)

1967년 1월 27일 금요일

이날은 일기가 없다.

1967년 1월 28일 토요일 맑음

오늘부터 2박 3일간 전투 수색 정찰을 나갔다. 화기소대와 2개 소대가 작전 출동했다. 해가 점점 높이 뜨자 온몸이 후끈거리기 시작했다. 흐르는 땀으로 전투복은 젖은 지 이미 오래다. 한 발 한 발 조심스럽게 정글을 헤치며 고지를 향해서 수색을 계속해 갔다.

이곳은 우리 분대가 여러 번 수색했던 곳이라 낯설지가 않다. 그래도 그동안 수풀이 많이 자라서 정글을 헤쳐 가기가 쉽지가 않다.

중천에 떠오른 햇볕이 따갑긴 하지만 정글 속이라 햇볕을 가려 주고 고지에 올라오니 시원한 바람이 불어온다.

나무 그늘에서 휴식하며 지친 몸을 풀면서 먼 고국 땅을 머릿속에 그려 본다. 저 멀리 보이는 남지나해 파도를 바라보면서 저 바다를 건너가면 고국 땅을 밟을 수 있겠구나~ 하는 생각을 해 본다.

그동안 우리 고국은 얼마나 변했을까?

1967년 1월 29일 일요일 맑음

오늘도 고지와 계곡을 누비며 수색 정찰을 하느라 온몸이 무척 피로

하다. 점점 어두워지는 전선의 고지 위~ 저녁노을이 보기 좋게 주황색으로 물들여 가며 지평선을 아름답게 색칠해 간다.

해가 서쪽 정글 끝으로 숨어들자 정말 정글 고지에서만 볼 수 있는 풍경이 황홀하게 펼쳐진다. 아~! 정말 아름다운 노을이다!

언제까지 저렇게 그대로 있어 준다면 얼마나 좋을까?

날이 어둡자 바람이 불어오기 시작한다. 오늘 밤에는 포성도 울려오지 않는다.

멀리 바닷가에는 고기 잡는 배들인지 작은 불빛을 밝히며 옹기종기 모여 있다. 참 평화스러운 어촌 풍경처럼 보인다.

우리도 긴장된 이 밤을 무사히 보내야 할 텐데…….

밤이 깊어지자 야전 텐트 속으로 추위가 온몸을 엄습해 온다.

1967년 1월 30일 월요일 맑음

오늘로 2박 3일간의 전투 수색 정찰을 마치고 무사히 중대 전술 진지로 귀대했다. 지겨운 더위와 흐르는 땀, 그리고 참기 어려운 갈증과 밤에는 한국의 초가을 날씨 같은 추워 속에서 견디다 중대 진지에 들어오니 무겁던 몸이 가벼워지고 마음은 즐겁기만 하다. 그리고 연이한테서도 편지가 와 나를 기다리고 있다. 며칠 사이로 다섯 통의 편지를 보내온 것이다. 그간 편지를 안 하다가 미안했던지 한꺼번에 소나기 편지를 보내왔다. 나는 그동안 한 통만 보냈는데 연이가 편지 안 온다고 약 올라 하겠지…….

남보다 유복하게 사는 그녀의 생활을 상상하며 돈 있고 잘산다는 것이 그렇게 좋은 것인지 정말 몰랐다. 그래서인지 그녀는 또다시 여행을 떠난단다. 잘사는 그녀를 앞으로 어떻게 상대해야 할까?

하루 종일 연이의 상념 속에 그간의 피로를 풀었다.

연이는 지금 내가 상상하는 것처럼 아름다운 신데렐라 같은 소녀의 모습을 가지고 있는 가시나일까?

 연이의 63번째 편지

(도착일은 29일이다.)

1967년 1월 16일, 이 상병님 편지 잘 받았어요. 월요일을 맞는 날씨는 올겨울엔 제일 낮은 기온을 택하고 말았답니다.

영하 18℃ 거리의 모든 사람의 코와 뺨은 익은 사과 빛 그대로입니다. 역시 연이도 예외일 수는 없죠. 과외를 마치고 집에 올 땐 얼어서 얼어 버릴까 봐 막 달렸답니다. 행인들은 마라톤 선수가 혹한에도 연습에 열중이라고 대견해했을지도 몰라요.

이 상병님! 어머~ 참 이젠 상병님이 아니고 병장님이네요? 일병에서 상병으로 또 병장으로~ 재미있는 계급제도예요. 다음은 무엇일까요? 벌써 세 번이 변해 버렸으니까요.

이 병장님, 이젠 책 한 권보다도 비중이 커졌어요. 대견하기도 하고 신기하기조차 합니다.

바람이 여전히 세게 불어 대고 있습니다. 가난한 사람을 종내에는 괴롭히고 말 바람입니다.

이 병장님, 이젠 개학이 일주일밖에 남지 않았습니다. 연이는 여행을 하기로 했어요. 보고 듣는 것은 제일로 우리의 산지식이니까요. 지난 수학여행 때에는 그랬었죠. 우린 얼마나 길고 넓은 지식을 가질 수 있었는지 모릅니다. 날씨는 추워졌지만 완전한 준비를 한 우리 걸 스카우트는 약 4일 동안 여행을 합니다. 오랜만에 서울 근교의 명산과 인천에서 그리고 강화도에서 저 멀리 충남 조그만 섬, 문화가 통하지 않는 그곳까지 찾아가 힘든 우리의 원시적인 생활을 보고 듣습니다. 좀 더 나은 생활로 진보를 위해서죠.

원고를 작성해야 하기 때문에 소홀히 할 수가 없어요. 우리 Girl scout는 방학 동안 많은 일을 한답니다. 하지만 이번 활동이 마지막이 될 것 같아요. 고3에 가서는 벗어나야 하기 때문이죠.

명예 회원이 되긴 하지만~ 스카우트의 단장은 학교 가정교사랍니다. 참 좋은 선생님인 동시에 우리의 단장입니다.

약간 군대식이기도 하고 계급 대신 우린 급이 있답니다. 소녀대는 연장대와 소녀대로 나누어집니다. 소녀대는 중학생이고 연장대는 고등학생입니다. 제복도 약간 다르답니다. 각 학교에선 약 30명이 뽑히게 되어 서울만 해도 꽤 많은 수에 달합니다.

이 병장님, 우린 70대 연장대 사슴반이랍니다. 선생님과 여유 있는 5명이 여행을 하게 되죠. 잠시 편지 못 하더라도 이해하시길….

연이는 아마도 추위 속에 인간의 신념을 찾고 있을지도 모릅니다. 우리는 나은 사회를 만들어야 할 의무가 있는 것입니다. 진보가 없었던 지난 한국이었으니까요.

이젠 뒤떨어지는 것이 없는 당당한 프라이드를 간직한 우리가 아닌가요?

> 우리는 절대로 뒤떨어져서는 안 됩니다. 욕망의 피는 붉기만 하니까요.
>
> 오늘은 여기서 안녕을.
>
> 연.

1967년 1월 31일 화요일 맑음

오전 중에 형님과 여러 펜팔한테 그동안 못 한 회답을 써 부쳤다. 오늘은 우리 분대가 주간 잠복과 매복 차례라 준비를 철저히 했다. 3일간 수색 작전을 하고 하루 쉬고 매복과 주간 잠복 임무가 부여됐다. 요즘은 왜 이렇게 분주해지는지 모르겠다.

내일 10차 귀국자들이 떠난다는 말이 있어 이웅이한테 전화를 했더니 얼른 나온다. 오늘 밤 매복 나가면 그가 떠나는 것을 보지 못할 것 같다고 하니까 이웅이도 무척 아쉬워한다. 월남 전선에서 같이 전투하며 가장 친하게 지낸 전우인데 떠나기 전에 맥주라도 나누며 귀국을 축하해 줘야 하는데 내가 하필 이럴 때 매복을 나가게 돼 이렇게 헤어지게 되다니….

한국에서부터 여기까지 생사를 같이하고 동고동락을 했는데 떠날 때 악수 한 번 못 해 보고 보내다니~ 눈물이 핑 돈다. 하지만 이것이 이곳 전선 생활이란 걸 생각하면 어쩔 수 없는 일이라 섭섭함을 자위했다. 이웅이가 부디 무사히 귀국해 가족과 기쁘게 만나기를 마음속으로 빌었다.

1967년 2월 1일 수요일 맑음

어젯밤 매복과 주간 잠복을 마치고 무사히 중대 진지로 귀대했다.

주간 잠복은 강가 그늘에서 은폐하며 일부는 경계하고 나머지는 잠을 자며 휴식을 하다가 귀대하니 배가 고프다. 그러고 보니 오늘이 2월 1일, 매일 수색 정찰에 잠복에다 매복으로 지내다 보니 한 달이 어느새 지나갔는지 모르겠다.

매복과 주간 잠복을 하고 돌아온 사이 10차 귀국자들은 중대를 떠나고 없다. 그중에는 이웅이도 중대 C.P를 떠나고 말았다.

일 년이 넘도록 고생도 많이 했고 또 용감하게 싸웠던 그가 이제는 이곳에 없다니 내 마음이 텅 빈 것같이 느껴진다. 한편 섭섭하기도 하지만 기쁘기도 하다. 부디 무사히 고국에 도착하길 빈다.

1967년 2월 2일 목요일 맑음

이웅이와 이임모한테서 대대 C.P로부터 전화가 왔다. 귀국하는 마당에 그래도 나를 못 보고 떠나는 것이 아쉽고 섭섭했던지 나를 찾아서 전화로 대화를 하고자 한 이웅이가 고마웠다. 귀국하면 동생 친구인 연이한테 내 안부를 전해 주겠다고 하니 말이라도 고마웠다. 고국으로 떠나는 그의 마음은 얼마나 흥분되고 기쁠까?

떠나는 그들도 그동안 생사를 같이하던 전우를 뒤에 두고 먼저 간다는 것이 섭섭하고 서운한 마음이기에 전화해서 목소리라도 한번 듣고 싶었던 모양이다.

그들이나 나나 그동안 동고동락하며 전투 중 서로 격려하고 부상 중에는 6후송 병원까지 찾아가 위로하고 보살펴 주는 등 알게 모르게 맺어진 전우애가 끈끈하기에 막상 떠나고 보니 그 전우애가 그토록 뜨거운 것인 줄은 나도 미처 몰랐다.

전우여~! 그동안 고생 많았고 고마웠다오. 부디 몸 건강하게 영광된 귀국을 진심으로 바라오.

1967년 2월 3일 금요일 맑음

갑자기 출동 명령이 내려왔다. V.C의 첩자가 모종의 정보를 제공해 와 그곳을 급습하기 위해서 출동을 한다는 소대장의 브리핑이다.

연대 정보 참모가 그 정보 책임자를 데리고 와 우리는 즉시 목적지로 출동했다. 출동을 해 보니 생각보다 꽤 먼 거리다. 여기저기 천연동굴이 보이는데 맹호 작전 때 수색하지 않았던 지역이다.

첩자의 말로는 동굴이 아니고 정글 숲에 가려진 움막에 보급품이 숨겨져 있다는 것이다. 나무 그늘에 숨겨져서 공중에서는 보이지 않고 정글 속으로 들어가야만 보인단다.

우리 수색대가 조심성 있게 도착해 주위를 포위했다. 그러나 적들은 우리의 접근을 눈치챘는지 병력은 없고 그의 말대로 벼가 50여 가마가 쌓여 있고 잘 위장되어 보관도 잘해 놨다.

우리 소대는 그 일대를 수색하고 철수하면서 식량 보관 창고와 시설물들을 소각하고 무사히 귀대했다.

1967년 2월 4일 토요일 맑음

 오늘 정식으로 분대장한테 카메라를 인수했다. 모두 85불을 지불하고 당당히 내 카메라를 구입한 것이다. 어쩌면 나한테는 과분한 사치품이 될지도 모르지만 앞을 내다보고 과감히 사들였다.
 이제부터는 내 맘대로 사진을 찍을 수 있어서 기분이 좋다.
 'Minolta' 사 제품으로 일본산이다. 제조 번호가 2598552다. 원화로 환산하면 큰 금액이다. 그동안 왜 그렇게 카메라를 가지고 싶었는지……. 이제 소원이 이루어졌으니 기분이 좋다. 그동안 눈치 보며 사진을 찍었는데 이제 내 손에 들어왔으니 마음 놓고 찍을 수 있어서 다행이다.
 오늘 밤 우리 분대가 매복 차례라 O.P 밑에 있는 절터가 있는 장소로 출동해 매복에 들어갔다.

1967년 2월 5일 일요일 맑음

 매복지에서 귀대하자마자 분대 대항 사격대회를 실시했다. 새로 온 보충병들 사격 솜씨가 시원치 않아서 등수에는 들지 못하고 들어오니 연이한테서 편지가 와 있다. 읽어 보니 이젠 컸다고 내용까지 180도 달라지고 있다. 언제쯤 귀국하게 되는지 알고 싶다고….
 한편으론 반가운 마음이 들기도 한다. 그렇잖아도 귀국하게 되는 연선이 편으로 약간의 선물을 보내 주려고 초콜릿 한 상자를 포장해 놨다. 집에 있는 동생들한테도 보내 줘야 하고, 어느새 2월이 된 지도 5일이나 지났다.

하루라도 빨리 귀국하기 전에 뭔가를 해 두고 싶고 보람 있게 지내야 할 텐데~ 도저히 그럴 틈이 나지 않는다. 어떻게 해야 나머지 날들을 잘 보낼 수 있을지 좋은 생각이 떠오르지 않는다.

 연이의 64번째 편지

이 병장님께.

오늘은 1월 26일 목요일입니다. 드디어 이젠 우리 학교의 최고 자리에 앉게 되었어요. 졸업식이 성대하게 끝이 나 버렸답니다.

우리로선 매우 시원섭섭한 감이 들어요. 반면 우리의 책임이 무거워지는군요. 학교의 운영이나 규율 문제도 그러려니와 또 대학 입시에는 명예를 손상시키지 않기 위하여, 내면으로는 자기 자신을 위하여 남에게 뒤떨어지지 않는 노력을 거듭해야 하니까요.

입학시험 시즌이어서인지 벌써 조급해지는 마음을 달랠 수가 없군요. 학년말 고사가 끝나고 이어서 고입, 대입 시험이 시작됩니다. 어떤 경우에도 져서는 안 된다는 굳은 신념이 정신을 맑게 해 주지만 왜 이겨야 하느냐는 의문엔 답이 쉽게 나올 것 같지가 않습니다. 항상 경쟁의 의식을 마음속 깊이 새겨야 한다는 것을 생각할 때 이 우주엔 아니 우리의 가까이에도 사람이 그렇게 많은가? 하고 궁금해집니다. 가장 복잡하고 사람이 많다는 서울에서 생활하면서도 그것을 의식하지 못함은 비정상이기 때문일지요. 그야 세계의 대도시완 비교할 수가 없는 것이기도 하지만, 말머리를 바꿔야겠군요.

요사이 날씨는 몹시 따사로운 봄이 일찍 온 것 같은 느낌이랍니다. 그야

대한도 지나고 이제 며칠 있으면 입춘이기도 하지만~ 입춘을 맞을 때마다 시골집 큰 대문에는 항상 웅장한 글이 붙어 버리기 마련이죠. 서울 근교에서도 주로 볼 수 있지만요.

이 병장님, 시험 준비를 하다가 머리가 복잡해지는 것 같아서 답장 겸 Pen을 들었는데 말이 많군요. 편지를 쓰고 나면 정신이 맑아지거든요? 아참! 오늘 맹호부대 장병 외 여러 사람이 귀국했다는 방송이 있었어요. 감격에 찬 목성은 아마도 맹호장병의 말소리인 것 같습니다. 많은 사람의 환성 소리가 곁들어 들리는군요.

혹시 이 병장님도 지금쯤 귀국의 꿈을 꾸고 계시지는 않는지? 포근한 향수가 이 병장님의 머릿속을 향해 달리는 듯합니다.

이렇게 편지라도 오는 날이면 기후가 너무 다른 그곳의 풍경을 생각하곤 합니다. 그리고 우리 장병들의 생활도요. 연이는 정말 무척 바쁘게 되었지 뭐예요? 공부가 무엇인가? 생각해 볼 때도 있지만~ (너무나 고통스럽기조차 하니까요.) 하지만 그것은 어리석은 의문일 뿐 답이 없어요. 그저 많이 알아야 한다는 것뿐. 이 일병님, 공부에 미쳐 버린다면 우스운 일일까요? 우리에겐 부럽고 대견한 일인지도 모릅니다. 아주 미쳐 버리기라도 했으면 좋겠어요. 정신없이 공부를 하다 보면, 져서는 안 된다고 다짐하면서 열심히 하다가 보면, 시간은 벌써 하루의 교차점을 넘어서고도 수 시간이 지난 후일 테니까요. 그래도 이렇게 조용한 마음을 가질 수 있는 시간이 연이는 가장 좋다고 느껴집니다.

이 병장님, 생각나는 대로 또 소식 드리죠! 이 병장님도 언제 오시는지 기다려지는 것 같기도 한데 답해 주실 수 있을는지…….

그럼 여기서 안녕을…….

연.

1967년 2월 6일 월요일 맑음

새로 온 신병들에게 57mm 사격 훈련을 시켜 보았다. 오늘 훈련에서는 어떻게 된 일인지 명중을 못 시킨다. 사격 훈련한 지가 벌써 몇 번쨴데 이 정도라니, 한편 화가 났지만 꾹 참았다. 앞으로 계속해 훈련시키면 더 잘할 수 있겠지.

이제 우기가 지나고 건기로 접어들어 뜨겁고 열기가 계속되고 있다. 대원들과 개울가로 세탁과 목욕을 하러 나갔다.

벌거벗은 몸뚱이가 전보다 더욱 검게 익어 버렸다.

오늘 수색 정찰 나가려다 쇼가 들어온다는 바람에 안 나갔는데 설 명절 때나 온단다. 그 때문에 수색을 내일로 연기됐다.

저녁때가 되자 주황색 저녁노을이 아름답게 서쪽 하늘을 물들인다.

정글 너머로 끝없이 펼쳐지는 아름다움이 눈을 사로잡는다.

어둠과 함께 노을은 지워져 가지만 그 빛깔은 더욱 짙게 하늘 위를 물들이고 그 위로 작전 나갔던 헬기들이 신호등을 반짝이며 기지로 돌아오고 있다.

1967년 2월 7일 화요일 맑음

1박 2일 예정으로 수색 정찰을 나갔다. 오늘도 화기소대와 어울려 수색 작전이 시작됐다. 무더운 더위와 따가운 태양열이 입안에서 단내를 토해 내게 만든다. 여러 날 맑은 날씨가 계속되더니 그사이 정글 속 계곡물도 많이 줄어들었다. 오늘 수색은 지난번 식량 창고 소각했던 지점부터 살피지 않았던 지역이다. 정글도 험하게 우거져 있고 계곡도 경사가 가파르고 급경사를 이루고 있다. 그래도 흐르는 계곡물이 많아서 급수하는 데는 좋았다.

구슬같이 흐르는 땀을 계곡물로 씻고 시원한 물가에서 점심을 먹으면서 휴식을 취했다. 계곡 밑으로 흐르는 물소리가 정말 시원하게 들려와 잠시나마 신선놀음하는 듯한 기분이 들었다.

1967년 2월 8일 수요일 맑음

어젯밤은 정글 속에서 매우 불편한 야전 취침을 했다. 군복이 모두 젖어서 밤새 추위와 싸우느라 자는 둥 마는 둥 밤을 새웠다.

계속해 수색을 하던 중 화기소대가 기관총 등 11정의 소총을 노획하는 전과를 올렸다. 우리 소대도 측면에서 수색했지만 불행히도 우리에게 기회가 오지 않았다. 오후에도 계속해 가시덤불과 더위와 땀으로 싸우며 수색을 계속했지만 우리 소대는 허탕을 쳤다.

오후 늦게 중대 진지에 귀대하니 대대장님이 오셔서 우리를 기다리고 계시다가 귀대하는 수색대원들에게 일일이 악수를 해 주며 전과를 치하해 주신다. 이번 작전으로 아침까지 훈장은커녕 표창장 하나도 못 받고 귀국하게 생겼다고 푸념하던 김종대 병장이 진짜로 훈장을 타게 됐다. 잘 생각해 보면 싱거운 전과 같지만 여기서는 총이나 무기를 노획해야 전과로 인정해 주니 어떻게든 싸우지 않아도 총기류만 주워 오면 전과로 인정해 준다.

그것도 작전의 요령이다.

1967년 2월 9일 목요일 맑음

오늘은 음력 설날이다. 뜨겁게 내리쬐는 월남 전선에서 맞이하는 설날, 그러나 떡국은 없고 대신 고국에서 쇼단이 위문차 왔기 때문에 오전 한때를 즐겁게 관람했다. 처음 구입한 카메라로 한바탕 신나게 사진을 찍고 나니 처음으로 느껴 보는 흐뭇한 마음이 즐겁기만 하다. 쇼가 끝나고 중대에 귀대하니 재숙이와 현숙이한테서 편지가 와 있다. 오늘 아침 식사는 고춧가루가 들어간 식사에다 쇼 구경까지 하고 편지까지 받았으니 설은 이럭저럭 즐겁게 맞은 셈이다.

1967년 2월 10일 금요일 맑음

전 중대가 수색 정찰하기 위해 출동했다. 그제 전과에 자극받아 전과가 이어지기를 바라는 마음에서인지 중대 병력이 총출동해 수색 작전을 시작했다.

전에 한번 왔던 험하고 힘든 지역을 다시 한번 정밀하게 수색했지만 이번에는 허탕을 쳤다.

밀림과 정글 속 깊은 곳에 있는 폭포에서 물 떨어지는 소리가 얼마나 큰지 다른 소리는 들리지 않는다. 몇백 몇천 년 동안 물에 씻겨 내렸는지 거대한 바위들이 큼직하게 파여 있었다. 정말 이곳도 태곳적 모습들 그대로 간직하고 있어서 자연의 신비함을 느낄 수 있었다. 오늘 수색에 얼마나 갈증이 났던지 네 수통을 마시고도 모자랐다. 그것도 계곡물이 있어서 가능했고 큰 도움이 됐다.

1967년 2월 11일 토요일 맑음

어제 수색 정찰로 오늘은 별다른 임무 없이 지냈다. 춘천 미향이한테서 편지가 왔다. 초등학생이지만 편지를 귀엽게 곧잘 쓴다. 배구시합을 하는 바람에 나는 어제 온 편지에 회답을 써 보냈다. 소대 대항 배구대회에서는 우리 소대가 졌다고 소대장은 화를 내며 생야단을 하는데 하마터면 단체 기합을 받을 뻔했다.

내일은 선임 하사가 휴가에서 돌아오는 날이다. 내가 부탁한 카메라 삼각대를 사 올지 궁금하다.

1967년 2월 12일 일요일 비

하는 일 없이 하루가 후다닥 지나갔다. 이달도 어느새 중순으로 접어들었다. 그러고 보니 귀국할 날도 75여 일밖에 남지 않았다.

제10차 귀국단이 어제 부산항에 무사히 도착했다는 소식이다.

곧이어 제11차가 귀국 준비를 끝내는 단계에 와 있으니, 그다음은 12차, 그다음이 내 차례가 되고 이렇게 되면 귀국은 이미 손안에 들어온 셈이다.

가랑비가 뿌린다. 빗속에 선임 하사가 귀대하고 내가 부탁한 삼각대를 사 왔다. 얼마나 좋았는지 기분은 최고다. 하지만 좋아할 틈도 없이 오늘 밤 매복 준비에 바쁘게 움직였다.

오늘 밤 매복이 끝나면 또 하루가 지나고 그만큼 귀국 날짜는 다가오는 것이겠지?

1967년 2월 13일 월요일 맑음

오늘은 재수가 참 좋은 날이다. 한꺼번에 편지 4통이 왔다. 형님과 동생한테서, 그리고 귀국한 성경이한테서 편지가 온 것이다. 집안 가내가 모두 안녕하시다니 안심이다. 이제 얼마 있으면 나도 귀국하게 되겠지만 집 소식을 들으니 마음이 홀가분해진다.

오늘 사단 감찰실에서 사람이 나와서 애로 사항 있으면 말하라며 소원 수리를 받아 간다. 여러 할 말들이 많았는데 아무래도 나중에 말썽이 날 듯하다. 군대에서 일어나는 일이고 또 하는 일이니 으레 그러려니~ 하는 생각이 든다.

1967년 2월 14일 화요일 맑음

어제 받은 편지에 모두 회답을 써 부쳤다. 연이에게도 편지를 보내고 싶지만 조금만 더 참아 보기로 했다. 사내자식이 너무 조급하게 덤빌 필요가 없을 듯하기 때문이다.

내일은 수색 정찰이 있다는 지시가 내려왔다. 중대가 다른 지역으로 이동하기 위해서 미리 작전을 하려고 했는데 그 작전은 연기되고 대신 수색 작전으로 바꾼 모양이다.

1967년 2월 15일 수요일 흐림

예정대로 수색 작전을 나갔다. 날씨는 잔뜩 흐리고 비라도 올 것 같은 예상이 들었는데 다행히 비는 오지 않았다. 오늘은 새로운 지역에서 지형도 아주 색다른 곳에서 수색 작전을 펼쳤지만 별다른 상황 없이 수색을 마쳤다. 중대 C.P에 귀대하니 정읍사는 부순 양한테서 편지가 와 있다. 예상과는 달리 자기는 무남독녀라며 어머니 한 분과 사는데 요번 대학 입시에 낙방해 실망이 크다는 것이다.

아무튼 측은한 생각이 들어서 곧바로 회답을 보내 주었다. 한편으론 그런 편지를 받아서 그런지 피곤한 몸과 마음이 풀리지 않는 것 같았다.

1967년 2월 16일 목요일 맑음

중대 출동 명령이 내려서 준비를 끝냈는데 다시 연기됐다는 전갈이 왔다. 내일로 연기됐다고는 하지만 또 어떻게 될지 모르겠다.

그런데 외각에 설치한 철조망을 철거해 한데 모으라는 것이다.

다른 데로 이동하면 거기서 다시 사용하기 위해서란다.

오후에 3소대가 선발대로 출발했고 우리 소대는 내일 중에 중대 본부와 같이 출발한다고 한다. 그 와중에도 제11차 귀국도 곧 떠나게 된다고 전해진다.

이동을 하고 나면 또 새로 진지 작업을 해야 하니 고생깨나 하게 돼 은근히 걱정된다.

1967년 2월 17일 금요일 맑음

연기됐던 재구작전이 드디어 내일로 개시되게 됐다. 우리 중대는 작전과 동시에 진지 이동도 같이하게 돼 작전 준비하랴 부대 이동하랴 한꺼번에 일거리가 생겨 정신이 없다.

작전 지역이 멀리 떨어져 있어서 오늘 밤에 대대 C.P로 가서 숙영을 하고 내일 새벽에 작전을 시작할 모양이다.

완전 준비를 끝내 놓고 저녁 식사를 일찌감치 해치우고 소대원 전원이 기념사진을 찍었다.

응률이와 연상이가 제11차로 귀국하게 돼 또다시 정들었던 전우가 떠나는 걸 못 보게 생겼다. 이제 최고 고참들이 몇 명 남지 않았는데 모두 귀국하게 되니, 그것도 작전 중에 정든 전우를 못 보고 떠나보내니 섭섭한 생각이 이루 말할 수가 없다.

월남에 올 때는 모두 같이 와 그동안 생사를 같이했는데 떠날 때는 각자 몇 사람씩 떠나가니 더욱 섭섭하고 아쉬움이 남는 것 같다.

1967년 2월 18일 토요일 맑음

이른 새벽, 별들은 아직도 하늘 가득 총총히 떠 있다. 두 시간 반 야간 침투와 기동으로 조용한 D-day가 시작됐다.

포격도 총소리도 들리지 않는 조용하고 은밀한 수색 작전이 시작된 것이다. 소대와 소대 간, 분대와 분대 간 거리를 유지하면서 서서히 한 발 한 발 목적지를 향해서 전진해 갔다. 무릎까지 빠지는 늪과 논을 건

너고 들판을 가로질러 빈 마을을 수색해도 별다른 상황은 벌어지지 않았다. 사전에 계획된 대로 우리 중대는 작전 지역에 거주하는 민간인들을 소개해 도로 주변으로 철수시키는 임무를 맡고 그들을 감시하며 한 곳으로 수용하는 데 주력했다. 무지와 가난 속에 허덕이는 그들에게 또다시 전쟁이란 가혹한 횡포가 그들을 더욱 가난으로 내몰고 있다. 오후 늦게까지 가축과 가재도구 등 간단한 짐을 가진 민간인들을 안전한 곳으로 소개하고 우리 임무를 끝마쳤다.

1967년 2월 19일 일요일 맑음

이틀째 수색 작전에 접어들었다. 우리 중대는 별다른 접전 상황 없이 계속해 민간인들을 안전하게 철수시키는 데 중점을 두고 어제 수색했던 지역을 세밀하게 검색을 해 나갔다. 적들을 민간인들과 완전하게 분리시키는 것이 이번 작전의 목적이라고 한다.

무척 더운 날씨지만 별다른 접전 사항은 없었다. 빈집에는 집집마다 병아리와 돼지들을 많이 기르는 것을 보니 지금쯤 한국의 봄철이 아닌가 하는 생각이 들 정도다.

이틀간 수색 작전으로 피로해진 우리 중대원들은 어느 조그마한 마을 야자나무 그늘에서 한동안 편안한 휴식을 취했다. 오후에는 아침에 도착해 있던 미군 탱크 부대가 포격을 시작한다. 이제 보니 제2차 세계대전 때 무기로 무장한 V.C와 육중한 탱크로 무장한 아군이 전투를 하다니 한편으로 생각해 보면 가소롭기 그지없지만 이것이 게릴라전의 특성이 아닌가 생각된다.

1967년 2월 20일 월요일 맑음

이틀간의 수색 작전을 끝내고 오늘은 잠복으로 배치됐던 3소대와 임무 교대를 했다. 분대별로 엄폐물에 숨어서 경계를 섰다. 오늘도 무척 더운 날이다.

나무 그늘에 숨어 있지만 비 오듯 땀이 줄줄 흐른다.

작전이 거의 끝나 오늘 중에 철수할 줄 알았는데 작전이 연장되는 모양이다. 휴식 시간을 이용해 박스 종이를 찢어서 재숙이한테 보낼 편지 초안을 써 본다. 작전이 끝나 한가할 때 다시 정리해 보내 줘야지…….

1967년 2월 21일 화요일 맑음

주간 잠복에서 철수해 새로 이동해 온 지역에 와 보니 우리 분대 장비들이 이미 도착해 있다. 어제 저녁때 차량편으로 왔나 보다.

우리 중대 전술 진지 안에 아군 155mm 포대도 함께 주둔할 예정이라 온 중대 진지가 야단법석이다.

우리 분대는 즉시 짐을 챙겨서 간단히 정리하고 새로운 진지 구축에 들어갔다. 건조기에 들어간 날씨 때문에 작업하기에 무척 더운 날이다. 저녁때까지 작업하는데 달빛이 밝아서 도움을 준다.

우리 중대 전술 진지에 배치된 아군 155mm 곡사포

1967년 2월 22일 수요일 맑음

　뜨거운 태양열을 피해서 새벽부터 진지 작업에 들어갔다. 오늘은 어제보다 더 뜨겁게 달아오른다. 작업을 하다 보니 마대가(썬드-백) 예상 외로 많이 들어가 걱정이다. 그래도 전투 진지는 잘돼 가는데 벙커 막사 준비에 모자라는 마대 때문에 걱정이 된다.
　오후에 먼저 귀국한 이웅이와 국분이한테서 편지가 왔다. 이웅이 자식은 귀국하자마자 부산에 있는 육군 병원에 입원했다는 것이다. 귀국해서 월남 풍토병이 발병했나 보다.
　여기 있을 때도 열이 나서 입원을 했던 적이 있었는데 아무래도 말라리아가 재발한 듯싶다. 짜식~! 꽤나 재수 없는 놈이다. 귀국하자마자 입원이라니! 나도 귀국할 때까지 몸 관리 철저히 하도록 조심하고 지내야겠다.

1967년 2월 23일 목요일 맑음

진지 작업을 하다 말고 어젯밤 야간 매복에 이어 주간 잠복 임무가 부여됐다. 무더위는 오늘도 뜨겁게 몸을 달군다. 분대장이 잠복지 근처로 정찰을 갔다가 오더니 닭 한 마리를 잡아 왔다. 한편으론 경계하고 한편에선 L.M.G 탄통에 닭을 삶아서 먹었다. 파월 이래 처음으로 통닭을 삶아서, 그것도 잠복지에서 먹는 맛은 훌륭하다. 월남 전선 뜨거운 야전 잠복지에서 배부른 우리 분대원들은 태연하게 야자나무 그늘 아래서 교대로 낮잠을 즐기다 중대 진지로 귀대했다.

1967년 2월 24일 금요일 맑음

파월 이래 가장 견고하고 멋진 57mm 진지를 완성해 놓고 막바지 벙커 막사 작업에 박차를 계속해 나갔다. 며칠째 작업을 했지만 아직도 완전히 끝내려면 멀었다. 중대에서 지급한 마대로 진지 작업에 다 사용하고 나니 막사 작업할 마대가 부족했다. 아무래도 다른 곳에서 훔쳐 와야 할까 보다. 그렇게 해서라도 작업을 끝내야 할 텐데 어디서 훔쳐 온담? 하루 종일 나머지 마대에 흙을 담아서 위로 올려놓았다.

1967년 2월 25일 토요일 맑음

오늘도 작업으로 고된 하루를 보냈다. 조용한 가운데 아름다운 저녁 노을과 함께 찾아오는 전선의 어둠은 왜 그렇게 긴장감을 주는지 모르겠다. 어젯밤에 온 매야의 편지를 주머니에서 꺼내 다시 한번 읽어 보며 지난 일을 생각해 본다. 그때는 여고를 갓 졸업한 풋내기 소녀였는데 지금은 어떻게 변해 있을까? 의젓한 숙녀로 변해 있겠지~ 지금은 농산물 검사소에서 석유공사로 직장을 옮겼단다. 지난 몇 달 동안 소식이 없다가 좋은 직장으로 갔다고 자랑하는 건지, 아니면 진정으로 무사히 귀국하기를 기다리는 건지~ 좀 혼란스러워진다.

어두워 가는 전선의 밤하늘을 쳐다보며 나하고는 아무 상관 없는 망상을 하다니, 쑥스러운 생각이 든다.

1967년 2월 26일 일요일 흐림

뜨거운 태양 아래 땀 흘린 보람이 있어 아담한 막사가 거의 완성되었다. 앞으로 조금만 손보면 아주 멋있는 막사가 될 것 같다.

오늘 저녁에 갑자기 비상 대기 명령이 내렸다.

전 중대는 긴장 속에 싸여서 M18 크레모아 지뢰와 실탄과 포탄을 재점검하는 한편 철저한 방어 대비 태세에 들어갔다.

한편으론 아군 화력에 대한 점검도 실시됐다. 정보에 의하면 전방 고지 밑에 적 3개 대대 병력의 월맹군 정규군이 집결 중에 있다는 것이다. 그래서 좀 전에 헬기들의 공격이 있었나 보다.

우리도 적의 기습에 대비해 야간 등명구와 포탄 실탄을 비상시 즉각 사용할 수 있도록 준비해 두고 막사에 들어오니 다시 예비 비상이 발동된다.

전 중대 병력은 즉시 전투진지로 투입하는 훈련을 계속 반복해 실시했다.

1967년 2월 27일 월요일 흐림

날이 밝자 중대는 완전한 방어 태세 준비에 박차를 가하는 한편 화력망 배치에도 재점검을 실시했다. 언제 어느 곳으로 기습이 있을지 모르는 상황에서 항시 완전한 전투태세를 갖추는 것이 최선의 방법이다. 어느 정도 작업이 끝나자 우리 분대는 장비와 피복 등 정리를 했다. 이제야 큰 작업이 거의 끝나고 진지 정돈 정도만 남은 것 같다.

이제 앞으로 진지를 더 튼튼하게 보강하고 진지 앞 철조망도 보강해야 할 것 같다.

1967년 2월 28일 화요일 맑음

막사와 진지 작업을 끝내고 외각 철조망 작업에 전 중대가 총력을 기울여 가설에 들어갔다. 우리 분대는 주간 잠복에 들어갔지만 나는 남아서 잔일을 하며 진지 정리를 했다. 크레모아 지뢰가 각 분대에 6발씩 추가 지급돼 방어 태세가 상당히 증강됐다.

오늘 편지가 올 줄 알았는데 허탕이다. 내일을 기대해 보자.

〈추기〉

아~! 종군 일기장~ 너는 나의 모든 비밀 그리고 모든 생생한 전투 기록을 간직하고 있다. 맹호 5호 작전의 포연 속에서 이루어진 그날의 전투 기록과 그리고 맹호 6호 작전 때의 고통과 참전 기록, 또한 크고 작은 수많은 작전 기록이 모두 너의 책갈피 속에 기록되어 있다. 이제 마지막으로 끝나는 일기장 끝장을 다 쓰면서 섭섭함과 아쉬움을 함께 느낀다.

월남 전선에서, 1967. 2. 28.

파월 당시 고국의 어느 분이 '종군 일기장' 한 권을 위문품으로 보냈는데 다른 대원들은 갖기를 원치 않아 내가 가져다 진중일기를 쓰기 시작했다. 1966년 4월 19일부터 67년 2월 28일까지 쓰다 보니 일기장을 다 써서 내일부터는 다른 노트에 종군 일기를 계속해 쓰게 될 것이다.

1967년 3월 1일 수요일 맑음

전 중대가 모두 수색 정찰에 출동했다. 작년에 재구2호 작전했던 곳을 거쳐서 남은 민간인들을 철수시키는 작전이다.

아직은 이곳에 민간인들이 살지 못하도록 적과 분리하려는 것이다. 점심을 먹으며 2호 작전 때 일들이 흐릿하게 생각난다.

무사히 임무를 마치고 귀대하니 또 작업이 기다리고 있다. 현재의 교통호를 더 깊이 파라는 지시가 내렸다. 아직도 심상치 않은 상황이 계속

진행되고 있는 모양이다.

그러고 보니 오늘이 삼일절이다. 하도 바쁘게 일과가 지나가니 국경일도 잊고 지나갈 뻔했다.

1967년 3월 2일 목요일 맑음

보급로 수색 정찰 임무를 맡고 우리 분대가 출동했다. 오늘은 총반에서 도로 수색을 끝내고 귀대 도중 3명이 도로 경계를 위해서 중간에 남았다. 무척 더운 날인데 오후에 민간인들이 관을 메고 경계 지역을 지나가려고 접근해 왔다. 일행을 정지시키고 의사소통을 시도하니 묘지에 가려고 하니 여기를 통과해야겠다는 것이다.

중대 C.P에 보고하니 시체를 확인하고 통과시키라는 무전 연락이 왔다. 관 옆으로 가서 살피니 파리들이 돌아다니는 것을 보니 관 안에 시체가 들어 있는 것이 확실해 확인은 안 하고 그대로 통과시켜 줬다. 그들은 고맙다는 뜻으로 허리를 굽혀 인사를 하고 관을 메고 서둘러 경계 지역을 벗어났다.

1967년 3월 3일 금요일 맑음

며칠째 아무 소식도 없고 편지도 없다. 분대가 주간 잠복에 나갔지만 나는 막사에 남아서 장비를 점검하고 막사를 지키다 편지를 썼다. 연이한테는 결국 내가 지고 말았다. 그녀에게 안 한다고 하다가 편지를 쓰고 말았으니.

그간 써 둔 편지들을 모두 정리해 부쳤다.

1967년 3월 4일 토요일 맑음

소대는 수색 정찰을 나가고 우리 분대는 철조망 철주를 뽑아 오라는 지시를 받았다. 오후 늦게까지 240여 개를 뽑아다 중대로 실어다 놓았는데 그때 수색 나갔던 소대가 들어온다.

오늘 밤에는 화기소대가 매복을 나갈 차례지만 상황이 긴박하다는 이유로 야간 매복은 나가지 않았다. 오늘 한 일을 따져 보면 우리 분대가 힘든 일은 더한 것 같다. 수색 정찰은 위험은 따르지만 힘든 건 우리 분대가 더했다.

1967년 3월 5일 일요일 흐림

어제 매복 대신 오늘은 주간 잠복으로 207고지 밑으로 출동해 흐르는 강을 끼고 2개 조로 나누어 숲속에 엄폐하고 하루 종일 경계 임무를 수행했다. 하루 종일 한 군데서 경계 근무만 서자니 지루해 이 생각 저 생각 잡념만 생긴다. 제일 먼저 귀국하는 생각이 떠오른다. 귀국을 바라보니 하루가 지나는 것이 이젠 왜 이렇게 지루한지 모르겠다.

오늘부터는 미 공군의 팬텀 전폭격기들이 요란한 소리를 내면서 폭격이 계속되고 있다. 207고지와 연결된 산맥 능선에 적이 있는지 그곳을 집중적으로 폭격이 이어지고 있었다.

  17시경 철수를 하는데 무지하게 큰 구렁이를 발견하고 총으로 쏴 잡았다. 월남 와서 처음 보는 큰 구렁이다. 중대까지 가져오자 중대원들이 모두 몰려와 구경한다. 드럼통에 담았는데 반이 약간 안 찼다. 중대장님도 이런 큰 뱀은 처음 본다고 모두 이구동성이다. 막사에 들어오니 연이한테서 거의 한 달 만에 편지가 와 있다.

  얼마 만에 받아 본 편진지, 하여간 참 반가웠다.

✉ 연이의 65번째 편지

봄비 속에서 이렇게 Pen을 들었습니다. 연이가 아주 죽어 버린 줄로 착각하셨죠? 학년말 시험이 끝나자마자 곧 3학년이 되어야 하는 준비의 시간을 마련하게 되었습니다. 편지는 잘 받아 보았어요. 학년말 시험이어서 심혈을 기울이느라 잠자야 할 시간을 여러 날째 빼앗긴 보복으로 하루 종일 자리에 눕고 말았습니다. 몸이 약해졌나 보다고 몹시 걱정하시는 엄마 곁에서 또 하나의 긴 일 년간의 고통을 미리 씹어 넘기고 맙니다.

성적의 변함과 괴이한 그래프에 눈을 돌리며 새로운 비장을 하고 맙니다. 꼭 그렇게 해야만 되게 되어 버렸지 뭐예요? 조용히 그리고 포근하게 비가 창밖에 와 닿습니다. 오래간만에 서정에 젖게 된 것이 얼마나 보람된 일인지 몰라요. 화염이 솟구치는 듯 다급한 일과를 보내오던 연이에겐 커다란 변화가 일어나고 말았습니다. 장래의 초점을 뚜렷이 찾아내야 하는 급한 생각에 잠시 잠기는 듯 스미는 정서를 글로 표현하는 것도 큰 보람이겠죠!

연이도 이젠 제법 어른스러워졌어요~ 그전과는 아주 비교할 수도 없게 말입니다.

그동안 3년이나 지났지 않아요? 짧았던 3년이기도 하지만요. 우리에겐 새로운 뉴스가 오가고 있습니다. 봄 속에 부푼 처녀들의 마음은 마냥 멀리 푸르름 속을 주시하고 있답니다. 역시 처녀라기보다는 아직 소녀라고 표현하는 것이 좋을 것 같지요? 마냥 까불 수 있는 시절일 테니까요.

지금 전축에선 친구가 틀어 놓은 〈토슬리의 세레나데〉가 빗소리와 어울려져 아름답게 흐릅니다. 누구나가 좋아할 수 있는 음악인 것 같습니다.

이 병장님도 연희 아시죠? 월남에서 김기석 병장이 찾아왔었다고 하더군요. 하지만 아직은 만나 보지 못했나 봐요.

지난 이 병장님 편지를 보니 굉장히 화가 나셨던 것 같아요. 연이가 편지를 하지 않는다구요. 또다시 변명하고 싶지는 않습니다. 그저 이해만을 바랍니다. 못 하시겠다고 해도 할 수 없는 일이기도 하지만 말입니다.

아울러 용서를 바랍니다.

시간이 없다는 것보다는 마음의 여유가 없다는 것이 옳은 표현이겠죠.

그럼 여기서 이만 Pen을 놓습니다.

항상 연이가 무운과 건강을 빈다는 것 잊지 말아 주셔요.

안녕! 서울에서.

연이가.

1967년 3월 6일 월요일 흐림 비

도로 경계 임무를 맡고 전처럼 같은 요령으로 잠복 중 연대장님과 대대장님이 우리 중대를 시찰차 경계 지역을 지나간다.

하루 지나가는 시간이 왜 이렇게 지루한지 모르겠다.

월남 여자하고 장난이나 할까, 하는 생각으로 민가를 돌아다녀 봤지만 그럴 만한 여자들은 볼 수가 없다. 중대에 남은 대원들은 수색을 나갔는지 계속해 본부와 무전 연락이 오가는 교신 소리가 무전기에서 들려온다. 며칠째 뜨거운 날씨가 이어지더니 가랑비가 내린다.

1967년 3월 7일 화요일 흐림

오래간만에 한가한 시간이 돌아왔다. 소대장한테 보충병들한테 훈련을 시켜도 되냐고 물었더니 허락을 한다.

철조망 밖으로 나가서 정오까지 57mm 조총 훈련과 작전에 필요한 훈련을 실시했다. 실사격도 해야 하는데 여간해서 허락을 해 주지 않으니 참 답답하다. 작전을 위해서는 포탄 실사격은 필수적인데도 말이다.

소대장은 3월부로 중위로 진급돼 연대 본부로 가서 진급 신고를 하고 오후 늦게 귀대해 소대원들을 모아 놓고 잔소리로 진급 축하를 하고 맥주 한 캔씩 진급주를 나눠 준다. 아무튼 소대장님! 중위 진급을 축하합니다~!

1967년 3월 8일 수요일 흐림

제2소대 2개 분대와 함께 수색 정찰을 나갔다. 매일같이 다니다시피 하는 지점이라 힘들고 어려운 일을 아니지만 하루 종일 기동하다 보니 피로하고 지루하다.

민간인들을 찾아 수색 지역에서 인솔하고 다니다가 재구2호 작전지까지 와서 풀어 줬다. 사람이 산다는 것도 힘들지만 당장 먹고사는 것도 어려운 모양이다. 오전 9시부터 시작된 수색은 16시까지 계속됐다. 너무 힘들고 피곤해서 그런지 머리가 아프고 열도 난다.

저녁 늦게 중대 진지에 귀대하니 춘천의 미향이한테서 편지가 와 있다. 초등학교 저학년이지만 편지도 잘 쓰고 자주 보내 준다.

1967년 3월 9일 목요일 비

오늘 전 중대가 수색 작전에 출동했다. 모종의 첩보를 받아 출동한 중대는 브로킹 소대와(적의 퇴로 차단) 수색 소대로 나누어서 작전에 돌입했다. 오후 늦게까지 수색 작전을 펼쳤지만 전과는 얻지 못했다. 오늘따라 안개비가 내려 수색을 힘들게 했지만 일찌감치 중대 기지로 귀대했다. 오늘 밤에는 피로를 풀어 볼까 했더니 매복 명령이 내려왔다. 하필 오늘 같은 날 매복 차례가 우리 분대에 내리다니! 복 없는 놈은 할 수 없나 보다. 오늘 같은 날 매복이라니!!!

1967년 3월 10일 금요일 흐림

밤새도록 매복을 끝내고 중대 진지로 철수했다. 우의를 뒤집어썼지만 헛일이다. 막사에 들어와 옷을 갈아입고 있는데 또다시 출동 명령이 내려 준비를 했더니 우리 분대는 어젯밤 매복했다고 이번 출동에는 빠졌다.

희순이와 재숙이한테 편지를 쓰고 작은형한테도 편지를 써 부쳤다. 오래간만에 분대원들끼리 오붓한 시간을 보냈다.

이렇게 한가한 시간을 보내면 그만큼 귀국 날짜도 가까워지는 것이지……. 그날이 몹시 기다려진다.

1967년 3월 11일 토요일 맑음

며칠간 날씨가 우중충하더니 앞으론 좋은 날씨가 되려나 보다.

별다른 사항이 없어서 분대원들을 데리고 나가 사격 훈련을 실시했다. 몇 번이고 반복해 실시하니 동작도 빨라지고 57mm 다루는 솜씨도 능숙해져 간다. 앞으로 조금만 더 훈련하면 내가 원했던 수준까지 무난히 올라올 것 같다.

한밤중에 포대에서 비상 훈련으로 기관총 사격을 하고 포격을 하는 바람에 놀라서 막사 밖으로 뛰어나가는 소동을 벌였다.

내일 또다시 소대가 수색 작전을 나간다는 지시가 내려왔다.

1967년 3월 12일 일요일 맑음

전 소대가 수색 작전을 나갔다가 톡톡히 단체 기합을 받았다. 수색 활동이 형식적이고 형편없다는 이유로 논바닥에서 낮은 포복을 몇 번 하니 양 팔꿈치가 모두 까지고 말았다. 월남 와서 최악의 기합을 받아 보는 것 같다. 내가 봐도 그런데 보충병들이 오고부터는 모든 면에서 부족한 것이 소대장 눈에도 보였던 모양이다.

자기가 보기에도 얼마나 갑갑했으면 작전 중에 기합을 줄까~

오늘부터는 내가 분대장 대리 임무를 맡게 됐다.

보충병으로 온 곽 병장이 은근히 분대장 자리를 기대했나 본데 그는 나보다 군번은 앞서 있지만 나는 월남 파월 1진 출신이고 그는 보충병으로 온 지도 얼마 안 됐으니 전투 경험은 나와는 비교도 되지 않는다.

소대장도 교체돼 온 지 얼마 안 됐는데 파월 고참인 나에게 분대장 대리를 맡기는 것은 당연한 일이라 생각됐다.

분대장 임명 즉시 분대원들을 모아 놓고 오늘부터 내가 분대장을 맡게 되었으니 합심해 앞으로 잘해 나가자고 했다.

내 말에 곽 병장은 기분이 좋은 표정은 아니지만 전투 경험상 나를 따라오기에 부족하다는 걸 잘 알기에 군말 없이 내 말에 따라 준다.

아무튼 재미있게 됐지만 한편으론 분대원들의 운명을 책임져야 한다는 생각에 막중한 부담을 느꼈다.

조용하던 전선의 밤에 중대에 주둔한 155mm 거포들의 포격으로 폭음이 그칠 줄을 모른다.

1967년 3월 13일 월요일 맑음

  오늘 소대는 수색 작전을 끝내고 귀대했다. 오늘 수색에서 장총 실탄과 60mm 박격포탄 그리고 사제 지뢰를 노획하는 전과를 올렸다. 우리 분대는 오늘 밤 매복이라 휴식에 들어갔다.
  어두워 가는 밤, 나는 처음으로 분대장으로 분대원들을 이끌고 야간 매복에 출동했다. 6명의 운명을 책임지고 대원들을 인솔해 매복지로 은밀히 침투해 가자니 마음에 중압감이 느껴 왔다. 매복지로 침투 중 지난번 작전 때 사살된 적의 시체가 그대로 있어서 기분이 좋지 않았다.
  매복지에 도착해 대원들의 위치를 정해 주고 크레모아 지뢰를 설치하고 나니 등에서는 식은땀이 줄줄 흐른다.
  대원들에 대한 책임이 막중하니 긴장도 더 높아졌다.

1967년 3월 14일 화요일 맑음

  어젯밤 매복을 무사히 마치고 중대 진지로 귀대했다. 연대장님이 왔다 가고 분대장급 대원들은 집합하라고 해 갔더니 대대장님 지시 사항이 전달된다. 그리고 오늘 중으로 중대 진지를 재배치한다는 것이다. 정보에 의하면 전방 산악지대에 V.C 연대 병력이 집결 중이라는 것이다. 그래서 적의 공격에 대비해 좀 더 완벽한 진지 배치를 위해서 중대 규모를 줄이고 유격 벙커로 만들라는 것이다.
  우리는 즉시 진지 재편성에 들어갔다. 우리 소대도 전체적으로 이동을 하게 됐다. 나는 귀국을 얼마 앞두고 있는데 또다시 진지 작업하느라 진땀을 흘려야 하는 고통을 감내해야 할 것 같다.

1967년 3월 15일 수요일 맑음

오늘부터 본격적인 새 진지 구축에 돌입했다. 잠자는 막사부터 진지까지 모두 유격호로 만들어야 하는데 아무래도 상당한 노력이 필요할 것 같다. 우리 분대는 최우선으로 진지 구축을 시작해 오후 늦게 거의 완성을 했다. 내일부터는 견고한 벙커 막사를 만들어야 한다. 적의 박격포탄 정도는 막을 정도의 벙커를 만들어야 하겠다. 오늘 대원들과 하루 종일 쉬지 않고 작업한 덕에 많은 작업을 해냈다. 작업으로 몸은 피로하지만 우리 분대는 또다시 야간 매복에 나섰다. 배치된 지 얼마 안 된 대원들은 나하고 매복 나가면 안심이 된다고 시키는 대로 잘 따라 한다.

1967년 3월 16일 목요일 맑음

등에 땀이 나도록 긴장된 매복을 끝내고 중대 진지로 귀대하니 뜻밖의 비보가 가슴을 아프게 한다. 어젯밤 매복지로 이동하는데 헬기들이 맹렬하게 폭격을 했는데 그 헬기 공격이 적이 아니고 제11중대 '푸미' 교량에서 경계 중인 아군 매복조를 V.C로 오인하고 헬기가 공격을 가해 소대장과 1개 분대 가량의 사상자를 냈다는 것이다. 파월 이래 미군의 오폭으로 최대의 참사를 내고 말았다. 그러고 보니 귀국 11차로 고참들이 빠져나가고 많은 병력이 보충병으로 채워진 데다 대대장까지 교체된 후 이상하게 큰일들이 자주 일어나는 것 같다.

오전에는 대원들에게 푹 쉬게 하고 오후부터 벙커 막사 작업을 시작했다. 대원들이 부지런히 작업해서 예상외로 많은 작업량을 해냈다.

1967년 3월 17일 금요일 맑음

귀국 준비를 위해서 인사계 선임 하사한테 부탁한 대형 '백'을 보급차 운전병이 자기가 사 놓은 백을 판다고 해 간단하게 해결을 했다.

앞으로 한 달여 간 차곡차곡 준비를 해 나가면 된다.

1967년 3월 18일 토요일 맑음

몹시 뜨거운 날이다. 오늘도 아침부터 작업을 시작해 막사 모양이 완성돼 간다. 중대장과 소대장이 와 보고는 역시 월남 고참은 다르다고 칭찬을 해 주고 가니 대원들도 신바람이 나는지 시키는 대로 열심히 작업을 잘한다. 그 바람에 저녁까지 많은 작업량을 해냈다. 그런데 155mm 포대가 우리 분대 바로 뒤에 배치돼 있어서 포격 시에 진동이 심하게 흔들려 막사가 무너질 염려가 있었다. 보통 막사로 짓겠다고 건의했더니 중대장도 수긍해 우리 분대는 보통 막사로 짓게 돼 고생은 한결 덜게 됐다. 하지만 적의 포탄이 떨어진다면 막을 방법이 없어서 진지 옆에다 작은 벙커를 별도로 만들어야 하겠다.

제12차로 귀국하는 화기소대장이 대대에 있다가 잠시 시간이 생겼다고 중대 진지를 찾아왔다. 나보고 너는 4월 18일자로 귀국 날짜가 정해졌다고 알려 준다. 이제야 내 귀국 날짜를 확실히 알게 됐다.

오늘부터 고향 집과 연이와 다른 사람들께도 알려 줘야 할까 보다.

이제 귀국이 눈앞에 보이는 듯 벌써 마음이 설렌다.

1967년 3월 19일 일요일 맑음

어떤 일을 먼저 해야 할지 모르겠다. 아침 일찍부터 다른 막사를 헐어서 마대와 나무 재료를 가져다 놓았다. 앞으로도 할 일이 얼마나 해야 할지 모르겠다.

하루 종일 마대에 흙을 넣어 겨우 올려놓았다.

나도 귀국 직전까지 대원들과 땀을 흘려야 될 것 같다.

소대장 벙커도 만들어 줘야 하는데 그것도 걱정거리다. 경험 많은 나보고만 만들어 달라고 하니 안 만들어 줄 수도 없고~ 일을 너무 잘해도 걱정이다. 소대에서 고참이라고는 나 하나뿐이니 모든 작업 사항을 나한테 물어보고 지시를 내린다.

나를 알아주고 믿어 주는 건 좋은데 그만큼 작업량이 많아지고 귀찮으니까 싫다.

그래도 우리 소대장이니까 소대 고참으로서 도움은 줘야지…….

힘은 들어도 또 분대원들을 이끌고 매복에 나선다.

1967년 3월 20일 월요일 맑음

어젯밤 매복을 끝내고 잠복에 들어가려는데 철수하라는 무전이 와 중대 진지로 귀대했다. 다른 분대는 매복 후 주간 잠복으로 계속 임무가 이어지는데 우리 분대만 귀대하니 기분은 좋다.

중대에 들어와 쉴 틈도 없이 막사 작업에 박차를 한층 더 가했다.

오늘까지는 지붕을 올리지 않으면 안 된다.

내일부터는 새 막사에서 잠자고 먹고 생활을 해야 한다.

가뜩이나 힘들어하는 대원들을 위해서도 편안한 잠자리는 진중에서 필수적이다.

1967년 3월 21일 화요일 맑음

오늘에야 막사다운 모습이 겨우 그 형태가 만들어졌다. 막사 위치가 바로 포대 앞에 있어서 유격호는 무너질 위험 때문에 보통 막사로 지어져 쉽게 작업할 수 있었다. 오늘부터는 전 소대로 배치되어 철조망 근처까지 크레모아 지뢰를 설치하고 포탄과 탄약 수류탄을 완벽히 갖추라는 소대장의 지시다.

크레모아 지뢰 설치나 포탄 등 폭발물을 전적으로 내가 취급하게 되니 긴장이 더욱 집중하게 되고 설치 요령을 보충병들한테 가르치는 것도 여간 신경이 쓰인다.

1967년 3월 22일 수요일 맑음

본격적인 건조기로 접어들었다. 땡볕이 하루 종일 대지를 달군다.

우리 분대 막사는 거의 끝나 가기에 각 분대에서 몇 명씩 차출해 소대장 막사 작업에 하루 종일 주먹 같은 땀을 흘리며 매달렸지만 완성시키지는 못했다. 소대장이 자기 막사 작업 하는 것을 보더니 "고참인 이 병장 솜씨는 뭐가 달라도 다르다니까!" 하며 콜라 몇 캔을 주고 간다. 하지만 24일까지는 모든 작업을 완성하라니 큰일이다. 전술 철조망도 다시 보강해야 하고 원형 철조망도 한 줄 더 설치해야 한다.

내게는 다가오는 귀국 준비도 해야 하는데, 앞으로 28일가량 남았는데 그때까지 그동안 편지 주고받던 여러 곳에도 편지를 해야 하고 며칠간은 바쁘게 생겼다.

1967년 3월 23일 목요일 맑음

어제부터 시작한 소대장 막사 작업을 계속했다. 인원이 많으면 더 빨리할 수 있을 텐데 자기 분대 작업하랴, 소대장 막사 작업 지원하랴 제시간에 완성될지 걱정이다. 우리 분대 진지와 막사는 어느 정도 끝났지만 소대장 막사가 더디게 진행돼 큰일이다.

다른 소대 소대장 막사보다 더 잘해 주려고 노력하다 보니 더 힘들고 어렵다. 오늘도 무척 무더운 날씨가 이어진다.

오늘이 23일이니 앞으로 귀국할 날짜가 27일밖에 남지 않았다. 연일 바쁜 진지와 막사 작업 때문에 시간 가는 줄 모르게 하루하루가 지나간다.

1967년 3월 24일 금요일 맑음

유 일병이 아침부터 열이 나고 춥다고 해 즉시 위생병을 불러와 체온을 확인했더니 화씨 108°라고 해 소대장에게 보고했다. 위생병 말로는 아무래도 열대성 말라리아 같다는 것이다.

소대장은 즉시 대대 의무실에 후송 조치를 하라고 지시한다. 전 중대가 바쁘게 돌아가는데 한 명의 대원을 후송 보내면 가뜩이나 대원이 부족해서 큰 걱정이다.

보급차 편에 짐을 챙겨서 대대 의무대로 후송 초치를 시켰다.

오늘까지 소대장 막사는 약간의 마무리만 남고 거의 다 끝냈다.

오늘 밤 매복은 분대장인 내가 빠진 채 8명이 부분대장인 곽 상병 인솔하에 나가게 됐는데 영~ 마음이 놓이지를 않는다. 하지만 그도 어느 정도 경험을 쌓았으니 잘하리라 기대하면서 준비시켜 출동시켰다. 유 일병이 빨리 회복해 퇴원해야 할 텐데 걱정스럽다.

1967년 3월 25일 토요일 맑음

대대 의무대로 간 유 일병이 말라리아로 판명이 난 모양이다.

오늘 오후에야 소대장 벙커를 완전히 끝냈다. 내 생각처럼 잘되지는 않았지만 그래도 정성스럽게 작업해서 다른 소대장 막사보다는 아주 잘 만들어졌다. 소대장도 잘 만들었다고 만족스럽게 생각하니 다행이다. 시간이 충분하고 자재만 더 있었다면 멋진 벙커를 만들었을 텐데 좀 아쉽다. 나 없이 매복 나갔던 대원들이 임무를 마치고 귀대해 반갑게 맞아 주었다.

온 지 얼마 안 된 대원이 다가와 "분대장님! 불안해서 혼났어요!" 한다. "인마! 그래야 용감해지는 거야! 앞으로도 너희들끼리 매복이나 잠복을 자주 나가 봐!" 했더니 "아유~! 안 돼요!" 한다.

분대장인 내가 안 따라갔더니 좀 불안했던 모양이다.

1967년 3월 26일 일요일 맑음

오늘까지 중대는 진지 보강과 막사 작업을 거의 완료해 가는 정도로 마무리가 돼 간다. 원형 철조망과 전술 철조망도 설치가 끝나 중대 전술 진지는 완벽한 방어 태세를 구축했다. 이제 잔일만 정리하면 모든 것이 끝난다.

진지 보강이 끝나자 그동안 힘들었다고 오늘부터 정오부터 점심식사 후 오후 3시까지 낮잠을 자도 좋다는 소대장의 지시다. 그동안 힘들게 땀 흘리며 고생한 보람을 만끽할 차례가 온 것이다.

나는 귀국 날짜가 얼마 남지 않아서 시간 나는 대로 정화와 부순이한테 편지를 써 부쳤다.

1967년 3월 27일 월요일 맑음

대원들을 '네-파인탄'(화염탄) 매설 작업하는 데 보내 놓고 나는 본국으로 회답을 보냈다.

웅렬이한테서 온 편지에 회답을 써 놓았다.

오후에는 소대원 전원이 '네-파인탄'을 철조망 가장자리에 매설하는 작업을 하고 점화 스위치만 연결하면 언제든지 사용할 수 있도록 설치했다.

만약 적의 인해 전술로 철조망까지 돌파당할 시에 '네-파인탄'을 터트려서 전멸시키려는 방어 전술이다. 파월 이래 최고의 방어 태세를 구축했으니 언제든지 적의 대병력과 한판 붙어 봤으면 하는 생각이 들기도 한다.

정말 완벽한 방어 진지가 완성된 것이다.

1967년 3월 28일 화요일 맑음

오늘부로 정식으로 분대장직을 곽 병장한테 인계했다.

귀국 말년이라 내일부터는 쉴 생각으로 마음먹었는데 소대장이 그렇게 하라고 할지가 문제다. 이제부터는 귀국 대기자 신분이라 매복이나 잠복도 나가지 않아도 된다. 하지만 대원들 보기에 미안한 생각이 들어서 가능한 한 무리하지 않는 범위 안에서 도와줄 생각이다.

오후에 '네-파인탄' 연결선을 완전히 땅속에 매설하고 소대장 막사도 완벽하게 유격호로 만들어 놓았다. 저녁때 소대장에게 여러 가지 이야기를 하려고 갔더니 중대에 갔는지 막사가 비어 있다.

정말 소대나 분대 운영에 대해서 말을 해야 하는 건지 모르겠다.

1967년 3월 29일 수요일 맑음

크레모아 지뢰선과 '네-파인탄' 연결선을 매설하고 땅고르기 작업을 끝냈다. 오전에 P.X 차가 와 여러 가지 물건이 있어 월남 풍경이 담긴 화보 책 3권을 샀다. 오후에는 생각지 않았던 홍매한테서 사진과 편지가 왔다. 지난달 27일 대학 졸업을 했다고 멋진 사진을 보내 준 것이다. 공부하느라 고생이 됐는지 얼굴이 빠진 것 같다. 귀국 날짜를 알려 주고 귀국하면 연락하라는 내용이라 찾아가겠다고 회답을 했다.
저녁때 여기저기 다니며 기념사진을 찍었다.

1967년 3월 30일 목요일 맑음

갑자기 몸에 이상이 생겼다. 오전에 바둑을 두려고 엎드리는 순간 어깨뼈가 삐끗하더니 숨쉬기조차 어렵게 어깨가 결린다. 위생병한테 가서 주사를 맞기는 했는데 빨리 나을지 걱정이다. 귀국을 앞두고 사단사령부에도 다녀와야 할 텐데 몸이 불편하면 큰일이 아닐 수 없다.
오늘 밤은 우리 분대가 매복 차례지만 이제부터는 매복에도 빠지는 신세가 됐으니 좋으면서도 고참으로서 아쉬운 생각도 든다.

1967년 3월 31일 금요일 맑음

하루 종일 막사에서 쉬면서 홍매와 연이한테 편지를 썼다. 어쩌면 월

563

남에서의 마지막으로 보내는 편지가 될지도 모르는 편지를 쓰자니 지난 일들이 주마등같이 떠오르며 깊은 생각에 잠기게 한다.

나는 그동안 많은 편지를 주고받던 연이에게 월남 전선에서 마지막 편지를 써 부쳤다. 월남 정글 전선에서 이 편지가 마지막이라고 생각하니 만감이 교차하며 지난 18개월간의 추억들이 아련하게 떠올랐다.

그녀가 보내 준 편지들이 한 장 한 장 모여 배낭 속에 두툼한 묶음이 됐는데 다시 보면 볼수록 깊은 감회에 젖어드는 것 같다. 이번 편지를 연이가 받아 보면 한 번 정도는 회답을 보내 주겠지…….

아픈 어깨는 어제보다 한결 양호해졌다. 어느 정도 움직이는 데 큰 지장은 없다.

어젯밤 매복 나갔던 분대원들이 무사히 임무를 마치고 귀대했다. 이렇게만 해 준다면 앞으로 걱정 안 해도 되겠다.

오늘 밤 영화가 들어와 상영됐다. 요즘은 심심치 않게 영화반이 들어온다.

먼 고국의 하늘을 바라보며 귀국할 날을 꼽아 본다.

아~ 얼른 가 보고 싶다. 어서 빨리!

월남 정글 전선에서 연이에게 마지막으로 보낸 편지

고국의 연이 양에게.

이 편지가 이곳 정글 전선에서 마지막으로 연이 양에게 보내는 편지라 생각하니 서운함을 떠나 눈물이 나려고 합니다.

1965년 12월 29일 연이 양 첫 편지를 받던 기억이 엊그제처럼 생각되는데 햇수로는 3년이라는 긴~ 시간이 흘렀군요.

그땐 얼마나 좋았던지~ 분대원들에게 밤잠 설치며 떠들던 기억이 새롭습니다. 그리고 오늘까지 연이 양의 편지는 무려 67통의 숫자를 기록하며 머리맡에 있는 배낭 속에 차곡차곡 쌓여 잠자고 있습니다.

그동안 연이 양은 풋내기 소녀 고교 1학년에서 지금은 자신은 물론 세상을 살펴보고 논할 줄 아는 성숙한 3학년이 되었고, 나 또한 신출내기 일병에서 분대원들을 통솔할 줄 아는 병장이 되어 앞장서 전선을 누비는 병사로 새롭게 태어났습니다.

연이 양~! 이제 나는 파월 전투 임무를 끝내고 오는 4월 20일 귀국을 명받고 이곳 정글 전선을 떠나게 되었습니다.

그동안 이 병사는 연이 양이 보내 준 편지로 인해서 힘들고 괴로웠던 진중 생활과 때로는 전투에 대한 공포와 두려움, 극한으로 치닫는 긴장감을 잊게 해 주고 위로해 준 것에 대해 어떻게 감사하고 은혜를 대신해야 할지 모르겠습니다.

어떻게 생각해 보면 연이 양은 내가 이곳 정글 전선에서 살아서 돌아가게 도와준 큰 은인 중 한 사람이라고 믿고 있습니다.

이제 얼마 남지 않은 귀국 날까지 임무를 끝까지 완수하고 이곳 전선을 떠나는 것이 그간 위로해 주고 성원해 준 연이 양의 은혜에 보답하는 길이라 생각하면서 이곳 정글 전선에서 이 글을 띄웁니다.

연이 양에게 다시 한번 그동안 정말 고마움과 감사를 이 편지에 담아 보냅니다.

> 그럼 이곳 전선에서 아쉬움을 남기면서,
> 월남 정글 전선에서 마지막 편지를 쓰며.
>
> 병장 이범영.

1967년 4월 1일 토요일 맑음

삼월 한 달이 언제 지나가나 했는데 어느새 4월 1일도 몇 시간만 있으면 지나가 버린다. 오늘 밤은 초번 근무를 섰다. 멀리 뒤편에 있는 147고지 위엔 연속해서 조명탄과 예광탄이 하늘로 올라간다. 오늘이 음력으로 며칠인지 아직 달을 뜨지 않고 별빛만 반짝이고 있다.

전방은 어둠 속에서 희미하게 철조망의 윤곽을 음산하게 보여 주고 있다. 이제 이곳 전선에서 이렇게 몇 번이나 임무를 더 해 줄지 모르지만 앞으로 이런 초병의 임무도 끝마칠 날도, 월남 전선에서 내 임무도 끝나 가게 된다고 생각하니 지난 일들이 만감이 교차한다. 이따금씩 아군의 155mm 곡사포가 포격을 해 진지를 흔들어 대서 생각을 흩어지게 하지만 이내 지난 일들이 다시 회상된다.

전쟁 속의 월남, 포성과 폭격 속에서 타오르는 화염과 초연 속에서 밤이면 조명탄 불빛 아래서 정글 속을 헤치며 모기들의 피밭이 노릇을 해 가며 오늘까지 이어 왔지만 전선은 이것이 전부는 아닐지도 모른다.

월남에서 마지막으로 한홍이, 국분이, 이웅이한테 편지를 부쳤다.

1967년 4월 2일 일요일 맑음

오늘 사단사령부에 가기로 마음먹고 소대장에게 말했더니 뜻밖에 '푸켓' 읍내 그 이상은 안 된다는 것이다. 모든 계획이 무산되자 하루 종일 마음이 언짢아 견딜 수가 없다.

갑자기 출동 명령이 내려 소대는 출동하고 나는 혼자 남아서 장비를 정리했다. 오후 늦게 출동에서 돌아온 중대장한테 직접 건의했더니 흔쾌히 승낙해 준다. 어찌나 기분이 좋은지…….

그런데 소대장이 뭐라고 할지 걱정이 된다. 아마 소대장은 외출을 허락했다가 만약에 사고라도 생기면 책임이 막중하니 그것이 염려돼 허락하지 않았는데 중대장님이 허락했으니 뭐라고 하지는 않을 듯싶다.

1967년 4월 3일 월요일 맑음

아침에 소대장한테 중대장님의 외출 허락을 받았다고 했더니 걱정스러운 눈치로 중대장 막사로 가더니 중대장한테 물어본 모양이다.

나는 마음속으로 '어제 허락받았는데 보나 마나 허락이지 뭐.' 생각했다. 소대장이 중대장님한테 다녀오더니 인심이라도 쓰듯 다녀오란다.

중대 보급차 편으로 사단사령부에 도착해 수봉이와 국영이를 반갑게 만나 봤다. 내가 요번에 귀국하게 돼 앞으로는 만나지 못하게 됐다고 하니 반가워하면서도 섭섭해한다. 국영이는 월남어 교육을 받고 통역 근무를 하니까 상대적으로 위험한 근무가 아니라 연장 근무를 더 하겠다고 한다. 사단 P.X에 물건 좀 사려고 갔더니 공교롭게 쉬는 날이라고 물건을 안 판다. 이런! 제기랄~! 물건 좀 사려고 일부러 온 건데 노는 날이라니~ 물건은 못 샀지만 오래간만에 외출을 다녀와 기분은 좋았다. 중대에 들어와 무사 귀대를 소대장한테 신고했다. 분대원들은 내가 사단 사령부까지 다녀온 것을 부러운 눈치로 바라본다. 최전방에서 사병인 내가 사령부까지 하루 만에 다녀오는 것이 그들로선 하늘에 별 따기처럼 보였나 보다.

"인마! 고참은 그냥 되는 줄 알아! 너희들도 고참 되면 요령껏 해서 나처럼 할 수 있으니 여기서 죽지나 마라. 알았어?!"

"넷~!"

1967년 4월 4일 화요일 맑음

생각하기도 싫은 뜻밖의 사고가 났다. 제2소대 도로 정찰조가 V.C가 매설한 지뢰를 발견하고 제거를 하던 중에 실수로 폭발해 4명이 전사하는 사고가 났다는 비보가 들려오자 중대는 순식간에 슬픔과 긴장에 싸이고 말았다.

잠시 후 후송 헬기가 도착하고 지원 병력이 현장에 급파됐다. 목격자 말에 의하면 전사자들은 시신이 완전히 분해된 상태라 헬기가 그대로 돌아갔다는 것이다.

전사자 가운데는 오랫동안 같이 근무하던 박병조를 비롯해 화기소대에서 총반으로 옮겨 간 3명이 전원 참변을 당한 것이 확인됐다. 몹시 안타까울 따름이다.

엊그제까지만 해도 외출 나간다고 좋아했던 전우들이 그렇게 되리라고는 누구도 예측할 수 없었던 일이 벌어진 것이다. 이번 일로 2소대 총반은 완전히 전원이 전사한 것이 돼 버렸다.

내가 데리고 있던 2명을 2소대 총반으로 보냈는데 그들이 전사하다니 도저히 믿기지 않는다.

소대장은 누구를 2소대로 보냈으면 좋겠냐고 해 나는 즉시 분대원들 중 제일 숙달된 조수호 일병을 2소대 총반으로 보냈다.
그래야만 조속히 2소대 총반이 정상적으로 운영되기 때문이다.
보충병으로 와서 나를 잘 따르고 열심히 훈련받던 그를 보내자니 여간 섭섭지가 않다. 그래도 그를 보내야 2소대 총반이 안정될 것 같아서 그렇게 했다. 사람의 운명이란 인간의 힘만으론 어쩔 수 없는 모양이다. 군인이란 철저한 운명론자가 되어야 한다는 말이 맞는지도 모르겠다.
종일 전 중대는 침울한 분위기 속에서 지냈다. 앞으로 귀국을 앞둔 처지에 더욱 몸을 사리고 지내야 할 것 같다.

1967년 4월 5일 수요일 맑음

분대는 어젯밤 매복에 이어서 오늘은 주간 잠복에 들어가고 소대는 출동 명령이 내려 중대 진지를 떠나고 나는 혼자 남아서 막사를 지키고 경계를 섰다. 귀국이란 말을 눈앞에 두고 하루하루 시간은 정말 지루하고 권태마저 느껴진다. 어제 사건으로 긴장감이 높아지긴 했지만 하는 일이 손에 잡히지를 않는다. 어제 사고가 나를 더욱 그렇게 만든 것 같다. 그래선지 아무것도 내 마음의 초조함을 달래 줄 방법이 없어 보인다.

마음속은 이미 귀국에 대한 환상으로 가득 차 있고 초조하게 그날만을 기다리고 있다. 남아 있는 대원들을 생각해 내 마음을 표면적으로 감추거나 모르는 척하며 지금껏 평범하게 임무를 수행하다 보니 귀국 날이 가까워지자 갑자기 조급한 심정이 표출되나 보다.

그것을 나 자신이 의식하지 못하고 지금까지 있었다니 내가 얼마나 월남 전선에서 긴장하며 전투에 몰입하며 지냈는지 이제야 깨달은 듯하다.

이제부터 귀국하는 그날까지 더 신경 쓰며 지금 이 긴장이 풀리지 않도록 애써야 할 것 같다. 오후에 정주의 송영선한테서 편지가 왔다.

1967년 4월 6일 목요일 맑음

또 하루해가 지나고 어두운 전선의 밤이 찾아온다. 언제나 규칙적으로 조금씩 변하긴 하지만 어제와 별다른 일없이 하루가 지나갔다. 멀리서 하늘 높이 터지는 조명탄은 밝은 불빛을 진지 앞에 설치한 녹슨 철조망 사이를 비춰 주며 서서히 땅 밑으로 내려온다.

그러고 보니 4월도 6이란 날짜도 어둠과 함께 없어지고 없어진 날짜만큼 귀국할 날이 앞당겨지고 있다는 생각이 든다.

지금쯤 고향에서는 한참 못자리 준비에 여념이 없을 것 같다.

오래전 4.19가 일어나던 해에 볍씨를 모판에 뿌리려고 아버지와 함께 논에 갔던 생각이 문뜩 떠오른다.

하늘에선 제트기의 폭음이 끊이지 않고 들려온다. 전쟁터에 내가 있다는 것을 다시 한번 의식하게 하는 비행음이 귓전을 계속해 울려 댄다. 이 땅에 언제쯤 평화가 찾아올지…….

1967년 4월 7일 금요일 맑음

또 하루해가 지나갔다. 분대원들은 작업했지만 나는 아무것도 하지 않았다. 중대에서는 귀국 날짜가 정해지면 그 후부터는 모든 작전에 열외를 시킨다.

나도 무슨 일이든 하고 싶지도 않다. 하지만 대원들에게 조금이라도 쉬게 해 주려고 보초는 서 준다.

오늘은 신임 분대장이 대원들을 데리고 나가 사격을 시켰지만 나는 막사 안에서 잠만 잤다.

뜨겁던 한낮이 지나고 전선의 밤이 돌아오자 영화가 상영됐다.

분대원들에게 영화를 보라고 나는 보초를 섰다. 지루하기만 했던 오늘이지만 그래도 조급한 마음을 잡아 두게 한 하루였다. 고요한 밤공기를 타고 들려오는 발전기 소리가 이따금 포격 소리에 잠겨 버리곤 한다. 포격의 화염 빛에 뽀얀 먼지가 춤추듯 피어오르는 것이 보이고 곧이어 매캐한 화약 내음과 곱디고운 흙먼지가 초병의 콧속으로 스며든다.

지금 이런 전쟁터에 내가 있다는 생각에 이상야릇한 느낌이 전해진다. 내일이면 8일, 열흘만 더 지나가면 귀국을 향한 항해를 시작하는 승선을 하는 날이 될지도 모른다.

태평양의 푸른 파도를 헤치고 힘찬 항해를 해 나갈 때 나는 그 순간 신에게 두 손 모아 감사를 드리리라!

1967년 4월 8일 토요일 맑음

화기분대 매복 차례다. 분대에 사고자가 많아서 귀국을 얼마 앞두고 매복에 나가지 않으면 안 되었다. 분대 사정상 매복을 나가야 하는 점은 나 스스로 이해는 하지만 소대장이나 대원들의 귀국자에 대해 배려를 하려는 마음들은 관심이 별로인 듯해 서운한 느낌이 들었다. 하지만 어찌하랴, 내가 따라가도 분대 정원이 안 되니 나갈 수밖에 없었다. 조심스러운 침투, 다른 때보다도 더 긴장되고 신중하게 매복 장소까지 힘들이지 않고 대원들을 이끌고 도착해 매복을 시작했다.

매복하자마자 헬기 편대가 조명탄을 터트리며 계속해 선회한다. 순간 우리한테 오폭이라도 하지 않을까~ 하는 걱정이 머리를 스친다. 얼마 전에 다른 중대에서 헬기가 오폭해서 여러 명이 전사하는 일이 벌어졌기 때문이다. 중대 포대에서도 전방 고지 위로 V.T 포격과(공중 폭발탄) 조명탄을 올려 준다.

긴급한 상황이 벌어졌는지 계속해 헬기들이 조명탄을 낙하시키고 있다. 조명탄으로 어둡던 밤하늘이 환해지니 주변 감시가 수월해져 오히려 매복조한테는 다행이지만 자꾸만 오폭 사건이 떠올라 신경이 날카로워진다.

분대원들한테 절대로 움직이지 말 것을 명령했다. 야간이라 혹시라도 움직였다가 헬기들이 적으로 오판해 공격이라도 한다면 우린 전멸이다. 얼마 후 헬기가 사라질 때까지 오금이 결려 오도록 긴장을 놓을 수 없었다.

1967년 4월 9일 일요일 맑음

악몽처럼 지루하고 긴장되는 어젯밤 매복을 끝내고 주간 잠복에 들어갔는데 중대 상황실로부터 나만 철수해 C.P로 들어오라는 무전이 왔다. 의아스러운 생각으로 지나가는 보급차 편으로 중대에 들어가니 즉시 휴양 갈 준비를 하라는 것이다. 아니 웬 휴양이라니?

알고 보니 연장 근무자 중에서 이번에 귀국하는 장병들에게 '퀴논' 지역 휴양지에서 여가를 즐기게 한다는 것이다. 이렇게 즐거울 수가! 점심을 먹고 대대 C.P에 집결해 다시 연대 C.P로 갔다.

재구대대와 제1대대 연대 직할중대 그리고 60포대를 합해서 40명이 모였다. 내일 아침 일찍 연대를 떠나서 휴양지인 '퀴논지역' 해변에서 놀다가 저녁때 들어온다는 것이다.

오늘 밤은 연대 C.P에서 자게 됐다.

월남 전선에서 오래 고생하며 싸웠다고 이런 혜택을 주다니 꿈만 같아 잠이 오지 않는다.

1967년 4월 10일 월요일 맑음

아침 일찍 연대 본부를 떠나 사단사령부에 도착하니 군목님과 참모장님이 나와 여기 오느라 수고했다며 반겨 주신다.

9시 정각에 사단본부에서 출발해 제일 먼저 '퀴논' 사범학교를 견학하고 다음으로 여자상업학교에 갔다. 흰 아오자이 차림의 여학생들 모습이 무척 아름답고 매력 있게 보였다.

최전방에서 전투만 하다가 이렇게 젊고 매력이 넘치는 여자들을 처음 보니 마음이 설렌다. 여학생들과 기념 촬영을 하고 다음으로 '빈딘성'의 큰 절이 있는 곳으로 가 절을 구경했다. 절도 크고 부처님 형상도 아주 장관이다. 오랜 역사를 지닌 절같이 보인다.

다음으로 간 곳은 문둥이 정착촌이다. 넓은 모래사장이 이웃하고 우거진 숲속에 야자나무들이 잘 가꾸어진 곳으로 아름답게 꾸며져 있다.

우리는 곧바로 바다가 모래사장으로 가서 모래 위를 마음껏 뛰어놀고 바닷물에 들어가 그동안 지친 몸과 마음을 씻어 내기라도 하듯 첨벙대며 동심의 세계로 돌아가 놀았다. 끝없는 푸른 바다, 눈부시게 아롱이는 지평선, 그리고 흰 거품을 둘둘 말아 모래밭에 부서지는 커다란 파도, 멀리 '퀴논' 항이 보인다. 2년 전 우리 맹호부대가 상륙했던 바로 그곳이 어렴풋이 보인다.

바다 위에는 큰 배들이 한가로이 떠 있는 모습이 더욱 낭만적으로 멋있게 보인다. 전우들은 밀려오는 파도에 서로의 몸을 비벼 대며 동심의 세계 속에서 마냥 즐겁기만 하다.

마음껏 떠들고 웃어 대고 차가운 바닷물이 입안으로 들어와도 그냥 좋기만 하다.

이제 이곳은 첫 번째 휴가이자 마지막 방문이다. 후회 없이 마음껏 바닷바람과 짠물에 몸을 맡기고 휴가 나온 미군들과 그들의 부인?(애인)들과 사진을 찍었다.

귀대 시간이 다 되자 전우들은 이곳에 추억을 남기며 아쉬운 마음을 안고서 연대 본부로 귀대했다.

1967년 4월 11일 화요일 맑음

연대 본부에서 하룻밤을 자고 대대 C.P로 들어와 다른 대원들과 함께 곧바로 '푸켓' 읍내로 외출을 나갔다. 여기저기 돌아다니다가 파월 후 두 번째로 '붕붕' 아가씨들이 있는 곳으로 몰려가 그녀들과 즐겼다. 전쟁터답게 아무렇게나 꾸며진 곳에서 어두컴컴한 칸막이에 대나무 침상 하나가 덜렁 있는 그런 방에서 남자들을 기다리고 있는 그런 곳이다. 그곳에서 월남에서 마지막 추억 만들기를 했다. 너무나 무의미하게 싱거운 흥분을 장식했지만 그것도 나에게는 월남 생활에서 의미 있는 일 중에 하나가 되겠지……

그래, 이제 월남에서 귀국만 빼고는 모든 일이 끝났다. 중대에 들어오니 소대원 전원이 작전을 나가서 아무도 없다.

다시 한번 짐 정리를 해 본다. 별것도 없는데 큰 트렁크로 꽉 차게 하나가 나온다. 짐을 정리하고 나니 그동안 월남 생활을 떠올리며 이제 영광스러운 귀국을 생각해 본다. 그리고 오늘 받은 마지막이 될지 모를 편지들을 읽어 본다. 형님, 연이, 부순이, 그리고 선경이와 남숙이한테서 온 편지들이다.

변함없는 연이의 편지는, 이제는 월남에서 다시는 받아 볼 수 없다고 생각하니 너무나 아쉬움이 남고 그동안 나에게 보내진 그녀의 마음과 정성에 고마움을 느낀다. 그리고 그녀에게 펜팔 이상의 감정을 가졌던 것도 사실인데 그래서 더욱 아쉬움이 남는다.

이제 내 마음을 담아서 그녀에게 줄 선물로 월남 여학생들이 즐겨 쓰는 삿갓 모자를 준비했다. 귀국해서 만나게 된다면 꼭 전해 주고 싶다. 그때 그녀에게 뭐라고 말해 줘야 할까……?

연이의 66번째 편지

(이 편지가 월남에서 마지막으로 받은 연이의 편지다.)

정말 오래간만에 글을 띄우게 되었군요.
오늘은 토요일, 아니 자정이 넘었으니 4월 2일 일요일입니다.
깊을 대로 깊고 검을 대로 검은 어둠 속입니다. 이제 해가 뜨고 날이 밝아 일요일을 맞은 사람들의 마음을 포근하고 따스하게 비추어질 때 태국의 수상 '타남' 씨가 도착합니다. 환영의 대로 속에 나서야 할 스케줄이 뒤따르고 있습니다.
이 병장님, 혹시 성이라도 잔뜩 내고 계실지 모르겠군요. 너무나 소식이 없다구요. 하지만 도무지 조용한 시간이 나지 않는군요. 자꾸만 변명을 되풀이하고 싶진 않습니다. 하지만 조금도 먼 거리감이 들지 않는군요. 여러 차례 이 병장님의 편지를 받아 볼 수 있었기 때문인가 봅니다. 고3이 되고 나니 예상외로 바빠집니다. 할 일이 그만큼 많아지기 때문이겠죠.
곧 귀국하시게 된 것 같군요. 생각하면 기쁜 일이기도 해요.
어떻게 축하를 해 드려야 할지 궁리 중이지만 좋은 생각이 떠오르지 않는군요. 너무 피로하기 때문인가 보아요. 벌써 시험이 여러 차례 계속 시행되고 있답니다. 도무지 게으름을 피울 수가 없어요. 마치 전쟁터와 같이~
무의식중에 연이는 모든 일을 전쟁과 비교해 버리곤 한답니다. 인연이 많아졌나 보죠? 목적은 다르다 하지만 자기를 지켜야 하는 것만은 가느다란 한 가닥 공통점같이 생각됩니다. 하지만 아무것도 한 것 없이 또 한 달을 보내 버린 듯한 안타까움과 불안함이 자꾸만 흐르는 시계의 초침 속으로 신경을 묻어 버리고 맙니다.

미란이 오빠는 아직도 퇴원을 못 한 것으로 알려졌어요.

하루속히 완쾌하길 바라는 마음은 한결같습니다만, 앞으로 한 달, 몸조리 잘하세요. 고국에 와서 갑자기 당하는 일이 없도록 미리 예방하셔야겠더군요.

요사이는 집에 들어오면 보통 11시가 되어 버리고 말아요. 도무지 시간이 없다가 우연한 일로 조용히 혼자 있고 보니 의무를 다하지 않고 있는 비열함이 마음을 방망이질합니다.

마음이 조급해지니 난필이 실례를 범하고 마는군요.

그럼 또 틈을 내고 싶어요.

될 수 있는 한 가까이 말입니다.

기다리며, 그 시간을. So long.

상도동 골짜기 연.

1967년 4월 12일 수요일 맑음

내일 중으로 중대 진지를 떠날 거라 예정했는데 오늘까지 아무 소식이 없다. 오늘도 마지막으로 귀국 정리를 하고 나니 이젠 귀국 준비는 다 한 것 같다. 중대 진지로 이동 P.X가 들어와서 필름 두 통과 담배 한 보루를 더 샀다. 이제 앞으로 귀국하는 날만 기다리는 것밖에는 할 일이 없다.

소대에서 귀국하는 나를 위해서 간단한 점심식사를 준비해 주고 맥주 파티도 열어 줘 고마운 마음으로 잘 먹었다. 그동안 새로 오는 보충병들한테 교육시킨다고 고생도 많이 시키고 욕도 많이 했는데 이렇게 관심을 가져 줘서 감사한 마음이다. 어제 온 연이의 편지와 부순이 편지, 남숙이한테 월남에서의 마지막 회답을 썼다. 연이한테는 엊그제 마지막 편지를 보냈는데 어제 편지를 받고 마지막 편지를 받았다는 회신을 써 놨다.

저녁에 들리는 소식에는 오는 20일 날 '퀴논' 항에서 귀국선에 승선할 예정이라고 하는데 중대에서는 모레쯤 떠날 것 같다.

1967년 4월 13일 목요일 흐림 소나기

몇 달 만에 비 같은 소나기가 한줄기 쏟아진다. 나무들도 사람들도 한결 시원한 느낌을 안겨 준다. 오늘로 예정됐던 출발은 15일로 연기됐다는 소식이 전해진다. 오늘 다시 나머지 짐을 정리하고 내가 사용했던 장비와 피복 등 모두 중대 본부에 반납했다. 이제 남은 것이라고는 귀국 짐 보따리뿐이다.

그러고 보니 귀국의 기쁨과 한편으로는 아쉬움과 섭섭함이 남는다. 이제는 옷만 줄여서 입으면 된다. 써 둔 편지는 모두 부쳤다. 내일은 연이와 홍매한테 여기서 떠난다는 마지막 편지를 부쳐야 되겠다.

1967년 4월 14일 금요일 맑음

전선은 여전히 휴식이 없다. 맑은 하늘에선 아침부터 헬기들이 요란한 엔진 소리를 내면서 쉴 새 없이 바쁘게 움직이고 있다. 오늘 마지막으로 W백을 꾸려 놓았다. 어제까지 손에서 놓지 않던 M2 카빈 소총과 실탄 수백 발도 반납했다. 이제 옷만 줄여서 입으면 모든 준비는 끝난 것이다.

귀국자는 내일 17시에 대대 본부로 집결하라는 전갈이 왔다.

공교롭게도 오늘 밤 우리 총 분대가 매복을 나가는 차례라 내가 떠나는 순간을 분대원들마저 못 보고 가게 생겼다.

저녁 늦게 언젠가는 상봉할 것을 기약하며 어둠 속 매복지로 떠나는 분대원들과 굳은 악수를 일일이 나누며 헤어졌다.

부디 임무를 무사히 끝내고 언젠가는 너희들도 나처럼 귀국하기를 간절히 바라노니 분대원들이여~! 그대들의 무운과 행운을 기원하리라!

1967년 4월 15일 토요일 맑음

중대 진지를 떠나기 전 중대장님으로부터 훈시를 들었다. "너희들은 행운아다. 부디 무사히 귀국해 조국의 품에 안기길 빈다." 말 없는 가운데 굳은 악수를 나눈 뒤 우리 6명은 보급차 편에 짐을 실었다. 작년 7월 1차 귀국자들이 떠날 때의 환호성과 달리 조용한 가운데 대대 C.P를 향해서 중대 진지를 떠났다.

소대원들과 그동안 정들었는데 좁은 벙커 안에서 부대끼며 지내던 분대원들을 보지 못하고 떠나게 되니 마음이 즐거운 것만은 아녔다.

중대 진지에 남아 있는 전우들이 중대를 떠나는 우리 일행을 향해서 부디 무사히 귀국하라며 손을 흔들어 준다.

뽀얀 흙먼지 속에 시야가 흐려지는 가운데 중대 진지에 게양된 태극기가 4월의 뜨거운 열풍 속에 펄럭이며 차츰 시야에서 아물대다가 사라진다. 우리 중대가 어디를 가든 같이하며 맹호부대의 기상을 높여 주던 태극기였다.

우리를 태운 보급차가 속력을 내는 가운데 가물가물 중대 베이스가 먼지 속에 나타났다 사라졌다 한다. 전우들이 산화했던 장소를 지날 때 나는 전사한 전우들의 혼백을 위로해 주는 뜻으로 거수경례를 하며 명복을 빌었다.

전우들의 혼령들이시여~! 우리는 이렇게 무사히 귀국하노니, 그대들의 희생은 결코 헛됨이 아니었음을 기억하노니, 부디 혼백들께서는 영면하소서. 나는 이렇게 무사히 귀국하는데 원한에 사무칠 옛 전우들의 넋을 어떻게 위로를 해야 할지 모르겠다.

뜨거운 열풍이 얼굴을 스치는 가운데 우리 일행은 대대 C.P에 도착했다. 각 중대에서 귀국자들이 모여서 여기서 오늘밤을 자고 내일 연대 C.P로 떠나게 된다고 일러 준다.

우리 중대에서 귀국하는 6명은 귀국하는 그날까지 서로 단합해서 행동하기로 의견을 모으고 서로 짐을 챙기기로 했다.

1967년 4월 16일 일요일 맑음

어젯밤을 대대 C.P에서 들뜬 마음으로 자고 나니 오전 중으로 귀국자 물품 검사를 한다는 것이다. 아마도 귀국 휴대물에 위험한 물건이라도 가져가지를 않나 해서나 검사를 하는 모양이다.

나에게는 해당 사항 없으니 상관없는 일이다.

오전에 물품 검사를 끝내고 대대장님으로부터 훈시를 들었다.

"여러 장병의 그동안 노고와 용전분투한 전공에 경의를 표합니다. 이제 그 영광을 뒤로하고 무사히 귀국하는 여러 장병 모두에게 행운이 있기를 기원합니다. 귀국하는 그 순간까지 몸 건강하기 바라며 제군들의 건투를 빕니다. 이상!"

귀국 장병들은 각자 짐 보따리를 챙겨 메고 연대 C.P를 향해서 트럭을 타고 출발했다. 그러고 보니 이제야 진짜로 귀국하는 기분이 들었다.

1967년 4월 17일부터 19일까지 맑음

연대 C.P에 도착한 우리 귀국 장병들은 매일 먹고 자고 영화감상을 하면서 월남에 파월해서 내내 전투를 하며 지친 몸을 휴식으로 풀었다. 각 대대에서 귀국자들이 모였으니 별의별 전우들이 다 모여 그동안 치렀던 전투 이야기로 이야기꽃이 그칠 줄 모른다.

재구대대 귀국자들은 한 텐트에서 지내며 귀국 시까지 서로 돕고 짐도 챙겨 가며 지내기로 했다. 매번 제공되는 식사는 식당에서 조리해 주는데 계란프라이 말고는 맛은 별로다. 그동안 전방에서 먹던 C-레이션에 맛 들려서 그런지 입맛이 당기지기가 않는다. 중대에서 먹던 C-레이션이 그립고 먹고 싶다. 나뿐만이 아니라 다른 전우들도 같은 소리를 한다.

오늘이 19일, 내일은 정말 월남 땅을 떠나는 날이다. 모두 들뜬 마음으로 내일이 오기를 기다리며 맥주를 마시며 월남에서의 마지막 밤을 즐겼다. 한편으론 아쉬움과 미련을 가슴 깊이 간직하며 잠들을 청하지만 대체로 잠들을 못 자고 있다.

(17, 18, 19일 3일간은 매일 일기를 쓰지 못했다. 모든 짐이 한군데 있다 보니 일일이 챙길 수가 없어서 3일 치를 한 번에 모아서 정리했다.)

1967년 4월 20일 목요일 맑음

드디어 바라고 바라던 귀국하는 날이 밝아 왔다. 연대 C.P에 대기해 있던 귀국 장병들은 제1연대장님의 간단한 훈시를 듣고 사단사령부를 향해 긴 트럭 행렬을 이루면서 출발했다.

그 유명한 1번 국도를 달리면서 우거진 정글과 월남의 향기가 물씬 풍기는 야자나무와 바나나 농장들이 아름다운 남국의 풍경에 어울리게 펼쳐진 도로를 지나가는데 새삼스럽게 남국의 정취가 느껴진다.

이제 월남을 떠나게 되면 언제 다시 볼 수 있단 말인가? 눈앞을 지나쳐 가는 모든 풍경 하나하나 놓치고 싶지 않아서 가슴속에 담아 두고자 애써 본다.

사단사령부 연병장에 도착하니 각 연대에서 온 귀국자들로 어수선한 가운데 잠시 후 제2대 주월 사령관이자 사단장님인 유병현 소장께 귀국 신고식이 거행됐다. 군악대의 우렁찬 연주 속에 넓은 사단사령부 연병장에서 당당하고 자랑스럽게 귀국 신고를 사령관께 했다.

나는 사단장 전공 표창을 받았다. 사령관과 악수를 할 때는 나도 모르게 가슴이 뭉클했다. 첫 번째 사령관인 채명신 사단장님과는 맹호 5호 작전 직전에 전선에서 악수했었는데 두 번째 사령관님하고도 악수를 했으니 나로서는 영광이다.

유병현 사령관님의 훈시가 이어졌다.

"친애하는 귀국 장병 여러분! 여러분은 월남 전선에서 혁혁한 전공을 세우고 이제 영광스러운 귀국길에 오른다. 여러분이 세운 전공은 길이길이 전사에 빛날 것이다. 또한 맹호사단과 국가의 명예를 드높인 귀국 장병들의 노고에 감사와 경의를 표하고자 한다. 부디 고국에 귀국하는 그 순간까지 맹호 장병으로서 명예를 지켜 줄 것을 당부하며 귀국 장병들의 건투를 빈다."

귀국 신고를 끝내고 곧바로 귀국 장병들은 차량으로 '퀴논' 항으로 이동해 드디어 거대한 미군 수송함에 몸을 실었다.

아~! 이제야 나는 월남 정글 전선을 떠나 귀국한다! 지난 19개월간의 고통과 괴로움과 전투의 공포와 두려움 속에서 그리고 전쟁의 아픔 속에서 드디어 탈출해 따뜻한 고국의 품으로 향하는 수송함에 승선했다. 나는 전쟁의 공포와 두려움과 고통과 싸워서 이겼다! 그리고 전투에서도 승리했다! 그래서 나는 살았다! 이렇게 살아서 귀국하고 있다!!!!!!

우리 귀국 장병들을 태운 미군 수송함은 어둠 속을 헤치며 고국을 향해서 힘차게 물보라를 뒤로 내차며 항진해 나갔다.

점점 멀어져 가는 '퀴논' 항을 바라보며 지나간 그 긴~ 시간 속에서 고통스러운 일들과 공포와 두려움이, 그리고 정들었던 전우들의 죽음을 보면서 느꼈던 아픔과 분노가 한꺼번에 주마등과 같이 스쳐 지나가며 눈물이 앞을 가린다.

월남 전선에서 전쟁과 전투를 하며 내 젊음을 불사르고 겁 없이 뛰어든 낯선 전선에서 난, 이겼다! 그리고 살아남았다! 이 사실은 내 인생에 위대한 한순간이 될 것이다.

오~! '神'이시여~ 감사합니다. 정말 감사합니다!

만감이 교차하는 가운데 우리를 태운 거대한 미군 수송함은 검푸른 남지나해 파도를 가르면서 항진을 계속해 갔다.

1967년 4월 21일부터 26일까지

(6일간 귀국 수송함에서 지내는 동안 짐이 한군데 놓여 있어 매일 일기를 쓰지 못했다. 나중에 6일간의 함상에서 있었던 일상을 회상하며 부산항에 도착해 보충대에서 줄여서 적었다.)

1965년 10월, 부산항에서 월남 전선으로 떠날 때와는 정반대로 월남 전선에서 전투 임무를 마치고 귀국할 때의 함상 생활은 천지 차이가 나는 걸 느꼈다. 부산에서 떠날 때는 처음으로 경험해 보는 수송함 내 생활이 생소하고 호기심도 나고 시시각각 다가오는 월남 전선에 대한 궁금증과 전투에 대한 공포심, 죽음에 대한 두려움 등으로 긴장감이 차차 놓여 갔지만 이제는 귀국하면 가족들과 그리운 사람들과 만난다는 기대감으로 모두가 들뜬 마음들이다.

또한 함 내 생활도 월남 갈 때 한번 경험했기 때문에 모두가 여유롭게 함 내 생활을 즐긴다. 며칠간의 함 내 생활은 귀국자들 모두가 먹고 자고 하는 그야말로 자유로운 생활의 연속 이었다.

함 내에서 무료하면 갑판으로 나와서 망망대해를 바라보며 바닷바람을 맞으면서 남지나해의 검푸른 거대한 파도가 1만 3천 톤급 수송함을 집어삼킬 듯 함수에 부딪히는 모습을 바라보는 것도 재미있었다.

큰 파도는 함수에 부딪혀 흰 물거품을 2층 갑판까지 뿌려 대지만 수송함은 물벼락을 뒤집어쓰면서도 힘차게 사나운 파도를 가르며 항진해 간다.

출항한 지 6일째 되는 오후에 함 내 방송에서 소식을 전한다. "본 함은 내일 부산항에 도착할 예정입니다."

귀국자들은 "야~!" 하며 함성을 질러 댔다. 내일 부산항에 도착한다는 소식에 중대부터 같이 온 전우들은 귀국 짐을 감시하며 전우애를 다졌다.

대원 모두가 마음들이 들떠서 잠들을 자지 못했다.

1967년 4월 27일 부산항에 도착하다.
(수송함상에서 내려다본 부산항 부두)

8. 영광스러운 귀국, 살아서 돌아오다

아래 글은 귀국 당일 날 쓴 일기가 아니고, 모든 소지품이 트렁크 안에 있어 매일 쓰지 못하고 있다가 나중에 귀국 날부터 보충대에서 대기 중, 일주일간의 일상과 보고 느낀 점을 회상해 줄여서 정리해 기록한 것이다.

1967년 4월 27일부터 5월 3일까지

1965년 10월 16일, 우리 맹호부대가 월남 전선을 향해서 떠날 때처럼 그 모습 그대로 부산항이 눈앞에 서서히 나타났다. 수송함이 속도를 줄이면서 항만으로 접어들자 큰 도시답게 고층건물들이 보이기 시작하더니 어느새 부두에 접근해 덩치 큰 수송함을 접안시켰다. 부두를 가득 메운 환영 인파들이 흔들어 대는 태극기 물결과 환호성이 군악대의 행진곡과 함께 부두를 열광시키고 있었다.

흰 얼굴에 하얀 교복을 입은 여학생들이 얼마나 예쁘고 아름답게 보이는지 감탄이 절로 나왔다. 햇수로 3년 만에 보는 고국의 여학생들이 정말 저토록 예쁘게 보이다니, 그러고 보니 부두를 가득 메운 환영 인파들이 모두 희고 예쁘게 보였다.

귀국 장병과 환영 인파들의 환호성이 터져 나오는 가운데 군악대의 연주는 계속되고 학생들의 태극기 물결 속에 귀국 장병 환영식이 거행됐다. 이토록 환영해 주는 동포들을 보니 개선장군이 된 기분이 들어서 기쁨의 눈물이 났다.

　행사가 끝나자 귀국 장병들은 차례로 수송함에서 각자 짐을 챙겨 메고 하선을 시작해 환영 인파들이 흔들어 대는 태극기 물결 속에 대기하고 있는 트럭을 타고 부산 보충대로 이동했다.

　보충대에 머무르는 동안 신체검사와 귀국 신고 등 절차가 끝나야 고향으로 가게 되는데 그 기간이 일주일 정도 걸렸다.
　우리가 머무는 동안 귀국자들이 지루하지 않도록 매일 밤 영화가 상영되고 낮에는 위문 공연도 있었다. 그리고 부산 지역에 있는 관광지나 산업체 견학을 하고 금성사도 구경했다.
　따뜻한 날씨와 비릿한 바다 내음이 풍기는 고국의 공기가 달게 느껴지기도 해서 내가 고국에 왔다는 것을 실감 나게 했다.
　그래, 내가 정말 진짜로 고국에 무사히 온 거야! 귀국 장병 모두가 흥분 속에 어쩔 줄 몰라 했다. 밤이면 외박도 허용했지만 나는 외박을 자제하고 막사에 남아 전우들의 귀국 짐을 감시하며 지냈다.
　여기서 떠나 가족들을 만날 때까지 긴장을 풀지 말자고 다짐했다. 이럴 때일수록 신중하고 조심해야 한다. 귀국하자마자 입원했던 김이웅 생각이 불현듯 나서 더욱 조심하게 됐다. 연이가 귀국 전부터 미리 조심하라고 당부한 편지 생각도 났다.
　이제 고국에 왔으니 흥분된 마음을 진정시켜 가족을 만나는 그날만을 차분하게 기다리자.

1967년 5월 4일부터 5일까지 맑음

(이틀 치 일기를 한꺼번에 적는다.)

대통령 선거가 있어서 보충대에서 잔류가 길어졌다. 어찌 된 일인지 선거인 명부에 내 이름이 기록돼 있지를 않아서 투표는 하지 못했다.

8일간의 보충대 생활을 끝내고 오후 4시 30분 기차 편으로 부산역을 떠나 드디어 고향을 향해서 출발했다. 밤새도록 흔들리는 열차에서 12시간 만에 용산역에 도착했다. 그리고 시골에서 올라와 나를 기다리고 있는 작은형을 만나러 왕십리 사촌 형님 댁을 택시를 타고 갔다. 그동안 서울이 많이 변했다고 하더니 육교가 많아진 것이 눈에 보였다.

이른 새벽에 도착해 대문을 두드리니 형님 댁 식구들이 깜짝 놀라며 나오신다. 얼마나 기쁜 순간인지 몰랐다.

새카맣게 탄 내 얼굴을 바라보면서 얼마나 수고했냐며 위로해 주신다. 작은형님은 눈가에 눈물을 보이신다. 조카들한테 초콜릿 선물을 하나씩 주고 월남 삿갓도 주니 좋아한다.

이른 아침을 먹고 즉시 작은형님과 버스를 타고 고향인 하성으로 내려왔다. 면사무소에 근무하는 큰형님을 만나 보니 얼마나 반갑고 마음이 놓이는지 몰랐다. 가방을 열어서 그동안 면 직원들이 나에게 성원해 준 데 대한 고마움으로 담배와 초콜릿이 들어 있는 C-레이션 봉투를 직원 수대로 나누어 돌렸다.

형수님이 점심을 준비하는데 어머님이 시암리에서 먼 길을 걸어서 나오셨다. 까맣게 탄 내 얼굴을 바라보던 어머님은 나를 꼭 안고서 눈물을 말없이 흘리신다.

그동안 막내아들을 전쟁터에 두고 있던 어머님은 마음속으로 얼마나 태산 같은 걱정을 하셨을까~? 생각하니 내가 불효자식이 된 마음이 들었다. 모르면 몰라도 내 얼굴빛보다도 더 까맣게 어머님 가슴속이 타셨으리라.

작은 키에 왜소한 어머님의 모습이 왜 이렇게 초라하게 보이는지, 나로 인해서 밤낮으로 걱정을 하셨기에 식사 한 번 제대로 하셨을까? 생각하니 내 마음이 저려 왔다.

어머니와 형님을 모시고 고향 땅 시암리 집에 도착하니 아버지와 친척들 그리고 동네 어른들께서 모두 오셔서 내가 오기를 기다리고 계셨다. 그리곤 일일이 손을 잡아 주고 얼마나 고생했냐며 위로와 무사히 귀국한 것을 축하해 주신다.

그러고 보니 나 자신은 이제야 살아서 귀국했구나~ 하는 실감이 났다. 늙으신 아버지를 꼭 안고 "아버지~ 저 왔어요. 걱정 많이 드려서 죄송했어요. 이제 왔으니 염려하지 마셔요." 했더니 아버지는 눈가를 적시시지만 짐짓 태연한 척하시며 "난 괜찮다. 네 어미가 아침저녁으로 정화수 떠 놓고 빌었다. 난 네가 살아서 올 줄 알았다." 하신다.

트렁크를 열어 월남서 가져온 양담배와 과자봉지를 어른들께 돌렸다. 고기 통조림도 따서 술대접하며 집 안에서는 작은 잔치가 벌어졌다. 어머니는 부엌에서, 아버지는 사랑채서 동네 손님들 맞느라 신바람이 나셨다. 집에 오는 동네 어른마다 우리 아들 왔다며 담배와 과자를 내놓으시며 "이거 우리 애가 월남서 가져온 건데 맛 좀 보게나." 하시며 얼굴에 웃음이 떠날 줄을 모르신다.

　동래에서 제일 큰 어른이신 김춘원 어르신이 오시자 아버지는 더욱 신이 나셨다. 월남서 받아 온 전공 표창장과 월남공화국에서 수여한 참전 휘장을 보여 드리며 자랑하시느라 정신이 없으시다.

　어른께서 가실 때는 담배와 과자봉지를 드리며 와 주셔서 고맙다는 인사를 연거푸 하신다. 어른께서는 아버지한테 "자네는 아들 하나 참 잘 됐네! 월남까지 이렇게 다녀오고~ 전공 표창도 받아 왔으니 얼마나 자랑스러운가~! 우리 시암리에서 처음일세! 안 그런가?" 하고 말씀하신다. 아버지는 그 말씀에 기분이 좋으셔서 어찌할 줄을 모르신다.

　"아~ 그저 동래 여러분들이 걱정해 주신 덕분이고 다 어르신 덕분입니다. 핫! 핫! 핫!" 웃음이 그칠 줄 모르신다.

　나 자신도 이제야 살아 돌아온 것이 실감 나고 자랑스럽게 느껴졌다.

　여러 동네 이웃들과 밤새는 줄 모르게 월남 이야기를 하느라 새벽에야 겨우 잠자리에 들었지만 잠이 안 왔다.

9. 연이와의 만남, 그리고 아쉬운 이별

1967년 5월 14일 일요일 맑음

서울 성동구 도선동에 사는 먼저 귀국한 김이웅 병장네 집을 찾아갔다. 부모님과 이웅이 동생 미란이를 만나니 깜짝 놀라며 반겨 주신다. 파월 당시 여의도 비행장 행사장에서 한 번 만나 뵈었기 때문에 낯설지 않게 이야기를 나눴다. 이웅이는 다시 월남에 가겠다고 대구로 내려갔는데 편지가 없어서 집에서도 매우 갑갑하다고 하신다.

미란이는 어서 빨리 연이한테 찾아가 보라고 재촉을 한다. 이웅이 주소를 몰라 아쉬웠지만 나중에 또 오겠다고 인사를 드리고 나왔다. 그리고 연이네 집을 찾아 나섰다. 버스를 갈아타고 상도동에 도착해 복덕방에 묻고 물어서 연이가 사는 동네를 쉽게 찾을 수가 있었다.

그녀의 집을 찾아가는데 나는 이상하리만치 부끄럽고 가슴이 두근거렸다. '혹시 집에 없으면 어떡하지? 아니, 만나게 되면 뭐라고 무슨 말을 먼저 하지? 가족들이 집으로 들어오라고 하면 들어가야 하나? 아니면 사양하고 연이만 보고 와야 하나? 그녀는 벌써 여고 3학년인데 이젠 처녀가 아닌가! 한창 공부해야 할 그녀에게 월남에서 찾아왔다고 어머니가 싫어하면 어쩌지?' 오만가지 생각이 머릿속을 맴돌았다.

나는 연이에게 줄 선물로 월남 여학생들이 즐겨 쓰는 삿갓 모자를 대롱대롱 들고 갔다.

복덕방에서 알려 준 대로 좀 더 올라가니 양옥집들이 보이고 공터에서는 중학생들로 보이는 사내아이들이 공놀이하고 있었다.

"얘들아~! 혹시 이 근처에 김○연이라는 여학생 집 아는 사람 있니?" 하고 물었더니 그 말이 나오기 무섭게 "야~! 맹호 아저씨다!" 하며 달려오는데 그중 한 애는 반대로 뛰어가며 "누나! 누나! 월남 아저씨 왔어!!" 소리치며 첫 번째 양옥집 안으로 잽싸게 들어간다.

순간, 나는 아! 연이가 집에 있었구나~ 하고 안심이 됐다. 내 옆에 있던 애가 "아저씨~ 저 애 누나가 김○연이에요. 이거 월남서 가져온 거예요?" 하며 만지려고 한다.

잠시 후에 동생이 헐떡이며 뛰어오더니 "누나가 나온다고 잠시만 기다리고 계시래요!" 한다. "아~ 그래, 네가 동생이구나? 만나서 반갑다." 하며 악수를 청하니 내 손을 덥석 잡는다. 동생 표정을 살피니 일단은 안심이 되었다.

그래도 가슴이 두근거리고 안절부절못하게 되며 연이가 어떤 표정으로 나올까? 기대감이 고조되는 가운데 얼마 후 드디어 교복 차림의 연이가 집 안에서 밖으로 나왔.

그런데 손에는 묵직한 책가방이 들려 있다. 순간 내 머릿속이 하얘지며 두 다리에 힘이 빠져나가는 듯한 느낌이 전해졌다. 내 예상대로 어머니가 우려하고 계셨구나, 하는 생각이 들었다.

내 앞으로 가까이 걸어온 그녀는 부끄러운 듯 살며시 웃으며 말했다. "오셨어요~ 이렇게 소식도 없이……. 그런데 미안하게 되어서 어떡하죠……. 어머니가 집에 안 계셔요……. 저도 학원에 갈 시간이 되어서 집으로 모실 수가 어렵게 되었어요……. 아이참! 이렇게 오셨는데 미안해서 어떡해요. 이렇게 오늘 오시는 줄 알았으면 어머니라도 계시라고 하는 건데……. 너무 미안하게 돼서 어쩌면 좋아요~"

그 말을 듣는 순간 나는 돌덩어리가 된 듯 그녀의 책가방을 바라보다가 얼떨결에 대답했다.

"아~! 아니에요. 내가 연락하고 와야 하는 건데 이렇게 소식 없이 와서……. 되레 미안하게 됐어요. 연이 양~ 이렇게 만나 보게 돼서 반가워요. 이거 월남에서 가져온 선물이에요."

월남 삿갓을 건네주자 그녀는 부끄러운 듯 받아서 동생에게 주면서 말했다.

"이거 누나 방에 잘 갖다 둬! 가지고 장난치지 말고~ 알았지!"

그녀는 마침 학원 갈 시간에 내가 온 게 부담스러운지 시계를 쳐다봤다. 나는 일부러 그녀를 보려고 일요일을 택해서 온 건데 하필이면 어머니도 안 계시고 학원에 가는 날이라니…….

하여간 그녀의 얼굴을 보니 두근거리던 마음은 진정되는 듯했다. 연이는 약간 여윈 얼굴에 상상했던 것보다 큰 키는 아니었다. 하지만 보내준 사진과는 조금 다르지만(얼굴이 통통했다.) 예쁘장한 모습에 눈매도 시원시원하고 눈빛은 초롱초롱 맑게 보이는 아주 지적인 풍모를 지닌 여고생으로 정말 수려한 모습이다.

순간, 아~ 내가 이런 여학생과 펜팔을 했다니! 행운아였구나~ 하는 생각이 들었다. 반면에 지금의 내 얼굴은 새카맣고 몸살로 입술은 부르터서 남 보기에 부끄러울 정도로 부풀어 올라 있어 그녀를 쳐다보기가 민망할 정도였다.

그녀는 얼마나 의젓하고 지적이고 청순한 모습인가. 나하고는 비교조차 할 수 없는 존재로 느껴지는 한순간 침묵이 흘렀다.
연이는 부끄러운 눈빛으로 내 얼굴을 쳐다보며 말했다.
"아프셨나 봐요. 얼굴이……."
내 얼굴을 보고 있다는 생각에 나는 얼른 손으로 입술을 가렸다.
"아~ 네에~ 그동안 긴장이 풀려서인지 몸살이 나서 그래요. 연이는 지금 학원 갈 시간 때문에 가 봐야지요? 어디까지 가요? 학원 있는 데가?"
나는 멋쩍어하며 물었다. 연이는 시계를 만지작거리며 대답했다.
"학원 있는 데는 을지로 입구 근처예요~ 이 병장님은 어디로…?"
"아~ 그래요, 나도 거기까지 가면 돼요. 왕십리에 아는 친척이 있어서……."
나는 더 할 말을 잊었다. 아니, 할 말은 많았는데 말이 나오지 않았다.

연이와 나는 같은 버스를 탔다.
연이는 앞자리에 나는 뒷좌석에 앉았지만 서로 말이 없었다.
가면서 유심히 연이의 뒷모습만 쳐다봤다. 볼수록 아름답고 청순하다고 느껴졌다. 하얀 칼라의 교복 위로 곱게 빗은 검은 머리칼이 유리창 안으로 들어오는 바람에 찰랑일 때마다 향긋한 비누 내음이 풍겨 오고 그때마다 연이가 아름다운 여자로 보이고 가슴이 설레는 듯, 황홀한 기분이 들었다.
내 마음속에서는 "나 말이지~ 실은 너 좋아하고 있어!" 그 소리가 목구멍까지 나오려 했지만 마음뿐이었다. 겨우 한다는 소리는 이랬다.
"연이 양~! 나 때문에 학원 갈 시간 늦겠어요?"
그것도 용기를 내서 한 말이었다.

연이는 뒤돌아 시계를 보더니 나를 똑바로 바라보았다.

"아니에요. 충분해요."

내가 안쓰럽다는 듯 웃음 띤 얼굴을 보여 준다. 집 앞에서 한 번, 그리고 버스 안에서 한 번. 이렇게 두 번째로 연이의 얼굴을 똑바로 봤다.

우리 둘은 을지로2가 '스카라 극장' 앞에서 버스에서 내렸다. 그리고 연이는 "여기 근처에 학원이 있어요. 전 여기서 가 봐야 하는데……. 이 병장님은 어디로……?" 하며 안절부절못하는 표정으로 물었다.

"아~ 그래요~? 그럼 나도 가 볼게요. 연이 양, 그럼 잘 가요. 그리고 공부도 많이 하고요~ 그동안 편지 많이 해 줘서 고마웠어요."

"아니에요, 오히려 제가 더 자주 못 해 드려서 죄송한 것 같아요. 이 병장님이 오히려 많은 서신과 선물 주셔서 감사했어요. 그럼 저어, 전 여기서 가 볼게요."

그녀는 머뭇거리며 말하더니 뒤돌아서 걸어갔다.

그녀와 나는 서로 그렇게 말하고 헤어졌다.

무거운 책가방을 한 손에 들고 길 건너로 걸어가는 연이의 뒷모습을 보는 순간, 나는 지난 3년간의 주고받던 편지들이 머릿속에 떠오르며 마음 한구석이 아련하게 저려 왔다.

그래, 그녀는 내가 상대하기에는 모든 면에서 뛰어난 많은 것을 가지고 있다. 그리고 연이는 지금 공부하는 학생이 아닌가. 나로 인해서 공부에 방해가 된다면 그건 내가 바라는 바가 아니다.

나는 이렇게 무사히 귀국했고 월남 진중에서 내 마음속에서 상상하고 품었던 여학생인 예쁜 연이를, 그리고 청순하고 해맑은 얼굴과 여자의 아름다움을 이제 보았으니 그것으로 만족하고 지금부터는 내 가슴속에서 미련 없이 그녀를 놓아주자.
　그렇게 하는 것이 내가 갈 길이고 그 아쉬움을 조금이나마 마음속에 남겨 두는 것, 그 또한 내 젊은 추억이고 내 운명의 일부분이 아니겠는가…….

　연이가 넓은 도로를 거의 다 건너가자 행여 그녀가 뒤돌아볼세라 나는 얼른 몸을 돌려 걸어갔다.
　그리고 지난 3년간 연이와의 펜팔로 인한 추억들이 잔잔한 호수 위로 안개가 피어 올라오듯, 깊은 가슴속에 쌓여 있던 아름다운 인연들의 먼지가 아련하게 일렁이며 눈앞으로 다가왔다 사라졌다.

　거리를 오가는 많은 사람들, 달리는 자동차들은 요란한 경적을 울리며 내 옆을 빠르게 지나가지만 부끄러운 듯 웃는 그녀의 얼굴 모습이 내 마음속에서 잔잔한 호숫가 물결이 흐르듯 지워지지 않았다.

글을 끝내며

참전일기는 1967년 5월 14일 자로 끝났다.

그사이 베트남은 통일 국가가 되었고,
20대였던 병사는 80대 노병이 되어
남편에서 아빠로 어느덧 할아버지가 되었다.

나의 삶을 돌아보며 월남전 참전일기를 정리해 2017년 1월 22일 자로 컴퓨터 입력을 끝냈다. 컴퓨터 입력하는 데 많은 도움을 준 사위 양대종과 둘째딸 소라, 막내딸 보라에게 이 페이지를 빌려 감사와 고마움을 전한다.
 한글 받침이 틀릴 때 가르쳐 준 초등학교 3학년 외손녀 양승연에게도 고마움 전한다.
 처음 컴퓨터 입력 시작하기 전, 컴퓨터 일체를 구입해 주고 자판 조작 등을 가르쳐 준 아들 세화에게 고마움을 전한다.
 그리고 먼 곳에서 아빠를 염려해 준 큰딸 소라와 사위 송재환에게도 고마움을 전한다.

이 진중일기가 낡은 종잇장에서 이렇게 컴퓨터에 입력되고 다시 책으로 출판되기까지 7년이 걸렸다.
 모두 너희들의 관심과 도움이 있었기에 가능했다.

마지막으로 늦은 밤까지 컴퓨터 앞에 앉아 있는 나를 이해해 준 아내 김학례 여사께 내 마음 다 모아서 감사를 전합니다.

우리 가족 모두에게 다시 한번 감사하고 사랑합니다.

2024년 3월 12일 일요일 저녁
남편, 아빠 그리고 외할아버지
이범영(李範永) 씀